语言学及应用语言学名著译丛

音系与句法

语音与结构的关系

〔美〕伊丽莎白·O.塞尔柯克 著

马秋武 翟红华 译

PHONOLOGY AND SYNTAX
THE RELATION BETWEEN SOUND AND STRUCTURE

Authorized translation from the English language edition:
Phonology and Syntax © 1984 The Massachusetts Institute of Technology

根据 MIT Press 1984 年版译出

The Commercial Press, Ltd is authorized to publish and distribute exclusively the Chinese (Simplified Characters) language edition. This edition is authorized for sale throughout Mainland of China. No part of the publication may be reproduced or distributed by any means, or stored in a database or retrieval system, without the prior written permission of the publisher.

本书中文简体翻译版授权由商务印书馆独家出版并仅限在中国大陆地区销售，未经出版者书面许可，不得以任何方式复制或发行本书的任何部分。

作者简介

伊丽莎白·O. 塞尔柯克（Elisabeth O. Selkirk, 1945— ）

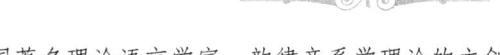

美国著名理论语言学家、韵律音系学理论的主创人、韵律音系研究的探索者和引领者。1972 年，在莫里斯·哈勒（Morris Halle）教授指导下获得麻省理工学院语言学博士学位。其后在麻州大学安城校区语言学系工作，1998 年起担任该校语言学系主任，现为麻州大学安城校区荣休教授。主要研究领域为音系学理论、句法与音系界面。出版专著《英语与法语的短语音系学》《词的句法》《音系与句法：语音与结构的关系》等。近年来，塞尔柯克教授将韵律音系学与优选论相结合，提出了诸如 MATCH 等旨在解决音系与语法其他部分（如形态句法、语义）界面的制约条件，并在音系问题的处理上产生了令人意想不到的效果。

译者简介

马秋武 北京语言大学教授、博导,《韵律语法研究》主编之一,《当代语言学》等刊物编委。主要研究领域为音系学、语音学、外语教学与研究。出版专著《优选论与汉语普通话的音节组构》《优选论》《西方音系学的理论与流派》《什么是音系学》等;出版译著《社会语言学》《拼凑的裁缝》《学做优选论》《词库音系学中的声调》《语调音系学》等。

翟红华 山东农业大学外国语学院院长、教授、博士,英国诺丁汉大学、美国堪萨斯大学访问学者,山东省通用外国语种类专业教学指导委员会委员、山东省商务英语教学研究会副会长,主要研究方向为语音学、音系学、语篇分析。发表论文七十余篇,出版专译著十余部。

语言学及应用语言学名著译丛
专家委员会

顾　问　胡壮麟

委　员　（以姓氏笔画为序）

　　　　马秋武　　田海龙　　李瑞林

　　　　张　辉　　陈新仁　　封宗信

　　　　韩宝成　　程　工　　潘海华

总　　序

商务印书馆出版的"汉译世界学术名著丛书"在国内外久享盛名，其中语言学著作已有10种。考虑到语言学名著翻译有很大提升空间，商务印书馆英语编辑室在社领导支持下，于2017年2月14日召开"语言学名著译丛"研讨会，引介国外语言学名著的想法当即受到与会专家和老师的热烈支持。经过一年多的积极筹备和周密组织，在各校专家和教师的大力配合下，第一批已立项选题三十余种，且部分译稿已完成。现正式定名为"语言学及应用语言学名著译丛"，明年起将陆续出书。在此，谨向商务印书馆和各位编译专家及教师表示衷心祝贺。

从这套丛书的命名"语言学及应用语言学名著译丛"，不难看出，这是一项工程浩大的项目。这不是由出版社引进国外语言学名著、在国内进行原样翻印，而是需要译者和编辑做大量的工作。作为译丛，它要求将每部名著逐字逐句精心翻译。书中除正文外，尚有前言、鸣谢、目录、注释、图表、索引等都需要翻译。译者不仅仅承担翻译工作，而且要完成撰写译者前言、编写译者脚注，有条件者还要联系国外原作者为中文版写序。此外，为了确保同一专门译名全书译法一致，译者应另行准备一个译名对照表，并记下其在书中出现时的页码，等等。

本译丛对国内读者，特别是语言学专业的学生、教师和研究者，以及与语言学相融合的其他学科的师生，具有极高的学术价值。第一批遴选的三十余部专著已包括理论与方法、语音与音系、词法与句法、语义与语用、教育与学习、认知与大脑、话语与社会七大板块。这些都是国内外语言学科当前研究的基本内容，它涉及理论语言学、应用语言学、语音学、音系学、词汇学、句法学、语义学、语用学、教育语言学、认知语言学、心理语言学、社会语言学、话语语言学等。

尽管我本人所知有限，对丛书中的不少作者，我的第一反应还是如雷贯耳，如 Noam Chomsky、Philip Lieberman、Diane Larsen-Freeman、Otto Jespersen、Geoffrey Leech、John Lyons、Jack C. Richards、Norman Fairclough、Teun A. van Dijk、Paul Grice、Jan Blommaert、Joan Bybee 等著名语言学家。我深信，当他们的著作翻译成汉语后，将大大推进国内语言学科的研究和教学，特别是帮助国内非英语的外语专业和汉语专业的研究者、教师和学生理解和掌握国外的先进理论和研究动向，启发和促进国内语言学研究，推动和加强中外语言学界的学术交流。

第一批名著的编译者大都是国内有关学科的专家或权威。就我所知，有的已在生成语言学、布拉格学派、语义学、语音学、语用学、社会语言学、教育语言学、语言史、语言与文化等领域取得重大成就。显然，也只有他们才能挑起这一重担，胜任如此繁重任务。我谨向他们致以出自内心的敬意。

这些名著的原版出版者，在国际上素享盛誉，如 Mouton de Gruyter、Springer、Routledge、John Benjamins 等。更有不少是著名大学的出版社，如剑桥大学出版社、哈佛大学出版社、牛津大学出版社、MIT 出版社等。商务印书馆能昂首挺胸，与这些出版社策划洽谈出版此套丛书，令人钦佩。

万事开头难。我相信商务印书馆会不忘初心，坚持把"语言学及应用语言学名著译丛"的出版事业进行下去。除上述内容外，会将选题逐步扩大至比较语言学、计算语言学、机器翻译、生态语言学、语言政策和语言战略、翻译理论，以至法律语言学、商务语言学、外交语言学，等等。我也相信,该"名著译丛"的内涵,将从"英译汉"扩展至"外译汉"。我更期待,译丛将进一步包括"汉译英""汉译外",真正实现语言学的中外交流,相互观察和学习。商务印书馆将永远走在出版界的前列!

胡壮麟

北京大学蓝旗营寓所

2018 年 9 月

译者序言

一

本书是美国马萨诸塞大学安城校区（University of Massachusetts Amherst）语言学系伊丽莎白·塞尔柯克（Elisabeth O. Selkirk）教授于1984年撰写出版的一部音系学专著。我们之所以把这本书的翻译作为我主持的国家社科项目（18BYY029）的阶段性成果之一，是因为这部著作在生成音系学的理论创建过程中有着重要的地位和影响，特别是它对韵律音系学的创立与发展起着最为关键性的推动作用。同时，这部专著也使塞尔柯克教授成为了生成音系学中韵律音系学理论的创始人、韵律音系学研究的探索者和引领者。

二

毋庸置疑，韵律现已成为现代语言学研究的热点和重点之一，各种有关韵律的研究成果层出不穷，大量涌现。但一旦问道，为什么要做这种韵律研究？可以肯定地说，很多人无法回答这个问题。所以，我们将在这里争取将这个问题讲清楚、说明白，让大家知道，我们为什么要做韵律音系研究？怎样进行韵律音系研究？韵律音系研究的意图和目的是什么？

生成音系学是生成语法的重要组成部分。乔姆斯基和哈勒（Chomsky & Halle, 1968）在其合著的《英语音系》（*The Sound Pattern of English*，通常简称为 SPE）一书中，最先对这一理论做了全面系统地阐述和诠释，因而这部生成音系学奠基之作所阐释的理论被公认为生成音系学的标准理论。标准理论提出由音系底层形式到语音表层形式的映射机制，音系映射机制是由规则驱动的，规则的应用是从底层音系表达式开始，从输入到输出，可能经过一系列的中间表征层面，最后一步步地推导出表层语音表达式。生成音系学中的音系规则是改写规则（rewrite rule），其标准形式是：A → B / C__D。在这一规则中，斜线前是结构变化（Structural Change，通常简称为 SC）部分，即 A 是音系变化的对象，B 是音系变化的结果；斜线后是音系变化的结构描写（Structural Description，通常简称为 SD）部分，即当 A 出现在 C 之后、D 之前这样的语境中，音系发生结构性变化。音系规则的应用是有序的，即一条规则应用所输出的结果将成为下一条规则的输入项。需要注意的是：改写规则中的 A、B、C 和 D 都是音系成分。音系成分可以是一个音系特征，也可以不是一个音系特征，如一个音段或音段序列（比如一个语符列 String）。音系表达式是一个横向与纵向构成的二维结构式。下面是英文 *tab*（"标签"）一词的音系表达式：

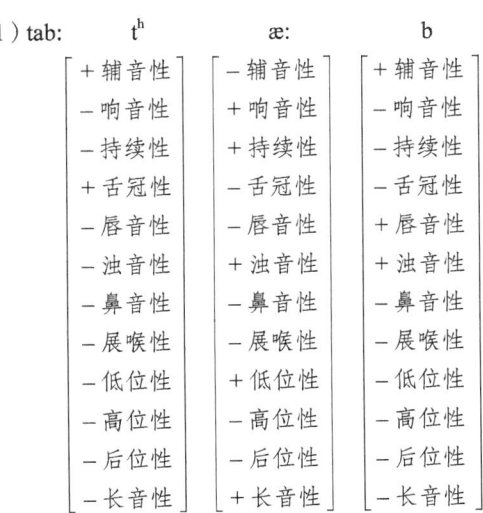

纵向是音段特征矩阵，横向是一个个区别特征矩阵表征的音段线性序列。由此可见，《英语音系》的音系表达式是一个由特征矩阵序列组成的线性音系表达式，表达式中的每个音段都是一个区别特征矩阵。矩阵中的特征与特征之间没有任何结构性的关系。克莱门茨（Clements 1985）、萨吉（Sagey 1986）、哈勒（Halle 1992）等对此进行了分析与研究，并创立了一种旨在说明特征之间结构关系的层级性特征架构理论（feature geometry theory）。

在经典生成音系学理论中，音系规则就作用在这个音系表达式上。规则的应用毫无疑问是循环性的（cyclic），其循环应用的方式是从里到外、从小到大，按照形态句法的结构层次，一步步循环应用的，即先是在语素内应用，而后依次是在词、短语、句子等不同应用域中应用的。举"老李买好酒"为例：

（2）　老^上李^上买^上好^上酒^上。
　　a.　老^阳李^上买^上好^阳酒^上。　　［老李］买［好酒］　　慢速
　　b.　老^阳李^阳买^上好^阳酒^上。　　［老李买］［好酒］　　稍快
　　c.　老^阳李^上买^阳好^阳酒^上。　　［老李］［［买好］酒］　较快
　　d.　老^阳李^阳买^阳好^阳酒^上。　　［老李买好［酒］］　　更快
　　e.　老^阳李^阴买^阳好^阴酒^上。　　［老李买好酒］　　　最快

在汉语里，"老李买好酒"这五个字都是上声字。在（2a）中，"老李"和"好酒"都是一个词，上声连读变调都是在词的应用域内应用的，如（3a）所示。在（1c）中，"老李"跟（2a）中的做法一样，都是在词内应用上声连读变调的；而"买好酒"则存在着一个层级问题，即"买好"是一个词。在这个词中，"买"受"好"的影响发生变调，变成"阳平"，而后"好"又受"买好酒"中后面的"酒"的影响发生变调，又从"上声"变成"阳平"，如（3c）所示。两个连读变调的结构层次，如下图所示：

（3） a.

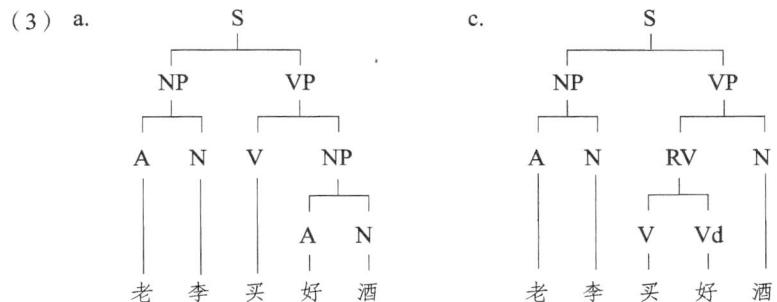

由上图可以看出，（2a）和（2c）的连读变调都是按照由小到大的形态句法结构应用域应用的，其区别主要是"[买 [好酒]]"还是"[[买好] 酒]"。鉴于此，郑锦全（Cheng 1973: 48-53）提出采用"句法深度（syntactic depth）理论"来解释上述基于形态句法结构层次所发生的连读变调现象，即音系短语与句法结构通常是相对应的，音系短语的大小随说话人的经心程度和说话的快慢速度等因素的不同而不同。当然，这种方法完全可以很好地描写和解释按照形态句法结构层次所发生的音系音变现象。但在（2b）中，"老李买"并不是形态句法结构上的一个应用域，那么，它怎么能成为一个上声连读变调的应用域呢？显然，从形态句法结构深度的角度是无法解释"老李买"这一连读变调应用域的，而这种违反形态句法结构层次应用域的音系音变现象在各种语言里则是非常普遍的。为解释这一现象，郑锦全（Cheng 1973: 51）引用"我买好酒"来说明"我买"这个构成不符合形态句法结构的上声变调应用域问题，但却没有明确指出构成形态句法结构之外上声变调应用域的背后原因。

三

什么原因造成音系规则不按照形态句法结构的应用域应用的？音系规则是根据什么应用的？如果不是按照形态句法结构应用域应用的，那么是按照什么结构应用域应用的呢？如果形态句法结构之外还存在着一种结构，那么这个结构是什么结构？如果是音系结构，那么它与句法结构是怎样对应的？即音系与句法是如何映射的？正是本书作者伊丽莎白·塞尔柯克最先开启了这方面的研究，并创见性地提出了一系列分析和解决这一现象的语言学方法，即提出了一系列解决上述问题的韵律音系学的理论与原则。

韵律音系学，亦称短语音系学（Phrase Phonology）或句子音系学（Sentence Phonology），它主要是从层级性、结构性的角度来研究音系与句法之间映射关系问题；采用方法主要是基于理论建构、规则推导等形式化方法。本书作者伊丽莎白·塞尔柯克于1972年在麻省理工学院语言学系完成的博士论文《英语和法语的短语音系学》（*The Phrase Phonology of English and French*）就极具影响力。该论文做出了有关两种语言短语音系学的许多重要发现，并对音系与句法交互作用模式进行了界定。而后，她又超越她的博士论文所主张的基于边界的理论，提出了另外一种称之为"应用域理论"（domain theory）的模型，该理论模型认为句法对音系的影响是间接的；句法结构映射到韵律结构上，而音系过程则受该结构而非句法表达式具体细节的制约。这一观点现已为后人广泛接受，并对音系学理论产生了丰富而深远的影响。这其中有她研究日语等几种语言时提出来的一种有关形态句法成分与韵律成分之间边界同界的类型学模型。

塞尔柯克的语言学研究还不止于句法音系界面研究。我们所译的这本书——《音系与句法：语音与结构的关系》（Selkirk 1984）——既是对重音、语言节奏、语调和焦点的一种研究，也是句子音系学的一种研究范式。而她的另外一部颇具影响力的书——《词的句法》（Selkirk 1982. *The Syntax of Words*. The MIT Press.）概述了一种音系与形态的界面理论，提出词内的句法与词间关系的句法是由语法中两组不同的原则界定的，但词结构与句法结构具有相同的形式属性。塞尔柯克专门研究焦点（focus）的论文确立了区分对立焦点与句前焦点的基础，而这正好处于音系、句法、话语与语用之间的交叉点。塞尔柯克还曾对音节音系学和音段音系学领域做出过重要贡献。她关于英语音节结构的文章被认为是这一领域的开创性文章，她关于阿拉伯语音节结构和元音增音的研究激发了大量的研究。她对贝贝尔语（Berber）里唇音化的研究，从一个音段间毗邻关系的简练模型那里推导出一种复杂的异化不对称模式。她有关叠音不变性的文章是该论文最珍贵的成果之一，对遵守不变性规则的限制提供了一种更好的解释。她不断开拓新领域，目前正探讨声调与句法的交互作用。她的研究轨迹具有持续的活力，从基于边界标记的方法到基于应用域的方法，从基于成分边缘的方法到她最近提出来的一直位于这一领域发展前沿的句法与音系映射匹配理论（Borowsky, et al. 2012）。塞尔柯克的研究对很多语言学领域特别是对韵律音系学的形成与发展具有特别重要的影响。

塞尔柯克从麻省理工学院毕业后到马萨诸塞大学语言学系参加工作，经历了马萨诸塞大学语言学系的整个不断发展的历史进程。多年来，她在担任马萨诸塞大学语言学系主任期间，为推动该语言学系一直处于世界主流语言学理论的主导地位做出了巨大贡献。

四

生成语法理论是一种由句法、语义、音系三大模块构成的语法理论。句法模块具有生成性，而其余的语义和音系两大模块则只具有解释性。句法模块输出的表层结构，经过重新调整之后成为了输入音系模块的底层形式。这个输入音系模块的底层形式是句法模块表层结构经过重新调整规则（readjustment rule）调整过的，通常被称为"p-结构"（Chomsky and Halle 1968: 10）。在《英语音系》中，音系规则的应用域是通过音系边界符号来表示的。边界强度是由已有的边界符号多少决定的：边界强度随边界符号的减少而降低，随边界符号的增加而增强。边界符号表达了 p-结构层级中的成分结构。塞尔柯克（Selkirk 1972）采用的也是基于边界的分析模式。句法结构边界直接影响音系规则的应用，即句法构成了对音系的直接影响。塞尔柯克（Selkirk 1984: 31–35）较为详细地阐释了表层句法结构如何通过一系列语法规则映射为表层语音形式。她指出,表层句法结构先是经过语调切分、节律切分得到句子层面的底层音系表达式,而后通过一系列音系规则的作用,最终得到表层语音表达式。

p-结构的韵律观最先也是由塞尔柯克(Selkirk 1978, 1980)提出的,后经奈斯波和沃格尔(Nespor and Vogel 1982, 1986/2007)、海耶斯(Hayes 1989)得到了进一步发展。该观点认为p-结构(a)具有高度的自主性;(b)具有自己的层级体系;(c)可以与s-结构的结构层级相关,但不同构;(d)具有韵律成分的层级体系。韵律音系学中影响很大的严格层级假说也是塞尔柯克(Selkirk 1978, 1984: 26)最早提出来的,现已形成了韵律层级划分的几种不同的主流思想与观点,将它们综合起来,大致可以归纳出韵律音系学的总体韵律层级结构如下:

(4)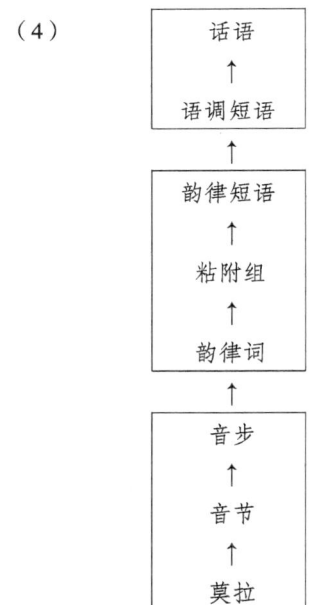

韵律层级有很多,我们在这里把它们大致分为了三部分(见(4)中的方框所示),最下面的部分属于节律问题,中间部分是韵律部分,最上面的部分属于语调部分。在这个韵律层级体系中，最令人关注的韵律音系学领域是韵律/音系短语和韵律/音系词，这方面的研究成果具有很多的跨语言的相似性。现已证实韵律短语和韵律词的变化，多是因形态句法因素所产生的（Selkirk 1984; Nespor and Vogel 1986/2007; Inkelas and Zec 1990; Zec 1993）。莱斯（Rice 1987）等认为语调短语直接与 s-结构相关，但塞尔柯克（Selkirk 1984）、沃格尔和凯内西（Vogel and Kenesei 1990）则认为语义语用在语调短语的构成过程中起着更为重要的作用。现在比较一致的观点是韵律短语和韵律词均受形态句法结构的影响。

构建韵律层级结构所要遵循的原则——即"严格层级假说（Strict Layer Hypothesis），也是最早由塞尔柯克（Selkirk 1978, 1984: 26）提出来的。奈斯波和沃格尔（Nespor and Vogel 2007: 7）将这一假说概述为四条韵律层级的构建原则：

(5) 原则 1： 一个给定的非终端韵律层级单位 X^p 是由一个或多个仅比它低一级的语类单位 X^{p-1} 构成的；

原则 2： 层级结构中的某一特定层级上的一个单位必须被完全地包含在它所归属的上一级单位之中；

原则 3： 韵律音系层级结构是多分支的结构；

原则 4： 为姊妹节点定义的相对凸显关系是这样的：把强（s）值指派给一个节点，把弱（w）值指派给其余所有的节点。

四条原则可以让我们构建起一个韵律层级体系的结构形式。需要指出的是，严格层级假说现已被大多数学者所接受，但在实际应用中并不是所有人都会严格遵循。塞尔柯克（Selkirk 1995: 443）采纳英克拉斯（Inkelas 1989）等人的建议将其表述分为四条制约条件：

(6) a. 层级性：C^i 不能统制 C^j，如果 $j>i$（如音节不能统制音步）；

b. 主位性：C^i 都必须统制 C^{i-1}（如韵律词必须统制音步）；

c. 穷尽性：C^i 不能直接统制 C^j，如果 $j<i-1$（如韵律词不能直接统制音节）；

d. 非递归性：C^i 不能统制 C^j，如果 $j=i$（如音步不能统制音步）。

有人提出，这里的前两条是不可违反的，但后两条则因语言不同则有不同。此外，各种跨语言的证据均对层级性和非递归性等提出质疑（Itô and Mester 1992/2003; Ladd 1986, 1996/2008; Wagner 2005）。音步、音节、莫拉作为词以下层级不具有递归性；韵律词及以上层级的递归性和跨层性（skipping）都需要进一步研究。

  总之，韵律音系学自创立以来，都已有了很大的发展。现在，音系到句法的映射主要有三种：（a）基于关系的映射，即在映射中对句法结构成分的中心语与补语进行严格区分；（b）基于末端的映射，即将音系短语的结合点施于选定句法成分等级的指定边界，从左或从右映射，会产生不同的结果；（c）基于树状的映射，即在映射中利用树形图中的姊妹节点关系。前面所提到的汉语里不按照形态句法结构应用域发生上声连读变调的例子（见2b）便是需要从音系与句法之间映射的角度来分析和解决的一个典型范例。这方面的研究已有很多，诸如 Shih（1986）、Zhang（1988）、Hung（1987）、Chen（2000）、Zhang（1997）等都从不同韵律视角对汉语连读变调的应用域问题做过深入的探讨与分析。有兴趣的读者，可参见他们书中对这一问题提出的解决方案。

  综上所述，韵律音系学是有关音系与句法之间映射问题的研究，是塞尔柯克最先开始创建的一个音系学研究领域。这一领域现已有很多的惊人发现与深刻见解。这也是为什么博洛夫斯基等几位音系学家（Borowsky, et al. 2012）合作出版韵律方面的论文集，以纪念塞尔柯克在这一领域所做出的重要贡献。

五

  塞尔柯克的这部专著是1984年出版的，当时一出版（甚至在其出版之前）就引起了语言学界的广泛关注。现在，我们把它译成汉语出版，希望能让国内的学者（特别是汉语学界英语不是特别好的学者）有机会阅读全文，深入了解韵律音系学这一领域的理论探索与应用研究。需要指出的是，语言学理论及应用一直都是在发展的道路上，以前的探索与发现肯定比不上后来更新的探索与发现。当然，这个道理浅显易懂，但在科学探索中是不是存在新的东西不如旧的东西？这种可能性是有的，但一定是在某些方面，总体上后面的一定比前面更好、更优、更先进。这一点毋庸置疑。韵律音系学便是一个例证。它原本是在经典理论框架下发展起来了，后来一些学者又在优选论框架下对它进行了重新调整。有人说优选论不好，经典理论好。经典理论怎么好？好在哪里？难道它没有瑕疵、没有缺陷吗？不可否认优选论有其自身的问题，经典理论亦是如此。可以肯定地说，后来的理论毫无疑问总体上一定比前面的理论要好、要先进。如前所述，以往在经典理论框架下的韵律音系学明显是有问题的，而且问题还非常多。譬如，不同的学者对韵律层级结构的划分就有不同的解读方式，而且到现在为止学术界也没有达成完全一致的观点。所以，至少在语言学领域内，除一些基础的东西之外（事实上，这方面有些东西也常常被否定、被推翻），尚未有一种普遍公认的并被所有人所接受的理论与方法。所以说，语言学理论的不断推陈出新，才是语言学学术探索与研究的真谛所在。

　　做学术研究一定要走到学术的最前沿。只有走到学术的最前沿，才有可能对学术的发展做出自己的贡献。塞尔柯克自20世纪70年代创建韵律音系学以来，一直在引领着这一学术领域前行的发展步伐。在20世纪90年代初优选论形成之后，她也很快将韵律音系学与优选论相结合，提出了一系列创见性的理论与原则。我国学者要想在这一领域中有所成就、有所贡献，就需要了解这一领域的来龙去脉和总体发展脉络。这就是我们将这本书译成汉语的初衷与目的。同样一个问题，不同的学者可以有不同的分析视角、不同的研究路径以及产生不同的分析结果。但有一点，我们对那些基本理论和原则的理解或解读必须是准确无误的。譬如，在生成音系学中，音系表达式中的每个音段都是一个区别特征矩阵，绝不可能是"若干个语音特征矩阵"，这完全是错误的，违背了生成音系学的基本思想和理论原则。我们在撰写生成音系学的论文时绝不可以出现这种荒唐可笑的低级错误。同样，在韵律音系学的研究中也需要注意不犯类似的低级错误。

很多人都以为汉译英难，英译汉不难，其实并非如此。汉译英难，英译汉也同样难。翻译是一种创作，特别是在文学作品的翻译上。同样一部文学作品，不同的人所翻译的成果迥然有别，各不相同。所译的作品其实是一种全新的有译者理解、有译者风格、有译者语言表述特点和方式的作品。在翻译像语言学之类客观性、科技性较强的学术专著时，需要译者在翻译过程中一定要客观准确地将原文的原义表述出来，当然绝不可以悖言乱辞，望文生义。清晰准确是对这类译著的基本要求。例如，*phonological representation* 在汉语中有很多译法，如译成"音系表达式、音系表征、音系表征形式、音系表达"等。在所列出的几种译法中，"音系表达"应该是最不好的，因为"表达"在汉语里是一个动词，不是一个名词。即使它不是一个名词，如果你在一部译著中采用了这种译法，就应该一以贯之地使用下去，不再对它做任何的调整或改变。如果在同一部译著中，一个词一会儿这样译，一会儿那样译，就非常容易造成误解，让读者在阅读时难以分辨，搞不懂说的是什么。所以，这种变来变去的译法是绝不可取的，除非这个词确实存在着不同用法、不同含义。这一点在我们所译的书中是竭尽全力避免的，这是我们在翻译过程所坚守的一条基本原则和准则。另外，在翻译时还要特别注意相关术语之间的区隔问题。比如，管辖音系学同时采用了 *phonological representation* 与 *phonological expression* 这两个比较接近的术语，对此就需要我们想方设法，将这两个术语做出区分。西方语言学界在语言学术语的使用上一直都是非常谨慎的。所以，我们在翻译时也一定要小心谨慎，以防出现疏漏。关于语言学术语的翻译以及国内外在语言学术语使用上的差别，我在我所撰写的《什么是音系学》（上海外语教育出版社，2015年10月）的前言里和所翻译的《学做优选论》（商务印书馆，2016年10月）、《词库音系学中的声调》（商务印书馆，2020年2月）的译者前言中都已经做过一些说明，这里不再赘述。

在本书的翻译过程中，我们也遇到了一些理解上的问题。例如，塞尔柯克在本书第七章第 404 页（原书 368 页）用动词助词的强弱两种方式形成对比来诠释短语的结构。（8a）引自本书（7.29），（8b）引自本书（7.30）：

（8） a. They boxed in the crowd.　　They boxed the crowd in.
　　　　他们围住了人群。　　　　他们把人群围住了。
　　 b. They boxed in the crowd (and not inside the ring).
　　　　他们在人群中打拳击（而不是在拳击场内）。

我们在初译（8a）中的这两个句子时就出了问题，而后我们请教了德国比勒菲尔德大学达菲德·吉本（Dafydd Gibbon）教授，才最终搞清楚（8a）与（8b）之间在意思上所存在的差别所在。所以特在此向吉本教授所给予我们的很多指点与帮助表示最诚挚的感谢。

当然，在原书的翻译过程中也遇到了几处打印方面的明显错误和纰漏。对此，我们都一一做了调整和修改，希望这些调整与修改能有助于读者对本书的准确理解和对理论的正确把握。

在过去的短短一年多的时间里译完了这么一部近 500 页的著作，对于我来说，不仅投入了大量时间和精力，而且有很多的感受与感慨。首先，特别感谢吉本教授在英文原文理解上所提供的支持与帮助！非常感谢我的中学同窗好友、南开大学中文系张培锋教授的鼎力支持与帮助！没有他们的理解、支持与帮助，就没有我今天所能取得的一些成就。另外，还要感谢商务印书馆的编辑，他们为本书的顺利出版做出了贡献。这本书的翻译工作主要是我在复旦大学外文学院工作期间完成的。译完此书后，我已于 2021 年 1 月底调到了北京语言大学语言科学院工作。非常感谢复旦大学曲卫国教授、褚孝泉教授、沈园教授、陈忠敏教授等各位老师所给予我的支持与帮助！也特别感谢北京语言大学魏晖书记、郁有学处长、曹文院长、冯胜利教授在引进我来北语工作过程中所付出的努力与艰辛！

最后，特别在此向我远在天堂的父母表示我最深情的怀念！爸爸妈妈，我爱你们！多年来一直都在想念着你们！愿你们在天堂一切都好！

北京语言大学语言科学院

参考文献

Borowsky, Toni, Shigeto Kawahara, Takehito Shinya and Mariko Sugahara. 2012. *Prosody Matters: Essays in Honor of Elisabeth Selkirk*. Sheffield: Equinox.

Chen, M. Y. 2000. *Tone Sandhi: Patterns across Chinese Dialects*. Cambridge: Cambridge University Press.

Cheng, Chin-Chuan. 1973. *A Synchronic Phonology of Mandarin Chinese*. Paris: Mouton.

Chomsky, Noam and Morris Halle. 1968. *The Sound Pattern of English*. New York: Harper & Row.

Clements, George N. 1985. The geometry of phonological features. *Phonology Yearbook* 2. 225-252.

Halle, Morris. 1992. Phonological features. In W. Bright, (ed.) *International Encyclopedia of Linguistics* (Vol. 3). 207-212. Oxford: Oxford University Press.

Hayes, Bruce. 1989. The prosodic hierarchy in meter. In P. Kiparsky and G. Youmans (eds.), *Rhythm and Meter*. 201-260. Orlando: Academic Press.

Hung, Tony. 1989. *Syntactic and Semantic Aspects of Chinese Tone Sandhi*. Bloomingtion: Indiana University linguistics club.

Inkelas, Sharon. 1989. *Prosodic Constituency in the Lexicon*. PhD dissertation, Stanford University.

Inkelas, Sharon and Draga Zec. (eds.) 1990. *The Phonology-Syntax Connection*. Chicago: University of Chicago Press.

Itô, Jungo and R. Armin Mester. 1992/2003. Weak layering and word binarity. In Takeru Honma, Masao Okazaki, Tosshiyuki Tabata and Shin-Ichi Tanaka (eds.) *A New Century of Phonology and Phonological Theory: A Festschrift for Professor Shosuke Haraguchi on the Occasion of His Sixtieth Birthday*. 26-65. Slightly revised version of 1992 UC Santa Cruz Linguitsics Research Center working Paper.

Ladd, D. Robert. 1986. Intonational phrasing: the case for recursive prosodic structure, *Phonology* 3: 311−340.

Ladd, D. Robert. 1996/2008. *Intonational Phonology* (2nd edition). Cambridge: Cambridge University Press.

Nespor, Marina and Irene Vogel. 1982. Prosodic domains of external sandhi rules. In H. van der Hulst and N. Smith (eds.), *The Structure of Phonological Representations* (Vol. 1). 222−255. Dordrecht: Foris.

Nespor, Marina and Irene Vogel. 1986. *Prosodic Phonology*. Dordrecht: Foris.

Rice, Keren. 1987. On defining the intonational phrase: Evidence from Slave. *Phonology* 4: 37−59.

Sagey, Elizabeth. 1986. *The representation of features and relations in nonlinear phonology*. MIT Ph.D dissertation. Published by Garland Press, New York.1990.

Selkirk, Elisaberth O. 1972. The Phrase Phonology of English and French. MIT dissertation.

Selkirk, Elisabeth O. 1978. On prosodic structure and its relation to syntactic structure. In T. Fretheim (ed.), *Nordic Prosody* (Vol. 2). 111−140. Trondheim: TAPIR.

Selkirk, Elisabeth O. 1980. Prosodic domains in phonology: Sanskrit revisited. In M. Aronoff and M.-L. Kean (eds.), *Juncture*. 107−129. Saratoga, CA: Anma Libri.

Selkirk, Elisabeth O. 1982. *The Syntax of Words*. Cambridge (Mass.) : The MIT Press.

Selkirk, Elisabeth O. 1984. *Phonology and Syntax: The Relations between Sound and Structure*.

Selkirk, Elisabeth O. 1995. The prosodic structure of function words. In Jill N. Beckman, Laura Walsh Dickey and Suzanne Urbanczyk (eds.) *Papers in Optimality Theory*. 439−469. Amherst: GLSA.

Shih, C. L. 1986. *The Prosodic Domain of Tone Sandhi in Mandarin Chinese*. PhD dissertation, University of California at San Diego.

Vogel, Irene and Istvan Kenesei. 1990. Syntax and semantics in phonology. In S. Inkelas and D. Zec (eds.), *The Phonology-Syntax Connection*. 339−364. Chicago: University of Chicago Press.

Wagner, M. 2005. *Prosody and Recursion*. Ph.D. dissertation, MIT.

Zhang, Z, S. 1988. *Tone and Tone Sandhi in Chinese*. PhD dissertation, the Ohio State University.

Zhang, N. 1997. The Avoidance of the Third Tone Sandhi in Mandarin Chinese. *Journal of EAST Asian Linguistics* 6, 293−338.

Zec, Draga. 1993. Rule domains and phonological change. In S. Hargus and E. Kaisse (eds.), *Studies in Lexical Phonology*. 365−405. San Diego: Academic Press.

谨将此书献给乔治·H.塞尔柯克
——我所深爱的父亲

目　　录

前言 ·· 1
作者致本书 ·· 4

第一章　句法与音系的关系 ·· 1
1.1　问题概览 ·· 1
1.2　音系中的层级结构 ·· 10
1.2.1　节奏结构 ·· 10
1.2.2　节奏结构在语言描述中的作用 ··· 13
1.2.3　韵律结构：音节 ·· 24
1.2.4　韵律结构：音节以上成分 ·· 28
1.2.4.1　语调短语 ·· 29
1.2.4.2　音系短语 ·· 32
1.2.4.3　韵律词 ·· 32
1.2.4.4　音步 ··· 33
1.3　句法与音系之间的映射 ·· 34
第二章　语言的节奏模式 ·· 38
2.1　概要 ··· 38
2.2　言语的节奏性质 ·· 40
2.3　构建节律栅 ··· 57
2.3.1　理论框架 ·· 57
2.3.2　两个栅构建组件的交互性 ·· 62
2.3.2.1　第一节律层级 ·· 62

xxiii

    2.3.2.2 第二节律层级 ································· 64
    2.3.2.3 第三及以上节律层级 ························· 71
    2.3.2.4 小结 ··· 79

第三章　英语的词重音与词结构 ························ 81
3.1　英语的词句法 ··· 84
3.2　英语词中的栅构建 ······································· 92
 3.2.1　第二节律层级 ······································· 92
 3.2.2　节律外成分 ·· 98
 3.2.3　第三及以上节律层级 ···························· 107
  3.2.3.1　主重音规则 ·································· 107
  3.2.3.2　第三层级上的栅悦耳 ····················· 113
 3.2.4　应用域问题 ·· 119
 3.2.5　小结 ·· 124
3.3　去重音化 ·· 125
 3.3.1　去重音化规则的一般属性 ····················· 125
 3.3.2　奇异规则：三音步的来源 ····················· 127
 3.3.3　单音节去重音化：无重音 CVC 及相关问题 ··· 135
3.4　循环 ··· 151
3.5　规则与条件的汇总 ····································· 159
3.6　韵律语类在英语词重音中的作用 ················ 160

第四章　短语节奏凸显 ······································ 163
4.1　问题概览 ·· 163
4.2　短语重音与音高重调 ································· 167
 4.2.1　核心重音规则和复合词规则 ·················· 167
 4.2.2　音高重调凸显规则 ······························ 174
4.3　节律树和/或节律栅？ ································ 178
 4.3.1　带节律树的短语重音 ··························· 178
 4.3.2　短语凸显的层级和模式 ······················· 185

4.4 "节奏规则"	193
4.4.1 多此一举的树	193
4.4.2 栅的必要性	208
4.5 凸显层级、句法结构与循环	218
第五章 语调语法	**225**
5.1 问题	225
5.2 韵律与焦点的关系	234
5.2.1 基本分析与另外的一些分析方法	234
5.2.2 德语里的韵律与焦点	253
5.2.3 论元结构与短语焦点规则	259
5.2.4 焦点与英语的复合词	271
5.2.5 小结	280
5.3 音高重调的首要性	280
5.3.1 英语语调的音系学与语音学	282
5.3.2 焦点相关的凸显表达式	295
5.3.3 音高重调指派与音高重调联结	299
5.3.4 语调与重音的关系	303
5.3.5 焦点结构与"节奏规则"	308
5.4 语调短语切分	314
5.4.1 语调短语切分与语法组织结构	314
5.4.2 语调短语切分的某些语音指标	317
5.4.3 语调短语切分的语义条件	320
第六章 句法计时：栅中的音渡	**327**
6.1 作为无声栅位置的句法计时	330
6.1.1 句法计时与"节奏规则"	331
6.1.2 句法计时与外部连读变音	332
6.1.3 与停顿/加长的关系	336
6.2 节奏分音渡的句法	344

6.2.1 无声半拍添加规则 344
6.2.2 节奏分音渡的音系与语音 350
  6.2.2.1 英语的"节奏规则" 350
  6.2.2.2 英语里的停顿和末尾加长 354
  6.2.2.3 外部连读变音 359

第七章 功能词：去重音化与附着化 368

7.1 基本分析 375
  7.1.1 功能词的基本栅同界 375
  7.1.2 去重音化与循环 381
  7.1.3 单音节去重音化 386
  7.1.4 更高凸显对单音节去重音化的阻断 394
  7.1.5 无声半拍对单音节去重音化的阻断 402
7.2 英语里各种不同的后附着化 420
  7.2.1 分类 420
  7.2.2 句法重构 424
    7.2.2.1 *not* 缩约 424
    7.2.2.2 *to* 缩约 425
    7.2.2.3 *have* 的后附着化 427
    7.2.2.4 代词后附着形式 430
  7.2.3 节奏重构：助动词缩约情况 441

第八章 句法-音系的映射 449

8.1 映射中的模块化 449
8.2 句法-音系的循环 452
8.3 词与句子 454

参考文献 458
索引 482

前　言

　　本书主要是在 1981—1982 年间编写的，但完成编写的时间还要更长。当只写了部分内容时，便被错误地称作"即将出版"（在某种意义上讲，实际情况确实如此），现在事实证明，早先流传并被称为本书一部分的那些篇章甚至都没有在这里出现。我对本书的看法随着时间的变化而变化。1977 年撰写的有关英语词结构和词句法理论的一章，1981 年初对这一部分内容进行了修订和扩展，然后作为"语言学探索专论丛书"中的《词的句法》一书单独出版。另外一部分是在由霍克斯特拉（T. Hoekstra）、范·德·赫斯特（H. van der Hulst）和莫特加特（M. Moortgat）主编的《词库规则的范围》一书中以"英语复合词与词结构理论"题目发表的。1978 年用英语撰写的总体上有关音节的一章，发现不适用于 1982 年的书，而后转给并发表在由范·德·赫斯特和史密斯（N. Smith）主编的《音系表达式的结构》（第二部分）中。我以为，书中将有更多的有关音节以及其他（可能是）更高阶的韵律结构单位的内容，如音步、韵律词和音系短语。正如读者很快将会看到的那样，我不再倡导一种（如果有的话）将上述三个置于中心地位的音系表达式理论，因此我最后在这里给它们很少的篇幅。没有太多原则上的理由不考虑音节化及其与句法表达式的关系。要认真对待这些问题，只需要在研究和写作上花更多的时间，而这会花更长时间写成此书。但我希望，读者能赞同本书以及这里所提出的句法表达式与音系表达式之间的关系理论可以弥补这一漏洞。

　　本书初为我于 1972 年完成的我的博士论文"英语和法语短语音系学"的修订版。有时，我会问自己为什么花了那么长时间，但我想这并没有那么多的神秘。在过去的十年间，音系学理论经历了翻天覆地的变化，我自己的观念也发生了变化，每次变化都需要对本书重新思考一番。我想过的本书的主题在某些方面也已有了相当大的拓展，而在其他方面则有所收缩。它开始是对英语和法语里音渡现象的一种研究，现在所覆盖的范围远不止音渡，但并未对法语做出认真处理（显然，本书不是博士论文的修订版，而博士论文未经修改就已出版了）。为了不辜负我很早以前给这本书的书名，甚至在它即将出版之前，我也觉得有必要对词与句子的重音和语调做些研究。这项工作花费了一定的时间。然而，探索与思考所付出的辛苦无法完全解释为什么这么多年都过去了，但这本书仍在即将出版中。我们中的有些人对我们的这项工作存在一种心理矛盾——我们爱不爱这项工作？它能否不辜负我们的期望？我们真的想要放手吗？我也不例外，而且虽然从早期撰写的那篇论文以来，我一直从事这项学术研究工作，但当我将我的博士论文呈送给安东尼奥·葛兰西（Antonio Gramsci），一位选择不继续他有前途的语言学事业的人时，我仍感到那种矛盾心理。

在过去的十年间，我很荣幸拥有很多能与之进行非常有益的知识交流的同事与朋友。我在音系和其他方面曾与让·罗杰·维格诺德（Jean-Roger Vergnaud）、莫里斯·哈勒（Morris Halle）、艾伦·普林斯（Alan Prince）、珍妮特·皮埃安贝尔（Janet Pierrehumbert）、马克·利伯曼（Mark Liberman）和弗朗索瓦·戴尔（François Dell）都有过非常重要的对话与交流。琼·布列斯南（Joan Bresnan）与我一起养成了对语法结构持续关注的习性，杰伊·凯泽（Jay Keyser）支持我，给了我希望；他们两人使我开始工作不那么难。无论是现在还是过去，马萨诸塞大学安城分校的同事与好友都为课上、课下有关音系与句法的研讨和不经意的评论提供了极其激动人心的氛围。我非常感谢埃蒙·巴赫（Emmon Bach）、埃德温·威廉姆斯（Edwin Williams）、艾琳·赫尔姆（Irene Helm）、罗杰·希金斯（Roger Higgins）、林恩·弗雷泽（Lyn Frazier）和汤姆·罗珀（Tom Roeper），还要特别感谢先锋谷以及其他地区的朋友给我的支持，以及将我从那种令人激动的语言学研究氛围中解脱出来。多年来，许多人为我准备这本书的出版提供了急需的帮助，我感谢他们所有人降低了这项工作的难度。琳娜·巴拉德（Lynne Ballard）打印了大部分手稿，而且打印得非常漂亮，这给了我很大的鼓励。简·韦杰（Jan Wager）、托尼·博洛夫斯基（Toni Borowsky）、洛里·塔夫特（Lori Taft）、简·宾（Jan Bing）、朱迪斯·卡兹（Judith Katz）、凯西·阿达姆奇克（Kathy Adamczyk）、芭比·迪克（Barbie Dick），尤其是宫良信详（Shinsho Miyara）都在其他方面的准备工作上给我以支持。我还要向那些在过去几年里我进行这项工作时给我提供住房和宜人的工作场所的人们表示感谢，感谢莫里斯·格罗斯（Maurice Gross）在巴黎第七大学的热情款待，感谢马里奥·罗西（Mario Rossi）、艾伯特·迪·克里斯托（Albert di Cristo）、丹尼尔·赫斯特（Daniel Hirst）和萨米·本基拉内（Thamy Benkirane）。我在普罗旺斯地区艾克斯市语音学研究所度过的时光，尤其感谢杰伊·凯泽和MIT言语小组成员，他们去年在我作为认知科学中心的博士后即将完成这项工作时接待了我。最后，我要感谢安妮·马克（Anne Mark）那种无懈可击的手稿编辑工作，以及阿尔明·梅斯特（Armin Mester）和伊藤顺子（Jun Ko Itô）所提供的本书索引。

丽莎·塞尔柯克
马萨诸塞州北安普敦

作者致本书

你是我虚弱大脑的畸形婴儿，
出生后一直在我身边
直到被不太聪明的朋友从那夺走
让你暴露在公众面前，
你衣衫褴褛，徘徊在出版之前
（所有人可以判断）错误并未减少
在你回来时，我的脸红得不轻，
母亲应该称我那含糊凌乱的小鬼（印刷品）。
你不适合众目昭彰，我将你抛弃，
你的面容在我看来是那么令人讨厌
但你是我所生，终究会有爱
若是我可以这样，你的污点会改掉
我洗干净你的脸，但我看到了更多的瑕斑
擦掉一个瑕斑，仍却留下了一个瑕疵。
我伸展你的关节使你两脚均匀，
但你仍比见面时更令人心烦意乱；
我想给你穿上更好的衣服来修身装扮，
但我除了找到家纺布外，一无所有。
你可以在这个平民阵营里游荡，
注意还没有遁入评论家之手，
到你不认识的地方去吧。
若问起你的父亲，你说，你没有了父亲；
至于你的母亲，唉，她确是可怜，
所以她才把你送出门。

安妮·布雷兹特里特
1612—1672

第一章
句法与音系的关系

1.1 问题概览

　　一种语言里的一个句子，说出来只不过是一串音流，以及这串音流所具有的与它相关联的一种/些特定的意义。一种语言的语法，就是对该语言里句子的音与义之间关系的一种描述。语音（语音表达式）与意义（语义表达式）之间的这种关系不是直接的，而是由结构或句法（即将句子分成若干部分的方法）协调而定的。句子的意义，就是它（句法）部分意义的一种函项（function）；同样，句子的语音也是它的语音各部分的一种函项。在这两种情况中，函项都颇为复杂。本书的目的是：帮助我们理解句法可以以何种方式决定句子的音系，并力求描述语言中语音与结构之间的关系。

　　一种语法理论，旨在描述一般语言里音与义之间可能的关系集合（可能的语法集合）。这里所采用的语法理论是在生成语法的框架内发展而来的，即源自为所谓的标准理论奠定基础的著述，特别是乔姆斯基（Chomsky 1965）、乔姆斯基和哈勒（Chomsky and Halle 1968）以及后来对其修改所做出贡献的著述。这一理论的基础（如修正后的扩充形式，见乔姆斯基（Chomsky 1980, 1981））是，假设句子的语言描述涉及为其指派一组音系表达式 $P_1\cdots P_n$、一组句法表达式 $S_1\cdots S_n$ 和一种逻辑形式 LF。（一个句子的逻辑式，实际上不是它的意义表达式，而只是在句法表达式与语义表达式之间起着关键性连接作用的一种表达式（见如乔姆斯基（Chomsky 1981））。但由于这种差别对于我们的研究来说大多是无关紧要的，因此我们通常对其置之不理[①]。）我们把句子的发音或语音表达式 P_n 看作经由成体系的一系列中间表达式与它的逻辑式联系起来，其中的句法表达式（即表层结构）S_n 至关重要（图 1.1）[②]。

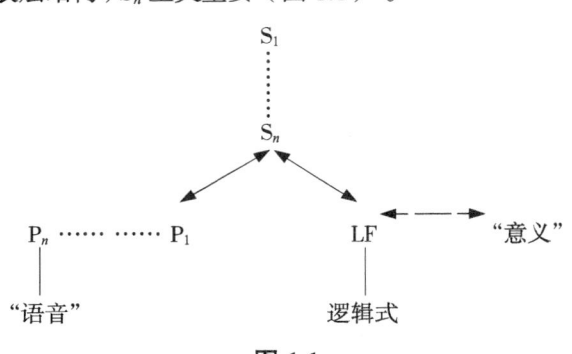

图 1.1

因此，一个句子的语言学描写涉及由语法的三个不同组件所给出的那个句子的**表达式**：音系表达式、句法表达式和"句法语义表达式"。语法理论必须说明每一个组件所给出的表达式的性质；如果有的话，还要说明哪类规则界定了这些表达式（即**表达式问题**）。它还必须说明每一个组件所给出的多个表达式中哪个与语言描写相关；如果有的话，也要说明与组件内这些表达式相关的那组规则的性质（即**推导问题**）。最后，它必须说明这些语法组件之间的关系，即不同语法组件所界定的表达式之间的关系问题（即**解释问题**）。

音系与句法的生成理论所做出的一项基本假设是：唯有**表层**句法表达式 S_n 具有描述语言的音与义之间关系特性的地位。我们相信这一假

[①] 但请参见第五章对语调的讨论，那里既论及了焦点结构（Jackendoff 1972）与韵律之间的关系，又讨论了焦点结构与逻辑式之间的关系。

[②] 有关表层结构与 S- 结构（Chomsky 1981）之间的差别，见下文。

设是有充分根据的,并且在适当之处将为捍卫它而抗拒(如比耶维什(Bierwisch 1968)或布列思南(Bresnan 1971a, 1972)所提供的)那些似乎表明其他非表层句法表达式以某种方式影响音系的证据。(见第五章和第七章。)标准理论还有一项基本假设(我们这里所采纳的一项略作修改后的假设),即描述表层句法表达式 S_n 与表层音系表达式 P_n 之间的关系要涉及:(a)一组界定 S_n 与深层音系表达式 P_1 之间的映射规则,(b)一组将 P_1 映射到 P_n 的规则。前者是将句法表达式**解释**为音系表达式的规则,即将一种表达式转换成另外一种表达式的规则。我们把这些规则称作**句法-音系映射规则**。后者是从一种音系表达式**推导**为另一种音系表达式的规则。我们可以妥切地把这些规则称为语法的**音系规则**。本书将提出和捍卫(表层)句法表达式与(底层)音系表达式之间关系(句法-音系映射)的某一特定理论,并探讨这一理论对音系推导理论所具有的意义。

盛行于当下语言学界的句法层级观或句法组件观,与所说的**标准理论**(Chomsky 1965)相伴而生,而且其绝大部分的主体思想在这一理论的各种扩充和修订(见乔姆斯基(Chomsky 1981)及其书内引证)中被保留了下来。正如其他句法理论所做的那样,这一**修订后的扩充式标准理论**说明了句法表达式 S_i 是一个合格的带标记的括号形式或树形图。与某些理论不同,它进而指明句法表达式 $S_1……S_n$ 集合是与某个特定句子相关联的。该理论提出,用一组不受语境制约的改写规则(短语结构规则)和词库来描述(或生成)深层结构 S_1(Chomsky 1965)[3];最后,该理论还提出,S_1 与表层结构 S_n 是由转换规则集合联系到一起的。那么,按照修订后的扩充式标准理论,句法层面中存在着转换推导过程。按照现在的理论说法,值得注意的是:得到音系解释(即与 P_1 直接关联)的表层句法表达式 S_n 并不与(与逻辑式相关的)唯一近似表层句法表

---

[3] 斯托厄尔(Stowell 1981)曾指出:改写规则若不能给句法结构指定某种 $\bar{X}$ 语类标记,那么便可以将它们从语法中剔除。由于这个理论不影响表层结构中的表达式问题(即它仍是一个带标记的树形图),故而这里对此将恝然置之。

达式的 S 结构完全相同（Chomsky and Lasnik 1977）。这种差异现正处于争论之中，多数情况下，我们对其视而不见，"表层结构"的标准意义理解为全部完成转换推导过程中的句法表达式。近年来，有人已提出其他全面取消转换推导（即设定深层与表层句法表达式之间存在差别）的句法理论。（例如，布列思南（Bresnan 1982）以及书中的引证文献、盖茨达（Gazdar 1981）。）按照这些理论，只有一种句法树形表达式（即表层结构）。

在接下来的部分，**句法表达式**这一术语不仅用以指短语结构或句法结构表达式，还用以指词结构或形态结构表达式。二者具有相同的基本形式属性（Selkirk 1982）。然而，它还将证明保持句子语法（即概述语言里句子的音义关系）与词语法（即概述语言里词的音义关系）两者之间的差别是有益处的（见 Bach 1983）。在这一点上，我们已有些偏离了标准理论。词语法可能包括一个概括可能有的词结构的词句法组件（Selkirk 1982）、一个给这些词结构提供音系解释的音系组件和一个语义组件。可以料想，这些组件中的规则和原则及其交互作用与句子语法可能截然不同。我们虽然主张词语法与句子语法事实上在很多重要方面是一致的（见 3.1 节、3.4 节、8.3 节中的讨论），但确立它们之间的共同性并非本书的主要关注之处。相反，我们力求探索的主要是涉及句子语法及其内在的句法与音系之间交互作用的问题。

我们为了明确关注句子语法，而将句子的句法表层结构简单地解释为它是由单独的词语法界定的、一系列词所构成的。这些词与句子语法相关的方面是：（i）它们的（表层）词结构；（ii）它们（由推导而来）的音系表达式（即词语法的音系规则输出项），即所称之为的**词层面的音系表达式**；（iii）它们的语义表达式。当然，第二点（或许第一点也是）与我们的主要关注相关，即句法结构的音系解释。

句法中表达式问题的答案与生成框架内句法理论的连续发音多少相同，但这确实不是音系表达式问题的答案。在过去的十年间，音系表达式的理论发生了根本变化，这些变化的意义或许并没有得到完全的理解，但显然需要给推导问题和解释问题（句法与音系的关系）提出与标准理论所提出的（尤其是与《英语音系》(Chomsky and Halle 1968, *The Sound Pattern of English*，简称 SPE) 中所说的内容) 截然不同的答案。

  对句子语音的语言学表达式研究所采用的大多数方法都普遍认为，必须把语音连续体分析为一个离散的**音段**序列。生成音系学将一个音段描述成一个区别特征的聚合体，因此把构成话语的音段视为一个**区别特征矩阵**。在标准理论中，一句话的所有音系属性（甚至那些所称的"超音段"，诸如声调曲拱、重音模式等）都被看作是"音段性"的。某种意义上说，均可以把它们作为单线性序列组成部分的区别特征聚合体归入到音系表达式中。那么，人们就可以把一个音段序列视为（恰当地说是）音系（最终是可发音的）表达式。但是，正如人们长期以来所认识的那样，单凭一个音系音段序列无法深入描述一句话的重要音系属性，因为人们可以证明序列中的音段之间存在着不同类型关系，即可以视为不同"连接程度"的那种关系。美国结构主义语言学之后的标准生成理论把音段之间的一些这类关系表征为"音渡（juncture）"成分或**边界**，并提出这些边界本身就是音段，它们占据严格线性排列的音系表达式中纯音系音段之间的一个位置。此外，根据标准生成音系学理论，对句子音系表达式中音段之间的关系进行描述，也会涉及它的句法表达式中带标记的括号或树形图所表征的各方面信息。《英语音系》等其他生成传统早期著作的主要贡献之一是：证明句中某些音系属性（尤其是它们的重音模式）是由它们的（表层）句法结构直接决定的。因此，在标准理论框架内，音系规则被看作是应用于音系表达式中的音段，该应用利用了音段（或它们的下属序列）之间所获得的句法成分结构关系。就标准理论而言，音系表达式是一个由音段和边界符号组成的、有句法标记的树形图或已加括号的终端语符列。

  在标准理论中，表层结构是一个带标记括号的音段序列。表层结构与底层音系表达式之间的关系是由"重新调整组件"中的规则来界定的。根据这一理论，句子的底层音系表达式与表层结构之间并无很大差别：它有同一个音段序列（可能有某些由重新调整规则"拼出来"的"空"语素等增加成分）④、近似同样的带标记的括号形式（尽管这可能会通过重新调整规则进行一些修订，修订的方式无明确说明）。两者之间的本质差别在于音系表达式中有无边界符号。这些语法构形成分据说是由一组规约引入的，这些规约构成了重新调整组件的一部分，它们在表层结构的基础上把边界符号插入音系表达式之中（《英语音系》；Stanley 1973；Selkirk 1972, 1974）。标准音系表达式中的各种边界符号构成了从句子的句法层级结构到线性术语的粗劣转译。音系组件中的一些规则依据句子的句法标记括号直接使用，而其他一些规则，按照标准理论，则只诉诸边界编码的相关信息。

自《英语音系》提出生成音系学的标准理论到现在为止，已有十余年之久。迄今为止已得到广泛确认的是，音系表达式不只是一个已与句法结构联结的纯音段（音段和边界）语符列。我们知道：音系表达式是由**音节**序列组成的，音节有内部的成分结构，它的"终端"位置总体上与我们所知的音段相重合⑤。我们还知道：音系表达式中可能有不止一个**自主音段音层**，音系特征或特征束（就像音段或用戈德史密斯的术语说"自主音

---

④　形态学近十年来的研究已表明，这些"拼出来"规则在语法中还无位置。至关重要的是，证明了不是在转换推导过程中引入屈折形态学的，而是由一个单独组件中的构词规则生成的。见拉普安特（Lapointe 1980, 1981），利贝尔（Lieber 1980），威廉斯（Williams 1981a, b），塞尔柯克（Selkirk 1982）。

⑤　有关更新的把音节当作超音段、已内部结构化的实体的生成理论，见卡恩（Kahn 1976）、塞尔柯克（Selkirk 1978b, c）、凯巴斯基（Kiparsky 1979）、麦卡锡（McCarthy 1977, 1979a）、哈勒和维格诺德（Halle and Vergnaud 1979, 1980）、克莱门茨和凯泽（Clements and Keyser 1981）、凯恩斯和范因斯坦（Cairns and Feinstein 1982）、哈里斯（Harris 1982）等著述。稍早文献，见派克和派克（Pike and Pike 1947）、库里洛克（Kuryłowicz 1948）、富齐（Fudge 1969）等。

段"那样）在每个独立的音层上线性排列⑥。按照近来有关这一主题的著述（如 Halle and Vergnaud 1980），我们把音节序列（或它们的终端位置）看作是三维实体中的**核心**（core）或**主轴**（axis），其中自主音段音层与这个主轴并行，音层上的（自主）音段被"联结线""连接到"主轴音层上的某个或某些连续排列的位置上（请特别参见哈勒和维格诺德（Halle and Vergnaud 1979）、麦卡锡（McCarthy 1979a）、克莱门茨和凯泽（Clements and Keyser 1981）、塞尔柯克（Selkirk 1984））。此外，我们还知道：音系表达式中的音节是以某种层级化组织形式排列的。我们所说的"层级化组织（hierarchical organization）"，并不是指自主音段音层上的聚合体；不同音层上的成分表面上并不是以层级化方式或任何一种直接方式彼此相关联的，而仅仅是直接与音节主轴音层相关。（在一个自主音段音层上表征的是声调或语调曲拱的声调音段，而在另一个自主音段音层上涉及的则是元音和谐等特征。）大致说来，"层级化组织"是指将音系分析单位组成多个音层，这些音层在同一个平面上纵向排列。层级化音系表达式具有何种性质，正是本书主要关注的焦点。

事实上，有两种不同类型的层级化结构，它们是音系表达式的部分组成形式。一种可以称之为**韵律成分结构**（prosodic constituent structure）（即一种包含**节律树**的结构术语，见 1.2 节）。它是句法描写中常见的同一种通用类结构：在这里，语言单位被分门别类地组成了更大的单位，由此它构成了一个合格的带标记的括号形式或树形图。音节（及其属下成分）显然是这一层级结构中的单位，它们之上是语调短语。在韵律成分结构中，（如果有的话）何种单位可以介于音节与语调短语之间，是一个需要讨论的话题（1.2 节）。另一种句子音系表达式中的层级化结构是**节奏结构**

---

⑥ 现在，自主音段音系学著述丰硕，无法一一列出。例如，戈德史密斯（Goldsmith 1976a, b）、威廉姆斯（Williams 1976）、莱本（Leben 1973, 1978）、克莱门茨（Clements 1976）、克莱门茨和福特（Clements and Ford 1979）、原口（Haraguchi 1977）、麦卡锡（McCarthy 1979b, 1981a）、哈勒和维格诺德（Halle and Vergnaud 1980）。

（rhythmic structure）的表达式。节奏结构本身可以表征为**节律栅**（metrical grid）（Liberman 1975），节律栅是一种时间周期性层级结构的表达式，是由节律层级的层级结构组成的，其中每个层级又是由代表（抽象）时间上的点和确定节奏出现频次的位置（节拍）序列组成的；它不是树。句子的节奏结构是它的音节与节律栅的对应形式。

我们之所以需要特别关注"非线性"音系表达式的这些层级性因素，原因是显而易见的。将音系表达式视为具有自己的层级结构的这一理念，要求我们彻底反思句法与音系的关系。不可以再把音系表达式简单地看作是"重新调整后"的一种表层结构，它有它自己的限定属性。因此，解释问题——即音系表达式与句法表达式之间的映射问题——比在标准理论中更为重要，而且有着与之完全不同的特性。我们必须把它视为对一方面的句法层级结构与另一方面的音系层级结构（或多个层级结构）之间关系的描述[7]。

现在出现的音系表达式理念更为丰富，这将对句法与音系之间的关系理论产生更大的影响。我们认为，应当从音系表达式的层级化组织角度，把可能影响音系规则应用的音系表达式中音段之间的"音渡"或"连接程度"表征出来。多年以来，人们一直（以许多不同方式）主张不应把句子的音渡属性看作是标准理论中的那种音段性边界，而应以不同方式对它进行"超音段性"表征（如 McCawley 1968, Pyle 1972, Selkirk 1981a, Rotenberg 1978, Basbøll 1978）。这里，我们沿这一思路往前再进一步，提出从已有独立理据的表达式层级结构视角，对这些音渡属性进行描述。因此，我们这里所提倡的音系表达式理论将把音段边界成分一起删除。（有关对音系层级结构在取代边界符号中的作用所做的讨论，见第三、六和七章。）

---

[7] 这便是派克（Pike 1967）第 15 章提出来的但并没有表述清楚的一种句法与音系关系的理念。

第一章　句法与音系的关系

总而言之,"修订后"的音系表达式"理论"包含:(a)一个(包含音节序列的)**韵律成分结构**;(b)一个**自主音段音层**集合;(c)一个节奏结构,即**节律栅**;(d)对音系表达式各个方面之间的**联结**和**同界**(alignment)的赋值。句法与音系之间关系的"修订后理论",就是将这些属性从句法表达式映射到全赋值的音系表达式上。

我们的理论也是以另一种方式与句法和音系关系的标准理论分道扬镳。如前所述,我们假定语法是由词语法和句子语法组成的,因此必须对这两种语法进行描述。既然我们假定表层句法结构是由一系列带单个词层音系表达式[8]的词(词语法的输出项)组成的,那么我们为句子语法对句法与音系关系所做的描述,严格地说,其目的只是让我们探讨句子语法中规则和原则所支配的句子的音系属性(由于两个子语法中的规则和原则存在大量的重叠,当然也有机会对词语法中句法到音系的映射进行研讨)。

我们将展示,表层句法表达式的纯句法因素在决定句子音系表达式的层级组织方式(即本质上支配音系表达式的"构建"方式)上起着至关重要的作用。表层带标记括号的句法形式在音系描述上是否起着更大作用——即它是否确实支配句子语法音系规则的应用(因而在音系推导中具有直接作用)——是有争议的。我们认为:在无标记的情况下,句子语法的音系规则只不过间接地受到句法结构的影响,即通过句法结构对音系表达式的层级结构所产生的影响(请特别参见第六章)。正是后一种结构,似乎才对大多数音系规则的应用起支配作用。注意:这里对**音系规则**与**构建或界定表达式的规则**做了概念上的重要区分,音系规则以一种层级排列

---

[8] 把表层句法结构看作是具有(一系列)已(部分)推导而得的音系表达式,持有这样的理念,若要保留"底层音系表达式"这一概念,那么就需要做些说明。事实上,这个概念对于词语法和句子语法来说一定是有区别的。可以把词语法的底层音系表达式看作是构成词的单个语素词汇(最基本的)表达式的串行排列,这与《英语音系》中的术语使用最接近。这里,我们有时还用术语**底层音系表达式**指表达式音层,即句子语法句法到音系映射的输出项和句子语法音系规则的输入项(也就是句子后循环规则的输入项)。

音系与句法：语音与结构的关系

的音系表达式方式应用于推导之中；构建或界定表达式的规则，例如音节构建和音节重构规则（见 1.2.3 节）、语调短语划分规则、音节与节律栅同界规则等，二者均（部分）根据表层句法表达式应用。后一种规则界定句法与音系表达式之间的映射，它将成为本书关注的焦点[9]。

1.2 音系中的层级结构

1.2.1 节奏结构

利伯曼（Liberman 1975）提出语言节奏结构的一种形式表达式，这一表达式体现了如下这一主张：言语节奏组织颇类似于音乐的节奏组织。我们把这个表达式称作**节律栅**，并在此提出：节律栅是句子音系表达式一个不可或缺的组成部分，重音或凸显模式正是以这种节律栅的形式得到表征的，语言里的重音模式理论也一定是以这种节律栅的形式表达的。普林斯（Prince 1981, 1983）令人信服地指出：有一种理论把重音模式看作是一组规则，这些规则通过节律栅的节奏结构来直接界定与句子中音节的同界关系，这种理论不仅是可能的，而且是备受人们期待的，优于其他分析重音模式的方法。我们认为普林斯的观点基本上是正确的，并将在这里对其做详细阐述。

在介绍节律栅之前，我们将对任何形式体系都必须呈现的音乐节奏的一般特征进行评述，在讨论音乐的时间组织时，库珀和梅耶（Cooper and Meyer 1960: 3）将**脉冲**（pulse）定义为"定期间隔出现的一连串精确等效的刺激之一"，如钟表（或节拍器）的滴答声。当然，存在连续定期间隔出现的脉冲，是组成任何节奏模式的先决条件；若没有这种基本间隔性，节奏模式本身就不可能存在。库珀和梅耶将音乐时间脉动排成了**节律模式**：

---

[9] 不过，或许不应当过多专注这一差别。最基本的主张是：只有直接诉诸句法结构的规则是循环性的，而在无标记场合，那些不诉诸此的规则（我们的"音系规则"）则不是循环性的（见第八章）。

格律（meter）是对或多或少间隔出现的轻重之间的脉冲数量所做的测量。因此，要让格律存在，就必须加重一连串中的某些脉冲，使这些脉冲比其他脉冲更具感知上的标记性。因此，在格律环境中数出脉冲的数量时，我们把它们称作**节拍**（beat）。加重的节拍称为"强节拍"，不加重的节拍称为"弱节拍"。（Cooper and Meyer 1960: 3）

要理解这一点，请看下列图表。在这里，我们把 x 用作脉冲（时间点），划线部分表示该脉冲具有"感知上的标记性"。

（1.1）

x x <u>x</u> x x <u>x</u> x x <u>x</u> x

库珀和梅耶把这里的脉动称为**节拍**，因为那些在感知上具有标记性（重音）的脉动组成了节律模式，也就是说，它们以间隔性方式（此处以严格二元交替模式）反复出现。（就库珀和梅耶而言，划线节拍是强拍，其他的是弱拍。）记住库珀和梅耶在音乐中所称的**格律**，就是我们在言语中现在所称的**节奏**（rhythm）[⑩]，就像利伯曼（Liberman 1975）曾做的那样，我们将使用这种音乐类比来继续分析言语节奏及其对语言表达式的影响。现在，在音乐的时间组织中存在着一种层级结构，每一个层级都有自己的强弱节拍，也就是存在各种不同层级的脉冲，每一个层级上的脉冲都组成了节律模式。此外，

> 在西方经典音乐的节律体系中，每一个层级都是周期间隔性的；已知层级上的"脉冲"在周期上都是固定不变的，这与以常态方式（一般是以二到一或三到一的方式）出现的下一层级的周期性不谋而合。（Liberman 1975: 272）

因此，任何一种音乐节奏组织的表达式或任何一种像音乐那样的节奏组织体系，都必须把脉冲或节拍、强拍与弱拍之间的区别以及可获得强弱

[⑩] 实际上，库珀和梅耶对节奏和格律做了区分，认为它们二者相互关联、相互依赖、难解难分，并让格律和节奏二者都含有层级化（"架构式"）的结构模式。的确，假若**格律**或**节律**在所有实例下都被**节律**和**节律**的所取代，那么，上面所引用的说法（对他们来说）也都是正确的。正是库珀和梅耶的"格律"概念对应于言语通常所使用的"节奏"概念。尽管如此，正如我们将要看到的，这段引语是恰当的。

区分的各个层级表达出来。利伯曼（Liberman1975）所提出的节律栅就是这样一种表达式。我们在这里将对它的基本特征加以概述；有关对它的形式属性的讨论，见利伯曼（Liberman 1975）中的第五章以及利伯曼和普林斯（Liberman and Prince 1977）中的3.3节。它是一种二维的实体，是由并行的纵向平面组成，在平面的上面有些点，标记着周期性。由于周期性是层级性排列的，上一层级上的任何一点（纵向上说）都与下一层级上的一个点相一致（但反之则不然）。（1.2）是一种合格的节律栅：

（1.2）

```
x                       x
x           x           x
x   x   x   x   x   x
x x x x x x x x x x x x
```

横向层级被称为**节律栅层级**（metrical grid level）或简称**节律层级**[11]。鉴于稍后要解释的原因，所以将最低节律层级上的点叫作**半拍**（demibeat），第二及以上节律层级上的所有点都叫作**节拍**（beat）。一个与下一个节律层级上的节拍相一致的节拍（或半拍）叫作**弱节拍**（或半拍）；一个与上一层级上节拍（或半拍）相一致的节拍（或半拍）叫作**强节拍**（或半拍）。

注意：栅表达式本身并没有明确任何节律层级上脉冲（节律模式）的周期性质。原则上，任何一种"心灵可抓到的"模式[12]都可用于节奏组织，并可由节律栅来表征。但事实上，在很多节奏组织的活动中，不管是西方古典音乐、舞蹈、军队行军或发出语言的音节，很明显都倾向出现一种轻重节拍交替形式。作为这种二元组织上的一种变体，人们可能会遇到三元节拍（一个强节拍伴随两个弱节拍），但四元组似乎可感知为两个二

---

[11] 在语言学中扩大术语"层级"的使用，可能是令人遗憾的。但它在这里指单独一个平面内纵向安排的横向线中的应用，是恰当的；不使用它，就可能说不清楚，失去表述的清晰度。

[12] 在讨论节律栅表征的言语节奏时，利伯曼（Liberman 1975: 278）引用了多宁顿（Donington 1974: 427-428）的话，说道：音乐节奏"必须形状调整为心灵可以抓到的模式"。

元组。因此，可能有某个一般**节奏交替原则**，它存在于已证实的模式的背后[13]。我们提出把这条原则暂且表述为：两个相连的强节拍之间可以介入至少一个、最多两个弱节拍。我们认为这条原则是可能的，不是完全靠不住的有关节奏模式性质的假说。这条原则是否真的在人们可能受到节奏组织影响的不同活动领域[14]中起作用？当然，这是一个实证问题。存在二元组和它的三元组变体，可能没有什么稀奇，已证实存在的模式是多样性的。但我们暂且将这条节奏交替原则作为一种工作假设，指导我们的研究，并坚持这样的主张：认为在节律组织方面各个层级都有比现存的节拍模式更多的东西，而且在决定所涉及的模式类型时还可能有某些有关节奏、人类认知能力的重要内容需要学习。

1.2.2 节奏结构在语言描述中的作用

利伯曼主张自然语言在节奏组织上类似于音乐，这是我们所支持的，也是我们要为此提供更多证据的。具体来说，该主张是：较为妥切的是把话语的节奏表征为它的音节与一个节律栅（特别是在临时形式中由节律交替原则之类东西所支配的节律栅）之间的同界问题。我们可以把利伯曼对节律组织在语言描写中的地位所持的立场解释为：根据这一立场，话语的节律组织是一种相对肤浅的现象，是作为基本音系表达式的部分语音体现产出的，而这个更为基本的音系表达式具有很多截然不同的属性。按照这个理论，句子的节律栅同界是一种表达式，根据这个表达式，这些东西更趋向重音音节的等音长；笼统地说，我们可以把音节的相对时长表达出来（见第二章）。利伯曼（Liberman 1975）、利伯曼和普林

---

[13] 见利伯曼（Liberman 1975: 272）、(**交替原则**这一术语的提出者）斯威特（Sweet 1875–1876: 480–481）和戴尔（Dell 1984）。

[14] 利伯曼（Liberman 1975: 313）提出了这样一种假说：所有的有时间排序的行为都是有节律组织结构的，因而语言在这一方面很像其他人类行为。但一种行为的模型细节与另一种在多大程度上是相同的，还有待观察。

斯（Liberman and Prince 1977）也都给它赋予了一个描述英语重音移动规则可以应用的条件的角色，如把 *thìrtéen mén* 变成 *thírtèen mén*[15]（13个男人），但没有给它赋予一个描述语言重音或凸显基本模式的角色。就利伯曼（Liberman 1975）而言，重音描述（首先）需要把话语组成"节律模式（metrical pattern）"[16]进行表征，（而后）需要从节律栅的角度表征它的组成方式。前者是那种从话语成分（它的音节、词和短语）中获得的相对凸显关系系统。对利伯曼来说，它是一种偶分树状结构、结构节点标为 *s*（强）和 *w*（弱）的表达式，即**节律树**（metrical tree）[17]。抽象的重音模式不受节律栅支配，并在它与句子句法结构之间起调节作用[18]。因此，利伯曼（Liberman 1975）、利伯曼和普林斯（Liberman and Prince 1977）以及其他"节律"传统方面的最新著述都把它设定为语言描述的一部分。

利伯曼和普林斯提出只用 *s* 和 *w* 标注句子表层句法树的节点方式来表征词层面以上的相对凸显关系[19]。采用这一分析方法，英语核心重音规则就变成了只"标记右手节点 *s*"（由此接下来它的姊妹节点将是 *w*）。因此，便可以给句子 *Mary's sister adores Russian novels*（玛丽的妹妹喜欢俄国小

---

[15] 我们用尖音符表示"重音"，沉音符表示"轻音"。如在这个例子中，在把同一个词中的重音等级表征出来时，就不用划分出序列中每个词里最凸显音节的重音等级，所以，在该序列中，尖音符将只用于表示主要词重音所在的位置。在其他场合，当词在序列中的相对重音陷入争议时，沉音符就可用于表示等级上比序列中词的某些其他主重音要低的主重音。那么，在 *thìrteen mén* 和 *thírtèen mén* 中，沉音符表示词的主重音在 *thirteen* 中所在的不同位置，并说明它是 *mén* 中词的主重音的从属成分。

[16] 注意：这个术语在这里不是按照库珀和梅耶使用过的方式使用的。

[17] 早先从节律树角度描述凸显模式的还有费舍尔-约根森（Fischer-Jørgensen 1948）和里舍尔（Rischel 1964）。

[18] 自利伯曼和普林斯（Liberman and Prince 1977）以来，在研究节律方面的著述中，只有戴尔（Dell 1984）曾对树与栅的关系做过探索与研究。

[19] 正如利伯曼和普林斯所言，这一理论明显存在着某些问题，尤其是节律树是偶分的这一假设。要维持这一假设，他们就必须允许对句法树进行大规模的重新调整，在"转换"成节律树之前将任何非偶分的结构转换成偶分的结构。这种重新调整缺乏独立的理据，这显然是该理论所产生的不是我们所期待的一个结果。

说）指派（1.3）中的这个节律模式：

（1.3）

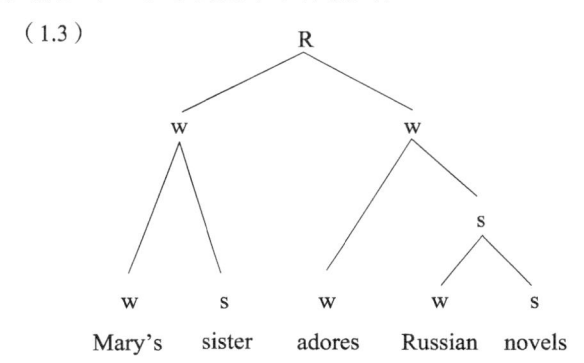

```
                    R
                  /   \
                 w     w
                / \   / \
               /   \ /   s
              /    ∨    / \
             w    s    w    w    s
           Mary's sister adores Russian novels
```

（R 是树的根节点。）至于词重音模式，利伯曼和普林斯没有把它们全部表征为标记 s/w 的树，而只保留了特征［重音］现在的偶分性，以表达重音与非重音音节之间的区别。我们可以把 *reconciliation*（和解），*gymnast*（体操运动员）和 *modest*（谦虚）这些词表征如下[20]：

（1.4）a.

```
                s
              / | \
             w  w  s
            /\ /\ /\
           s w s w s w
          re con ci li a tion
           +      -   +
```

b.
```
         s  w
        /\ /\
       gym nast
        +
```

c.
```
         s  w
        /\ /\
        mo dest
        +
```

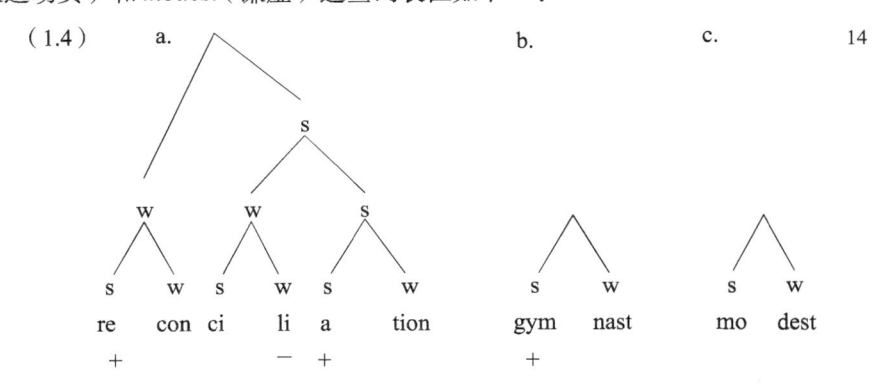

因此，重音音节之间的凸显关系，不管是在词的内部，还是在短语之上，都一致采用节律树来体现。利伯曼和普林斯的提议，产生了极富成效的一系列的研究，尤其是对词重音的研究（见 Prince 1976, Halle and Vergnaud 1979, Kiparsky 1979, McCarthy 1979a, Safir 1979, Selkirk 1980b, Prince 1980,

---

[20] 这里所展示的这种特定选择的分支和 s/w 指派，源自利伯曼和普林斯对英语词重音所做的具体分析；它们不是基于常理而成的。

Hayes 1980 等）。从这项研究（特别是哈勒、维格诺德和海耶斯所做的研究）中，现已获得了对可能有的重音模式的重要见解，而且形成了一种包括（词层面的）重音普遍理论在内的参数理论。这项研究已表明，层级分支树形表达式丰富到一定程度，就可以完全在不用特征［重音］的情况下对词重音模式进行表征和描写。这种丰富涉及将韵律成分结构单位[21]（如**音节、音步**和**韵律词**）引入描写之中。用这种较详细的说法，就可以把（1.4）中词的表达式变为（1.5）的这种情况：

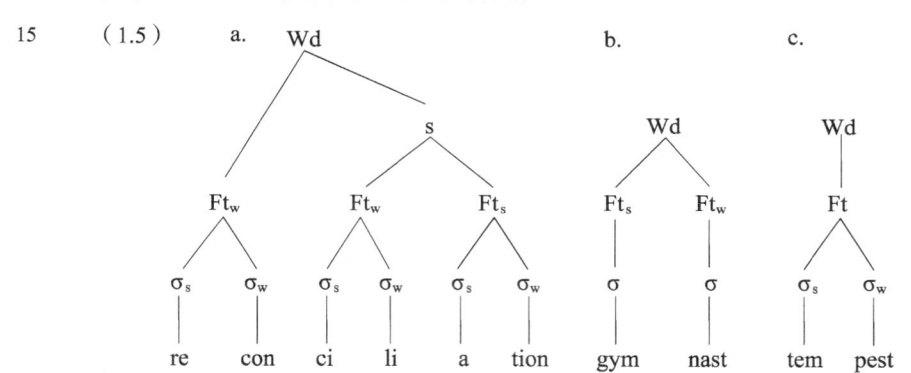

(1.5)

a. Wd — s — Ft$_w$, Ft$_w$, Ft$_s$ — σ$_s$ σ$_w$ σ$_s$ σ$_w$ σ$_s$ σ$_w$ — re con ci li a tion

b. Wd — Ft$_s$, Ft$_w$ — σ σ — gym nast

c. Wd — Ft — σ$_s$ σ$_w$ — tem pest

我们把这里的重音音节（σ）表征为音步中那个（最）强的音节。（单音节音步中那个仅有的音节通常被视为强音节。）无重音音节是弱音节。在描写词中重音音节与非重音音节的分布时，不再是指派特征［±重音］规则之事，而是（通常依照成分音节的性质）指明哪些构成语言中合格音步规则之事。根据这一观点，音步很像音节，是一种语音配列描写单位[22]。那么，根据"节律理论"的最新说法，词和句子的抽象重音模式可用带 s/w 节

---

[21] 在塞尔柯克（Selkirk 1978c, 1980b）中，这些韵律成分结构层级被称为**韵律语类**（prosodic category）。

[22] 因此，"音步"概念的用法不同于阿伯克龙比的。阿伯克龙比（Abercrombie 1964）是从重音角度界定音步的；所以，重音模式已先前独立存在。例如，在塞尔柯克（Selkirk 1980b）、哈勒和维格诺德（Halle and Vergnaud 1979）、海耶斯（Hayes 1980）的理论中，"重音"独立于音步之外是不存在的。坦白地说，重音模式就是音步模式，音步中最强的音节就是那个可称为"重音音节"的音节。

点标记的韵律成分结构来表征。虽然节律框架内的大多数研究（除戴尔（Dell 1984）之外）尚未专注节律栅在语言描写中的地位问题，但利伯曼有关抽象重音模式的理论最终会被转成节律栅表达式，因而它或多或少成为了一种预设假定。

但普林斯（Prince 1981, 1983）提出应将节律树从重音理论中删掉，而且必须让节律栅在凸显关系表达式和凸显模式理论中发挥根本性作用。这是我们在这里将要展开的观点[23]。

"重音""无重音"以及"重音程度"这些概念都是在音节与栅的同界中直接得到表征的。用栅的术语说，一个重音音节就是与一个节拍（或基本节拍或强半拍——根据定义，这些均是相等的）同界的音节；而无重音音节是与一个弱半拍同界的音节。至于重音等级，如果与第一个同界的节拍跟与第二个同界的节拍所在的更高节律层级上的节拍相吻合，则一个音节比另一个音节有"更多重音"。请从这个角度看看如下的重音模式：

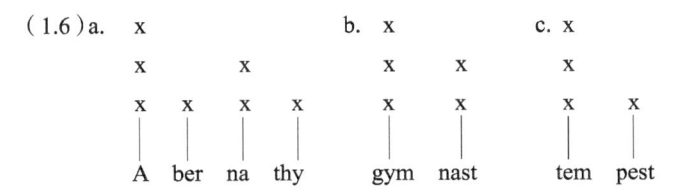

（1.6）a.　　x　　　　　 b. x　　　　　　 c. x
　　　　　x　　　x　　　　x　　x　　　　　　x
　　　x　　x　　x　　　x　　x　　x　　　x　　x
　　　│　│　│　　　│　│　│　　　│　│
　　　A　ber　na　thy　　gym　nast　　tem　pest

在上述所有例词下，第一个音节都有最大重音（最凸显），它是唯一一个与最高节律层级上的节拍同界的音节。在（1.6a）中，第一和第三个音节是重音音节（与多余节拍相联结），其他都是非重音音节。在（1.6b）中，

---

[23] 普林斯在1980—1981学术年的几次谈话（包括一次在1981年4月13日麻省理工学院斯隆（Sloan）商学院主办的德克萨斯大学形式音系学三边会议上，一次在1981年5月15日马萨诸塞大学语言学专题研讨会上）中提出过这些观点。节律栅在音系中起着直接作用，基本上可以取代其他重音表达式，利伯曼（私下交流）也曾论述过这一观点。不巧的是，我们在已写成这本书的大部分内容时，尚未拿到普林斯的内容（Prince 1983）。正因为此，读者将注意到，这里以及普林斯（Prince 1983）中描述的几种凸显模式节律栅理论之间所存在着的差异以及尚无对这些差异的探讨情况。

第一和第二个音节都是重音音节，没有非重音音节。在（1.6c）中，第一个音节是重音音节，第二个是非重音音节[24]。很显然，重音的栅理论有办法表示深度分析词层或更高层级上重音所需的差异。

在主张通常所说的重音"关系"表达式，反对标准"数字"表达式时，利伯曼和普林斯（Liberman and Prince 1977: 261-264）提出应青睐重音的关系理论这一点，因为它可以把概括标准理论框架内重音特征和重音指派规则的一系列特殊属性（如：重音特征的多值性质、非第一重音的组合特性、重音从属规约的非局部效应等）表述清楚（"让它合理化"）。我们相信这项主张至关重要：有了重音关系理论，这些特殊特性就"可以直接从表示现象的方式中推导出来，而不是通过对任意类型的观察得到"（Liberman and Prince 1977: 263）。

在描述重音表达式关系理论的优点时，利伯曼和普林斯想到了一种特定的关系表达式理论：节律树。但我们认同不妨把他们的这项论证视为青睐用节律栅来表征节律树的一种论证，因为用利伯曼和普林斯的术语意思来说，句子与节律栅的同界部分是一种重音关系表达式。节律层级上有与音节同界的节拍，层级的数量是没有上限的（"重音"是多值的）。节拍移动时可以增加、移动或删除节拍，但尽管如此，这还要取决于同一个栅内某些其他节拍是否出现（"重音"是非局部性的）。第二章将说明：音节是否带某个"重音等级"，是或至少部分是音节"重音等级"在周围语境中的一个函项（非第一"重音"是组合性的）。

但重音不是绝对关系性的。众所周知，单个音节可以重读（而不是不重读），无论它相邻音节是否重读。在节律栅理论中，重读一个音节，只是通过它与节律栅中的一个基本节拍同界实现的，没有什么能阻止音节与基本节拍同界。在此意义上说，"重音"在节律栅理论中不是关系性的。应当注意的是，当前理论中一个与基本节拍同界的音节类似于修订后的

---

[24] 我们（将在第二章到第四章中）提出重音不单是关系性的，因而应给"主要词重音"一种不同于"[＋重音]"（至少作为下一个更高节律层级上的节拍）那样的表达式。

节律树理论中一个音步中的强（或唯一）音节，而这个音步中有作为重音表达式一部分的韵律成分。根据后面的这个理论，单音节音步可以相继排列，因此音节序列可以获得重音——即在不考虑相邻音节情况下重读一个音节（Selkirk 1980b）。重音不是关系性的，还有另外一个意义：一个带"主要词重音"的音节总比只"重读"的音节更凸显（3.2.2 节）。这一更大凸显性在节律栅理论中被表征为与节律层级三或以上的一种同界。为了在节律/韵律树的理论中表现主要词重音所具有的这一"固有的"更大凸显性，或许可以规定把韵律词中最强的音节解释为只比音步中最强的音节更凸显（在没有韵律语类层级的节律树理论中，这种关系是根本无法表达的）。[25]

因此，重音的节律栅理论给予了词（和短语）的关系与非关系重音模式一种统一的表达式，而节律/韵律树理论则通过给树标记 s 和 w 来表达关系概念，通过把树组成韵律成分来表达非关系概念。我们在下文中将说明：由节律栅提供的高限定性、同质性重音模式表达式颇适用于描写任务，而且它还为许多重音相关现象提供了解释的基础。

我们要求任何一种重音理论不仅要提供一种对重音模式的适宜的表达式，可以对特定语言的重音模式做出有见地的分析，而且还能建构一种持"语言中可能有的重音模式"理念的理论。词或词以上的层级是否存在所说的有益于重音共性的东西，这些层级是否存在需要解释的东西，这其实都是实证问题。最近受到集中关注的词重音研究，已产生了这样的说法：在词重音理论中确实存在所说的极其令人感兴趣的东西。词重音的第一个显而易见的共性属性（也是有别于其他音系现象的共性属性）是：存在着它的模式——即重音与非重音音节出现时存在可分辨的规律性，也是首重音

---

[25] 吉格里奇（Giegerich 1981a）尝试用标记 s/w 的节律树来解释词的这种固有的凸显。他提议把"零音节"归到节律树中每个词项的弱姊妹节点下。这一假设是：这些零音节将自动给它们的姊妹节点提供合适的节律强度。但我们认为，问题并不是要确保词重音比弱音节更凸显，而是要确保在没有主要词重音时它比其他重音音节更凸显。

位置的规律性。在语言里，无重音、重音与主重音音节确实不是任意分布的（见第二章）。这一观察结果对任何一种重音理论均会产生严重影响。

就像在生成音系学的标准理论中那样，假设重音是元音的一种特征。这一理论必须赋予［±重音］这个特征一种与其他用于描写元音以及其他音段的特征不同的地位。如果［±重音］是一种与［±高］一样的特征，那么，比起某个特定的词中包含赋值为［+高］的元音，没有更多理由指望某个特定的词中包含［±重音］的元音，也不要指望有什么理由赋值为［+重音］的元音在词中以彼此特定的模式进行排列。在没有额外的规定情况下，标准理论既不能解释始终如一出现的重音音节，也不能解释它们的类型模式。就标准理论而言，重音模式的出现必须反映在如下的规定中：语法都普遍包含指派特征［重音］的规则，即仅仅属于所规定的产生已证实的模式的那类规则。但这种理论不能解释为什么是重音而不是其他一些音系特征应在语法中享有这种特权地位；也不能解释词重音模式为何应是这样的。正是由于种种理由，人们认识到重音的标准理论是不完善的[26]。

模式恰恰是以重音的一个基本属性存在的，我们可以把它的存在视为表示模式在重音音系表达式中是原始性的。这一观点影响了近来的重音研究，以利伯曼为首，他们都把重音模式看作是反映了表征为节律树的、话语中音节的层级（模式化）排列方式。但若没有进一步的规定，节律树理论便无法提供对"可能有的模式"这一概念的任何一种见解。毫无疑问，由节律树可以推出，在重音计时语言里，重音音节之间可相隔的非重音音节数量通常是一个，有时两个，而模式从不建立在间隔两三个以上非重音音节的基础上。海耶斯（Hayes 1980）在一次阐述词重音的节律树理论时提出，应把偶分支音步规定为唯一的可能有的基本模式，只允许三分支音步作为特殊场合中出现的变体形式。对重音模

---

[26] 但曾有人在标准理论框架内对可能有的模式做过概述。请特别参见维格诺德（Vergnaud 1974）以及哈勒和维格诺德（Halle and Vergnaud 1976）的研究。

式来说，偶分**是**最基本的，特别是在最低层级；但在节律树理论中只需要对这一点做个规定而已。我们承认这些规定（若是共性理论的组成部分）原则上不是不能反对的，但认同应该优先考虑这样一种重音理论：根据它，模式具体会是这样一种形状的。重音节奏理论就是这样的一种理论。如果表达式是将音节与一种诸如节律栅的节奏结构同界，那么，这些便是人们所期望的模式，因为无论节奏结构出现在语言或其他任何一种人类行为中，它都会受到类似的节奏交替音变原则（Principle of Rhythmic Alternation，简称 PRA）的支配。粗略地讲，节奏交替音变原则确保在所有节律层级上避免发生节奏冲突和缺失（lapse），确保前后强节拍或半拍之间相隔两三个节拍或半拍有规律地出现。记录详尽的语言里所展现的模式看上去符合这样的结构组织：在第三个节律层级上，彼此相隔两三个基本节拍是很普遍的；在基本节拍层级上，彼此相隔两个半拍甚至更为普遍，三元节拍只允许出现在特定场合[27]。那么，就是说重音节律栅理论更能解释这些重音模式。

　　这里提出的重音模式理论（第二章将做总的概述）产生于两类规则的综合效应：(i) **文本到栅的同界规则**（text-to-grid alignment rules，简称 TGA）、(ii) **栅悦耳规则**（rules of grid euphony，简称 GE）。**文本**是前面所说的表层结构，文本到栅的同界规则构建起了部分栅，借助指定句法应用域内的内部组织和／或它们的位置将某些音节与不同层级栅上的节拍同界起来。核心重音规则就是这类规则。文本到栅的同界规则确立了固定的凸显轨迹，并由此产生栅悦耳规则引入的特色鲜明的重音模式。栅悦耳规则因而完成了栅的构建。我们提出只用栅来界定它们，并应用于所有节律层级。它们的作用是确保栅是真的节奏性的，并使之尽可能与节奏交替音变原则相一致。英语里的重音移动或"节奏规则"属于这类规则。在这一

---

[27] 在音节计时语言里，基本节拍层级上不存在交替音变模式。有关音节计时语言的地位，见第二章和塞尔柯克（Selkirk 即出）。重音计时语言在这个层级上没有交替音变，有关它在这类语言里的地位，见第二章和普林斯（Prince 1983）。

分析中，栅悦耳规则和文本到栅的同界规则归属于界定表层句法表达式与底层音系表达式之间映射的组件。

话语节奏结构，现在事实上不只是音节凸显模式的表达式，也不只是与音节同界的栅的节拍。利伯曼（Liberman 1975）提出话语节律栅里也可以有**无声栅位置**（silent grid position，简称 SGP），即不与音节同界的位置，而这些音节是否出现则是以某种方式根据话语句法结构决定的。（阿伯克龙比（Abercrombie 1968）把它们称作**无声重音**。）利伯曼把这些无声位置看作是解释明显受句法支配的停顿和末尾加长现象所必须采用的方式。我们把这些位置叫作句子的**句法计时**或**音渡**。下文将极为详细地阐释在话语音节所同界的节律栅中存在着无声位置的观点。第六章将说明：这一观点不仅让我们可以解释为什么首先应（在停顿旁）存在末尾加长现象，而且还提供了表征某些音渡属性的适宜方法，因而最终能对基于栅的规则（像重音移动规则）和连读变音音系规则在句子不同位置可应用性上的差异做出解释。

总之，句子节奏结构是由内含与音节同界的栅位置的节律栅组成的，栅位置呈现**凸显模式**，无声位置呈现**句法计时**或**音渡**。例如，句子 *Abernathy gesticulated*（阿伯纳西打手势）的节奏结构表达式应表征如下，其中划线位置是无声位置[28]。

（1.7）

```
                        x
x                       x
x    x                  x   x
x x x  x x x            x x x x x  x x x
Abernathy               gesticulated
```

21 这个连接中值得注意的是：必须存在缺少与音节同界的节奏结构位置，将

---

[28] 这里的栅只是部分的栅，即它包含了文本到栅的同界规则的贡献和引入无声半拍的句法计时规则的贡献，但不包含可引入额外的交替节拍的栅悦耳规则的贡献。

它们展示出来，可以为把节奏结构解释为不依赖于音段并可组成音节提供重要证据。

正如我们所说的，如果句子语法里大量音系规则的应用真的受由栅界定的音节和音段"毗邻性"支配，那么结论一定是栅出现于音系推导的早期某个时段。我们认为它出现在（底层）音系表达式 P_1 中，即句法到音系的映射的输出项。应当注意的是，这是唯一一个与下列两点相一致的位置：(1)栅所表征的计时关系是直接由话语表层成分结构决定的（见第六章）；(2)有趣的限制性假设认为，一旦（通过"构建规则"）完成句法表达式到音系表达式的映射，音系（或语音）便无法获得句法结构（见1.3节）。但即便在（底层）表达式 P_1 中给节律栅一个位置，也无法强硬做出节律栅同界是话语重音模式的唯一一个表达式这样的结论，因为我们相信表达式也是由韵律成分结构组成的。鉴于此，按照哪些重音模式基本上是用韵律成分结构（节律树）表征的，哪些韵律成分结构可同时直接转译成语言的节律栅同界形式，完全可以接受像利伯曼提出的那种理论。（这是最近研究中如哈勒和维格诺德所采纳的研究方法。）鉴于这种研究方法，重音理论（即语言里"可能有的重音模式"概念理论）将用韵律成分结构来打造。我们和普林斯（Prince 1981, 1983）提出的主张与此不同，其不同在于：(i)重音模式只用节律栅同界而完全不用韵律成分结构来表征；(ii)可能有的重音模式理论是用音节与栅的同界理论来打造的。本书大部分内容致力于论证和支持这一立场。

第二章对把节奏结构归因于话语的一般动因进行评述，并概括所提出的词和句子节律栅同界的理论。第三章利用在与一般词重音性质和特定英语词重音模式相关的早期节律框架内所获得的深刻见解，来概述基于节律栅的英语词重音理论。第四章说明节律栅方法可以对所有短语节奏现象做出见地深刻的描述，并据理反对短语重音的节律树研究方法。四、五两章还呈现了基于栅的有关重音与语调之间关系的理论。这样做，我们希望能清清楚楚地说明可从栅中得到的相对凸显表达式是深入充分描写句子曲调和节奏所必需的。因此，我们坚持认为，就像词那样，句子节律栅同界是句子中重音或凸显关系的唯一表达式。

1.2.3 韵律结构：音节

在（以《英语音系》为代表的）生成音系学的标准理论中，音节没有任何地位，尽管其他大多数音系学理论均已认识到它的重要性[29]。近十年来在生成理论框架内所做的研究，已在理论上给音节一种越来越高的地位，既作为音系表达式的单位，也作为表达有关音系表达式和音系规则的许多通则的单位。音节是装有一个韵律成分结构单位的范式盒子，所以在讨论理论中其他这类层级单位时将提供一个参照的点。

我们现在把音节理解为一个"超音段"单位。卡恩（Kahn 1976）、安德森和琼斯（Anderson and Jones 1974）与早期传统生成语法研究者（如胡珀 Hooper 1972, 1976; 维尼曼 Vennemann 1972; 霍尔德 Hoard 1971）分道扬镳，提出音节是一种"位于"音段语符列"之上"、与音段"相联结"的独立的单位。塞尔柯克（Selkirk 1978b,c）、凯巴斯基（Kiparsky 1979）、麦卡锡（McCarthy 1979a,b）、哈勒和维格诺德（Halle and Vergnaud 1979）等都曾进一步提出音节具有一种内在的成分结构，音段是结构的终端语符列；因而他们的研究都将早期的音节理论（如 Pike and Pike 1947、Kuryłowicz 1948、Fudge 1969 所提出的理论）重新结合到一起。最近的研究提出，音节结构层级体系的终端位置只是某种"占位符"，音段性材料是在（某个或某些）与那些终端位置相分离的自主音段音层上表征的，有实质性质的规则将它们联结起来[30]。鉴于这种我们此处所采纳的更新的理

---

[29] 各种非生成音系学理论确实把音节视为不过一种语言分析单位而已。见费舍尔-约根森（Fischer-Jørgensen 1975）所做的很有用的综述及其所引证的文献。

[30] 见麦卡锡（McCarthy 1979b, 1981）、哈勒和维格诺德（Halle and Vergnaud 1980）、克莱门茨和凯泽（Clements and Keyser 1981）、莱本（Leben 1980）、因格里亚（Ingria 1980）、基耶尔基亚（Chierchia 1982a,c, 1983b）、普林斯（Prince 1984）、塞尔柯克（Selkirk 1984）和斯蒂里亚德（Steriade 1982）。

论说法，音节及其内在的结构形成了不同自主音段音层上的音段所联结的音系表达式的**核心**和**主轴**。因此，用哈勒和维格诺德（Halle and Vergnaud 1980）的话语说，我们所认为的是一种"三维音系学"理论。根据这一理论，给语言界定一种可能有的音节和与之可能有的音段联结，表达了有关这种语言的基本语音配列通则[31]。正是在语言音节结构方面，话语的音段成分才被"组织起来"。

本书中，音段与音节联结的具体细节通常并不相关。因此，我们通常将句子的音节和音段内容表征为音节序列和（其下用标准书写形式书写的）音段序列。例如：

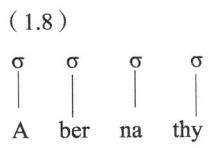

（1.8）

```
  σ    σ    σ    σ
  |    |    |    |
  A   ber  na   thy
```

人们普遍认为，声调现象需要自主音段理论。根据这一理论，声调被表征为音段音层或音节音层之外的另一音层之上的"超音段性的"成分序列（请特别关注戈德史密斯（Goldsmith 1976a, b）、威廉姆斯（Williams 1971）、莱本（Leben 1973, 1978），还有弗罗姆金（Fromkin 1978）和注释 6 中的参考文献）。现在，我们可以把声调与音节之间的关系仅仅看作是更为普遍的自主音段音层与音节主轴之间的关系集合中的一个特例而已。在某些语言里，单个语素或词可能有自己的声调"调式（melody）"；在其他一些语言里，声调调式只可以在某些更大应用域（如语调短语）中来界定（见 5.3 节和 5.4 节）；在另外的其他一些语言里，音高曲拱可能包含了"声调"和"语调"方面的作用。但无论在何种场合，正是从话语的音节组构的角度，自主音段声调单位才得以"实现"。声调与音节之间的联结，受普遍的和语言特有的合格性条件支

---

[31] 音节自主音段理论内对语音配列理论的概述，见基耶尔基亚（Chierchia 1982a, c, 1983b）、普林斯（Prince 1984）和塞尔柯克（Selkirk 1984）。

配。其中，语言特有的条件（即这样做可以对音节内部结构做出重要参考的条件）说明了多少个声调可以与一个音节相联结（见 Clements and Ford 1979、Halle and Vergnaud 撰写中）。

24 我们这里把话语的音节与节律栅的同界视为话语的凸显模式表达式，它可以被看作是音节与自主音段音层相联结的一个特例（尽管我们急于指出其他自主音段音层显然不是层级性结构）。严格地说，*Abernathy gesticulated*（阿伯纳西打手势）的节奏结构可表征如下，这里音节序列对音段与节律栅位置之间的关系起到了调节作用。

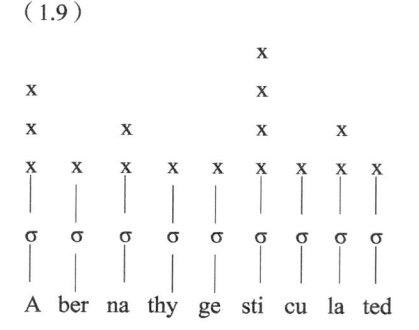

（1.9）

```
                    x
    x               x
    x       x       x       x
    x   x   x   x   x   x   x   x
    |   |   |   |   |   |   |   |
    σ   σ   σ   σ   σ   σ   σ   σ
    |   |   |   |   |   |   |   |
    A  ber  na  thy  ge  sti  cu  la  ted
```

（在讨论节奏结构时，为了便于绘图，我们常常将音节主轴从表达式中略去，只表征节奏结构，如（1.7）所示）

那么，总之，我们知道音节在音系表达式理论中具有关键性地位，在总体上为语言确定"可能有的音系表达式"概念的理论中扮演着关键性角色。正是从音节核心或主轴序列角度，界定了很多支配特定句子可能有的音系表达式范围的规则。换言之，音节在从表层句法表达式到底层音系表达式的映射中位居核心地位。

音节在音系推导过程中，在支配音系规则的应用时也起着主要作用。例如，音节可用作音系规则的**应用域**；也就是说，它界定了可将音系规则限定于所应用的话语的下属序列。现在，我们知道，要将有关众多音系现象中的通则表达出来，音系规则理论中就需要其中的"音节起始位置"、

"音节末尾位置"和"在跟……一样的音节内"等这些概念。因此,话语音节结构用于界定它的某些音渡属性,即最终与发音相关的序列中的音段之间所存在的某些关系。

既然音节结构在音系表达式中起着核心作用,那么确定音节的组成是如何受句子句法表达式支配的,就显得尤为重要。(我们用**句法表达式**来指词的结构和短语结构。)这一方面,我们给出两个相关的提议。第一个是语素或作为词项,或在第一循环过程中被音节化,而且还存在特定语言所具有的、即所称作**基本音节组成**(basic syllable composition,简称 BSC)**规则**的合格性条件,它抑或用作有关这些词库表达式的羡余规则,抑或导入起始的音节构建,为该语言界定"可能有的音节"概念。(这一观点已在塞尔柯克(Selkirk 1978b, 1984)中做过概述。)第二个是以循环方式,在语素以及更大的形态句法结构单位界限内对原有的这一音节结构重新进行排列。这相当于说在接下来的更大循环应用域内存在着一种部分"音节重构"现象(比较 Kiparsky 1979)。或许必须要对两种**音节重构**做出区分:依据语言基本音节组织规则的音节重构和依据某种共性原则的音节重构。例如,在英语里,词语法的(递归性)语类层级根是依据英语基本音阶组织规则所发生的音节构建和音节重构的应用域。(英语里的根含有所说的非中性词缀(Selkirk 1982)。)在词内的更大应用域中,尤其是在(递归性)词类应用域中,音节重构并不遵守基本音节组织规则,而只遵守某些限定性共性规则,如将音节尾辅音变成其后无首音音节的首辅音的原则。在词以上的应用域中,是否发生音节重构是有争议的[32]。例如,英语在此方面似乎与法语正相反,因为依据语言的基本音节组织规则,所有的词内循环应用域都是音节重构的应用域,而且音节重构则是依据共性原则在(某些)短语应用域内发生

---

[32] 英语词间音渡方面的经典著述,其中有琼斯(D. Jones 1931, 1956)和利希斯特(Lehiste 1960),他们与凯巴斯基(Kiparsky 1979)正相反,强烈认为英语里词之间没有音节重构音变。

的（Delattre 1940, Schane 1978）。

在我们遇见的所有案例中，基本音节组织规则的音节重构仅限于词内的应用域。此外，短语语境中**词之间**音节重构的可能性似乎很可能不是从句法结构角度（由句法韵律对应规则）直接界定的，而是由句子的句法计时（即由栅界定的音节毗邻性）决定的。如果证明确实如此的话，那么，或许一定要把短语的音节重构解释为一种"后层级"现象，它与外部连读变音规则一起，应用于一种已全部界定的音系表达式；它不是句法到音系映射的组成部分。

音节的界限可能与句法成分的界限是相一致的，某些音系规则可能有音节结构的应用域，所以，音系规则的应用可能反映了句子的表层成分结构，但这只是间接的。因此，音节结构提供了句法与音系之间一种关键性的中间联结。探讨句法结构与音节结构之间的关系——特别是研究音节重构的句法，原本就是我们的目标，也是本研究不可或缺的一个组成部分。妥善处理这一极为重要的问题，现在似乎已超出了本书的研究范围，部分因为它需要投入比我们迄今为止所做出的还要多的研究。因此，很遗憾我们将把对这一议题的总体研究留待以后某个时间和地点来完成。

1.2.4 韵律结构：音节以上成分

上文已假定十分丰富的韵律成分层级结构或韵律语类层级结构是音系表达式的组成部分（见 Selkirk 1978c, 1980a, b, 1981a），并提出英语层级结构至少包括如下的韵律语类[33]：

---

[33] 我们把**话语**排除在这个清单之外，因为我们相信它没有多少存在的理据，而且很少引发争议。我们可以把**韵律词**看作是等同于利伯曼和普林斯的 *mot*（法语用作"词"解）。
韩礼德（Halliday 1967a）和卡特福德（Catford 1966）在他们的著述中提出了声调组（=语调短语？）、音步、音节、音素这个层级体系。由于此处及第二章将要说清楚的原因，音步（阿伯克龙比的音步）不隶属于这个层级体系，而是隶属于一种与此不同的节奏层级体系。这相当于说，对于韩礼德和卡特福德来说，语调短语与音节之间没有介入的单位。

（1.10）
语调短语（IP）
音系短语（PhP）
韵律词（Wd）
音步（Ft）
音节（Syl）

我们曾提出，层级结构中层级 i 上的某个语类直接统制层级 $i\text{-}1$ 上的某个语类（序列）（Selkirk 1981a）。（假设**音节**是层级 1，其余的便是层级 2、……、n。）我们把这个称为**严格层级假说**（strict layer hypothesis），并在此把它作为一条行之有效的工作假说。我们在早期研究中曾假定，该层级结构中的每一个音节以上单位像音节一样，都有可能在描写词和/或短语（包括它们的重音模式在内的）语音配列时以及描写声调模式和音系规则应用域时发挥某种作用。我们相信，现在对存在那些音节以上韵律成分的说法进行重新评定，是不可避免的，因为以往认为某些音系现象是为这些更大结构单位提供动因的，从句子节律栅同界角度可以对它们做出更好的解释。某些语类将从韵律结构的全部清单中完全消失；一旦充分理解了节奏结构在音系中的作用，那么其余语类在音系描写中的作用也将大大地降低。对（1.10）中所列出的每个单位，我们都将对其风险所在做出简要评析。

1.2.4.1 语调短语　该单位相当于一个与典型语调曲拱或调式相联结的整个句子（见 5.4 节）。一个句子可以相当于一个或一个以上的语调短语。一个语调短语里通常有隶属于词和/或短语序列的材料，它不一定与任何一个句法结构成分同构（Selkirk 1978c）。*Abernathy gesticulated*（阿伯纳西打手势）可以有两种语调短语划分方法：

（1.11）
$_{IP}$(Abernathy　　gesticulated)$_{IP}$
$_{IP}$(Abernathy)$_{IP}$ $_{IP}$(gesticulated)$_{IP}$

存在语调短语的动因，主要产生于从某个表达式单位角度对语调曲拱进行界定的必要性，这个表达式的单位比词大，大小可变，但不可能是句法单位，因为与语调曲拱相联结的句法序列不可能是一个句法结构的成分。句子的节律栅同界并没有对表达式中的这类单位进行界定。那么，在典型语调曲拱的语言里，我们被引向把语调短语设定为音系表达式的韵律成分结构的一部分。（见 5.4 节。）

生成传统中的研究通常认为：一个句子的表层句法结构以某种方式决定了句子划分成语调短语的方式（Downing 1970, 1973; Bing 1979a, b; Selkirk 1978c, 1980b, 1981a）。我们在此摒弃了这个观点，而赞同早先研究中在这个问题所持的观点：即界定可以构成语调短语的东西本质上是语义的观点。例如，韩礼德（Halliday 1967a）提出的语调短语是"信息结构"单位。

我们（在第五章将要证实）的具体假设是：语调短语的直接成分必须带一个中心语与论元之间的关系或一个中心语与（限制性）修饰语之间的关系。也可以把这个假设看作是意在说明把语调短语称为一个"意义单元"意味着什么。作为这个基本假说的一种实现方式，我们建议把句子的语调短语划分（任意）指派给句子的表层结构，并让特定的短语划分方式受到合格性条件（或过滤机制）——即一种对从连续语调短语内的成分中所获得的上述语义关系制约条件进行编码的制约条件——的制约。我们将把这条合格性条件称作**意义单元条件**（Sense Unit Condition），它既可以就语调短语表层结构做出规定，也可以就（语调短语）逻辑形式做出规定，而这有赖于认为哪里可以获得语义相关信息[34]。因此，对句法成分结构与语调短语划分方式之间存在的可能有的

---

[34] 沿用近来句法里中心语与论元的关系研究（如 Bresnan 1982, Chomsky 1981），我们认为：某种意义上说，两个（或两个以上）结构成分是否带中心语与论元之间关系的这一迹象是可以从（表层）句法表达式中"获取"。可以料想，中心语与修饰语之间的关系也可以在那里（以及逻辑形式中）或许经由一个相互索引系统得到表征。

关系——即语调短语的句法韵律对应规则——所做的陈述微不足道。只需要陈述的是，一个（最高的）句子对应于一个或几个语调短语序列。任何一般对语调短语成分成员资格的进一步限制，据说都源自以语义为基础的意义单元条件。

我们将在第五章说明：将语调短语划分任意指派给句子，并让这种短语划分受制于意义单元条件，这些都与那种必须采取把语调曲拱指派给句子的研究方法完全一致。我们还将提出，要直接（并自由地）把构成语调短语音高曲拱的声调成分指派给表层句法结构，而且正是在这个指派的基础上，句子焦点的语义属性才能根本上得到界定。

我们在探讨短语节奏时将说明，语调短语可用作一种界定节奏凸显模式的应用域。还曾有人认为它用作了音段音系学规则（尤其是外部连读变音规则[35]）的典型应用域。然而，这里需要注意的是从连读变音音系规则对语调短语的作用所做的评估。语调短语的界限常常与实际停顿不谋而合，而我们的理论把这些停顿表征为节律栅中的无声位置。因此，有人曾认为受音渡影响的规则可能把语调短语作为了它们的应用域，这些规则就是应用受音段毗邻性支配、音节由节律栅界定的那些规则。

总之，很有必要对节律栅和韵律成分在描述与音系规则应用相关的音渡属性中的各自作用做出裁定。我们的观点是，音系规则可能受两类中的一类音渡表达式的影响；即它或受韵律结构应用域的影响，或受栅上所界定的毗邻性的影响。（不幸的是，）由于对词层以上音段音系的研究还很不够，此时此刻我们不可能知道诉诸同类音渡信息的规则是否也具有相同的其他属性。

---

[35] 例如，有关西班牙语里外在的连读变音应用域研究，见哈里斯（Harris 1968）、卡哈内和贝姆（Kahane and Beym 1948）；有关梵语里外在的连读变音研究，见塞尔柯克（Selkirk 1981a）。

1.2.4.2 **音系短语**　让我们用**音系短语**来指称任何一个层级的、可包含一个或多个主要语类词的韵律成分结构[36]。原则上，所提出的分析方法将有可能让语言可以展现不止一个层级的音系短语，在此情况下就可以把术语进一步细分为：PhP^1，PhP^2，……，PhP^n。那么，在这个术语体系中，语调短语是音系短语中的特例，它与典型的声调曲拱相联结，并在表征句子"信息结构"时起着重要作用。**话语**这个单位若有的话，在此意义上也一定是个音系短语。

音系短语这个术语已用于落在语调短语与韵律词之间的这一（假定存在的）英语韵律结构层级（见 Selkirk 1978c, 1981a）。英语音系短语被认为在话语计时时起作用，而且它对节奏属性（Selkirk 1978c）以及停顿的划分（Gee and Grosjean 1981）都有影响。我们现在认为，英语里有这种单位是很令人质疑的，因为句法计时（栅中的无声位置）可以表示更适合于描述此节奏现象的音节之间的析取或分隔（见第四章和第六章）。确确实实，我们现在明确否认的是：有充分理据证明英语里语调短语层级下存在着一个音系短语层级。

1.2.4.3 **韵律词**　很多语言学家都认为有必要分离出大抵一个词大小的音系表征单位[37]。这样一个单位可用以定义像"词首""词尾""词中"这类音系相关概念，它似乎是我们所需要的，特别是当用句法术语界定的句中的词未完全与音系学中起作用的"词"相一致时。我们在塞尔柯克（Selkirk 1980a, b）中提出，像英语、梵语等语言里都存在着**韵律词**这一韵律成分结构单位。我们曾提出：正是在（韵律）词内，单词大小的单位所特有的凸显关系才得到了界定——即"（韵律）词"这个单位在允许描写"主要词重音"的节律理论中才发挥作用。（另见 Halle and

---

[36] **主要语类**这个术语是指"词汇语类"，如名词、动词、形容词以及（或许还有）副词（Chomsky 1965）。其他所有词类都属于**次要语类**，有时称之为**功能词**。

[37] 见特鲁别茨柯伊（Trubetzkoy 1939）、美国结构主义诸多语言学著述，以及乔姆斯基和哈勒（Chomsky and Halle 1968）等，仅举几例。

Vergnaud 1979、Hayes 1980。）此外，我们还提出：用于界定主要词重音的单位是界定与音系规则应用相关的概念"词"所用的那个单位。其假设是：支配凸显关系的原则与音段音系学的规则，其二者的**应用域**系统上完全都是一致的。

既然有一种描述词重音的节律栅研究方法，那么，当然也就不存在明显为词内凸显关系范围而存在的音系成分"词"的理据（见第三章）。"主要词重音"就是在用句法术语描写的应用域内确立的栅的某个层级上的一种节律栅同界。至于像"词内""词首""词尾"之类的音渡概念，我们赞同，可以从栅所界定的毗邻性或直接从词的句法结构来表达它们，并且更为妥切地这样表达它们。我们提出的句法计时理论（见第六章）产生的结果是，句法词内不存在无声栅位置；因而，同一个词内的音节从节律栅角度是严格毗邻的。那么，我们提出"栅毗邻"可以替代至少"词内"概念的某些事例。句法计时理论在词之间指派了各种节奏分隔度——即栅的各种紧密度，因为根据句子的句法成分结构，我们给表达式中的词之间指派不同数量的无声栅位置。因此，有人可能会提出，某些对"词首"和"词尾"概念的诉求应当由对"缺失其前面栅的毗邻性"和"缺失其后面栅的毗邻性"的诉求所取代。其他对前面概念的诉求或许可以成为对句法结构自身的诉求。因此，我们无法看到任何对音系描写中韵律词的需求。

1.2.4.4 音步 音步是音节之上的一个单位，它通常比词小，并在"节律音系学"框架内的重音模式描写中起着核心作用。它用于表示重音音节与非重音音节之间的不同，并作为计算规定应用域内重音与非重音音节之间分布的一种手段。普林斯（Prince 1983）卓有成效地指出：在此功能方面，音步已被重音节律栅理论所取代。此外，需要注意的是：很少有证据证明音步本身作为音系规则的应用域，大多数所谓的受音步制约的原则都可以很容易并不失概括性地被重新归入受重音与非重音区分制约的规则[38]。在目前理论中，这样规则将被重新划归到受音节节律栅同界制约的规则中。所以，我们假定不存在韵律成分"**音步**"。

那么，我们就英语音系表达式中韵律成分结构提出的具体主张是：音系短语、韵律词和音步不是层级体系中的单位，而音节和语调短语则是。如果把音节序列作为最底层级，那么，Abernathy gesticulated（阿伯纳西打手势）的韵律成分结构要么是（1.12a），要么是（1.12b）。

（1.12）

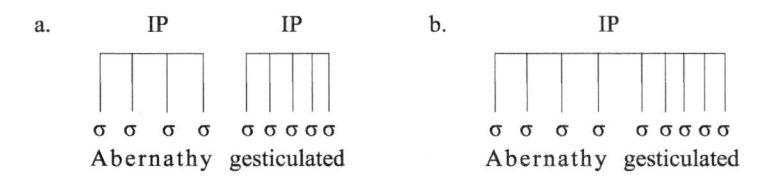

a.　　IP　　　　IP　　　　b.　　　　IP

　　　σ σ σ σ　σ σ σ σ σ　　　　σ σ σ σ　σ σ σ σ σ
　　　Abernathy　gesticulated　　　Abernathy　gesticulated

1.3　句法与音系之间的映射

按照迄今为止所概述的理论，句法到音系的映射主要经历三个阶段。第一个阶段是**表层句法结构** S_n（图1.1）。（回想一下1.1节，这含有一个词层级音系表达式序列。）第二个阶段是**带语调结构的表层结构**或**语调表层结构** S_n'。（**语调结构**这个术语是指句子的语调短语划分，即（自主音段表征的）语调短语的声调曲拱和将某些声调成分给表层结构具体成分的指派过程；见第五章。）第三个阶段是**带节律栅的语调结构的表层结构**或**语调与节奏的表层结构**。我们可以把它称作 S_n''，或许更确切地称作 P_1。这就是我们应当认为的句子的底层音系表达式。

S_n'' 或 P_1 是一个音系表达式层级内容基本上都已全部确立起来（可能除某种短语音节重构之外）的表达式。它还包括不同自主音段音层上所表征的音系表达式的所有音段内容。P_1 这个表达式被我们所说的句子的**音系**

---

[38]　例如，在英语里，支配清塞音音位变异的规则都确实如此（Selkirk 1978b）。

规则映射到了一个与 P_1 共享多个（而非所有）属性的表层语音表达式 P_n 上[39]。我们对参与其后 P_1 到 P_2 推导过程的规则无话可说，但好像值得（再次）指出的是，这类规则似乎只是从那些纯音系表达式方面加以界定的。它们至少在无标记场合看上去不受句法结构的影响。这类规则看上去也不是循环应用的。音系规则的这两项特征可以看作是单独一个一般性条件的反映：音系规则对句法结构视而不见。那么，一般情况下，本身结构丰富的音系表达式在句法结构与对句子语音体现细节最后赋值的音系规则之间起着调节作用，音系规则表面上可以直接求助于表层句法结构的案例都是高标记性的，甚至可能是表层异干替换形式（suppletion）。

表达式 S_n' 是语调的表层结构，它只是我们这里开始研究其属性的那种结构。表层结构 S_n 到 S_n' 的映射似乎微不足道。如前所述，我们采纳的假设是：把语调短语划分任意指派给表层结构，仅有的结构限制是将全句分析为一个或多个不重叠的语调短语序列。（另一个与此无关的假设是，构成短语语调曲拱的声调成分在 S_n 到 S_n' 的映射中也是被任意指派的。）我们提出：就是在 S_n' 层级上（或在它到逻辑式的映射中），某些支配语调结构与意义之间关系的合格性条件才得以界定。这其中有支配语调短语语义组织的**意义单元条件**，（还有支配句子语调曲拱与其焦点结构之间关系的焦点规则。）第五章将对这些条件以及这一总的语调研究进行论证。最后的结果可能是这样的：在必须表达概括有关韵律与词序或韵律与省略之间关系时的层级上，语调表层结构 S_n' 在语法描写中起着非常大的作用。但可惜的是，我们在这里不能对这些可能性进行探讨。

语调表层结构 S_n' 映射到语调节奏表层结构 S_n''（$=P_1$），是本研究的核心关切之一。那个映射的一种理论是 S_n' 的方方面面（带句法标示的括号形式、音节的组织方式、语调短语划分形式，以及与焦点相关的声

---

[39] 例如，皮埃安贝尔（Pierrehumbert 1980）认为，确实存在将以抽象声调元素建立的语调曲拱音系表达式作为输入项、将话语的 F_0 曲线作为输出项的英语语法规则。（见第五章）。

调成分指派方式）何以为句子确定一种节奏结构的理论。这里所捍卫的理论是，四个组件（文本到栅的同界、栅悦耳、句法计时和去重音化）都参与了这一映射。两个组件（文本到栅的同界与句法计时）的规则直接诉诸句子句法结构以及它的语调短语划分（第二至六章）。去重音化规则和文本到栅的同界规则，直接诉诸句子的音节组织（第二、三和七章）。最后，文本到栅的同界规则将音节的声调联结也考虑了进去（第四章和第五章）。

对 S_n'-P_1 映射所做的这些研究产生的一项重要成果是，发现所涉及的规则均是以**循环方式**应用的（见 3.4 节、4.4 节、7.2.2 节和 8.2 节）。值得注意的是，即使是在当前的概念框架内，这些循环规则也不是"音系的"规则，而是在句法表达式的基础上集体**构建**的音系表达式规则。我们可以推定，起码在句子语法中，循环是一条只支配将句法表达式**解释为**音系表达式的原则，而不是一条支配一个与另一个（句法结构性）音系表达式之间关系的原则（当然，一种确实值得考虑的可能性是：如果句法结构仅仅在 P_1 时就已被直接"删除"，那么也就没必要将循环限定在构建底层音系表达式 P_1 的映射上）。

图 1.2 是这一语法结构组织观的概括与总结。虽然所有细节上仍不完整，但这个图是图 1.1 充实后的一个版本，构建时增加了一种句子表层句法表达式 S_n 与（底层）音系表达式 P_1 之间映射的理论。我们可以把这里所假定的语法结构组织的一般理论理解为对生成音系学标准理论的一次修订与扩充。

值得再提一下的是，由图 1.2 可以清楚地看出，我们句子语法中的句法与音系关系模式是基于如下假设：词语法的输出项是这一映射应用到的表层句法表达式的一部分。这个表层结构含有一连串推导而得的"词层"音系表达式。另一个词语法的音系输出项是总体语法中一个离散的表达式层级（"词层"），这个概念是凯巴斯基（Kisparsky 1983a, b）、莫汉南（Mohanan 1982）等在创建所称的词库音系学和形态学理论框架时提出来

第一章　句法与音系的关系

的。虽然我们没有从事那个理论中其他某些细节的研究（见 3.1 节、3.4 节、8.2 节、8.3 节），但这个假设似乎很有用，值得我们采用。

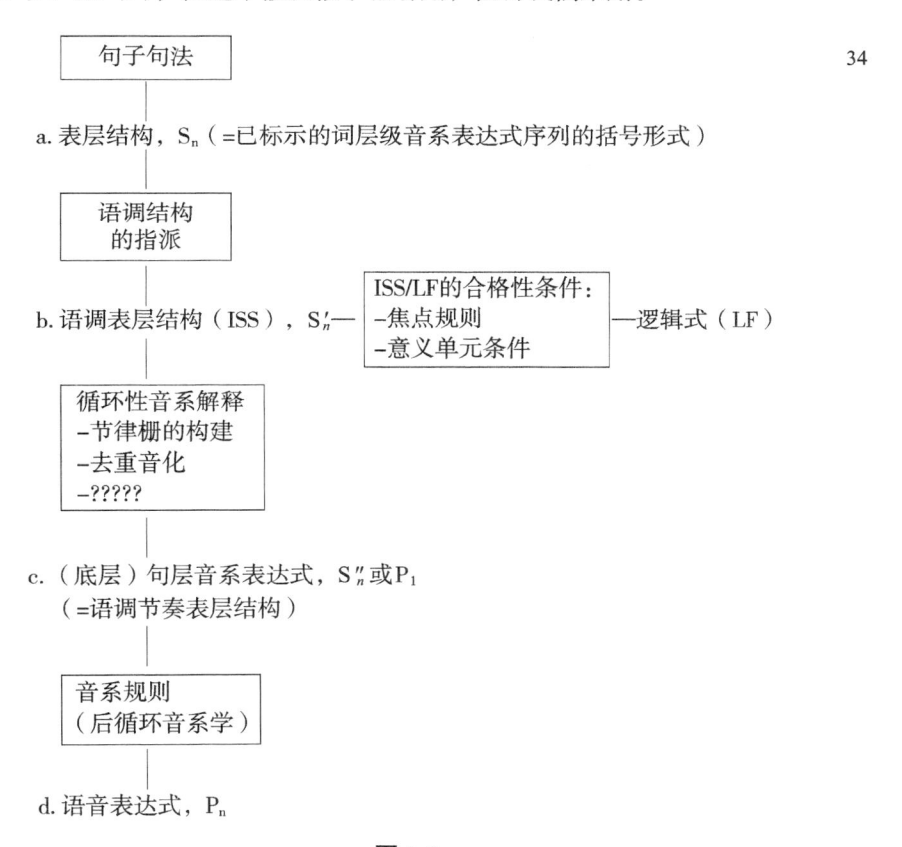

句子句法

a. 表层结构，S_n（=已标示的词层级音系表达式序列的括号形式）

语调结构的指派

b. 语调表层结构（ISS），S'_n ——

ISS/LF 的合格性条件：
- 焦点规则
- 意义单元条件

——逻辑式（LF）

循环性音系解释
- 节律栅的构建
- 去重音化
- ?????

c. （底层）句层音系表达式，S''_n 或 P_1
（=语调节奏表层结构）

音系规则
（后循环音系学）

d. 语音表达式，P_n

图 1.2

第二章

语言的节奏模式

2.1 概要

言语就像音乐（另外一种文化编码的声音产品）一样，是一种有节奏组织的行为。不同音乐传统的格律是一种编码方式，想必它能反映节奏结构组织的共性属性，也能反映（从（普遍界定的）节奏结构组织范围内可获得的选择范围中）对文化所塑造的具体细节做出的规约化选择。恰恰正是这样，我们将提出，语言里出现的不同凸显节奏模式也确实反映了共性和个性方面的节奏结构组织。每一种语言的节奏模式化都是编码定型的，因此，对言语节奏的语言学描写就是对该编码的一种描写。一种成功的语言节奏结构理论，将涉及对该编码中哪些是语言特有的、哪些是普遍具有的进行分类和归类工作。

我们在第一章中曾说到，节奏是建立在反复出现的脉冲之上，其中有些是以比其他读得更重的形式出现的，由此在不同层级上形成模式。不同方面的节奏结构组织是节律栅表达式中所固有的。一个栅位置就是一次脉冲，即（抽象）时间上的一个点。模式这个概念需要脉冲间的一次分化而成，而这是通过将它们归到不同层级上的位置来提供的。与节奏相等的脉冲序列被表征为不同节律层级上的栅位置序列。那么，每一个层级都存在着一种模式。因此，说言语是由节奏组成的——即在话语语言表达式中，音节与一个节律栅同界——就相当于说：(a)言语中存在着清晰可辨的脉

第二章 语言的节奏模式

冲;(b)其中某些音节比其他音节读得更重,因而形成了循环模式;(c)可能存在与不同节律层级上模式相对应的一种重调音节的层级体系。我们可以提出并业已存在,所有这些说法对言语来说都是对的。

在我们的理念中,栅中未曾固有的是模式本身的确切性质。原则上,一个重调(强)位置前后都可以是一些非重调(弱)位置。我们认为,这是完全恰当的:栅本身只是**表征**模式,即把它表征为那种把抽象时间的脉冲组成层级的结构组织。该模式是**以**支配节律栅结构组织细节的原则或规则**为特点的**。

可能存在一种共性节奏理想观,即一种青睐严格的强弱节拍交替音变模式观。如在第一章中,我们依照斯威特(Sweet 1875-1876)将它叫作**节奏交替音变原则**(Principle of Rhythmic Alternation,简称 PRA)。许多已在节奏模式构建中证实存在的总体趋向,表明语言或音乐的节奏结构组织渴望成为这样一种理想状态:(i)迄今为止,在任何一种行为领域里,各层级上的偶分模式(连续的 ws 或 sw)都是最为普遍的;(ii)三分模式(wws 或 sww)在任何层级的节奏模式构建中(通常)都不是基础性的,而是与偶分模式共存,构成不同于它们的特殊类型;(iii)四分模式坦白地说是不存在的,因为它们可以被解读为两个偶分模式。这是斯威特的观点,利伯曼(Liberman 1975)也曾隐晦地表达了这一观点。戴尔在他法语撰写的节奏著作(Dell 1984)中也曾遵循**节律原理**提出一种普遍的"理想"节奏组织形式,按照这个原理,理想的节律栅中没有毗邻的强位置,而它则是最大程度地交替出现的。

我们不认为节奏交替音变原则在语言凸显模式的描写中直接起作用,而认为界定那种语言可能有的句子节律栅同界的语法规则共同谋划在结构组织的每一个层级上实现那一理想。在本章的末尾,我们将对我们的节律栅同界理论(或语言的"可能节奏'曲谱(score)'"概念理论)进行概述,还将展现我们认为节奏理想在基于文本构建节律栅的规则中是如何体现的。在接下来的一节中,我们将考察把言语视为节奏组成的活动的证据,它既敬重一种拥有节律栅对应性质的抽象节奏结构,又呈现反映节奏交替音变原则操作的模式。

2.2 言语的节奏性质

英语语音研究者很久就已认识到,我们称之为"低层级"的节奏结构组织在言语描写中起着重要作用[①]。这些研究的一个主要见解是,一个句子的音节数量(时长)是由句子的节奏属性决定的。譬如,依据琼斯(D. Jones 1964: §886)的说法,

> 很大程度上,(英语里)元音长度有赖于句子的节奏。在连续话语中存在着一股让重音音节彼此尽可能近的等距相继出现的强劲趋势。

对琼斯(D. Jones 1964: §888-890)来说,(2.1a)和(2.1b)中的乐谱表示如下情况:在(2.1a)中,"*ei* 和 *ai* 在第二序列中的时长差不多是第一序列中的两倍",而在(2.1b)中,"*scene* 中的 *i:* 音远远长于 *scenery* 中的 *i:* 音"。

(2.1)

a. ♫ ♫ ♫　　　　♪ ♪ ♪
　'eiti:n 'nainti:n 'twenti　对比　'eit 'nain 'ten
　十八　十九　二十　　　　八　九　十

b. ♪ ♪. ♪ ♫　　　　♪ ♫ ♫
　ðə 'si:n wəz 'bju:təfl　对比　ðə 'si:nəri wəz 'bju:təfl
　The scene was beautiful　　　The scenery was beautiful
　场景　很美　　　　　　　　景色　很美

[①] 斯蒂尔(Steele 1775)、斯威特(Sweet 1875-1876)、琼斯(D. Jones 1964)、克拉斯(Classe 1939)、贾斯姆(Jassem 1949, 1952)、艾伦(W.Allen 1954)、金登(Kingdon 1958a, b)、阿伯克龙比(Abercrombie 1964, 1967, 1968)、卡特福德(Catford 1966, 1977)、韩礼德(Halliday 1967a)、吉姆森(Gimson 1970)、派克(Pike 1945)、鲍林格(Bolinger 1965b)、G.艾伦(Allen 1972, 1975)、利希斯特(Lehiste 1980)及其文中所引文献,以及汤姆森(Thompson 1980)都被认为是那些在英语言语节奏研究上比较著名的学者。

派克（Pike 1954: 34）对美式英语做了类似的观察。他指出：重音音节 man 与 here 在 The man is here（那个男人在这里）中所用的时长与在 The manager's here（经理在这里）中所用的时长大致相同，结果是后者中的音节"被挤压到了一起"（发音很快），以便得以"契合"。

基于琼斯等人的见解，阿伯克龙比（Abercrombie 1964）提出从音步角度可以解释音节的节奏属性，他通过设立**音步**这一分析单位（不要与节律音系学中的音步概念搞混），奠定了进一步研究这一课题的基础：

> 可以把英语话语看作是被重音脉冲的等时节拍划分成（近似）均长的音步。每个音步以重音为开始，而且包含到下一个重音的所有一切，但下一个重音不包括在内。所以，'This is the' house that' Jack' built（这是杰克建造的房子）有四个音步，用竖线就可以非常方便地把它们表征出来：
>
> This is the | house that | Jack | built
> 这是杰克建造的房子
>
> 任何一个音节的音量都是该音节所在音步总长度的一部分，而且也与音步中其他音节的音量成比例。（1964: 217）

那么，现在的说法是，可以用节奏术语把英语话语描述为由一系列等时脉冲所组成的。这一有关英语言语等时性的说法，引发了激烈争论（有关评述，见 Lehiste 1980）[②]。我们感觉，大多数的争论以及明显缺乏对这一问题的解决方法，都源于不能用足够抽象的术语来理解节奏和基本脉冲的等时性。跟利伯曼、利希斯特等学者一样，我们都认为：节奏结构组织在言语产出与感知中都要有心理现实性，但承认这一结构组织预设的理想的等时性不可能总是在可容易测量的声学信号术语中自己显现出来。

我们可以把句子节奏栅同界（句子节奏结构的语言表达式）比作一

---

② 各种实验研究都没有显示语言产出时重读音节的确切等时性（Classe 1939; Bolinger 1965b; Uldall 1971, 1972, Lehiste 1973b, 1975a; Lea 1974），尽管大多数研究都显示出了等时性的倾向。有关最近对产出时出现等时性的研究，见汤姆森（Thompson 1980）。

种音乐的曲谱。必须认识到的是，一个音乐的曲谱或一个节律栅同界虽是建立在人体器官节奏能力（即界定体现节奏结构组织共性的可能的曲谱或节律栅同界的规则）所构建的理念基础之上，但这些只不过是一种抽象的谋划而已。不论是同一个说话人，还是不同的说话人，同一曲谱都可以采用不同的方式加以诠释；当然，如果要让曲谱可以辨识，换言之，想要曲谱在实际运用中能够"实现"，诠释变异的范围就要加以限定。所以，必须要把曲谱与它的诠释区分开来。这就是**语言**与**言语**之间的差别，或语言能力与语言运用之间的差别（现在技术上使用后面的术语）。就语言学凸显模式而言，这是句子节律栅同界与它的语音体现之间的差别。在测量等时性时，我们现在测量的只是曲谱的运用，而不是构成它的抽象模式。所以，我们完全相信对等音长的**印象**——即对节奏的印象，认为它揭示了有关大脑如何及时掌握言语结构组织的某些东西[3]。大脑掌握了哪些东西，这正是引起我们的研究兴趣之处，因为那或许就是体现在句子节律栅同界中的东西。的确，绝不应当把等时性看作是真正节奏系统的必要条件。**模式**是作为由强弱术语界定的一种规则性反复出现的序列，这一概念在确立言语节奏性质时可能跟等时性一样是同等重要的。

英语等时性观察结果的震惊之处是：所有音节在节奏上彼此不是同等的；只有某些是同等的。此外，只是某些音节之间存在着一种（理想的）等时性关系。这就意味着（在库珀和梅耶看来）所有音节未必都能称得上是脉冲。不如说，它只是与英语言语节奏结构组织脉冲或节拍同界的、阿伯克龙比式音步起始的"重音"音节。事实上，其他在时间上有些不同的体现形式，这部分取决于它们中有多少存在于基础脉冲之间。这对这些音节与节律栅同界而言意味着什么？我们可以考虑在下文中给出派克的第二

---

[3] 有相当数量的证据支持把等时性的心理现实性视为一种感知现象（如 G. Allen 1972, 1973, 1975; Lehiste 1979a; Donovan and Darwin 1979）。

个栅同界的例子，其中 x 序列表示最低层级的节律栅（更高层级的节拍没有表示）：

（2.2）
   x x
  The manager's here 经理在这里

这里，只将与脉冲 x 相一致的音节指定为同界，其他音节可以说尚处在不稳定状态中。换一种方法，我们可以假定节律栅中还有一个更低层级，所有音节都将与之同界，但它不是那种把每个点当成标出理想等时脉动的层级。采用这种方法，脉冲或节拍都可以只在第二及以上层级上表征。*The manager's here* 就有了如下的栅同界（更高层级仍不完整）：

（2.3）
   x x
  x x x x
  The manager's here 经理在这里

显然，从具有已指定的节律栅同界意义上说，假定话语的所有音节都被融入了话语的节奏结构组织之中，是极为有益的。特别是，这一假定使词重音模式的直接处理、音步内计时的精致细节描写以及句法计时细节方面的表征都成为了可能。所以，我们将采用后一种语言的节律栅同界。因此，我们将在言语节奏的节律栅内对**第一节律层级**（最低层级）、**第二节律层级**以及之上的几个（原则上是无限多的）层级进行区分。我们把第二及以上节律层级上的位置称作**节拍**。具体地说，把第二节律层级上的位置称作**基本节拍**。最后，我们把第一层面上的位置称作**半拍**，选择这个术语只是要反映位置在最低层级上的准节拍地位。

  人们可能会提出，我们可以而且确实必须在节奏结构组织的基本节拍层级上对派克（Pike 1945）所称的**重音计时**语言（如英语）与**音节计时**语言之间的差别进行表征。音节计时语言是一种据说所有音节倾向于等时性的语言，即话语中音节时长具有相对稳定性，而且（相对）缺少元音弱化

（Pike 1945: 35-37; Catford 1977: 85-88; Abercrombie 1967: 96-98）。法语、意大利语和西班牙语常被引用为音节计时语言的例证[④]。例如，不把意大利语 *il popolo*（人民）中的音节发成均匀分布节拍的断奏曲。从节律角度看，音节计时语言就是与节律栅中的（基本）节拍同界的一种形式。鉴于节拍只出现在第二节律层级上的假定，那么 *il popolo* 的最低限度合格性音节与栅同界，见如下所示：

(2.4)

x　x x x

x　x x x

il popolo

人民

音节计时语言栅同界这一特定概念方面的证据，已在塞尔柯克（Selkirk 撰写中）中给出。

到目前为止，我们已论证了某些设定两个言语节奏结构组织层面（基本节拍层级和其下的半拍层级）的理由。大部分有关言语等时性方面的讨论，都是围绕着这两个层级展开的[⑤]。同样也是在这两个层级上，如在近来的词重音研究中已积累了大量丰富的言语节奏模式构建方面的例证；其中已证明，在重音计时语言里，若确实存在一种模式，那么"重音"音节之间的"不重音"弱音节的数量通常是一至两个（见 Halle and Vergnaud 1979; Safir 1979; Hayes 1980）。换言之，在自然语言里已证实存在的重音模式中，强音节之间似乎最多有两个弱的半节拍。这种音节计数是对节奏交替音变原则的构建——更广泛地说，是对言语是一种有节奏组织的行为这一思想给出的明确支持。

---

④　我们在塞尔柯克（Selkirk 1978a）和塞尔柯克（Selkirk 撰写中）中曾提出，法语并不是完全音节计时的语言，因为含央元音的音节不跟有基本节拍的初始同界音节上的一个节拍相联结。

⑤　大多数研究都涉及重音（与非重音）音节的等时性问题。有关讨论，见利希斯特（Lehiste 1980）。

第二章 语言的节奏模式

继阿伯克龙比（Abercrombie 1964）之后，卡特福德（Catford 1966）和韩礼德（Halliday 1967a）等研究都将节奏性**音步**视为语句节奏分析中的核心（而且事实上是唯一的）单位[6]。翻译成我们讨论节奏问题时所使用的术语，这相当于说，只有两个节律层级涉及言语节奏：音节组成基本节拍，而且仅此而已。如果这确实是对事实做出的一种正确评定，那么触发节律栅所体现的复杂节奏层级结构表达式的动机将会是很弱的。然而，正如我们将要论证的那样，言语确实展现出一种更大的节奏排列层级体系。确实，正如阿伯克龙比所界定的那样，**音步**这一术语只与这些更低层级的节奏结构组织相关，重音计时与音节计时之间的差异也是在这里得到了表征。

什么是节奏凸显**等级**（按照特拉格和史密斯（Trager and Smith 1951）传统做法，常把它们称之为**重音等级**）——也就是，各个层级上强弱节拍之间的差别？这些差别似乎已被人们确认，但在标示符号的节奏表达式中却被遮盖起来。譬如，卡特福德允许句子 *John bought two books last week*（约翰上周买了两本书）拥有如下其中一种排成音步的方式：

（2.5）
| John | bought | two | books | last | week
| John | bought two | books last | week
| John bought | two books | last week
| John bought two | books last week
等等
约翰上周买了两本书

---

[6] 例如，卡特福德（Catford 1966）和韩礼德（Halliday 1967a）设定了一种话语音系结构组织单位的层级体系：调群、音步、音节、音位，这其中就有音步的位置。但由于层级体系中某个已知层级上的成分不是递归性的，这一提议表明只有一个层级的群组出现在音节与调群（语调短语）之间。

事实上，把音步看作是按音节与短语之间层级排列的一个音系表达式构成单位是错误的。可以看出，后者构成层级体系的一部分，它本质上不同于节奏结构组织所涉及的层级体系。关于这一点，见 1.2 节。

但这里采用的"音步"概念并不同于阿伯克龙比所界定的概念，因为每个单音节词在这些例子中都是重读的，因而它们自身便构成了一个音步。事实上，必须把竖线标记看作是标示音步层级之上的某个层级上的强弱关系。当（2.5）中的单音节词被由一个重音音节后接非重音音节所组成的多音节词（例如，Mary purchased twenty pamphlets yesterday morning）所取代时，便可以清楚地表明这一点。直觉是：将竖线置于相同的位置是恰当的，也就是说，该句子可以有相同的节奏组群。然而，仍需对位于竖线两侧的话语跨度做进一步的节奏区别，如下所示，斜体表示局部的节奏凸显（节拍）：

（2.6）
| *Mary* | *purchased* | *twenty* | *pamphlets* | *yesterday* | *morning*
| *Mary* | purchased *twenty* | pamphlets *yesterday* | *morning*
| *Mary* purchased | *twenty* pamphlets | *yesterday* morning
| *Mary* purchased twenty | *pamphlets* yesterday morning
等等
玛丽昨天早上买了20本小册子

那么，直觉是：节奏组群是在不止一个层级上做出的[7]。这与言语中存在节奏凸显程度（或层级）的其他（需要直接评析的）证据一起表明，诸如节律栅之类的一种言语节奏层级表达式是必不可少的。

在与句子同界的节律栅的基本节拍层级上区分出至少两个节律层级，常常是必不可少的。请看英语句子 *Àbernàthy gestículàted*（阿伯纳西打手势）。这里，某些音节与节拍同界（它们已用重音标出），有些没有；在与节拍同界的音节里，有些与强节拍同界（用尖音符标出）。因此，可以清楚地感知到强弱节拍交替出现在这个例子中。言语节奏的任何表达式，

---

[7] 实际上，卡特福德（Catford 1966: 612）承认存在像特拉格-史密斯的重音等级那类东西，并声称他所提出的那类表达式连同其他另有需求的概念一起足以传达这些区别。他关于非核心重音等级的提议，某种程度上说是纲领性的，但显然不依赖于对这些重音的**节奏特征描述**；因此，它们让我们觉得不可能像节律栅那样，对重音和节奏做出统一的处理。

都需要有一种标示这一强弱对立的方法。句子的词与节律栅同界至少涉及三个节律层级：

(2.7)
```
                x                    x
    x       x              x     x
    x   x   x   x          x   x   x   x   x
    Abernathy              gesticulated
```
阿伯纳西打手势

这里与强节拍同界（即与第三节律层级上的点相吻合）的音节，通常被称为带词重音——更具体地说，带主要词重音——的音节。无论是英语这类重音计时语言，还是意大利语这类音节计时语言，许多语言的词中都的确存在着一个确实比其他节拍强的节奏凸显节拍位置。那么，（主要）词重音的存在表明基本节拍层级之上的节律结构组织。

主要词重音的强节拍并不是要标出英语或许多其他语言里的句子中最高层级的节律结构组织。在正常的英语语句中，不止一个层级上的节拍之间存在着一种强弱差别；一个层级上强的节拍，可以与更高一个层级上弱或强的节拍相吻合。这就是句子 *Abernathy gesticulated* 中的情况：无论是只在动词上带一个音高重调的句子的"中性"发音，还是两个词都带音高重调的"非中性"发音，*-ti-* 在这里是所有音节中最凸显的音节。可以说，音节 *-ti-* 承载主要句子或短语重音。句子与栅的全部同界，如下所示：

(2.8)
```
                                 x
                x                x
    x                      x     x
    x   x                  x   x   x
    x   x   x   x          x   x   x   x   x
    Abernathy              gesticulated
```
阿伯纳西打手势

因此，在主要词重音的旁边只存在着一个等级的句子或短语重音，这说明必须要在基本节拍层级以上区分出至少两个层级的节奏结构组织。组成句子的词的主要重音音节在节奏凸显等级上彼此有别,这在语言中又是极为常见的。短语节奏凸显的存在和定位,一定程度上应归因于受句法结构制约的语法规则(如英语的核心重音规则)操作;节奏凸显出现在短语上,这在一定程度上应归因于节奏结构组织本身的要求,特别是应归因于节奏交替音变原则。对短语凸显的不同贡献,将在 2.3 节和第三、四章中进行讨论。

皮埃安贝尔(Pierrehumbert 1980)曾暗示言语中存在一种可能非常显著的、"非直觉性的"节奏凸显等级证据。她证明:组成英语语调曲拱的音调的语音值(即音高重调)部分是与它们相联结的音节的一种相对凸显函项,这里的"凸显"对皮埃安贝尔来说,主要(尽管不是全部)是个重音问题,即节奏凸显问题[8]。为把语调曲拱表征为(主要)由一个原子性音高重调序列组成的,皮埃安贝尔提供了一个令人信服的案例。她提出:这些音高重调与词的主要重音相联结,它们或以两个单独平调(高调 H 和低调 L)中的一种形式出现,或以两个平调的二元组合形式出现(见 5.3 节)。另外,她还阐明:在同一个语调曲拱中,即便一对音高重调中的每一个都是由一个诸如高调组成的,那么,(当然若将下倾效果分离出去)与节奏最凸显音节相联结的音调将始终如一地具有更高的频率[9]。这一关系不仅适用于核心音高重调与前核心音高重调之间,而且也适用于承载不同凸显值的前核心音高重调之间,如图 2.1 所示。在 *In November, the region's weather was unusually dry*(这个地区的天气 11 月份非常干燥)这个例子中,每一个主要的词都带一个高调的音高重调。这个句子拥有一个"陈述曲拱",它对应于两个语调短语,这里是以 % 符号划分边界的。(有关该曲拱的具体细节,见 5.3 节。)

---

[8] 将目前调域内的一个较高的 F_0 目标层级指派给承载较高重音的音节上的一个 H 音高重调,这可以在合成中性陈述曲拱的语调上产生非常成功的结果(Pierrehumbert 1981)。

[9] 至于这里所谈到的相对音高高度,我们认为按照皮埃安贝尔的理论,高度值必须是相对于下倾的 F_0 基线计算的(见 Pierrehumbert 1979, 1980)。

英语核心重音规则决定了 *weather* 比 *region's* 更凸显，*dry* 比 *unusually* 更凸显，最后这个短语中最凸显的成分（即 *dry*）比句中的其他任何成分都凸显。因此，句子与节律栅同界的最低限度表征，见图 2.2 所示[⑩]。比较这两个图，可以表明它们与皮埃安贝尔所提出的概括是一致的：F_0 的高度是相对节奏凸显的一种反映。我们将在第四章和第五章中对语调与节奏之间的关系进行探索，但此刻只想指出：直觉之外存在着有关计时方面的、指向据称存在那类节奏结构组织的证据。

　　利伯曼（Liberman 1975）、利伯曼和普林斯（Liberman and Prince 1977）已提供了另外一些英语节奏凸显等级方面的重要证据，具体地说，用节律栅上的层级表征这些凸显关系的证据。他们指出：要恰当地描述**重音移位**（stress shift）（常被称作"节奏规则"）普遍现象所发生的条件，主要需要在节奏结构组织层级上做出区分。请看重音凸显在下列短语正常发音时的位置所在[⑪]：

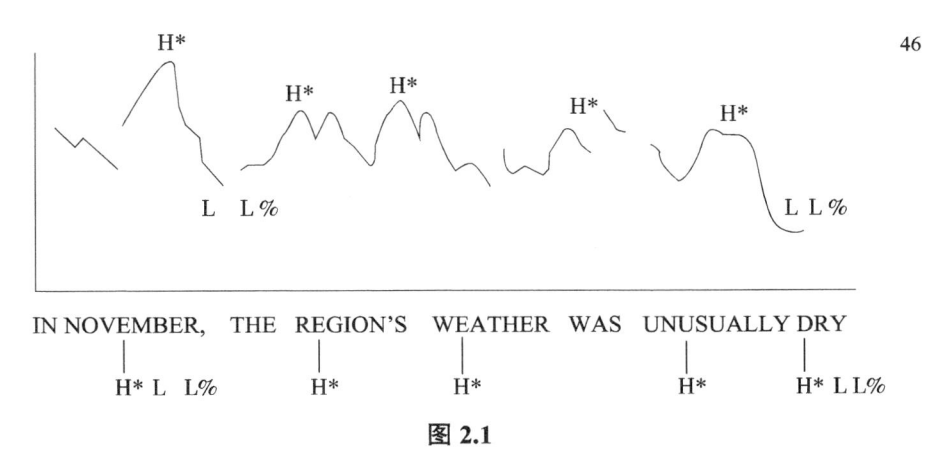

图 2.1

[⑩] 接下来，我们将有理由对图 2.2 中所示的某些节律栅同界的具体细节进行修改，尽管这里所讨论的相对凸显仍将保持不变。有关核心重音规则，见第四章。

[⑪] 琼斯（D. Jones 1964: §931）、金登（Kingdon 1958: 164ff）和吉姆森（Gimson 1970: §11.03）也都曾讨论过重音移位现象。

```
                                              x
            x                                 x
            x       x     x        x          x
           x x      x     x     x  x          x
          x x x x  x x x  x x x x x x x x x
```

In November, the region's weather was unusually dry
这个地区的天气 11 月份非常干燥

图 2.2

(2.9)

Dúndèe mármalàde　　　　　　(the) thírtèenth of Máy
邓迪果酱　　　　　　　　　　五月十三日
Wéstmìnster Ábbey　　　　　　(the) únknòwn sóldier
威斯敏斯特教堂　　　　　　　无名战士
(a) góod-lòoking lífegùard　　ánaphòric réference
好看的救生员　　　　　　　　复指
thírtèen mén　　　　　　　　áchromàtic léns
十三个男人　　　　　　　　　消色差透镜

（尖音符表示"第一词重音"，沉音符表示"第二词重音"；用这里的术语说，强节拍与弱节拍。）有意义的是，如果单独或在其他短语语境（如 *Dùndée*、*thìrtéen*、*ànaphóric*、*more gòod-lóoking than you*（比你更好看）等）中发第一个词的音，那么这个词中的主重音就不会落在它将落在的位置上。在上述例子中，主要重音已被"后移"。利伯曼和普林斯对这一问题的处理方法大致说来是这样的：像 *áchromàtic léns* 这样的表层表达式是由重音移位规则从底层表达式中推导而来的。在底层表达式中，第一个词的词库词重音模式是"正常的"，即 *àchromátic léns*。利伯曼和普林斯指出：在这一方面，重音移位规则只在**同一层级**的两个重音**毗邻**时才应用，因此构成了"重音冲突"。重音冲突是通过将第一个冲突的重音后移消除的。

显然，不要把重音音节的严格毗邻作为重音移位的先决条件，因为

该规则不仅应用于两个明显冲突的重音音节之间有个非重音音节介入的
(*the*) *thirteenth* (*of May*)，也同样应用于带 *Westminister*、*good-looking* 和
anaphoric 的短语。因此，利伯曼和普林斯指出：单纯从音节的线性排列
是无法解释这种令人不快的毗邻性的，必须在更高一个层级上对它进行表
征。当然，更高层级这一概念可以用节律栅或其他非严格线性重音表达式
来描述[12]。

假设重音移位"之前" *achromatic lens* 的节律栅同界如（2.10a）所示，
重音移动把它变成（2.10b）。

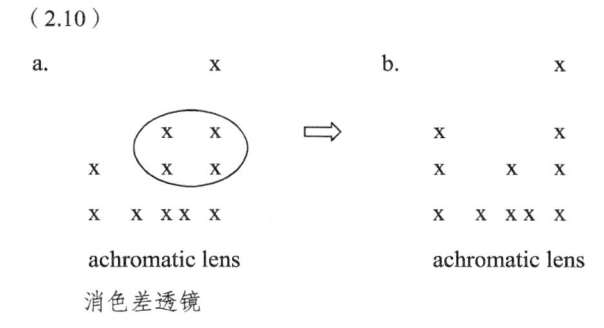

(2.10)

```
a.              x              b.                  x
            x   x                         x        x
    x       x   x                   x     x    x
    x   x   x   x                   x     x    x   x
        achromatic lens                 achromatic lens
        消色差透镜
```

((2.10a) 中前三个层级的同界是由英语词重音原则决定的，*lens* 上的
第四层级节拍相当于核心重音规则的作用。) 从栅的方面很容易解释
(2.10a) 中的节律单位序列为什么是不合乎语法的，因而为什么要受到重
音移位规则的修订。总之，无论涉及哪个节律层级，下面这类栅的构型都
将被判定为非正常的栅构型：

(2.11)
```
……….
…x x…
…x x…
……….
```

---

[12] 有学者如凯巴斯基（Kiparsky 1979）、塞尔柯克（Selkirk 1978c）曾提议，用节律
树描写重音冲突。第四章将看到这种研究方法一无所获的原因。

这是因为栅（即节奏结构）在该构型中未能"交替出现"，即两个强节拍未被一个弱节拍分隔开来。这种令人不快的构型循环出现在 *achromatic lens* 的表达式中。因此，虽然（2.10a）中的重读音节本身不是毗邻的，但与之同界的强节拍是在节律栅中，这便构成了所谓的重音冲突。因此，这里仅从第二及以上节律层级角度便可以对冲突进行界定。支持对重音冲突的这一描述方法的是，当主重音距离较远，因而未卷入冲突时，重音移动便不会随时发生，或根本不发生。这类例子见于 4.3 节，那里将具体讨论英语的"节奏规则"。

当然，正像利伯曼和普林斯所指出的那样，重音移动不是现有的避免栅中重音冲突的唯一方法。或者，可以将第一个词的末尾音节加长，还可以在词与词之间停顿一下。可能有人会提出把加长和停顿的可能性归因于出现额外的"无声"节拍，无声节拍的出现是因句法因素所致（见 4.3 节和第六章），它们本身就可以阻止重音冲突的出现。

从眼下更为普遍的观点看，重要的是：如果描述称之为"冲突"的不合乎语法的栅构型，就需要参照两个节律层级。在所讨论的具体案例中，它意味着要参照基本节拍层级以及之上的一个层级；这转过来又意味着，重音冲突及其随后的重音移动为英语词中存在至少三个层级的节奏结构组织提供了例证。

在探讨语言中的节奏结构组织，特别是节律栅时，我们曾提出语言展示出一种颇为普遍的节奏交替音变原则，这条原则决定了栅中出现的交替音变模式。可将节奏交替音变原则临时表述如下：

（2.12）
节律层级 n 上的两个连续的强节拍之间，必须介入至少一个（最多两个）节律层级 n 的弱节拍。

现在需要注意的是：在（2.11）中，较低节律层级上的两个点都不是强节拍，因为它们都与下一个节律层级上的节拍相吻合，而且还要注意：由于两个强节拍是毗邻的，这个构形就不符合节奏交替音变原则。那么，似乎比较合理的是，把节奏交替音变原则看作是以某种方式负责裁定（2.10a）中的重音冲突是不合乎语法的，而事实上这正是我们将要采纳的观点（见2.3节）。注意：尽管节奏交替音变原则本身并不参照一个以上的节律层级（它所参照的强弱节拍都属同一个层级的节拍），但恰恰正是它所求助于的"强节拍"和"弱节拍"这些概念需要参照两个节律层级。因此，节奏交替音变原则裁定把重音冲突描述成一种构型是不合乎语法的，而这的确涉及诉诸不止一个节律层级。

利伯曼（Liberman 1975）、利伯曼和普林斯（Liberman and Prince 1977: 312—313）所给出的对重音冲突的描述并未诉诸一般交替音变原则，但却把令人生厌的不合格性直接定义为层级 m 上两个位置中的栅构型没有被下一个层级 $m-1$ 上的一个位置隔开。两种方法都充分说明了更高层级的节奏结构组织，而且就迄今所探究的案例而言，彼此势均力敌，不分伯仲。但正如我们将要阐明的那样，节奏交替音变原则有相当独立的动机——显然，它是在与重音冲突概念毫不相干的许多其他场合下工作的。那么，采用这里所倡导的方式来描述重音冲突的不合乎语法性，其价值是，该分析方法引发语法中的某个普遍性原则，而这一条并非仅与眼前的问题相关。

另一种节律失常可能是在词或句子的音系表达式——即在像重音冲突那样在句子表层音系表达式中常被废除的那种音系表达式——推导中产生的。这另一种栅构型是个超长的弱节拍序列，中间没有任何强节拍出现，如（2.13）所示。

(2.13)
················
·····ooo·····
·····xxx·····
················

（符号 o 表示栅中由 o 占据的那个点没有任何节拍。）我们发现这里也没有节奏交替音变现象。为了与冲突有所区分，我们把这叫作节奏**缺失**

（lapse）。要排除两类非交替音变构型，理想的做法是对节奏交替音变原则进行重新表述。

大量证据表明，言语节奏结构组织就像不喜欢重音冲突那样，不喜欢缺失。我们在短语节奏结构组织中可以看到这一点。例如，句子（2.14）是正常"中性"发音，音高重调落在词句末尾的词上，而且这个词所带的还是主要短语重音（见 4.2.2 和 5.5 节）。就此句而言，末尾主重音前一定还有一个节奏凸显。

（2.14）
（我深知）它是在一加仑蠕虫的模式上组成的。

假如是（2.16）或（2.17），要支持某些交替音变模式，就要避免（2.15）中的节律栅同界[13]。（为简化事项，这里所关注的最低节律层级对应于第一词重音（即第三节律层级）。）

（2.15）

```
                              x
      x           x     x     x
···it's organized on the model of a gallon of worms
    它是在一加仑蠕虫的模式上组成的
```

（2.16）
```
            x
x           x
x   x   x   x
```

（2.17）
```
            x
      x     x
x  x  x  x
```

---

[13] 在讨论同一个句子时，皮埃安贝尔（Pierrehumbert 1980）允许甚至更多种类的节律栅排列方式，但我们主张，这些只有在非中性语调条件（某些音调前词也承载一个音高重调）下或在句法计时对时长和停顿产生作用的条件下才能获得。第四、第五章将论证对这一事实的解释。

（2.15）是与核心重音规则（Nuclear Stress Rule，简称 NSR）相吻合的那种最简的栅同界，而且也是给末尾词的音高重调指派（见第四章）。但若栅本身在其他方面不呈现节奏结构组织中适当的交替音变，那么，与核心重音规则的吻合和音高重调的指派就不能够让节律栅同界合乎语法。节奏交替音变原则这类东西似乎会起作用。

还有一组表示言语节奏结构组织避免缺失的事实涉及第二词重音。在重音计时和音节计时的语言里，语法规则都将界定音节与基本节拍的同界方式，而且通常还挑出它们中的哪一个是词中最凸显的（主要重音的）节拍。例如，在音节计时的意大利语里，基本节拍同界方式和主要词重音规则将给出倒数第二个重音词 *generativa* 的栅同界方式（2.18）：

（2.18）
```
        x
  x x x x
  x x x x
  generativa    生成的
```

但这一涉及主重音之前缺失的同界方式，实际上并未得到证实。相反，所发现的是前面与主重音相距一两个音节的第二重音（Malagoli 1946; Nespor and Vogel 1979; Chierchia 1982b, Vogel and Scalise 1982），如（2.19）和（2.20）所示。

（2.19）　　　　　（2.20）
```
        x                 x
  x     x           x     x
  x x x x x         x x x x x
  x x x x x         x x x x x
  generativa        generativa    生成的
```

我们还将（在 2.3 节和第三章中）提出，恰恰是最低（基本节拍和半拍）层级上所存在的交替音变在某些程度上应归因于节奏交替音变原则。在音节序列中，每一个都只与第一节律层级上的一个（弱）半拍同界，这个音

音系与句法：语音与结构的关系

节序列只不过是一个很长的节奏缺失，明显需要避免。

总之，在所有的节奏结构组织层级上避免缺失势不可挡，压倒一切。为反映这一点，我们将对节奏交替音变原则进行重新表述。正如在（2.12）中所做的临时性陈述那样，节奏交替音变原则不仅可以防止任何一种冲突情况，也可以防止那些强节拍（或半拍）的两边出现不止两个弱节拍（或半拍）序列的缺失情况。但另外还有其他超长弱节拍序列不出现在强节拍的两边的节奏缺失情况，如（2.15）和（2.18）。如果这些构型未出现在表层语音表达式中是由节奏交替音变原则所致，那么就必须对它进行重新表述，以此规定两边不出现强节拍。假定节奏交替音变原则相反指定了可以在任何一个弱节拍或半拍的前面都有最多另外一个弱节拍。实际上，这就是说，最多两个弱节拍可以并排出现。所产生的效果是，防止强节拍或半拍之间出现超长弱音节序列，并且这种序列也不会出现在两边。我们把这一条称作节奏交替音变原则的"**反缺失条款**（anti-lapse provision）"。

现在，我们可以考虑对节奏交替音变原则的**反缺失条款**进行重新表述。目前可以把它表述为：至少一个弱节拍或半拍必须出现在两个强节拍或半拍之间。事实上，对这种诉诸两边强节拍的另外一种可供选择的方法，似乎是对早先表述中未做解释的事实做出某些正确的预测。另外这种可供选择的方法，只需要指定至少一个弱节拍（或半拍）必须跟在一个强节拍（或半拍）之后[14]。跟第一种方法一样，这一表述确保了两个强的之间将至少有一个弱的；但跟第一种方法不同，它还确保了弱节拍（或半拍）永远跟在末尾强节拍之后。（"末尾"这个概念是从某些应用域（词、短语等）角度界定的，因而并非仅限于句末位置。）因此，我们现把（2.21）暂定为（2.12）的替代形式：

---

[14] 逻辑上说，还有一种可供选择的方法，这种方法可指定至少有一个弱节拍**出现在**每个强节拍**之前**。我们没有什么重要理由选择它而不选择这里所用的方法。

（2.21）
节奏交替音变原则
a. 节律层级 *n* 上的每一个强位置都应当排在那个层级上的至少一个弱位置之后。
b. 节律层级 *n* 上的任何一个弱位置都可以排在那个层级上的最多一个弱位置之后。

下面各章将对采用这种方式表述这一原则所产生的结果做更为全面的分析。

综上所述，似乎已有相当多的证据证明言语的节奏结构组织，以及把节奏结构组织表征为句子音节与节律栅位置的一种同界方式。就像音乐曲谱一样，句子与一种栅的同界方式代表言语脉冲的（理想的）等时性、单个音节的相对时长以及它们相对凸显的等级程度。此外，栅可以让我们理解句中词在节奏实现中的交替现象。这一点非常重要。节律栅可以让我们表达这样一种普遍规律，即同一种理想的节奏模式（即节奏交替音变原则）（以一种尚待界定的方式）支配**在所有层面上都能找到的模式**。从节律栅层级角度表述的节奏交替音变原则"表达了"较低层级发生交替音变的倾向，用同样的术语也"表达了"较高层级避免冲突或引入交替音变的倾向。因此，从节律栅角度看重音模式比用节律树理论分析重音模式，甚至更能使重音体系的属性合理化，因为这样可使模式问题本身更合理（见1.2.2 节和 4.2 节）。正是因为这个原因，我们把节律栅看作是重音模式理论的关键所在，因而在这一功能上更值得取代当下没有什么用途的节律树。

2.3 构建节律栅

2.3.1 理论框架

现在，我们的兴趣在于提出一种语言节奏凸显模式理论，即一种"可能的节律栅同界"概念的理论。我们相信，这一理论必须包含节奏结构组织的共性原则，必须说明个体语言语法将具体节奏模式编撰成典的可选范围。我们力求的是一种节奏模式的**核心理论**（见 Chomsky 1981 及其所引文献）。在这一核心理论之中，某一个体语言的语法不再是列举特定语言具有的规则，而是说明在该理论所提供的（普遍界定的）规则中哪些规则在某一具体语言里实际发挥作用。依照乔姆斯基的做法，我们把它称为该理论所描述的某一特定语言的**参数**赋值。

近年来，节律音系学已做了大量研究工作，其目的在于：以表征凸显关系的节律（韵律）树为基础，发展一种词重音模式的核心理论。这方面的努力所取得的进展以哈勒和维格诺德（Halle and Vergnaud 1979）的研究最为著名，近来，在海耶斯（Hayes 1980）中又得到了进一步的发展。随着时间的推移，我们将清楚地看到，在这些以及其他一些著述中所获得的关于重音理论参数的许多基本见解，在节律栅理论框架内都能轻易地得到了清晰的表征。我们和普林斯（Prince 1981, 1983）都认为，若把节律栅视为重音的基本表达式，就可以对重音模式理论表达得**更好**。这里所追寻的许多基本思路受到了普林斯研究成果的启发，尽管这些独立发展形成的思想在某些方面的具体表述上有所不同。

如前所述，我们提出：应将文本（句法表达式）与节律栅同界的关系表达为一组规则，这些规则按照循环原则为文本"构建"节律栅同界。根据这一理论，这些规则从低层级到高层级，依次扩大循环的应用域，逐步建立起句子的节律栅同界（即节奏"曲谱"）。还有一种完全可以想象到的理论，根据这个理论，文本以某种方式与一个单独界定的完整格栅（即一种一旦与文本同界便可能进行修改的格栅）相"匹配"。这是利伯曼（Liberman 1975）、利伯曼和普林斯（Liberman and Prince 1977）、戴尔（Dell 1984）曾暗示过的那种研究方法。那里，包含句子的抽象重音模式的文本，在不求助循环的情况下，与"事先存在"的格栅相匹配。去掉它的文本包含重音节律树模式的假设，让我们来看看这一可替代的理论。

这里必须要区分两个问题：文本与栅的关系是否是由"构建"或"匹配"确立的，关系是否是循环确立的。我们认为，循环原则对于恰当描述这一关系是至关重要的，我们将在本章以及第三章、第七章采用不同方式为这一主张进行论证。我们认为：必须以循环方式界定文本与栅的关系，这一点摈除了任何坐享匹配理论的可能性。或许可以认为对应于最低循环应用域的部分节律栅是事先存在的，并且与文本相匹配。但倘若以循环方式修改较低循环上所匹配的格栅，那么无论在何种意义上说，全句都不可能再有一种事先存在的节律栅。如果说栅只在最低层级上匹配，那么就消除了这种提议的任何动力，使它非常像那种构建理论。显而易见，一种栅的构建模式可以让我们对节奏凸显模式做出各种各样的概括，这是一种理论必须捕捉到节奏凸显模式，并让它在所有栅层级上清晰体现出来，正是因为此原因，我们在这里采用了该模式。

节律栅构建理论有两大组件。第一组件是**文本到栅的同界**规则集合。通过这些规则，文本的特定属性可以对句子节奏实现提出要求。例如，可以在一种语言的语法中作为一条文本到栅的同界规则表述为：具有这样或那样响度的音节必须获得节奏凸显，而低响度的音节则不然。或者还可以表述为：在词或短语的整体节奏结构中，与词或短语开始或结尾位置上的节拍同界的音节必须比其他音节获得更多的节奏凸显。因此，某个重音系统的许多重要属性与其说来自栅本身的属性，不如说来自个体语言语法中的原则，这些原则恰恰控制着话语（文本）中的音节是如何与栅同界的。可以肯定的是，重音节律栅理论的主要描写任务之一就是描述语言现有的文本到栅的同界规则特性。下文将说明，这些规则似乎应分为四类：（i）**半拍同界**（共性）规则（Demibeat Alignment，简称 DBA），它将每个音节与最低节律层级上的单个栅位置同界；（ii）**基本节拍规则**（the basic beat rules，简称 BBR），这些规则根据（a）其组织（如**韵音组织**）和/或（b）其在特定句法领域中的位置，将音节与第二节律层级上的节拍同界；（iii）**应用域末端凸显规则**（Prince 1981 的末端规则），它们通过提升与某个指定的句法应用域同界的音节在节律层级上三个或三个以上层级的节拍性（如英语主要（词）重音规则、复合词规则、核心重音规则）来确保它们的最大凸显性；（iv）**音高重调凸显规则**（Pitch Accent Prominence Rule，简称 PAR）：它确保了与构成语调曲拱的音高重音对齐的音节与非音高重音音节相比是节奏上凸显的。这四条规则将在后面章节中加以讨论。

节奏交替音变原则界定了一种理想的节奏结构组织；通过规定一个强节拍后跟一个弱节拍，一个弱节拍之前最多再有一个弱节拍，它给一种理想的节律栅做了定义。然而，将音节与栅同界的各类语言规则（即文本到栅的同界规则）并没有理会这一理想。从节奏交替音变原则角度看，这些规则可能造成混乱，或者更准确地说，造成各种令人不悦的缺失与冲突。但尽管如此，节奏交替音变原则只是基于音节、声调和句法结构的节奏结构所追求的一种柏拉图式的理想而已。正是栅悦耳规则帮助实际句子实现这一理想，因而它们形成了凸显模式核心理论的第二大组件。我们将给出三类栅悦耳规则的证据：(i) 节拍添加、(ii) 节拍移位、(iii) 节拍删除。这几类规则试图把情况纠正过来：它们建立节奏秩序，或表面上的某种秩序，以摆脱文本到栅的同界规则所能产生的混乱。所有这些可归列如下[15][16]：

(2.22)

节拍添加

```
                    x
a. x  x    ⇒    x  x      （左统制添加）

                    x
b. x  x    ⇒    x  x      （右统制添加）
```

---

[15] 有理由问这些规则的某些细节是否不遵循更为普遍的语法原则？因而可否将这些细节排除在外？例如，是否有某种相当普遍的原则可以确保在两个相互冲突的节拍中，只删除或移动较弱的？这样的原则将允许淘汰两条节拍删除规则，允许简化节拍移位规则。因此，它似乎体现了一条重要的概括，而我们则倾向把它纳入理论之中。但为了清楚起见，我们保留文中制定的规则。

[16] 这个系统中的节拍添加，类似于普林斯（Prince 1983）的完美栅构建（Perfect Grid Construction，简称 PG）。左或右添加的选择对应于普林斯体系中组成 PG 赋值的"峰与谷"的参数。

节拍移位类似于普林斯（Prince 1983）的规则"移动 α"。

第二章　语言的节奏模式

（2.23）
节拍移位

```
            x                  x
       x x              x   x
a. x x x      ⇒     x x x        （左移位）
       x                  x
       x x              x   x
b. x x x      ⇒     x x x        （右移位）
```

（2.24）
节拍删除

```
       x              x
       x x           x                c. x x            x
a. x x       ⇒     x x                   x x x    ⇒    x x x
       x              x
       x x           x                d. x x            x
b. x x       ⇒     x x                   x x x    ⇒    x x x
```

这些规则的有趣之处是，主要从栅的角度界定它们的，它们不参照文本属性，而且原则上应用于任何一个节律层级。性质上，它们纯粹是节奏性的。我们认为，它们是节奏交替音变原则的"共同性质"。某一具体语言语法中所固有的一组重要参数集合是：指明这些规则类型中某一类或几类规则是否在某个已知节律层级上应用，阐明具体哪条规则（（a）还是（b）还是其他规则）是该语言所选择的。换言之，节奏交替音变原则在语言节奏结构中是如何体现的，是在何种程度上体现的，这些都是特定语言描写的问题。那么，语言节奏结构组织的共性是：**依靠栅悦耳规则**，语言在其节律栅同界中"力求"这样或那样地满足节奏交替音变原则。

现在遇到了一个根本问题：栅悦耳规则与文本到栅的同界规则（像核心重音规则、词重音的应用域末端凸显规则等）是如何发生交互作用的？具体地说，栅悦耳规则在何种条件下可以抵消 TRA 规则的作用？答案是关键性使用循环这一概念。我们将说明，在循环应用域内，栅悦耳规则不可以废止文本到栅的同界规则所需求的那个应用域上的凸显规则，而且还将说明，有理由提出如下一条对栅构建的通用条件：

（2.25）
文本凸显保留条件（Textual Prominence Preservation Condition，简称 TPPC）
在句法应用域 d_i 中应用的一条文本对栅的同界规则有必要在那个应用域中得到满足。

这条原则对节律栅同界理论具有深远的影响。例如，它将确保在一个已知的循环应用域中节拍添加不可以改变文本到栅的同界在那个应用域中所指定的最大凸显的位置，所以它不会废止主重音规则在词中的作用或核心重音规则在那个应用域中对短语的影响，但只起补充作用。正如我们将要展示的，这个结果是正确的。

2.3.2 两个栅构建组件的交互性

2.3.2.1 第一节律层级　似乎有理由相信这样一个假设：所有的音系表达式都符合这条原则：一句话中的每一个音节都至少与节律栅中的一个半拍相同界。这条原则仅仅是说每个音节都参与了话语的节奏结构组织。我们的研究走到这一步，如果不这样假设，那么就会适得其反。然而，上述这条原则允许一个音节同时与几个节拍同界，所以可能还不够严格。但除非在相当有限的有关句法计时的情形下，这种情况似乎不会出现[17]。例如，在词和短语内，"底层"与一个节拍或半拍同界的末尾音节，还可能在"推导而来"的表达式中与一个或多个无声节律栅位置同界，而它们之所以出现在节律栅中，应归因于句法管辖的、引发句法计时的无声半拍位

---

[17]　不过，普林斯（Prince 1983）曾说过（他说的可能是对的）：在所谓的莫拉计数语言里，每一个莫拉都与第一节律栅层级同界，也就是说，一个音节在此场合中将与两个位置同界（不会把一个音节算成两个以上莫拉。）

置（见第六章）。因此，我们提出把一个音节只与一个半拍同界作为文本到栅初始同界（即在无声半拍添加之前构建节律栅过程中的第一步）的一个条件。在栅构建研究方法中，可以把它表述为如下这条文本到栅的同界（共性）规则：

（2.26）
半拍同界
每一个音节仅与一个半拍同界。

这条规则将从最低循环应用域中的音节序列（2.27a）那里推导出（2.27b）中的同界方式：

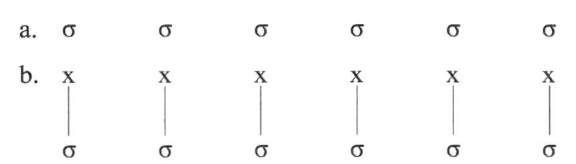

（2.27）
a. σ　　σ　　σ　　σ　　σ　　σ
b. x　　x　　x　　x　　x　　x
　 |　　|　　|　　|　　|　　|
　 σ　　σ　　σ　　σ　　σ　　σ

这条半拍同界公式与"其他文本到栅的同界规则在第一节律栅层级上添加栅位置但不增加横向上的栅"的限制性假设一起将确保：除了添加句法计时的无声半拍的情况外，每一个音节都将有一个半拍，每一个半拍都将有一个音节。我们把增加的有关这条文本到栅的同界规则的假设称为**最小半拍条件**（Minimal Demibeat Condition）。结果表明这条假设限制性可能过强，特别是在基本节拍规则方面[18]，但我们暂且把它作为我们工作假设的一部分。

---

[18] 例如，普林斯（Prince 1983）提出有些语言可能要求特定组成类型 t 中的一个音节与一个基本节拍和其后的一个半拍同界。用我们的术语说，这意味着：半拍同界在（ii）的基础上产出（iii）的同时，该语言的基本节拍规则在（ii）的基础上产出（iii），也就是说，基本节拍规则在最低层级上增加了位置：

　　　　　　DBA　　　　　　　　　BBR　　　x　　　x
（i）　　　⇒　　（ii） x x x x　⇒　（iii） x x x x
　　　　　　　　　　　　 | | | |　　　　　 \|/ \|/
　　　　σ_t σ σ_t σ　　σ_t σ σ_t σ　　　σ σ_t σ_t σ

2.3.2.2 第二节律层级 如果一种语言的语法中只有管辖文本音节与栅同界的半拍同界规则,但它若允许节拍添加在第二及其以上节律层级上应用,那么它将是一种极特别的重音计时语言。音节与基本节拍和更高层级上的节拍的同界,既不取决于音节本身的性质,也不取决于它们在词或短语中的位置,而仅仅取决于节奏添加中所表达的节奏趋向。节拍模式可能在词中的位置是自由变化的。事实上,我们尚未听到过这种语言。在我们熟知的语言的语法中,确实常有一些额外的规则,这些规则与半拍同界、栅悦耳规则一起,以某种更为具体的方式决定音节应如何与第二节律层级上的基本节拍同界。这些都是基本节拍规则。

音节计时语言只有一条基本节拍规则,它规定**每一个**音节都有一个基本节拍(见 Selkirk 撰写中)。我们可以暂时把它表述为:每一个音节都与一个节拍同界。但在重音计时语言里,至少那些更普通的语言里,一个音节是否与一个基本节拍同界似乎取决于它的**组成方式**、应用域中的**位置**、两个因素都有或都没有(如上文所引证的虚拟案例)。我们还将假定共性语法提供了如下规则范式,而且语言可以从中选择它们的基本节拍规则:

(2.28)

基本节拍规则
a. 将组成类型 x 的一个音节与一个节拍同界。
b. 将位置 y 中的一个音节与一个节拍同界。

音节计时语言属于共性规则范式(2.28a):在这种语言里,**每一个**音节都是"x 类型"的。一种重音计时语言的理论将是一种(i)基本节拍规则中可能诉诸哪些组织类型差异的、(ii)对循环应用域内的位置可以做何种规定的理论。我们并不打算在此对这一理论做详细阐述,但我们要重申一下那项广泛的观察结果:"重读"一个音节的可能性似乎只涉及音节韵母成分的属性,而不涉及首音的属性(Pike and Pike 1947; Kuryłowicz

1948）。这一观点认为，韵母的相关属性必须用"几何"术语来表述——换言之，将一个音节分支成一个或多个结构成分，这对确定其在重音模式中的地位至关重要[19]。然而，我们有充分理由相信，纯几何学并不是重要因素。众所周知，在已证实的重音系统中起作用的音节类型差异可能与音节的数量或"重量"有关（即它是否有长元音，或者是否有长元音或辅音尾），**或**与音节所含有的元音音质**或**音节声调赋值有关[20]。把最后差异看作是"几何学的"，并没有什么真知灼见。普林斯（1981，1983）假设它们最终都被解释为音节响度上的差别[21]。至于位置，我们所熟知的例子是应用域的起始位置、应用域的末尾位置或词的主重音（最强节拍）之

---

[19] 有关音节几何以及它与树形几何的关系，见哈勒和维格诺德（Halle and Vergnaud 1979）、麦卡锡（McCarthy 1979a）、海耶斯（Hayes 1980）。

[20] 涉及重量的音节类型差异见于英语（Selkirk 1980b, 1981a, Hayes 1980, 1982）、开罗阿拉伯语（Cairene Arabic）（McCarthy 1979a）、爱沙尼亚语（Estonian）（Prince 1980）、克里克语（Creek）（Haas 1977）等许多语言（见 Halle and Vergnaud 1979 和 Hayes 1980）。涉及元音数量的差异见于法语（Selkirk 1978a, Selkirk 撰写中，Dell 1984）、帕萨马阔迪湾语（Passamaquoddy）（Stowell 1979）、山区切列米斯语（Mountain Cheremis）（Ramstedt 1902）、科米语（Komi）（Itkonen 1955）和东切列米斯语（Eastern Cheremis）（Itkonen 1955）。涉及声调赋值的见于米斯特克语（Mixtec）（Yip 1982）、原始印欧语系（Halle and Kiparsky 1981）、福尔语（Fore）（Nicholson and Nicholson 1962）和格林语（Golin）（Bunn and Bunn 1970）（后两种已在 Hayes 1980 中被引证）。

[21] 普林斯指出韵母数量上的差别可以从下列这种韵母响度层级体系的角度做出解释，

(i)
VV
VN　（N=鼻音）
VR　（R=流音）
VO　（O=阻塞音）
V

语言在该层级体系中选择一个分界点，这之上所有音节都与基本节拍同界，而之下则不然。注意：响度层级体系这个概念自然扩展到元音音质和声调事例。法语和帕萨马阔迪湾语的央元音可能不如所有其他元音的响度更响，而这些语言中决定音节与基本节拍同界的高调可能比低调的响度更响。

音系与句法：语音与结构的关系

前的位置[22]。这些例子倘若具有代表性，那么这类位置就会受到严格限定。然而，我们当前的目的并不是要从"重音规则"中所涉及的音节类型或位置的角度来探究词重音理论，因为这些问题与本研究的关注点并非密切相关。

我们感兴趣的是，理解由出现在引起这些类型和位置差异的基本节拍规则语法所导致的模式。值得注意的是：这些语言特有的基本节拍规则没有提到任何类型的交替音变模式。我们的假设是：准确地说，已证实的强弱半拍之间的交替音变主要是由栅悦耳规则特别是节拍添加规则所致。正是为了维护这一假设，我们希望确定重音节律栅理论的合格性标准。

在一种栅构建的研究方法中，基本节拍规则是给第二节律层级上的栅添加节拍的指令。在一条类型（b）的规则中，y 表示"在词的开头部分"，这条规则可以读成：

（2.29）

将一个（基本）节拍与应用域"词"的第一个音节同界。

假定这个音序是一个词，那么它便可以从（2.27b）的那个形式中推导出（2.30）中的同界形式。

（2.30）

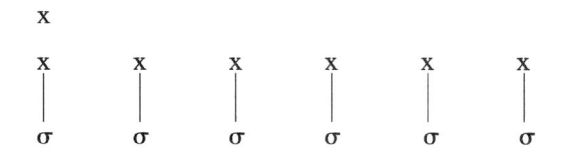

```
       x
x      x      x      x      x      x
|      |      |      |      |      |
σ      σ      σ      σ      σ      σ
```

---

[22] 应用域起始位置情况，代表性语言是拥有"起始重音"规则的英语（Halle 1973b, Selkirk 1980b 以及本书第三章）、带词干起始重音的德语（Kiparsky 1966），可能还有东切列米斯语（Eastern Cheremis）、瓦斯蒂克语（Huasteco）、科亚语（Koya）以及海耶斯（Hayes 1980）讨论过的其他几种这类语言。应用域末尾位置，见于图巴图拉巴尔语（Tübatulabal）（Voegelin 1935, Howard 1972）、韦里语（Weri）（Boxwell and Boxwell 1966）、科米语（Komi）（Itkonen 1955）等其他海耶斯（Hayes 1980）所引证的语言。主要词重音前的位置情况，其代表是俄语（Karčevskij 1931），或许还有希伯来语（Prince 1975, McCarthy 1979b, 1981b），它们中都存在声调前加长现象。

这样，半拍同界和特定语言基本节拍规则共同构建了一部分栅。然而，这样产生的一部分栅不一定是合格的节奏结构。例如，（2.30）就包含一个节奏缺失，因此不符合节奏交替音变原则。在栅构建理论框架内，我们打算提出生成模式的栅悦耳规则将对部分栅做进一步的累积和构建。我们认为，这种累积和构建的主要动因是一条添加节拍的规则，即那条节拍添加规则。

对于大多数非音节计时语言来说，节拍添加在基本节拍层级上是强制性的（见 3.2.5 节），也就是说，大多数这样的语言在这个层级上展现出某种规律性的交替音变模式。可能有些语言在第二节律层级上就没有节拍添加[23]，但更为典型的是，语言似乎要求节拍添加在基本节拍层级上应用。具体地说，它们要求或是（2.22a）应用，或是（2.22b）应用。我们把从海耶斯（Hayes 1980）那里借用来的术语按照我们的用法进行调整，把它称为**左统制**节拍添加（2.22a）和**右统制**节拍添加（2.22b）。那么，这便是一种语言的语法可能设置的一个参数。在基本节拍层级上还有一个需要为节拍添加设置的参数。众所周知，可以以定向方式（即从右到左（R-L）或从左到右（L-R）横跨某个特定的应用域）来建立重音与非重音音节模式。就目前的分析而言，这意味着第二节律层级上的节拍添加本质上是方向性的，那两个参数是 R-L 和 L-R。现在需要注意的是，节拍添加的强制性和方向性确保了不受文本到栅的同界所确立的基本节拍干扰的应用域跨度将展示一种严格的二元交替音变模式。这正是重音计时语言里所发现的，因此确认了我们对这一问题通常所采取的研究方法。

假设一种语言没有基本节拍规则，而有强制性的、从右到左应用的左统制节拍添加。这种参数赋值将产生（2.31）中的模式：

（2.31）

奇数	偶数
x x	x x x
x x x x x	x x x x x x

---

[23] 这些大概是带"不限长音步（unbounded feet）"语言的例子，见哈勒和维格诺德（Halle and Vergnaud 1979）、海耶斯（Hayes 1980）。

这些正是已证实在瓦劳语（Warao）里存在的奇与偶音节模式（Osborn 1916, 引自 Hayes 1980）。别的语言里的其他参数设置将结合从右到左的交替音变等，给末尾音节一个基本节拍。

请从这个角度看一看这个虚拟的部分栅（2.30）。在某个不要求节拍添加的语言里，它将保持原样。但当节拍添加作为给统制性和方向性参数赋值的结果而开始发挥作用时，那么第二层级的四个完成是可能的。马拉农库语（Maranungku）（Tryon 1970, 引自 Hayes 1980）是一种应用域起始基本节拍规则（2.28b）起作用的语言。在该语言里，也都如此。起始音节如每隔一个奇数音节（包括奇数音节词的最后一个音节）那样都是"重读的"。在目前的理论框架下，这表明马拉农库语拥有一条从左到右应用的右统制规则。这条节拍添加规则的输出结果如（2.32）所示：

（2.32）

奇数　　　　　　偶数

x　x　x　　　x　x　x

x x x x x　　x x x x x x

让我们来看一看这样一种语言的例子，如"开罗古典"阿拉伯语，该语言有一条有关组织型音节类型的基本节拍规则。"开罗古典"阿拉伯语是米切尔（Mitchell 1960）报道的开罗方言说话人所使用的古典阿拉伯语的发音。麦卡锡（McCarthy 1979a, b）根据米切尔的描写，对这个"方言"的重音模式做出了一种极为可信的解释。这里关注的是重音模式的两个方面：首先，用麦卡锡的话来说，重音节（CVC 或 CVV）一定是独立的音步；其次，非重音节序列从左往右，从词首且从重音节开始（倾向）构成二元节拍模式。在重音节之后的轻音节序列中，第一个重音音节**紧随**那个重音节**之后**：

（2.33）

$$CV'\ CV\ CV'\ \ldots\ \ldots\ \begin{bmatrix} CV'V \\ CVC \end{bmatrix} CV'\ CV\ CV'$$

麦卡锡对开罗古典阿拉伯语音步层级模式的分析，可转写成如下的节律栅框架下对基本节拍的分析：

（2.34）
  a. **基本节拍规则**
     每个重音节都与一个基本节拍同界。
  b. **节拍添加**
     左统制
     从左到右

因此，*kaataba*、*inkasara* 和 *ʔadwiyatuhu* 三个词的节拍模式可以推导如下：

（2.35）

```
            kaataba         inkasara         ʔadwiyatuhu
DBA           ↓                ↓                  ↓
            x x x           x x x x          x   x x x x

            kaataba         inkasara         ʔadwiyatuhu
BBR           ↓                ↓                  ↓
              x                x                  x
            x x x           x x x x          x   x x x x

            kaataba         inkasara         ʔadwiyatuhu
BA            ↓                ↓                  ↓
             x x              x x              x   x x
            x x x           x x x x          x   x x x x
            kaataba         inkasara         ʔadwiyatuhu
```

inkasara 中的最后一个音节没有被左统制节拍添加提升至基本节拍地位，仅仅是因为没有满足它的结构描写㉔。

　㉔ 至于主要词重音，麦卡锡的分析是，它落在词的末尾音步（即节拍）上。用栅的术语说，该规则可解读为这样一条规则：它在第三节律层级上添加了（同界了）一个与词的最后（第二层级）基本节拍相对的节拍。因而，麦卡锡的规则系统可以准确地预测出米切尔所报道的最凸显音节的位置：

（i）
```
             x           x              x
           x x         x x            x x x
          x x x       x x x x        x x x x x
          kaa ta ba   in ka sa ra    ʔad wi ya tu hu
```

我们并不想说，用这几个简单例子就能证明诸如我们所提出的一种重音音节模式的节律栅理论的优越性。本书无意对此做出论证，读者首先可参看普林斯（Prince 1983），他给出了一个有说服力的、支持节律栅理论分析这些模式的例子，其模式已覆盖了早先节律树分析法已处理过的各类现象；其次还可以参看本书第三章，那里将展示节律栅分析英语词重音的魅力所在。在概述前面的分析时，我们只是意在使我们一直提倡的一般研究方法具有可信度，即将这些模式看作是文本到栅的同界规则和节拍添加作用所产生的结果。

接下来要注意的是：虽然节拍移位和节拍删除的栅悦耳规则原则上可以应用于第二节律层级，但这种可能性似乎却受到了某些一般条件的严格限制。基本节拍规则所要求的保持基本节拍同界，是由文本凸显保留条件确保的。因此，如果两个相邻的第二层级栅位置是由语言的基本节拍规则引入的，那么它们将保持在原位。此外，如果冲突是由基本节拍规则和节拍添加应用共同作用造成的，那么只有节拍添加引入的栅位置容易被删除。不过，一般来说，第二节律层级上的冲突似乎特别能够被容忍。因此，有理由推测，节拍移位和节拍删除根本不适用于第二节律层级。我们对此将在后面的章节中给出证据。（第四章将提出基本节拍层级完整性的一个条件（4.49）。）

因此，这种对重音与非重音音节模式节律栅理论所做的具体诠释，其核心是一套"在"与词内所含的音节序列同界的半拍"之上"构建栅的第二层级的规则系统。共性语法提供了与节律层级二相关的两套不同的规则：基本节拍规则和栅悦耳规则。某一特定语言从这两套规则中所做出的选择（包括为节拍添加所做出的统制性和方向性的选择）——也就是它设置这些参数的方式——为这一语言构建起重音和非重音音节模式的结构描写或语法。

这一重音与非重音音节模式的核心理论并没有表达出语言重音模式中可能表现出来的词汇特异性质，而这也是它应该做的。在描写某个语言时，常常需要把特定词干或后缀中的某个音节视为"固有"重音的，但我们有理由相信重音体系的**基本**属性是可以纯音系描写的，这个事实不应当将分析者从理解这些属性的这一主要研究主题引开。

常可以表达为与基本节拍的词库赋值同界形式的词汇特异性，通常出现在重音模式大多（或很大程度上）都是在这个普遍定义的核心原则（即基本节拍规则等其他栅构建规则）产生影响的语言里。我们的研究必须考虑，词汇赋值同界和基本节拍规则引入的同界共同给节拍添加应用到的并从中可感知到节奏交替音变原则过滤功能的部分栅赋值。

2.3.2.3 第三及以上节律层级　用凸显模式的节律栅理论说，**主要词重音**是指词的某个基本节拍与更高节律层级上某个节拍的同界。在许多语言里，（通常，除了功能词类外）每一个词都有一个主要词重音[25]。主要词重音的位置可以是由规则、词汇特异性（如俄语里的情况大部分如此（Halle 1973b））或由规则与特异性一起共同（例如英语（Liberman and Prince 1977, Hayes 1980, Selkirk 1980b））支配的。我们说，在这些语言里存在着语法支配的主要词重音。

据说某些语言没有主要词重音，如图巴图拉巴尔语（Tübatulabal）（Swadesh and Voegelin 1939）和伊博语（Igbo）（Green and Igwe 1963, Clark 1978）。但正像我们所指出的，如果节律栅和话语音节与其同界都是一种普遍现象，那么，起码在话语包含不止一个或两个基本节拍的场合中，这些语言一定有一种将基本节拍组成第三及以上节律层级上节拍的方式。尽管我们无法对它进行验证，但我们提出这样的假设：这些语言表面上缺乏主要词重音的原因是，词中不能持续出现主重音，但如果出现的话，它在词内的位置也就不会稳定可靠。如果第三节律层级上的凸显不是由文本到栅的同界规则用词大小的应用域来确保的，那么就会出现这种情况。要求

---

[25] 事实上，这就是我们分析英语功能词（即次语类）的方法。见第七章。

节拍出现在第三节律层级上，只是要满足节奏交替音变原则，这意味着一个词不一定要有主重音，如果有的话，它则是由节拍添加引入的；但即使那样，也不一定，如果节拍添加在那个层级不是强制性的。层级三或以上的节拍位置会有所不同，这取决于那个词内基本节拍的数量和位置，也可能取决于相邻词内基本节拍和节拍的数量和位置。这种重音体系是否存在——当然假定它们能够而且确实存在——我们把它作为一个悬而未决的问题留下来。

文本到栅的同界规则决定主要词重音的出现与位置，它在第三（或以上）节律层级上类似于基本节拍规则，而基本节拍规则则（部分）决定了节拍在第二节律层级上的出现与位置。显然，在语言里，词中最强节拍的位置是由文本到栅的同界规则支配的（而不是词汇（即特异性）决定的），它往往到词尾部分才被定位——在第一个音节上或在最后一个或倒数第二个音节上最为常见（见 Hyman 1977a; Hayes 1980）[26]。因而，证据指向在词重音的核心语法中存在着很少几条决定主要词重音可能出现的位置的原则。普林斯（Prince 1981, 1983）提出有一条基本规则，其内容如下：

（2.36）

应用域末端凸显规则[27]

词中 [a. 第一个 / b. 最后一个] 的基本节拍与更高节律层级上的节拍对齐。

（我们将（a）版本称为**左应用域末端凸显规则**（Left Doman-End Prominence Rule），将（b）版本称为**右应用域末端凸显规则**（Right Doman-End

---

[26] 第二到起始位置上的主重音例子很罕见（Hyman 1977），但已证实存在，它们也可以采用本研究方法推导而得。它们之所以罕见，是因为右统制节拍添加和左边的节律外现象都很罕见（Hayes 1982）。

[27] **末端规则**（End Rule）是普林斯（Prince 1983）给在特定应用域中指派末端凸显的凸显规则所起的名字。(2.36)是这类指派"主要词重音"中的一种。

Prominence Rule)。)其主张是:一种语言可能选择二者其一,核心语法中没有其他可供选择的选项。(我们假定:即使循环应用域只有一个基本节拍,应用域末端凸显规则也要应用,因此"主要词重音"意味着一个音节起码与第三节律层级要同界。第三、四和七章为此假设提供了明确的证据。)

普林斯提出应用域末端凸显规则构成主要词重音的核心语法,我们相信他的这一提议是正确的,不过,由于篇幅所限,我们在此将不对其做出评价。对重音节律栅理论至关重要的,与其说是界定词中第三节律层级上节拍可靠位置的规则的特性,不如说是与第三(及以上)节律层级上这个主重音并存的"次"重音模式的性质。重音节律栅理论以节奏交替音变原则为基础,推定远离这个规则支配的主重音之外两三个节拍处存在着一个次凸显。这个次重音交替音变模式确实存在,比如在意大利语和英语里。例如,在(2.37)中,英语单词中的起始音节比其他与节拍同界的非主重音音节更凸显。

(2.37)

a.			x	b.		x		c.			x	
	x		x		x		x		x		x	
	x	x	x		x	x	x		x		x	
x	x	x x x x		x	x	x		x x	x	x x x	
	reconciliation				chimpanzee				tintinnabulation			
	调和				黑猩猩				叮当声			

我们的假设是,这个次重音是由节拍添加引入的,它给出了有节奏的规律模式。这些例子表明,应用于第三节律层级上的节拍添加是左统制的。(毫无疑问,左统制是节拍条件的非标记性情况。)

现在请看节拍添加不消除英语里指派主要词重音规则的作用情况。(主重音规则(The Main Stress Rule,简称 MSR)是右边应用域末端凸显规则的一个实例;见第三章。)基本节拍规则与英语的主重音规则推导出如下的部分栅(具体细节,见第三章):

(2.38)

```
       a.      x              b.       x              c.        x
             x  x x                  x  x x                   x  x x
           x x  x x x x            x  x x                  x x  x x x x
           reconciliation          chimpanzee             tintinnabulation
              调和                   黑猩猩                    叮当声
```

然后，节拍添加应用于第三节律层级。但给出的既不是如（2.39a），即添加的节拍与（先前的）主重音节拍并列，也不是（2.39b），即节拍添加第二次应用（（2.39a）中的两个节拍满足了它的结构描写），节拍添加是由主重音节拍本身的提升相伴随，如（2.39c）所示：

(2.39)

```
      a.*                    b.* x                   c.        x
            x x                     x x                      x x
          x  x x                  x  x x                   x  x x
        x x  x x x x            x x  x x x x             x x  x x x x
        reconciliation         reconciliation           reconciliation    调和
```

证明主重音确实像（2.39c）中那样被提升的证据是：如果音高重调在非重音移位环境中落在词上，那么它将落在那个最后节拍上。支配将音高重调指派给词的一般原则是，音高重调落在词的最凸显音节上（见第五章）。因此，假如 *reconciliation* 的后节拍添加表达式是（2.39a），那么我们就会期待（在非重音移位环境中）若没有"最凸显的"音节，音高重调就可能落在第一个或最后一个音节上。这种情况不会发生。假如后节拍添加表达式是（2.39b），那么我们就会期待音高重调落在起始节拍上。这种情况也不会发生。结论是：（2.39c）正是 *reconciliation* 的后节拍添加表达式。

但有何证据证明节拍添加都已应用？证据来自于这些词在重音移位时的表现。当节拍移位应用时，它将最凸显节拍投回给**起始**节拍：(*There was a*) *réconciliàtion of párties*（各方已和解），(*They heard the*) *tintinnabulàtion of bélls*（他们听到了叮当作响的铃声），(*You stop these*) *chímpanzèe híjinks*（你阻止这些黑猩猩跳舞）！如果在那第一个节拍（和主重音提升）上有节拍添加的话，那么这就是我们所期待的，因为那样可使第一个节拍成为下一个层级上最靠近主重音节拍左边的节拍，即节拍移位将第四层级主重音节拍置于其上的那个节拍。倘若节拍添加没应用，那么第二主重音前的基本节拍将成为下一个层级上主重音左边的第一个节拍（见（2.38））。所以，节拍移位将推导出不合乎语法的 *reconciliàtion of párties、*tintinnábulàtion of bells 和 *chimpánzèe híjinks。

我们的结论是：节拍添加确实应用于词（事实上，正如这些例子所表明的，一定如此）[28]，但它不会取代主重音规则。然而，在更高应用域中有一条栅悦耳规则，即节拍移位，它确实覆盖了主重音规则。节拍移位将主重音转移到一个它从未占据的位置。所以，不宜强加栅悦耳规则不覆盖主重音规则那样一条一般性全域条件。适宜的概括似乎是，在主重音规则自己的应用域内，它可能不会被栅悦耳规则废止。因此，如果我们认为这些规则是以循环方式应用的，那么就可以对**文本凸显保持条件**（2.25）做

---

[28] 考虑一下：当有节拍添加可以应用但明显只可以应用一次的两个（相邻）位置时，它的强制性意味着什么？意大利语的次重音是一个典型例证。回想一下：意大利语是一种音节计时语言，一种每个音节都与一个基本节拍同界的语言。因此，在诸如 *generativa*（生成的）或 *contemporaneo*（当代人）这类长词中存在着节拍添加可以应用的长节奏缺失情况。可以由 *generatíva* 生成 *generàtíva* 或 *gèneratíva*，但不会是 *gèneratíva。要想将已假定的强制性理念（即无论何时或何地，结构描写一旦满足，强制性规则便应用）保持至今，我们就必须采纳两种推导 *generativa* 两个发音的研究方法之一。我所青睐的第一个研究方法是说，节拍添加确实应用了两次，节拍删除随后便删除了所添加的相邻节拍中的一个。这个解决方案维持了强制性理念，并且不涉及出于单独原因而已不再需要的任何一条规则或原则。请注意：该解决方案要求节奏交替育变原则不是规则应用的过滤器。另一种研究方法是引入一条规则应用的规约，这让人们想起了标准理论所提出的规约。根据该规约，一条规则无论何时遇到"重叠的"语境时，都只用于其中的一个（S. Anderson 1971, 1974; Johnson 1973; Howard 1972; Halle and Vergnaud 1976; Vergnaud 1974）。这种方法允许强制性规则的有限例外。但我倾向于不采用这一方法，因为所提出的理论已有处理这些情况的机制（即采用节拍删除的方式）。

出表述，并可以给它赋予确保"构建"正确模式的责任[29]。

节拍移位与节拍删除可以在第三节律层级上发挥作用。例如，在英语里，相邻的第三层级栅位置就是通过施用应用域末端凸显规则产生主要词重音来产生的。在词内，这一情形只在主重音规则多次应用于连续内嵌的词内循环应用域时才出现。在短语内，只是在相邻词的主重音（从栅的角度看）并列时，才将产生两个相邻的第三层级节拍之间的冲突。两种情况中的冲突，均可以用一条栅悦耳规则来消除。

例如，凯巴斯基（Kiparsky 1979）认为，像 expectátion（期待）这个词的重音模式是通过应用"节奏规则"——即重音移位（即这里的节拍移位）从更为基础的 expéct 推导而来的。下面是用栅所做的推导：

（2.40）

[[ex pect] a tion]

循环 1

```
                          x
                     x    x
DBA，BBR，MSR        x    x
```

循环 2

```
                          x
                     x    x
                     x    x
a. DBA，BBR，MSR    x    x    x  x
                          x
                     x    x
                     x    x    x
b. BM                x    x    x  x
```

---

[29] 注意：该条件并不排除某个应用域特有的文本到栅的同界规则可覆盖另一个的可能性。这就是英语（和意大利语）里当重音收缩（一条词的应用域特有的规则）覆盖主重音规则时实际上所发生的情况（见第三章）。在此情况下，确保重音收缩战胜主重音规则的是凯巴斯基（Kiparsky 1973）所提出的更具普遍性的语法原则：即更为具体的规则优先于更具一般性的规则。

短语上的节拍移位例子已在 2.2 节中给出。

在英语里,节拍往左边移位先于节拍删除,因而确保了凸显将保留在第三层级的栅上,尽管从文本角度看它已不在原始的位置上。但在英语里,节拍移位似乎是不对称的。(就核心理论方法而言,这意味着英语语法从现有的共性集合中只选择了节拍往左移位(2.23b)的版本。)正如利伯曼和普林斯所指出的,复合词 *sports contest*(体育竞赛)中的最大凸显落在 *sports* 上(见 2.41),节拍移位并没把它变成(2.42):

(2.41)　　　　　　　(2.42)
　x　　　　　　　　　*x
　x　　x　　　　　　　x　　x
　x　　x　x　　　　　x　　x　x
　x　　x　x　　　　　x　　x　x
sports contest　　　sports contest　体育竞赛

无论如何,底层(2.41)只经过节拍删除就变成了(2.43):

(2.43)
　x
　x　　x
　x　　x　x
sports contest　　体育竞赛

节拍添加在词的层级以上不是强制性的,它不会恢复 *con* 上的凸显。因此,节拍删除在英语里应用,而节拍移位则不应用。我们提出节拍删除也是不对称性的,换言之,英语语法已从共性集合中选择了(2.24b)(见 4.2.2 节)。

复合词规则(Compound Rule)和核心重音规则(Nuclear Stress Rule,简称 NSR)都是英语的文本到栅的同界规则,它们应用于比词大的句法应用域。英语复合词规则将第四或以上节律层级上的凸显指派给复合词中第一个(或最左边的)直接成分内所包含的最凸显的第三层级节拍。同样,核心重音规则指派了短语最右端的节奏凸显。在这个特定的意义上,我们倾向提出一个强假设：即应用于所有这些句法应用域的文本到栅的同界规则都是应用域末端凸显规则。（见第四章中的讨论。）核心重音规则将确保像（2.44）这样的句子文本获得（2.45）中的部分栅同界（在不考虑三个主要词重音以下的节律层级情况下）：

(2.44)

[It was [organized [on [the model [of [a gallon [of worms]]]]]]]
它是按照一加仑蠕虫的模型组织的

(2.45)

```
                                            x
   x             x         x         x
It was organized on the model of a gallon of worms
```
它是按照一加仑蠕虫的模型组织的

如果节拍添加在循环栅的构建过程中不应用，那么这就是推导得到的结果。但它可以应用，排除节奏缺失。所以，(2.44) 的其他可能结果是 (2.46) 和 (2.47)。

(2.46)

```
                                            x
                           x                x
   x             x         x         x
It was organized on the model of a gallon of worms
```
它是按照一加仑蠕虫的模型组织的

(2.47)

```
                                            x
   x                                        x
   x             x         x         x
It was organized on the model of a gallon of worms
```
它是按照一加仑蠕虫的模型组织的

注意：节拍添加的任何一次应用都要求应用域末端凸显规则核心重音规则所要求的主重音的"提升"。那么，在短语层级，就像词层级那样，两种栅

第二章　语言的节奏模式

构建规则以相同方式发生交互作用，从而产生符合文本要求的节奏模式。

2.3.2.4　小结　在前面"一层级接一层级地"进行阐述时，我们寻求给我们的主张赋予合理性。该主张是：可以用一组以栅为基础的一般性节奏原则、栅悦耳规则连同一组基于句法结构的原则、文本到栅的同界规则对语言节奏凸显模式做出一种颇有见地的描述。我们认为必须从凸显模式核心理论视角把节律栅看作是凸显模式表达式，我们的这一观点有赖于证明真正的表达式是以此方式获得的，没有（系统）丢失任何一个，而且其他理论都不能做到这一点。下列各章将进一步阐释这一理论以及我们的观点部分所依据的对英语重音模式所做的具体分析。必要时，我们还将与其他理论做适当的比较。

到目前为止，我们还没有提及各种规则在句子音节到栅同界的推导过程中的排序问题。事实上，没有什么可说的，因为我们将把大部分的排序关系视作固有界定的。半拍同界必须排在最前面；基本节拍规则必须先于第二节律层级上的节拍添加；主重音规则必须先于第三节律层级上的节拍添加，等等。还有一条不言自明的一般性排序原则：同界应当逐层进行，从最低层级到最高层级。许多语言的事例都与这条"层级排序"相一致。例如，在开罗古典阿拉伯语或意大利语里，在两个都是由右边应用域末端凸显规则实施的案例中，第三节律层级上的节拍指派是以第二节律层级上基本节拍的预先指派为先决条件的。那么，或许对一种语言语法里有关构建音节到栅同界的排序问题事实上也就无话可说了。

不过，还有语言如俄语，它的第三节律层级上的同界"先于"第二层级上基本节拍的组织过程。在俄语里，主重音位置（第三层级节拍同界）部分是词汇（形态）决定的（Halle 1973a），词汇指定的与第三（而后是第二）节律层级的同界，可作为确定第二节律层级上组成节拍所围绕着的主轴。在俄语里，前音调（前主重音）音节总是与第二节律层级上的一个节拍相关联，而且先于它的音节出现在一种交替音变模式之中

（Karčevskij 1931）。我们有兴趣想知道所有与"层级排序"相背离的是否都出现在像俄语这样的情况中，其高层级同界的指定是一个词汇特异性问题。如果是这样的话，那么就有可能坚持认为由节律层级对栅构建规则所做的（从低到高的）排序是那种非标记性情况，即所有都按照音系性质的原则执行的状态。

第三章

英语的词重音与词结构

本章主要论及两方面内容。一是在第二章所确立的总体理论框架内提出英语词重音模式的具体分析方法。我们这样做是要阐明：所提出的节律栅构建的核心理论非常适合为描写充分的英语词节奏属性处理方法提供依据。韵律或节律树结构在表征和描述这些模式中发挥怎样的作用？毋庸讳言，这种研究英语重音的新方法迫使我们要对这方面的设想进行认真修改。我们将说明，这里所提出的解释与塞尔柯克（Selkirk 1980b）和海耶斯（Hayes 1980, 1982）基于树的解释一样好，甚至更好。通过采用这种基于栅的英语词重音分析方法，我们希望确认本研究所主张的描述（较低层级）凸显模式的一般方法的合理性。

众所周知，英语词重音非常复杂。仅仅根据英语词重音的研究，我们或许永远无法实现对构成词重音模式普遍或核心理论的基本理解。确确实实，甚至在描写英语词重音的基本成分方面，还尚未达成共识。我们这里将要采用的研究方法是以一种词重音核心理论的视角来审视英语的词重音。我们采用这种方法，是在延续哈勒和维格诺德（Halle and Vergnaud 1979）、海耶斯（Hayes 1980）所做的开创性工作。正如他们所强调的，已知语料的具体范围，要对现有的可能的描写（语法）规模加以严格限定，并进而解答投射问题，那么，就绝对需要一种完善的重音模式的一般理论。我们将对第二章界定的核心理论所提供的可能的英语语法进行研究，而且事实很清楚，其中一种语法在描述英语模式的基本原理上颇为成功。我们还将对所产生的从基础模式开始的推导条件进行研究，与此同时提出可能修改基础模式的一种规则理论要点。这方面，我们特别要感谢海耶斯（Hayes 1980, 1982）。海耶斯已证明，表层偏离基础模式可能比早期研究（Liberman and Prince 1977; Selkirk 1980b）所预期的要大很多，并且还提出解释它们的一套规则系统，而这套规则系统形成了我们这里将要提出的分析方法的基础和背景。

本章第二个所要论及的是英语词的句法成分结构与这些重音模式之间的关系问题。按照我们的句法-音系映射理论，音系表达式层级体系的构建是以循环方式进行的，支配构建的特定规则只在指定的句法应用域内运作。我们认为，对特定语言的句法-音系关系所采用的分析方法涉及：说明（i）在普遍界定的构建规则中哪一条在起作用，以及（ii）它们运行的句法应用域。我们将以塞尔柯克（Selkirk 1982）中所提出的英语词句法描述方法为先决条件。这一描述方法给英语**中性**与**非中性**词缀之间的重要差别提供了一种本质上的句法描述。正如西格尔（Siegel 1974）所论证的，现在可以对中性与非中性词缀在词结构中的分布做出概括：中性词缀在词内所包含的词缀排序上系统性地超越了非中性词缀。塞尔柯克（Selkirk 1982）所支持的分析方法是，词缀类型不同，其所在的位置（比如说在英语词结构中的位置）就不同。中性词缀是语类"词"的结构成分的姊妹节点，而非中性词缀则是语类"根"的结构成分的姊妹节点[①]。（英语里的）根总是内嵌在词（或其他根）内，而词从不内嵌在根内（但只内嵌在其他词内），因此，中性词缀总是落在非中性词缀之外。我们将说明，两类词缀之间的这种句法差别已系统地反映在它们所具有的不同音系属性上，其中一种与重音相关。我们将提出：本质上说，关键性参与词重音的栅构建规则是把"根"语类作为它们的应用域，因此未能把中性词缀纳入典型词重音模式之中。

---

① 在X̄语类理论中，语类类型对应于它的"标杆"数量，见杰肯道夫（Jackendoff 1977）。

第三章　英语的词重音与词结构

这里提出的句法与音系关系的理论在许多方面都是相当标准的。我们把一个表述详尽的句法成分结构树形图（在此场合，词内结构）当成界定重音模式的表达式，并表明这些模式是由指定句法操作应用域的规则用循环方式界定的。这里非标准的是：首先是把重音模式体现在超音段层级表达式（节律栅）中的设想；其次是把重音规则作为音系规则而不是作为构建音系表达式规则的设想；最后是循环原则支配句法表达式到音系表达式这一映射而非（必要地？）应用"真正"音系规则的想法（1.3 节）。至于这里作为先决条件的英语词句法理论，它对词结构性质的假设以及（更广泛地说）对句法结构和生成它的规则系统的性质的假设都是相当标准的（见 3.1 节）。

将边界成分从音系表达式中去除，是音系表达式及其与句法表达式之间关系的这个一般性理论的另一个非标准特征，也是对英语的词所做具体分析的另一个非标准特征。边界在界定生成英语词重音模式的栅构建规则的应用域上不起作用：这些规则具有一个只从句法成分结构角度界定的应用域。此外，研究还表明，许多其他推定受边界制约的英语音系规则确实受到音节结构的制约（特别请见 Kahn 1976），而且音节界限与某类句法成分的界限可以相一致。然而（与卡恩相反），我们并不要求边界成分对这些结构成分的边界做出区分：在本理论框架内，（重新）音节化仅限于句法成分结构界定的应用域。那么，其未明说的主张是：任何由边界所做的（标准）语言描写"工作"，如《英语音系》对中性与非中性词缀之间音系差别所做的说明，都要比在这一理论框架内由（直接支配音系表达式构建的）句法结构本身或由因而所产生的两个音系表达式层级结构之一（二者都在一定程度上对表层结构的句法关系进行了编码）所做的更好、更恰当。

从一开始，我们就必须要说，这一章并不是要提供英语词重音模式的详尽分析。这种分析需要有更多的时间和更大的篇幅。我们对一方面英语词结构与另一方面词的节律栅同界之间关系做了这样的概述，其目的在于提供在我们所描述的一般理论框架内分析看起来像什么的例子，该例子理据充分，但不会在所有细节的描述上都那么充实完整、事出有因。我们希望这个例子将促进我们的研究沿着这里所建议的路线再进一步。

3.1 英语的词句法

英语里的词结构基本上与短语或句子的结构没有本质上的差别，我们可以把它表征为一种加标签的括号或树。塞尔柯克（Selkirk 1982）认为：词结构由一组不受语境制约的改写规则生成，词汇材料被插入到由此生成的结构中，如乔姆斯基（Chomsky 1965）那样。我们这里特别关注的是塞尔柯克（Selkirk 1982）所提出的一般理论的主要特征之一：即认为词句法所涉及的语类具有与句法语类相同的形式特性，按照这里所预先假设的 X̄ 短语结构理论[②]，它们可以被分解为：（ⅰ）一种**语类**或**层级**赋值，（ⅱ）一种**语类名称**赋值。前者对应于语类标杆的数量：符号 X、X̄ 和 X̿ 代表不同类型的语类。后者对应于"特征束"，例如，指定除了别的以外语类是名词性的，不是动词性的。（"束"也将包括语类的附加特征。）名词（N）、形容词（A）和动词（V）都是实词，它们的语类"词"（X^0 或只是 X）在短语结构中发挥作用，是 X̄ 层级结构中的"最低层级"。与此同时，我们认为它还是描写英语词结构中所涉及的最高语类。其他的是**根**（Root）（X^{-1} 或 X^r）和**词缀**（X^{af}）[③]。名词词根（N^r）、动词词根（V^r）等，是前一种类型的实例；名词词缀（N^{af}）、动词词缀（V^{af}）等，是后一种类型的实例[④]。那么，这一思想只是：词句法的描写要用到一系列用 X̄ 定义

[②] 请参见如乔姆斯基（Chomsky 1970）、布列斯南（Bresnan 1976）、杰肯道夫（Jackendoff 1977）。

[③] 由于塞尔柯克（Selkirk 1982）解释的原因，我们去掉了英语形态学中的语类类型**词干**（Stem）。

[④] 继威廉姆斯（Williams 1981a）之后，我们假定句法特征 [± 动词] 和 [± 名词] 隶属于词缀，因此"动词词缀"是一个拥有动词性特征的词缀，不是附加到动词上的词缀。

的范畴，而且可以用这种语类差别来表述生成词结构的改写规则中体现出来的概括性。我们将在几类英语词缀的分析中充分利用这一思想。

我们在塞尔柯克（Selkirk 1982）中已说明，词与根是递归性语类，英语的词结构语法中有像 N → N N、V → P V、A → N A^{af}、A^r → N^r A^{af} 等之类的规则。"框架式"地说，英语不受语境制约的词语法中有如下这类规则：

（3.1）
词 → 词　词
（3.2）
词 → 词　词缀
词 → 词缀　词
（3.3）
词 → 根
（3.4）
? 根 → 根　根
（3.5）
根 → 根　词缀
根 → 词缀　根

像（3.1）这样的规则可以生成地道的英语复合词。尚不完全清楚的是，是否需要规则（3.4）来生成所谓的希腊语复合词[5]。但其他规则则用于引入后缀和前缀。从这个规则系统中可以清楚地看出，一个必须以词的姊妹节点出现的词缀将出现在一个需要根的姊妹节点的词缀之外。

在这个理论中，词缀语素是词项。这类语素词条中所包含的信息里有一个次语类化框架，它表明该词缀可以把哪类语类作为它在此结构中的姊妹节点。塞尔柯克（Selkirk 1982）的提议很简单，除了指明姊妹成分的语类**名称**之外，词缀语素的次语类化框架也可以指明它必须是何种**类型**

---

[5]　有关英语里的希腊语复合词及其音系属性，见西格尔（Siegel 1974）和海耶斯（Hayes 1980, 1982）。

（或层级）。根据该理论，中性词缀（西格尔（Siegel 1974））中的类型二词缀）对"词"类语类进行分类；非中性词缀（西格尔的类型一）对"根"类语类进行分类。表3.1是对次语类化框架的词缀样例列表。

表3.2说明了由（3.1）到（3.5）中所例示的规则类型和由诸如（3.1）中那些次语类化所支配的词汇插入生成的词结构。

表3.1

非中性的/类型一/根		中性的/类型二/词	
-ous:	[N^r___]	-less:	[N___]
-ity:	[A^r___]	-ness:	[A___]
-ive:	[V^r___]	-er:	[V___]
-ate:	[A^r___]	-y:	[$\{^N_V\}$___]
-ory:	[V^r___]		
-al:	[N^r___]	-ize:	[N___]
-ify:	[$\{^{N^r}_{A^r}\}$___]	-ish:	[$\{^N_A\}$___]
in-:	[___A^r]	ex-:	[___N]
de-:	[___V^r]	non-:	[___$\{^N_A\}$]

表3.2

词	词	词	
|	/\	/\	
根	词 词缀	根 词缀	
	|	/\	
	根	根 词缀	
scarce	scarce-ness$_2$	scarc-ity$_1$	稀缺
nation	nation-hood	nation-al	国家
cycle	cycl-ing	cycl-ic	循环

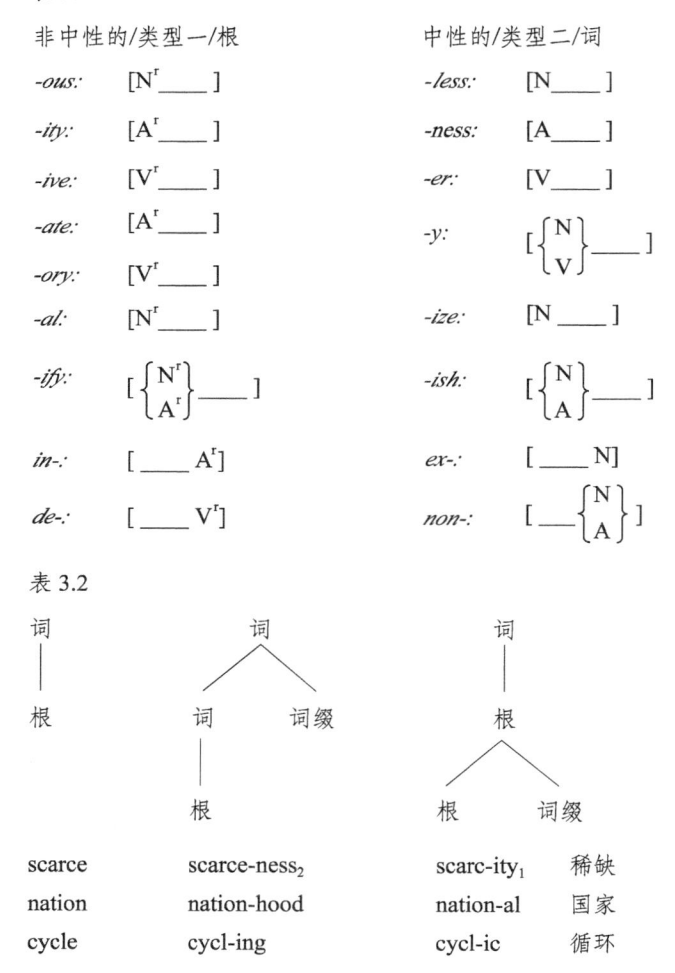

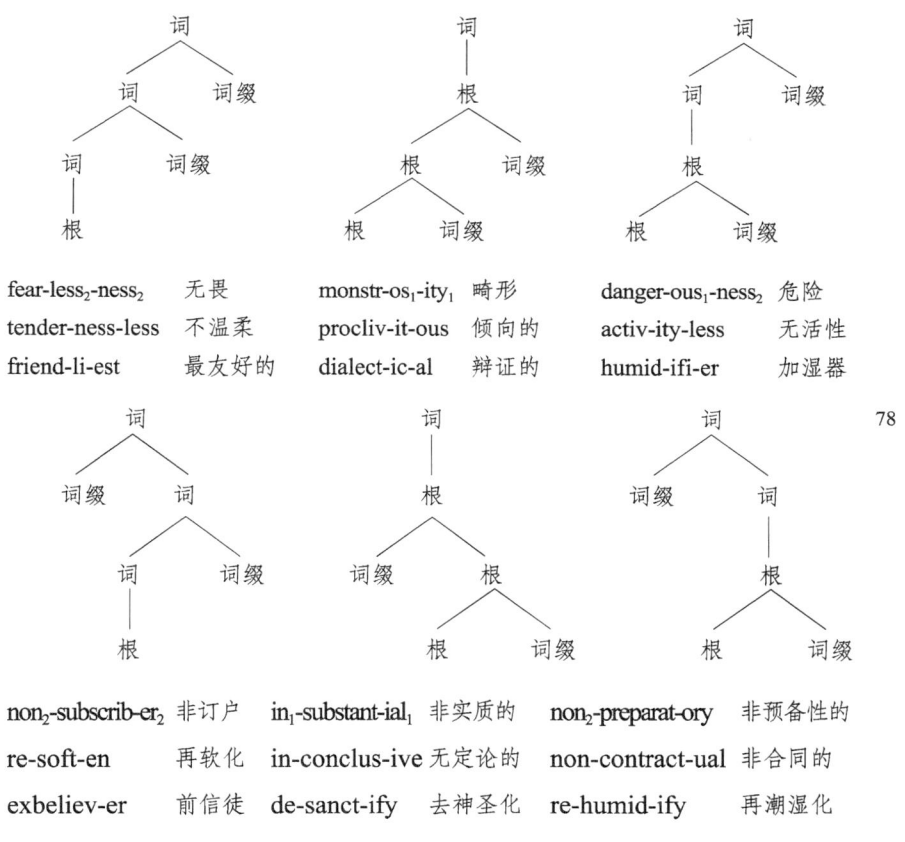

第三章 英语的词重音与词结构

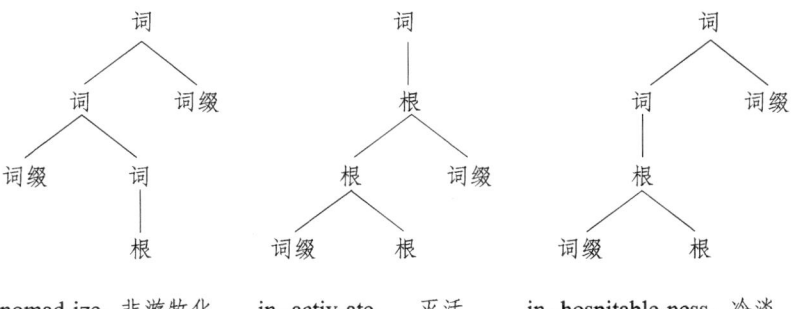

fear-less₂-ness₂ 无畏
tender-ness-less 不温柔
friend-li-est 最友好的

monstr-os₁-ity₁ 畸形
procliv-it-ous 倾向的
dialect-ic-al 辩证的

danger-ous₁-ness₂ 危险
activ-ity-less 无活性
humid-ifi-er 加湿器

non₂-subscrib-er₂ 非订户
re-soft-en 再软化
exbeliev-er 前信徒

in₁-substant-ial₁ 非实质的
in-conclus-ive 无定论的
de-sanct-ify 去神圣化

non₂-preparat-ory 非预备性的
non-contract-ual 非合同的
re-humid-ify 再潮湿化

non₂-nomad-ize₂ 非游牧化
non-secular-ize 非世俗化
un-kind-ness 不仁慈

in₁-activ-ate₁ 灭活
de-cept-ive 骗人的
en-noble-ment 崇高

in₁-hospitable-ness₂ 冷淡
arch-bishop-less 无主教
de-ceiv-er 欺骗者

87

(下标 1 表示**非中性的**，西格尔的类型一词缀；下标 2 表示**中性的**，西格尔的类型二词缀。)详细分析，读者可参见塞尔柯克（Selkirk 1982）。

总而言之，对分布的探讨，促使我们为英语词中的主要（无词缀的）语类设立两个不同的 $\bar{\text{X}}$ 层级或语类类型：根和词。根据我们的句法与音系关系理论，这种区别原则上在音系表达式的构建中是有可能起作用的。例如，栅构建、重新音节化或韵律构词（如果存在的话）规则的句法应用域可以用这些语类类型中的某一个来指定。这确实是我们所称的英语的实际情况：根是那些有应用域的词重音规则的循环应用域，如主重音规则（见 3.2.5 节）。按照基本音节组成规则，根还是重新音节化的应用域。另外，词是限制性较弱的重新音节化的应用域。因此，根词缀已被完全融入到英语重音和音节化的规范模式中，而词缀则并非完全如此。正如我们将要证明的那样，这恰恰是对中性与非中性词缀之间音系差别的恰当描述。

只因为词句法涉及两个"层级"，这并不能得出这些"层级"将像英语那样在音系结构中得到反映。例如，佩塞斯基（Pesetsky 1979）提出俄语词句法有两个"层级"，但他并没有观察到存在相应的音系差别[⑥]。就俄语而言，可以认为"词重音"和重新音节化的应用域只是一个类型为 X^n 的语类（这里 n 指 $\bar{\text{X}}$ 层级体系中的词或以下层级）。因此，在俄语词的句法与音系的循环映射中，无需关注"层级"中的任何差异。在本文所提出的一般理论框架中，无论是词还是短语的句法结构所产生的差异，并不一定在音系结构中得到编码。语类类型或层级是构建音系表达式规则的一个应用域，怎么选择它们，恰恰是语言彼此之间有所差别的参数之一[⑦]。

---

⑥ 佩塞斯基（Pesetsky 1979）继艾伦（M. Allen 1978）之后所使用的概念"层级"不是成分结构的语类层级或类型的那个概念，而是语法形态学中的规则子组件之一。层级这个概念可以直接转换成用成分结构术语所做的一种描写，如塞尔柯克（Selkirk 1982）所示。

⑦ 一个显而易见的问题是：选择栅构建规则的应用域与选择句法-韵律对应的应用域之间是否存在一种系统性的关系？我们的研究至此尚不能回答这个问题。

在讨论英语词的音系表达式之前，我们将简要回顾一下早期两种研究英语词句法及其与英语词音系之间关系的方法。在《英语音系》分析中，词的结构跟短语的结构一样，都被看作是一个加标记的括号或树，尽管生成词结构的规则系统没有明确提到。音系规则被分成了两类：循环性的和非循环性的（后者有时被称为"词层"规则）。循环性规则（如英语的重音规则）在句法成分结构所界定的应用域内是以循环（"自下而上"）方式应用的。在《英语音系》对英语的分析中，某些重音规则是在语类类型"**词**"（即"名词、动词或形容词"）的循环应用域中应用的；而其他规则是在短语的应用域中应用。词内部不区分语类类型，所有非词缀结构成分都被认为与短语结构组件中的词属于同一种类型。当然，词内没有区分语类类型不是一个原则问题，而只是一个分析问题（或缺少分析问题）。《英语音系》理论支持这种区分。

继纽曼（Newman 1946）之后，《英语音系》的作者认为这两个英语词缀类别是单靠它们的音系属性来区分的。观察到有关中性词缀的是：（a）它们未进入词重音的典型模式（因此术语**中性的**，即"就重音而言是中性的"），（b）它们未能被音系规则（如三音节松音化、软腭音软化、舌冠咝擦音化）所分析（或"计算"），（c）某些（假定）限于词尾语境的规则如响音音节化，是在它们之前应用的[⑧]。非中性词缀的音系表现被认为是完全不同的。人们已观察到（a）它们进入了词重音的典型模式，（b）对诸如三音节松音化等规则而言，它们是"可见的"，（c）词尾规则不是在它们之前应用的。《英语音系》对这一差别的分析相当巧妙，它是用不同类别的边界成分将不同组别的词缀与它们附加的词（sic）分离开

---

⑧ 三音节松音化说明了像 *divine~divinity*（神圣）、*serene~serenity*（宁静）这类成对词中的交替音变。例如，软腭音软化可用以解释 *medical~medicine*（医学）中 *k~s* 的交替音变，舌面前音同化从 *d* 或 *t* 中给出 *z* 或 *s*：*permit~permission*（允许）、*deride~derision*（嘲笑）等。据说，响音音节化可以解释与非音节性响音交替音变的词尾响音的音节性：*hinder~hindrance*（阻碍）。

来。其提议是词边界"#"插在中性词缀与它的姊妹成分之间，而语素边界"+"插在非中性词缀与它的姊妹成分之间。这个提议是在一般音系学理论框架内做出的，该理论使两类边界具有系统性的不同属性。简单地说，该理论认为应用于音段序列的音系规则可以对语素边界在那个序列中的出现视而不见。对英语来说，这意味着重音规则以及像三音节松音化这样的规则都将一个词缀处理成名义上单语素性的。就像同一个词的两个组成部分一样，这个词缀与姊妹节点只是由"+"分离开来的。至于词的边界，该理论认为，如果规则在结构描写时没有明确提及它的话，那么它将阻断规则的应用；该边界也可以为规则（如限于词尾位置的那些规则）提供"正面的"语境。因此，通过以这种结构描写中没有"#"的方式构建重音规则以及像三音节松音化之类的规则，《英语音系》的分析确保这些规则在中心词缀语符串中的应用遭到阻断[9]，还确保词尾规则在中性词缀之前发现它们的语境得到了满足。因此，在《英语音系》中，两组词缀之间的区别在于与两个边界中的一个相联结的属性。一个词缀带一个边界还是另一个边界，必须被指定为这个词缀词条的组成部分。

正如前面所提到的，边界的理据在这里正在推进的理论框架中消失殆尽。《英语音系》对词缀组的分析是在对英语形态未做出充分分析、对音系表达式的性质以及它与句法结构之间的关系未充分理解的背景下做出的。显而易见，《英语音系》的分析所寻求解释的音系现象在本理论中将有一种直接处理的方法。

西格尔（Siegel 1974）是第一个观察到两组词缀之间的分布规律，即中性词缀出现在非中性词缀之外。我们已把这称作**词缀排序通则**（Affix Ordering Generalization），并已在塞尔柯克（Selkirk 1982）中对此提供了进一步的支持。西格尔和艾伦（Siegel and M. Allen 1978）在她之后，已

---

[9] 实际上，《英语音系》的分析只能通过特别规定规则提到的变项**不包含**"#"的条件来确保重音规则**不应用**于带 #-词缀的词（见《英语音系》和第八章）。

寻求将词缀的音系属性与分布属性联系起来。他们的主张有赖于语法各组件之间的不同关系概念，这已大大偏离了标准理论。西格尔和艾伦的主张是某些构词规则可以"先于"某些音系规则"应用"，而其他构词规则则"在"这些规则"之后应用"。具体地说，他们提出：非中性语素边界词缀是"在"英语重音规则应用"之前附加上的"，中性词边界词缀是"之后附加上的"。然后，继它们之后是复合词规则。遵照这个理论，加词缀和复合词规则在推导过程中应用，而且还可以彼此之间和从音系规则角度进行外在化排序。边界在区分与重音相关的词缀类属性上不起作用：这是通过对附加词缀规则与重音规则进行排序完成的。（但据认为其他音系规则需要边界发挥其应有的作用。）

根据词句法理论，形态规则可以外在化排序成不同的层级（"组块"），但这一理论并不意味着构词规则和构建音系表达式（如重音规则）或应用它（即音系规则）的规则就应当穿插使用。构词理论（如西格尔和艾伦的理论）是与句法–音系关系理论相一致的，其中这些与音系相关的音系过程是以循环方式应用于词句法（排序的）规则所生成的结构中，如果它们所生成的是一个已标记的树。但实际上，包括凯巴斯基（Kiparsky 1982）和莫汉南（Mohanan 1982）在内的西格尔和艾伦词句法理论的倡导者已将这种形态学理论与句法–音系关系理论结合起来，认为音系规则与形态规则彼此交叉在一起。

因此，西格尔、艾伦、凯巴斯基和莫汉南对词句法和句法–音系关系两种理论采取的方法与我们这里所倡导的完全不同。我们提出的词和短语的一般模式是：以循环方式将一个充分表达的（如同短语那样的词的）句法成分结构映射为一个完整的音系表达式。就像语法中有界定合乎语法的表层短语结构的规则一样，这个模式中也有界定合乎语法的表层词结构的规则。据称，对于词来说，就像对于短语那样，一组不受语境制约的改写规则提供了那种描写的基础。这是一个"句法优先"模式，在这个模式中，在应用构建或修改音系表达式的规则之前，语法组成组件给成分结构组建规则施加了一种排序。本书的目的是提出这种句法与音系的关系理论，并在此框架内对英语的细节进行分析。在这一章和第七章，我们将展示句法-音系关系的句法优先理论可以产生一种令人满意的、甚至具有启发性的与重音相关的英语词属性的解释。在接下来的章节里，我们将展示同一个一般理论框架可让我们提出对重音相关短语属性的一种有见地的描述。因此，我们主张：以同样方式看待词和短语的理论不仅是可能的，也是可取的。关于词和短语的句法-重音关系的统一理论秩序井然的这种主张，当然有赖于证明词句法和短语句法的统一研究方法既是可能的，也是适当的。用完全类似于短语句法的术语审视词句法的例证，见塞尔柯克（Selkirk 1982）。

3.2 英语词中的栅构建

3.2.1 第二节律层级

就每一个与英语重音模式表达式有关的节律栅层级而言，我们问两个基本问题：涉及哪几条文本到栅的同界规则（如果有的话）？涉及哪几条栅悦耳规则？就后一种规则而言，我们还要问：哪些参数支配它们的应用？这些问题的答案将构成英语词重音的基本语法。

我们从重音和非重音音节模式开始，即从音节（或从缺乏音节）与基本节拍层级上位置的同界开始。基本节拍规则在英语里是否起作用？答案显然是肯定的。在表层模式中重读长元音或紧元音音节（CVV）是一种绝对倾向：*dáta*（数据）、*rótàte*（旋转）、*éulogìze*（赞颂）[10]。与此相反，带松元音或短元音（CV）的开音节表现则大不同。非起始 CV 只要后接至

---

[10] 表层有某些非重读紧元音，我们把它们分析为底层是松元音，如末尾位置（*happy*）或元音前位置（*Canadian*）上的元音。在这一方面，我们遵循《英语音系》和海耶斯（Hayes 1980, 1982）的做法。有关对这一位置的评析，见鲍林格（Bolinger 1981）。很遗憾，我们得到这项研究太晚了，没有考虑到他的一些观点。

少一个非重音音节，便要重读：*Àlabáma*（亚拉巴马州）、*América*（美国）、*inítial*（起始）、*mètricálity*（节律性）。起始 CV 不管后接什么也可以重读：*sùttée*（殉夫）、*ràccóon*（浣熊）、*sátire*（讽刺）[11]。这些事实本身表明：(a) 有一条基本节拍规则，它至少对 CVV 音节与 CV 音节做出了区分，并将前者与第二层级节拍仅做了调整；(b) 有一条基本节拍规则，它要求起始位置音节与（正如我们所阐释的，根应用域中的）第二层级栅位置同界；(c) 负责 CV 音节与第二层级同界的节拍添加是左统制的。根据核心理论，没有其他可供选择的方法。如果 CVV 音节在表层模式中一直是重读的，那么它们在基本（底层）模式中一定也是如此；如果起始音节无论后接什么都可以重读，那么受位置影响的基本节拍规则就一定起作用等等。但请注意：这个基本分析法已经暗示了与基本模式不同的某种伴随分析法。基本节拍规则和第二节律层级的节拍添加（假定）是强制性的，所以，如在 *èxplănátion*（比较 *expláin*）中表层不重读（和包含弱化元音）的底层 CVV 音节就像起始非重读 CV 或 CVC 音节那样，必须以某种方式被单独的语法规则所"去重音化"，如在 *Ămérica* 或 *cŏndémn*（谴责）中的那些音节。可以将在 3.3 节中讨论的这种"去重音化"规则称为**栅转换**（grid transformation）。在核心语法研究方法情况下，正是对这些后来的栅转换的适当描述需要语言学习者或语言学家完成大部分的分析"工作"。

假如这一对基本模式的概括性分析基本上是正确的，那么仍然存在两个问题：划分音节类型的基本节拍规则的确切性质是什么？什么是节拍添加的方向性？第一个问题的答案需要理解有关重音化 CVC 形状音节（这里 V 是个松元音）的事实：这些表现得像 CVV 音节还是像 CV 音节？在表层模式中，CVC 音节可以在没有后接非重音音节情况下（或是在末尾位置或是在另一个重音音节之前）重读：*chîmpànzée*（黑猩猩）、*gýmnàst*（体操运动员）、*cónvìct*（罪犯）、*Àgamémnòn*（阿伽门农）、*Àdiróndàcks*（阿

---

[11] 起始音系不总是重读的这一事实可以通过单音节去重音化操作来加以解释（3.3 节）。

迪朗达克)、*pársnip*(防风草)。这个表现得像 CVV 音节，完全不像 CV 音节。然而，CVC 音节不像 CVV 音节，它们在表层普遍是以非重音形式出现的：*hýmnăl*(赞美诗)、*cátălўst*(催化剂)、*àppĕndéctomy*(阑尾切除术)、*expŭrgàte*(删除)、*Nèbuchădnézzăr*(尼布甲尼撒)[12]。在此，它们看上去很像 CV 音节。但我们的核心理论不允许出现模棱两可的情况。前面例子中的 CVC 音节不可能是"重读的"，除非基本节拍规则将 CVC 音节与第二层级栅位置同界。而且由于假定基本节拍规则不是任意的——不可能存在有时同界 CVC 音节，有时不同界——因此必须以某种其他方式对后面例子中无重音的 CVC 进行分析。这确实是我们寻求支持的观点：表层非重音 CVC 音节（大部分）是通过栅转换产生的，这种转换在特定语境中"去除了"基本节拍同界的 CVC "重音"[13]。我们对英语的基本节拍规则的分析故而如下所示：

(3.6)

英语文本到栅的同界（基本节拍层级）

a. 将一个类型 CVV 或 CVC 的音节与一个基本节拍同界[14]。

b. 将根应用域中起始位置上的一个音节与一个基本节拍同界。

我们把第一条称作**重音节基本节拍规则**（Heavy Syllable Basic Beat Rule，简称 HBR），把第二条称作**起始基本节拍规则**（Initial Basic Beat Rule，简称 IBR）。

要完成这项对基本节拍层级模式的分析，我们需要指定节拍添加左统制栅悦耳规则的方向性。并证明它是从右到左应用的[15]。既然这样，仅由 CV 音节组成的英语词的重音模式，如（3.7b）和（3.8b）所示：

---

[12] 见 3.3.3 节中有关单音节去重音化（即将重读 CVC 松音化）的讨论。

[13] 末尾非重音 CVC 中的末尾 C 如果是节律外的，那么它也可以是底层非重音的，见 3.2.3 节。

[14] 规则的更为精确表述是：略去"CVC 或 CVV"这种析取方式，以支持按照响度层级体系指定音节类型排列中的分界点（第二章注 21）。

[15] 我们在塞尔柯克（Selkirk 1980b）中曾宣称英语重音指派不是方向性的，海耶斯（Hayes 1980, 1982）证明这个观点是不对的。

(3.7)　　　　　　　　　　　　　　(3.8)
a.　　x　　　　　　　　　　　　a.　　x
　　x　x　x　　　　　　　　　　　x　x　x　x
　　CV CV CV　　　　　　　　　　CV CV CV CV
　　　⇓ BA$_{R-L}$　　　　　　　　　⇓ BA$_{R-L}$
b.　　x　　x　　　　　　　　　　b.　x　　x
　　x　x　x　　　　　　　　　　　x　x　x　x
　　CV CV CV　例：vánĭllă　　　CV CV CV CV　例：Míssĭssíppĭ

栅同界（b）是在例（a）部分栅的基础上产生的，例（a）中的部分栅本身是普遍性的半拍同界和英语起到基本节拍规则的产物。英语的主重音规则是一条尚待讨论的应用域末端凸显规则，它将根应用域中的最后一个基本节拍与第三层级节拍同界。并且也是一条尚待讨论的"去重音化"规则将 *vanilla*（香草）的起始音节降低。这些规则将产生（3.7d）和（3.8c）的表层模式：

(3.7)　　　　　　　　　　　　　　(3.8)
c.　　　　　x　　　　　　　　　c.　　　　　x
　　　　x　x　　　　　　　　　　　　　x　x
　　x　x　x　　　　　　　　　　　x　x　x　x
MSR　CV CV CV　　　　　　　　　CV CV CV CV = Míssĭssíppĭ
d.　　　　　x
　　　　　　x
　　x　x　x
去重音化 CV CV CV = vănĭllă　　不应用

当然，这些并不是相似音节组成的词所表现出的唯一模式。*Pámĕlă* 和 *Ămérĭcă* 也已被证实。我们和海耶斯（Hayes 1980, 1982）都认为，根据共性核心理论，现有的两种这些形状的词模式并没有透露出任何有关英语重音模式的基本分析内容，但相反仅仅证明了英语语法提出应用域末尾音节可能作为**节律外成分**被构建重音模式的规则"忽视"的可能性。（见下一节。）因此，认为 *Pamela* 和 *America* 的末尾音节是节律外的。它们的重音

85

模式推导过程如下所示：

(3.9)   (3.10)

	Pa me (la) 节律外	A me ri (ca) 节律外
DBA	x x (x)	x x x (x)
	x	x
IBR	x x (x)	x x x (x)
		x x
BA_{R-L}	不应用	x x x (x)
	x	x
	x	x x
MSR	x x (x) = Pámĕlă	x x x (x)
		x
		x
去重音化	不应用	x x x (x) = Ămĕrĭcă

这是对另一种 CVCVCV 和 CVCVCVCV 模式集合所做的分析[16]。

现在需要注意的是：如果从左到右应用节拍添加，那么只要分析的其他方面保持不变（特别是假设存在起到基本节拍规则的文本到栅的同界规则，该规则本质上排在节拍添加之前），就不能推导出所有这些模式。(3.11)是从左到右应用节拍添加可能推导出来的模式：

(3.11)

	x x x	x x x
DBA	CV CV CV	CV CV (CV)
	x	x
IBR	x x x	x x x
	x x	
BA_{L-R}	x x x	不应用
	x	x
	x x	x x

---

[16] 海耶斯（1980, 1982）实际上是采用不同方法来处理 *Mississippi* 和 *vanilla* 的。我们在 3.2.3 节中描述并据理反对了他的观点。

MSR	x	x	x		x	x	x	
		x						
		x						
去重音化	x	x	x		不应用			
	x	x	x	x	x	x	x	x
DBA	CV	CV	CV	CV	CV	CV	CV	(CV)
		x			x			
IBR	x	x	x	x	x	x	x	x
	x	x			x	x		
BA$_{L-R}$	x	x	x	x	x	x	x	x
		x				x		
	x				x			
MSR	x	x	x	x	x	x	x	x
		x				x		
	x				x			
去重音化	x	x	x	x	x	x		

虽然生成出与 *vanilla*、*Pamela* 和 *America* 相对应的模式，但其中却没有能推导出 *Mississippi* 的方式。正是因为这一原因，节拍添加在英语里必须从右到左应用。

综上所述，支配节拍添加在英语第二节律层级操作的参数设置如下：

（3.12）

英语的栅悦耳（基本节拍层级）

节拍添加

a. 是左统制的，而且

b. 从右到左应用。

（3.12）和（3.6）共同构成了英语重音音节和非重音音节基本模式的语法[17]。

---

[17] 回想一下，节拍移位和节拍删除都不适用于第二节律层级（参见第二章），这是由基本节拍层级完整性原则所致（第四章）。

3.2.2 节律外成分

在我们考察词的更高节律层级中发现的模式语法之前，有必要适当引入**节律外成分**这个概念，它在近来重音节律处理中起着重要作用。利伯曼和普林斯（Liberman and Prince 1977）引入了在英语重音模式计算中被系统性忽视的、常见于词边界的、描写音节的术语。海耶斯（Hayes 1980, 1982）已经证明这个概念在处理各种语言重音模式方面结出果实。正如海耶斯所指出的，它允许一个人对可能有的音步类型库存加以严格限制，推而广之，即对语言里可能有的重音系统数目加以严格限制。我们相信海耶斯关于节律外成分的论点是有说服力的，我们在这里采纳这个概念。

具体地说，海耶斯提出：语言的语法可以规定某一特定类型（如音段、音节、音步、语素）的单个结构成分是节律外的。海耶斯（Hayes 1980, 1982）和哈里斯（Harris 1982）也提出：节律外是一种公认的强大手段，但为了描写只出现在特定应用域边界的结构成分，就要对它加以严格制约。海耶斯（Hayes 1982）指出：英语节律外的应用域是音系词，即句法词减去中性（=词根）词缀或词重音规则的应用域（私下谈话）。我们认为，节律外只能从句法的应用域来界定，因为只有句法的应用域才能决定栅构建规则能否应用。此外，我们还提出：只有两种结构成分（**音节**和**音段**）可以是节律外的，因而排除了将节律外属性指派给形态成分[18]或在韵律层级体系中比音节更高的韵律成分的可能性。（当然，由于我们提出不存在韵律成分**音步**，因此不可以把音步处理为节律外成分。）这在我们的重音模式理论中是一条再自然不过的限制。"重音规则"在构建节律栅中所能获得的关于词（或短语）的这类信息，仅限于某一特定应用域中按顺序排列的音节内部结构以及与这个音节序列同界的节律栅。这类被忽视的东西属同一种类型：在节律外音段场合，对一个音节内部结构的元素

---

[18] 南尼（Nanni 1977）提出整个语素 -active 是节律外的，海耶斯（Hayes 1980, 1982）采纳了这一观点。但还有一种分析方法也是可能的，根据这种分析方法，-at- 经历了一种比较特殊的去重音化音变。见 3.3 节。

视而不见；在节律外音节场合，正如我们所看到的，对一个音节（和与之同界的栅位置）视而不见。为什么就像表面看上去那样应将节律外限制在形态应用域的界限内？为什么应将它限制在那个位置上的唯一音段或音节上？这些问题，无论是本理论还是海耶斯的理论都没有给出答案。这些只是规定，这些规定允许在重音核心理论的基础上，对预期模式中可能有的搅动进行适度限制的理论。

我们对节律外成分提出的进一步限制是，它是一个词项的属性，将节律外成分归属于音节或音段将"先于"所有任何一条栅构建规则的应用，因此，有关节律外成分指派的任何概括都是以词汇羡余规则的形式表达的。我们将在下文中详细说明这一限制。

最后一条关于节律外成分的建议是，它与所有栅构建规则无关，但只与那些实际上"关心"最后（或起始）音段或音节是否在特定循环应用域内的规则有关。这一限制所产生的后果非常重要。根据我们的重音模式理论，音段的节律外性质只与基本节拍规则有关，具体地说只与那些诉诸音节内部结构的规则有关，因为其他栅构建规则都不关注语符列的音段构成。例如，如果末尾 C 是节律外的，那么末尾 CVC 音节就会被重音节基本节拍规则这类的基本节拍规则处理为 CV 音节。在英语里，海耶斯认为（我们也赞同）末尾 C 可以是节律外的[⑲]。例如，如果语法要生成 *Nantucket* [næntʌkət]（楠塔基特岛）的重音模式，那么就必须如此。假如末尾 C 不是节律外的，那么半拍同界和英语基本节拍规则将给出（3.13）的部分栅：

（3.13）

   x   x

 x x x

Nantucket

楠塔基特岛

---

⑲ 节律外元音的可能性也是值得考虑的，它可以解释如 *happy* 中 CVV 上没有重音的问题。另见本章注 ⑩。

89 这里就没有节拍添加应用的空间，中间音节（一个松的开音节）就不会与基本节拍同界（也就是说，它不会被"重读"）。那么，就英语受音节结构制约的基本节拍规则而言，就可以将（3.14a）中结构成分 α 分界上的英语 CVC 处理得犹如它具有（3.14b）中的结构：

（3.14）

a. $_\beta[\ldots_\alpha[\ldots \overset{\sigma}{\overset{|\wedge}{CVC}}\text{节律外}]_\alpha\ldots]_\beta$

b. $_\beta[\ldots_\alpha[\ldots \overset{\sigma}{\overset{|\wedge}{CV}}]_\alpha C\text{节律外}\ldots]_\beta$

在循环应用域 α 中，末尾音节表现得像一个 CV 音节；但在更大的应用域 β 中，就要把这个音节处理得像是那个应用域中任何一个 CVC 音节。

我们提出了一个类似的音节节律外概念。这里，节律外功能本质上也是对一个循环性应用域的界限进行重新界定。一个音节就特定句法成分而言，是节律外的；由于它是节律外的，所以就把它当做那个成分之外的来对待。因此，在规则的循环应用时，将具有（3.15a）这类词结构表达式的词处理得像是具有（3.15b）这样的表达式：

（3.15）

a. $_\beta[\ldots_\alpha[\ldots \sigma\ \sigma\ \text{节律外}]_\alpha\ldots]_\beta$

b. $_\beta[\ldots_\alpha[\ldots \sigma\ ]_\alpha \sigma\ \text{节律外}\ldots]_\beta$

也就是说，在 α 上的循环中，忽略那个节律外的音节。但在 β 上的循环中，它表现得像是 β 上序列中的任何其他音节。这是既把节律外看作是从特定成分角度来界定的结果，又是我们（至少在词的层级忽略循环性应用域内部成分结构的）栅构建规则理论的成果[20]。

---

[20] 见哈里斯（Harris 1982）和海耶斯（Hayes 1982），他们认为，外围条件（Peripherality Condition）自动确保了应用域内部节律外成分的删除。这里采用的研究方法也有同样的效果。

音节节律外成分这一概念在我们基于栅的重音模式理论环境下还有另一个有趣的结果：与循环性应用域边界位置无关的栅构建规则不会受到节律外成分的影响。半拍同界就是这样一条规则。因此，我们的预测是：音节在半拍同界方面永远不是节律外的。这仅仅说明：话语的音节全都进入了句子的整体结构组织中，这似乎是对事实的一种正确的表达式。在该节律外理论下，只诉诸音节内部构成而不诉诸它的应用域中位置的基本节拍规则，也不会受制于音节的节律外性质（正如我们已呈现的，尽管它们可能会受到音节节律外成分的影响）。因此，可以预测：例如，在英语这样具有重音节基本节拍规则的语言里，形式 CVV（C）和 CVC（C）中的末尾音节总是被重读——即使末尾音节有可能是节律外的。对英语来说，这大体上是正确的。这一预测之所以没有完全得到证实，是因为英语末尾辅音也可能是节律外。整个英语节律外体系对重音节基本节拍规则的应用所做的更为具体的预测是：末尾 CVC 在底层模式中是与基本节拍同界的，只要它的末尾 C 不是节律外的，而末尾 CVCC 永远是与基本节拍同界的（不管它的末尾 C 是否是节律外的），末尾 CVV 和 CVVC 也是如此[21]。当然，由于底层模式中与基本节拍同界的末尾 CVCC 随后可以被去重音化，那么，末尾 CVCC 在表层未能重读（如在 *témpĕst*（暴风雨）、*pérfĕct*（完美）等中）并不是我们主张的反例。（至于 *háppў*（幸福）、*nárrŏw*（窄的）、*móttŏ*（座右铭）等中的表层末尾非重音 CVV，我们认为，这些与其他大多数的词一样，都是从一个底层末尾松音性 CV 推导而来的，在末尾位置栅构建后紧音化。见本章注 ⑩。）

重要的是要明白，重音节基本节拍规则可将音节与基本节拍同界，这

---

[21] 正像海耶斯所指出的，相当数量的以非重音 CVCC 结尾的词在倒数第二个位置上有一个不可预测的重音 CV：*lieutenant*（中尉）、*quintessence*（精华）、*inclement*（险恶的）、*adolescent*（青少年）、*discrepant*（有差异的）、*senescent*（衰老的）、*pubescent*（青春期的）、*pubescence*（青春期）。这些词只有在末尾音丛（但不是末尾音节）是节律外的情况下才能推导而得。由于我们这里没有把这种可能性考虑进来，所以它们仍是无法解释的例外现象。

一事实并不意味着它们**不**是节律外成分。我们的理论是：音节节律外只与音节位置在循环应用域的界限方面有关的栅构建规则**有关**，或与那些其结构描写参考栅位置序列（以及与那些位置同界的音节序列）的栅构建规则**有关**。这类规则包括（i）受位置制约的基本节拍规则，（ii）第二节律层级上的节拍添加，其应用具有方向性，需要一个"起点"的表达式（见例（3.7）~（3.10）），（iii）应用域末端凸显规则，如英语主重音规则。因此，在这个理论下，一个音节完全有可能在重音节基本节拍规则作用下与一个节拍同界，与此同时，就这些规则中的某一规则而言，它完全有可能是节律外的。在下面对主要词重音指派的研究中，我们将给出肯定是这种情况的例子。

下面，我们提出的是节律外成分理论，它限制性很强，而且可以做出如下似乎正确的预测：（i）哪种栅构建规则可能会受到节律外成分的影响，哪种不受影响；（ii）较低句法成分所特有的高节律外成分循环应用域上的无关性。我们将说明这一理论为全面处理英语词重音系统中的节律外成分提供了适当的基础。该分析大量吸收了海耶斯（Hayes 1980, 1982）的见解，但在语法中以某种不同的方式表达这些见解[22]。

海耶斯注意到，在英语的动词和形容词中，末尾辅音是非常典型的节律外辅音；换言之，动词或形容词的末尾辅音是重音的，如果它是由CVV（C）或CVCC组成的，如在（3.16a）和（3.16b）中，而不是简单的CVC，如在（3.16c）中。（例子选自海耶斯（Hayes 1980）。）

---

[22] 注意：在海耶斯的分析中，末尾CVV（C）音节总是被重读的，但尽管如此在主重音规则方面仍可能是节律外的，这一事实是通过对两条规则的外在化排序加以解释的，一条是他构建长元音上的音步（长元音重音化）的分析规则，另一条是将节律外成分指派给某些案例中的末尾音节的规则。长元音重音化先于"节律外成分规则"。但海耶斯不妨可以采纳这里提出的对节律外成分更具限制性的解释，从而避免过分依赖于（在句法-音系的映射过程中）指派节律外属性的规则的存在，并且就重音规则方面进行外在化排序。在海耶斯的理论中，长元音重音化不是方向性的，因此并不在意循环应用域界限的位置；这样一来，即使在他的解释中，也可以将长元音重音化应用于节律外的音节。

(3.16)

a.	divine	b.	torment	c.	astonish
	神圣的		折磨		使…惊讶
	atone		robust		common
	赎回		强健的		普通的
	obey		usurp		develop
	服从		篡夺		发展
	discreet		overt		illicit
	谨慎的		公开的		违法的

辅音节律外也见于名词中，如 *Nantucket*（楠塔基特岛）的例子，虽然正如海耶斯所指出的，名词中常见的音节节律外的影响，往往掩盖了辅音节律外在确定名词重音模式中的作用。海耶斯（Hayes 1980）提出英语的语法中有规则（3.17），它的功能是指派标记末尾辅音的节律外：

(3.17)

[+ 辅音性] → [+ 节律外]/[… _____]_词

（我们给出了如海耶斯所构建的那条规则，虽然它的专有应用域实际上是"根"；见 3.2.5 节。）我们的做法限制性更强，并且与事实相一致，因而更可取；该做法主张节律外是词条中词项的一个属性。这就是说，英语具有如下这条词汇羡余规则：

(3.18)

[… C_节律外]_根 是合格的

也可以用规则指派节律外，只要它是语法中的第一条规则。但由于存在辅音节律外的例外现象，我们倾向把它视为一个词汇表达式问题。因此，我们提出像（3.16c）中所引用的这些词具有如下的词条形式：

(3.19)

[a sto nish _节律外]   [i lli cit _节律外]   [Nan tu cket _节律外]

我们认为，末尾辅音是不是节律外的，这是词项可能彼此不同的重要方式之一，也是英语重音系统中表面上"不规则"的一个重要来源。（我们将看到，音节节律外亦是如此。）因此，有些动词和形容词的末尾音节表现不像是节律外的。

（3.20）

动词			形容词
begin	abut	permit	debonair
开始	邻接	允许	高兴的
attack	harass	acquiesce	parallel
攻击	困扰	默许	平行的
regret	caress	prolong	agog
遗憾	爱抚	延长	热切的
ransack	abet	caterwaul	bizarre
洗劫	煽动	叫春	奇异的
combat	deter	succumb	
战斗	制止	屈服	

这类名词还有：

（3.21）

名词

affair	gavotte	Pequod	troubador	monad
事务	加伏特舞	裴廓德号	行吟诗人	单孢体
pollywog	saccade	Berlin	pentagon	cigar
蝌蚪	飞快扫视	柏林	五角大楼	雪茄
Karloff	diadem	parsnip	aileron	burlap
卡洛夫	王冠	欧洲防风草	副翼	粗麻布
Peking	maniac	albatross	Agamemnon	shindig
北京	癫疯	信天翁	阿伽门农	盛大舞会
Molotov	ocelot	Adirondack	daffodil	Ichabod
莫洛托夫	虎猫	阿迪伦达克山脉	水仙花	伊卡博德
Aztec	Mamaroneck	gazelle		
阿芝特克人	马马罗内克	瞪羚		

（这些例子，还有更多的例子，都是从罗斯（Ross 1972）中找来的。）我们的分析是，在这些词的词条中，词根末尾的辅音是没有标记节律外的。

海耶斯采取了不同的方法。他没有把后一种情况看作是词根末尾辅音节律外的简单例外，而是提出末尾重音 CVC 被**重读**的词（即音步构成或基本节拍同界）不是由规则赋予的，而是在词条中确定的。令人困惑的是，海耶斯应该提出这个建议，因为他的重音规则（音步指派规则）有规律地将重音指派给这里的形式为 CVC 的音节——只要音节本身和末尾辅音二者都不是节律外成分[23]。海耶斯似乎认为，音节可以用词典中的任何一种方式特别加以重读。只有末尾 CVC（但绝不会有如末尾 CV）是词库重读的，这一点仅仅是一种机缘巧合。但这种方法未能做出看上去像是一项显而易见的概括：末尾 CVC 音节可以因 CVC 音节无论后接什么通常都可以被重读而被重读。要让有独立理据的语法规则重读末尾 CVC，所有需要做的就是**不**要把它的末尾辅音处理为节律外成分。

至于英语音节的节律外性，海耶斯认为它一般见于名词而非动词和形容词（如果它们没有加后缀的话）。我们赞同英语名词的末尾音节有可能是节律外的。要推导出 *America* 的基本节拍模式，就一定要做出这样的假设。然而，我们不赞同节律外成分是那条规则。如果假定 *Mississippi* 和 *vanilla* 的末尾音节不是节律外的，那么便可以完全按照规则方式推导出它们的基本节拍模式。因此，我们认为，*America* 和 *Mississippi* 词条的差异仅仅在于它们的末尾音节是否是节律外的，如（3.22）所示[24]：

（3.22）

A me ri （ca）_{节律外}　　　　Mi ssi ssi ppi

同样，海耶斯避免使用节律外来描述其差异。相反，他认为 *Mississippi*

---

[23] 在海耶斯的分析中，CVC 音节只是在词的最右端——即在末尾位置当最后音节不是节律外的时候以及在倒数第二个音节位置当它是节律外的时候——才被"音步化"。词前面的 CVC 音节**不**是重读的。我们在分析中是以此观点处理这个问题的，根据此观点，所有 CVC 音节基本上都是重读的（即与基本节拍同界）。

[24] 注意：塞尔柯克（Selkirk 1980b）中没有节律外这一概念，词的重音模式被认为是由词库特异性给出的，而后又转交给了实为羡余规则的"重音规则"，因此这不是塞尔柯克（Selkirk 1980b）所采取的立场。

的末尾音节确实是节律外的，重音被指派给倒数第二个 CV，因为它带有一个附加标记［+H］，这个标记表示这个音节是"名誉上重的"。因此，重音规则被认为有能力将音节标记得像是它确实很重的来处理的[25]。在我们看来，这样的分析是不可取的。使用这样的附加符号，就如同打开了潘多拉的盒子。在这种使用附加符号的性质中，没有任何原则支配它的分布。因此，可以预测，可能存在着许多简直无法证实的重音模式。还可以特别预测，CV 音节无论后接什么都能重读。但这是错误的[26]。同样，更具限制性因而更有趣的假设，即一个与事实相一致的假设是：*Mississippi* 与 *America* 之间的差别就只在于末尾音节节律外的地位（或缺乏节律外地位）问题。所以，我们提出如下这条英语词汇羡余规则：

（3.23）

［…σ 节律外］根 作名词时是合格的。

不仅仅是名词的末尾音节可能是节律外的，海耶斯证明加后缀的形容词和动词的末尾音节也是典型节律外的。呈现加后缀形容词或动词末尾音节具有节律外性的是，末尾音节重读时它不能获得所期待的末尾主重音（例如在 *mollúscòid*（软体动物似的）和 *críticize*（批评）中），倒数第二个 CV 也不能重读（例如在 *oríginăl*（原始的）、*prímĭtĭve*（基元的）和 *magnánĭmŏus*（宽宏大量的）中）。后缀末尾音节是节律外的，这一概括也适用于名词：*staláctite*（钟乳石）、*pósĭtròn*（正电子）、*neutrálĭty̆*（中性）。现在的问题是，如何表达关于后缀形式的这一概括？我们有必要

---

[25] 附加符号 +H 已在美国印第安纳大学语言学俱乐部 1981 年出版的海耶斯（Hayes 1980）中被摈弃，取而代之的内容，见修订本第 146–147 页。

[26] 针对塞尔柯克（Selkirk 1980b）的观点，海耶斯给出了一些反例，这里，重音 CV 音节必须后接一个弱音节。它们包括 *inspissate*（浓缩）、*Achilles*（阿基里斯）和 *Ulysses*（尤利西斯）（假定长元音出现在末尾音节里，表示音节是重读的）。这些在我们看来并不是很能说明问题。在后两个词中，元音的紧音化在某种程度上可能归因于末尾擦音的浊化；第一个词，我们的发音是［ɪnspɪsət］。

提出如下这条规则：

（3.24）

$x^r[\ldots_{Af}[\ldots \sigma_{\text{节律外}}]_{Af}]x^r$

这条规则仅仅是说后缀中的节律外是那条规则。

综上所述，我们实质上采纳了海耶斯的观点，即在英语词重音模式分析中，节律外是一个至关重要的概念。然而，在我们的分析中，它的用途有所不同。首先，我们的节律外理论只允许音段和音节是节律外的，它只允许以某种方式受应用域边界制约的规则受到节律外的影响。其次，在那个理论框架背景下，对于有赖于节律外概念的英语词重音中的"例外"现象，我们提出了一种分析。认为具不具有节律外末尾音节或音段的属性，是一种词项在音节组成上彼此相同而在词重音的表现上又可以有所不同的方式（词项差异唯一另外的重要方式是它们易受某些去重音化规则应用的影响，我们将在 3.3 节中讨论这一问题）。

3.2.3 第三及以上节律层级

3.2.3.1 主重音规则 按照第三章所概述的基于栅的重音理论，如果文本到栅的同界规则在语言的第三及以上节律层级上起作用，那么它就是一条应用域末端凸显规则。（这是普林斯（Prince 1981, 1983）提出来的。）英语词中确实有一个比其他音节更凸显的重音音节，而且这个音节往往位于词的右边界。此外，根据该核心理论，还有一条"主重音规则"在起作用，它将第三层级凸显赋予应用域内**最右边**的基本节拍。我们将说明，这个应用域是"词根"，不是"词"。那么，遵循普林斯（Prince 1981, 1983）的做法，我们的分析是：英语的"主重音规则"是如下这样一条规则：

（3.25）

英语主重音规则：第三节律层级的文本到栅同界（暂时性表述）

将词根成分内的**最右边**基本节拍与第三节律层级上的栅位置同界。

已知重音核心理论和英语的词结构，另外可供选择的唯一方法是一条将"主重音"（至少第三层级上的一个节拍）置于词的应用域内最右边的节拍上的规则，或一条将"主重音"置于词根或词的应用域内最左边基本节拍上的规则。这些可供选择的方法都行不通，正如我们在3.2.4节中所展示的，第一个与事实不符。这样，剩下来的就是规则（3.25）了。现在，我们来看一看哪些东西支持这条规则在英语词的底层基本模式中用作对主要词重音位置所做的正确概括。广泛地说，是否存在对普林斯观点（在核心理论中，用于第三层级文本到栅同界的唯一选项是，提升应用域内第一个或最后一个节拍的应用域末端凸显规则）的支持？

鉴于我们对第二节律层级上节拍模式的分析，以及英语里可能存在节律外的末尾辅音和末尾音节，规则（3.25）预测出几个主要词重音的位置，如表（3.26）—（3.28）所示（符号"σ"仅指"任何一种音节"。词前符号"！"表示它有不止一种可能的分析）。

(3.26)

a.	x	montage	蒙太奇	Tennessee	田纳西	shampoo	洗发
	x	torment$_V$	折磨	trapeze	秋千	arabesque	花饰
	x	Ceylon	锡兰	canteen	小卖部	buccaneer	海盗
$_{x^r}[\ldots\sigma\ ]_{x^r}$		Berlin	柏林	domain	领域	foulard	软薄绸
$\mid$		esteem	尊重	abet	煽动	majorette	鼓手队长
$\begin{bmatrix}CVC\\CVV\end{bmatrix}$		police	警察	boutique	精品店	Japanese	日本人
						perfect$_{动词}$	使完美
b.	x	!Electra	厄勒克特拉	!Daytona	代托纳	totemic	图腾的
	x	!amalgam	汞合金	!marina	码头	vanilla	香草
	x x	!utensil	用具	!Poseidon	波塞冬	Nantucket	楠塔基特岛
$_{x^r}[\ldots\sigma\ \sigma\ ]_{x^r}$		!Ninotchka	妮诺奇嘉	!betrayal	背叛	develop	发展
$\mid$		!Wisconsin	威斯康辛	!opponent	对手	Mohammed	穆罕默德
CV(C$_{节律外}$)		!addenda	附录	!contrivance	发明	astonish	惊吓
						decorum	礼仪

第三章 英语的词重音与词结构

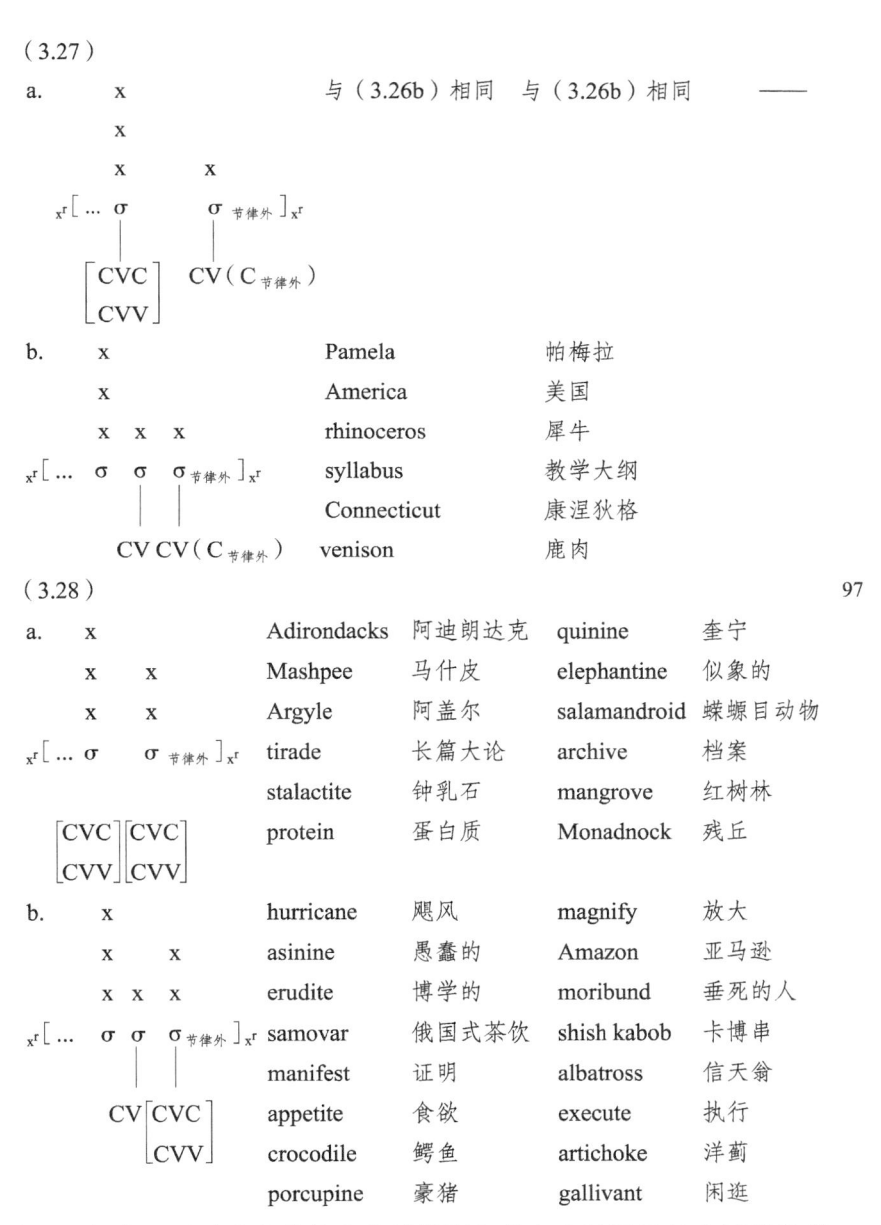

(3.27)
a.　　　x
　　　　x
　　　　x　　x
　x^r [... σ　　σ_节律外]_x^r
　　　　│　　│
　　　[CVC]　CV(C_节律外)
　　　[CVV]

b.　　　x
　　　　x
　　　　x　x　x
　x^r [... σ　σ　σ_节律外]_x^r
　　　　│　│　│
　　　　CV CV(C_节律外)

Pamela	帕梅拉	
America	美国	
rhinoceros	犀牛	
syllabus	教学大纲	
Connecticut	康涅狄格	
venison	鹿肉	

(3.28)
a.　　　x
　　　　x　x
　　　　x　x
　x^r [... σ　　σ_节律外]_x^r
　　　　│　　│
　　　[CVC][CVC]
　　　[CVV][CVV]

Adirondacks	阿迪朗达克	quinine	奎宁	
Mashpee	马什皮	elephantine	似象的	
Argyle	阿盖尔	salamandroid	蝾螈目动物	
tirade	长篇大论	archive	档案	
stalactite	钟乳石	mangrove	红树林	
protein	蛋白质	Monadnock	残丘	

b.　　　x
　　　　x　x
　　　　x　x　x
　x^r [... σ　σ　σ_节律外]_x^r
　　　　│　│　│
　　　　CV [CVC]
　　　　　 [CVV]

hurricane	飓风	magnify	放大	
asinine	愚蠢的	Amazon	亚马逊	
erudite	博学的	moribund	垂死的人	
samovar	俄国式茶饮	shish kabob	卡博串	
manifest	证明	albatross	信天翁	
appetite	食欲	execute	执行	
crocodile	鳄鱼	artichoke	洋蓟	
porcupine	豪猪	gallivant	闲逛	

在(3.26a)中，通过重音节基本节拍规则与基本节拍同界的末尾重音节

本身并不是节律外的（即使是 CVC，其辅音也不是节律外的），因而它获得了主重音。这是英语里唯一可能出现末尾主重音的情况。（末尾 CV 从来不会是基本节拍同界的，因此从来不会与第三层级节拍同界。）另外，倒数第二个重音有很多来源，对于某些词，可以有不止一种分析方法。（3.26b）中对 vanilla、Nantucket 等的分析是清晰明确的。只有在末尾音节不是节律外的（虽然末尾 C 必须是节律外的）情况下，才能将这些音推导出来，因为它们倒数第二个 CV 上的基本节拍的唯一来源是节拍添加，所以一定已经"看到了"那个末尾音节（比较上面的讨论）。但对 Electra（厄勒克特拉）、marina（码头）等基本模式的分析并不是清晰明确的。这些模式可以出现在（3.26b）的例子（这里的末尾 CV（C$_{节律外}$）音节不是节律外的）中，或者可以出现在（3.27a）的例子（这里则是节律外的）中。无论哪一种情况，都要赋予倒数第二个重音节一个基本节拍，但末尾音节则不赋予。注意：带无重音末尾 CVC 的 amalgam（汞合金）、Poseidon（波塞冬）等词，还可以应用于另一种基本底层模式：（3.28a）中的模式。在用于阐释（3.28a）的例子中，所有末尾重（节律外）音节是表层重读的。但正如前面所提到的，如果英语里有一条规则在起作用，它可以不与第三层级节拍同界（即不是"主重音的"或"次重音的"）的 CVC 音节去重音化，那么 amalgam、Poseidon 等词也可以有基于（3.28a）的推导过程（见 3.3.3 节）。然而，这些词来源的多样性一点也不令人烦恼，因为在不同分析中所得到的每一个选项（音节节律外、CVC 去重音化）在语法中都是有独立理据的。[27]

Monadnock（残丘）是末尾重音但主重音不在 CVC 音节上，（3.28a）中对它的分析，当然不是含糊不清的。要使末尾音节已与基本节拍同界，就必须把它分析为重的（即最后一个 C 不是节律外的）；但末尾音节不带主重音，

---

[27] 可以期待各自说话人对同一个词都会有各自不同的分析，而这可能最终导致发音上的细微差别。对于一个只随随便便应用一下 CVC 去重音化的说话人来说，对于沃楚西特（Wachusett）的末尾 C 不是节律外的他来说，我们期盼末尾音节重音化上的差异，而对于末尾 C 是节律外的说话人来说，他从不把它发成重音。

第三章　英语的词重音与词结构

这表明整个音节自身就必须是节律外的。对 *Mashpee*（马什皮）的分析也不是含糊不清。要使末尾音节得到重读，它就必须（底层）是一个 CVV 音节（见本章注⑩），而它却是个节律外音节。那么，这些都是获得由一种栅构建规则而非其他规则（主重音规则）所赋予的栅同界的节律外音节的例子。

至于倒数第三个主重音的情况，这种情况的末尾音节一定是节律外的，倒数第二个一定是个 CV 音节：如果末尾音节是节律外的，那么节拍添加就不能将倒数第二个音节与基本节拍同界；如果倒数第二个自身是个 CV，那么重音节基本节拍规则也不会将它与基本节拍同界。无论末尾节律外音节是重的而且是与基本节拍相同界的音节（如 3.28b），还是轻的（或"节律外"轻的）音节（如 3.27b），节拍添加都会在从右到左的扫描时对其视而不见，因而将基本节拍置于倒数第三个音节上，这个倒数第三个音节本身若是个轻音节便获得主重音，如 *America*。如果倒数第三个本身是个重音节，那么，当然不是节拍添加而是重音节基本节拍规则负责赋予它提升至"主重音"的基本节拍。

在对英语词重音的这一分析中，节律外概念显然起了非常重要的作用。特别是它解释了（3.28）中所呈现的表层与应用域末端凸显规则（3.25）不同的偏离现象。如果没有音节节律外，（3.25）将第三（或以上）层级的栅位置与这里落在末尾音节上的最后基本节拍同界。

由节律外对单个音节的限制，再结合规则（3.25）可以看出，如果英语词根中的主重音之后有个重音音节，那么它必然位于末尾位置。根据这一分析，是不能推导出（3.29）中的重音模式。

（3.29）

a. 　　　　　x 　　　b. 　　　x 　　　c. 　　　x
　　　　x x 　　　　　　x　　x 　　　　　x x x
　　　　x x x 　　　　　x x x x 　　　　　x x x
　　　$*_{x^r}[... \sigma \sigma \sigma]_{x^r}$　　$*_{x^r}[... \sigma \sigma \sigma \sigma]_{x^r}$　　$*_{x^r}[... \sigma \sigma \sigma]_{x^r}$
　　例：*Wáchùsĕtt　　　例：*Mássăchùsĕtts　　例：*chímpànzèe
　　　沃楚西特　　　　　马萨诸塞州　　　　　黑猩猩

如上例所示，（3.29）中的重音模式是不可能的。规则（3.25）是以单个音节的节律外为模式的，因而获得了对英语"主重音"位置的那种恰当准确的概括[28]。

在此回顾一下利伯曼和普林斯在分析时所采用的表达主要词重音位置的概括方法，是很有帮助的。利伯曼和普林斯提出：英语里音步组成节律树是右分支的，而且支配（以 s/w 标记形式）指派凸显关系的基本通则，大致如下所示（338页）：

（3.30）

词类凸显规则（Lexical Category Prominence Rule，简称 LCPR）
已知两个节点 N_1N_2，当而且仅当它分支时，N_2 是强的。

按照此分析方法，将向下面的树指派如下的标记符号：

（3.31）

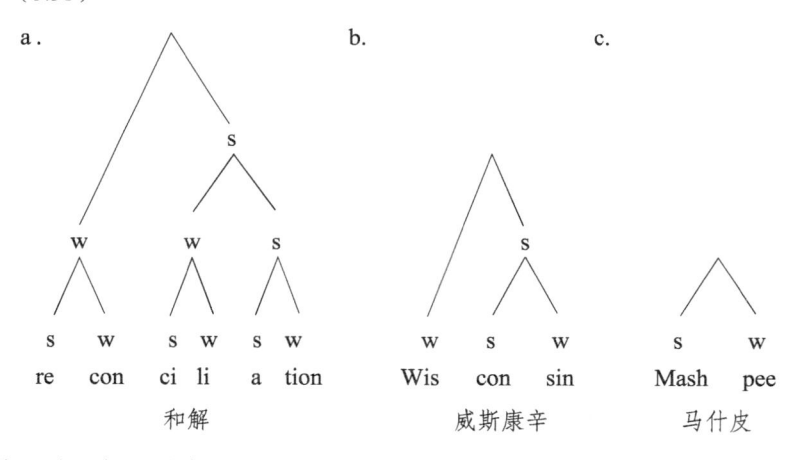

a.

```
        s w s w s w
        re con ci li a tion
              和解
```

b.

```
     s
   w s w
  Wis con sin
    威斯康辛
```

c.

```
   s w
  Mash pee
   马什皮
```

树中只由 s 标记统制的音节是词中主重音的音节。树的总体分支模式连同词类凸显规则一起，确保了主重音将往往落到词的最右端。要求右手

---

[28] 有一组尽人皆知的不在这个概括之内的例子：*Abernathy*（阿伯纳西）、*alligator*（短吻鳄）、*Aristotle*（亚里士多德）、*salamander*（火蜥蜴）。这些词要么有末尾 *i* 音，要么有末尾音节性响音。我们与利伯曼和普林斯（Liberman and Prince 1977）以及海耶斯，都将认为它们在指派主重音时少了一个音节。

节点分支，就会产生主重音不落在末尾的结果。当然，这个结果是正确的，如果末尾音节是无重音的；但事实上，当重音落在末尾音节（如 *interséct*（相交）、*Tènnessée*（田纳西州））时，这就不能总会得到证实。为说明这些案例，利伯曼和普林斯对词类凸显规则增加了几条限制性条款，这些条款的作用是允许有限的例外。海耶斯（Hayes 1980）采纳了利伯曼和普林斯的说法，尽管提出一种与海耶斯（Hayes 1982）略有不同的做法，但可以富有成效地利用末尾音节节律外属性。我们的主张本质上是对普林斯（Prince 1981, 1983）主张的一种调整，是根本不需要树和潜在的复杂标记规约来表达对英语等其他语言里主要词重音位置的妥切概括。普林斯以栅为基础的主要词重音位置理论是：特定应用域内"提升最后一个"还是"提升第一个"基本节拍的可能性。我们基于独立理由知道语法可获得的这种类型的应用域末端凸显规则（3.25）以及对节律外成分的明确诉求，可以准确预测出在英语里已证实存在的主要词重音位置。

3.2.3.2 第三层级上的栅悦耳　到目前为止，本节已探讨了如下主张的良好基础：像（3.25）这种文本到栅的同界规则给英语词节律栅同界中的最凸显节拍位置提供了正确分析。还有两个问题需要注意。第一个是关于栅悦耳规则在第三及以上层级推导节奏凸显完整模式中的作用，第二个是有关构建主重音规则的精确性质。

英语主重音规则是一条针对句法应用域的文本到栅的同界规则，它确立了那个应用域内最大栅凸显点的位置。第二章提出，文本到栅的同界规则在任何循环应用域中的应用（本质上）都排在栅悦耳应用之前。这种排序表达了这样一种概括，即由栅悦耳规则在那个应用域内特定层级上添加、删除或移动的基本节拍位置取决于文本到栅的同界要求在那个层级上出现的节拍位置。还有进一步的概括，即英语语法——更广泛地说，栅构建理论——必须表达的概括。这就是在一个循环应用域内，像节拍添加这类栅悦耳规则可能不会通过引入文本到栅的同界规则未指定的最大凸显来消除像英语主重音规则这类文本到栅的同界规则的作用。我们曾在第二章中提出用文本凸显保持条件（TPPC）(2.25)来解释这一点，该条件表明"应用于句法应用域 d_i 的文本到栅的同界规则一定在那个应用域中得到满足"。

回想一下对 *reconciliation*（和解）和 *chimpanzee*（黑猩猩）更高层级模式的讨论（3.2.3.1 节）。这些词中每一个都含有三个"重音"（基本节拍同界）音节，其中最后一个是那个最凸显的音节。在前面两个重音音节中，第一个比第二个更凸显。因此，这些模式的节律栅表达式必须是如下所示的：

(3.32)

```
    a.            x            b.              x
           x    x                         x    x
       x   x  x                         x  x  x
      x x  xxx x                          x  x  x
      reconcili ation                    chimpanzee
         和解                              黑猩猩
```

我们提出：*re-* 和 *chim-* 上出现"次重音"，应是由（左统制）节拍添加规则在词内第三节律层级上的（强制性）操作所致。该规则将主重音规则"第一次"应用的输出项——表达式（3.33）作为输入项：

(3.33)

```
    a.            x           b.             x
          x     x                        x    x
       x x   xxx x                       x  x  x
      reconcili ation                   chimpanzee
         和解                             黑猩猩
```

节拍添加的运用，将产生表达式（3.34）这种无法接受的输出项，其原因已在第二章中给出。

(3.34)

```
a. *x    x              b. *x    x
    x   x x                 x    x
   x x xxx x               x  x  x
   reconcili ation         chimpanzee
      和解                    黑猩猩
```

（此外，我们还曾指出，节拍添加在第四节律层级上的进一步应用产生起始主重音，这是不能接受的）确保（3.34）中的表达式不会保持原样以及确保指派词根中主重音的文本到栅的同界规则看上去必须"重新应用"的是文本凸显保留条件。文本凸显保留条件将保证主重音规则所要求的凸显关系要"恢复"成如（3.32）那种形式。

实际上，没有必要对文本到栅的同界规则与节拍添加进行排序。只要在循环应用域中同时满足文本到栅的同界规则和栅悦耳规则，就可以达到同样的效果。这两种情况，文本凸显保留条件都可以确保文本到栅的同界凸显优先于栅悦耳凸显。

现有一些带三个重音音节的英语单词，如在 *Ticonderoga*（提康德罗加）中，它们被描写为具有两个可能的次重音位置。然而，考虑到（左统制）节拍添加分析，只能推导出这些发音中的一种：*Ticònderóga*，其中次重音与主重音相距两个音节。其他（假定的）次重音凸显位置是在与带主重音的基本节拍相邻的、与基本节拍同界的音节上：*Ticônderóga*。这一凸显模式是不可能通过左统制节拍添加推导出来的。然而，我们建议对事实作出不同的解释。具体地说，我们认为，在后一种情况下，节拍添加根本没有发生，而且音节 -*con*- 比 *Ti*- 更凸显，这一直觉是不能用 -*con*- 与第三层级节拍同界来解释的。可以想象，当 -*con*- 与前面一个音节处于同一节奏凸显层级上时，它听上去可能更凸显，因为它本身后接一个弱音节，而前面的 *Ti*- 则不是。接下来，我们将假定这是对事实的一种解释，并且看一看这会产生什么结果。根据这一解释，我们此刻宣布 *Ticonderoga* 可以有（3.35）中的任何一种节律栅同界方式：

（3.35）

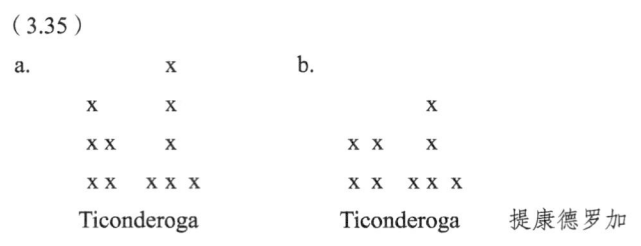

```
a.           x              b.
     x  x                       x
    x x  x                    x x  x
    x x  x x x                x x  x x x
    Ticonderoga              Ticonderoga        提康德罗加
```

事实证明，存在独立的证据表明，应将第二个模式描写为节拍添加在词中（破例）未能应用。正如利伯曼和普林斯（Liberman and Prince 1977）、凯巴斯基（Kiparsky 1979）所指出的，"节奏规则"（= 节拍移位的栅悦耳规则）的应用在创建结构 σ́σ́σ́ 的情况下似乎不那么能被接受。因此，请把 ?Móntàna cówbòy（蒙大纳牛仔，比较 Montána）与完全可接受的 Càrolína cówbòy（卡罗来纳牛仔，比较 Carolína）做比较。利伯曼和普林斯的主张被凯巴斯基采纳并编成法典，认为结构 σ́σ́σ́ 是不受欢迎的——用栅或树的术语说，（3.36）或（3.37）是不受欢迎的。

（3.36）
```
*x
 x x
 x x x
 σ σ σ
```

（3.37）
```
   *s      w
         /   \
        s     w
```

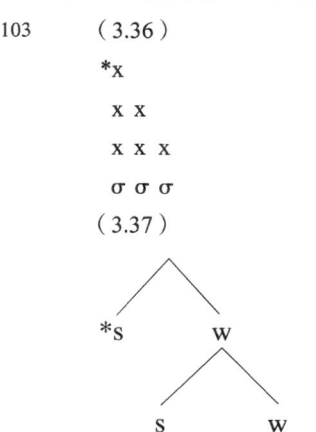

当左手的 s 不分支时（Kiparsky 1979）

其提议是：现有一条排除违规结构的输出条件。这条输出条件可以说与消除冲突的节拍移动进入竞争，获得 Montana cowboy（蒙大纳牛仔）中的重音反转结果。由于节拍移位只是非强制性的（见第四章），所以没有应用。现在需要注意的是：该输出条件的存在可以解释节拍添加在 *Ticonderoga* 中的可选性。节拍添加必须应用于 *Ticonderoga*，这样只会得到（3.35a）。我们的提议很简单，它可能没应用于它应该应用的地方，因为同一个输出条件所产生的作用使节拍移位在 *Montana* 中比在 *Carolina* 中更不可能发生。当节拍添加未能应用时，结果上听起来凸显是在 -*con*- 上的（3.35b）。那么，以这个输出条件为模式，词内强制性左统制节拍添加似乎可以对英语第二词重音的出现与位置做出正确的预测。[29]

在描述英语词里第三或以上层级上的节拍模式时所需要的另一个栅悦耳规则是节拍移位。不过，我们对这一规则的讨论将推迟到 3.4 节明确探究循环的动机时。那一节，我们将说明：节拍移位跟节拍添加一样有助于界定本质上由主要词重音位置"散发"的次重音模式，而次重音模式还是由英语文本到栅的同界主重音规则界定的。

现在，我们来想一想构建英语主重音规则的一些细节。由次重音的例子可以清楚地看出，构建的主重音规则一定不只是要引入第三节律层级上的节拍，而且还要有可能引入第三**或以上**节律层级上的节拍，这样，所引入的主重音将比由节拍添加引入的相邻的第三层级节拍更凸显。因此，我们必须修改（3.25）中对主重音规则的表述。新的表述形式是（3.38），这里 x 是栅位置，省略号是横纵维度栅位置上的变项。

（3.38）

英语主重音规则：第三节律层级上的文本到栅的同界（修订版）

$$_{根}[\ldots x_i]_{根} \Rightarrow {}_{根}[\ldots \overset{\overset{x_j}{\vdots}}{x_i}]_{根}$$

条件： （i）x_i 是一个第二层级节拍
（ii）$x_i \neq x_j$

---

[29] 凯巴斯基（Kiparsky 1979）在对 *Ticonderoga* 的两种模式所做的解释中提出，这个词（音步上）的节律树可以是右分支，也可以是左分支。这一点，再加上适当的 s/w 标记规约和节奏规则词内应用的假设（除非被 *Montana* 过滤器所阻止），便可以生成出全套的模式。

如前所述，如果词（如 *rêconciliátion* 或 *chîmpànzée*）中前面有第三层级凸显，那么（3.38）便可以将第四层级凸显赋予末尾的基本节拍。但是什么确保（3.38）必须那样**将**第四层级凸显赋予到那里？可以想象，给规则添加第三个条件："x_j 是节律层级 n 上的一个节拍，n 大于词中其他所有节拍所在的节律栅层级 m"。但我们不愿意这样做。这个条件似乎复制了文本凸显保持条件的效果，而实际上，对文本凸显保留条件稍作修改，将让这个条件成了（3.38）中不必要的一部分。因此，我们提出如下对文本凸显保持条件的修改：

（3.39）
文本凸显保持条件（修订版）
在句法循环应用域 d_i 中，由第三或以上节律层级上的文本到栅同界规则所指派的一个栅位置总是比那个应用域内其他任何凸显（至少）都要凸显。

（如上所述，文本凸显保留条件是被禁止在基本节拍层级应用的。它若在那里应用，拥有基本节拍规则的语言就不可能有节拍添加。）因为有这个条件，（3.38）就会将适当层级的主要词重音指派给 *reconciliation*。

修订后的文本凸显保留条件要求由（3.38）等规则引入的最高栅位置仅比应用域内其他所有的位置微高一点。这种限制可以确保在创建明晰的强弱节拍交替或满足规则本身的结构描写时，不会引入更多的、超出需要的栅位置。而且，所提出的这种对文本凸显保持条件的修订，让我们避免了把规定文本到栅的同界指定的凸显是最大的作为对规则（3.38）本身的一个条件。这是正确的研究方法，这一点在第四章中变得清晰透明，在那里，我们将说明这样构建的文本凸显保留条件恰恰确保了短语和复合词重音模式中的相对凸显，以及让英语核心重音规则和复合词重音规则能在不对每一个施加另外条件便可以确保它们指派稍大凸显的情况下进行构建。

最后需要注意的是：已知公式（3.38）（特别是条件（i）和（ii）并存），第三层级栅位置将与词根内（因此也是词内）基本节拍同界（重音）的音节同界，无论这个词是否含有另一个重音音节。那么，按照这一观点,"主要词重音"不是一个严格意义上的关系概念[30]。不管上下文如何,将固有的第三层级栅同界输入给词根的某些重音音节,是有很多原因的。第一,直觉告诉我们,单音节词肯定比词中的普通重音音节更凸显:*environment* ≠ *circle dance*[31]。第二,第四章将要讨论的、指派复合词和短语内凸显的文本到栅的同界规则"找出"第三层级凸显(但忽略第二层级凸显),并处理单音节词的重音音节就像处理其他具有第三层级凸显的音节一样。第三个原因要在第七章做详细说明,即通过假定正常词项具有(至少)第三层级凸显,就有可能通过简单地假定所谓的虚词**不**一定具有这样的凸显来把这些词与虚词区分开来。虚词的基本音系属性(单音节词去重音化能力)可以通过假定它们只具有第二层级凸显得到了解释。基于这些原因,我们认为英语主重音规则有必要指派至少第三层级凸显。

这就完成了我们对英语词重音基本模式的分析。

3.2.4 应用域问题

到目前为止,在我们所探讨的栅构建规则中,只有起始基本节拍规则和主重音规则这两条规则特别提到了典型应用域。我们需要对已给出的描述应用域的动机做明晰化的考察,还必须反映节拍添加等规则中没有提到的应用域的作用。

如前表述那样,只有在语类类型"词根"结构成分内部英语主重音规则才会找出应用域末端基本节拍,并赋予它最大的凸显。因此,可以预测

---

[30] 有关用严格意义上的纯 s/w 树的方式来处理主要词重音非关系特性的尝试,见格里希(Giegerich 1981a)。

[31] 特拉格和布洛赫(Trager and Bloch 1941)、特拉格和史密斯(Trager and Smith 1951)注意到下列成对的节奏模式是不一样的,因此需要区分重音与词重音:either nation(任何一个国家)与 emendation(校订)、tin tax(锡税)与 syntax(句法)、red cap(红帽子)与 contents(内容)。鲍林格(Bolinger 1981)(以及其中所引的文献)否定了这种说法。

（循环）词根应用域外面的成分对英语词中的主重音位置不产生影响。事实正是如此。从对表 3.3 的"推导"所做的考察可以看出，词根后缀如 -al 将会带来主重音位置上的变化，而词后缀如 -less 则不会。

名词词根 instrument（乐器）重音模式的推导很简单，重音节基本节拍规则将 in- 和 -ment 与基本节拍同界，但由于 -ment 在 N^r 方面是节律外的，先前与 in- 同界的基本节拍便被主重音规则提升为第三层级节拍。当那个 N^r **是一个**名词时，如表 3.3 中例（a）和（c），推导中所剩下的就是末尾非次重音 CVCC 音节的去重音化。（去重音化以及它是"后循环性的"的假设，将在 3.3 节和第七章中讨论。）当 N^r*instrument* 嵌入词结构的另一个词根成分中时，如在 *instrumental* 中，它的基本重音模式就容易发生变化。

在例（b）的 A^r 循环中，词根后缀是否可以被重音节基本节拍规则与基本节拍同界，取决于末尾 C 是不是节律外成分[32]。（它若是基本节拍同界，稍后便将被去重音化。）无论如何，整个音节 -(t)al 在词根应用域中处于末尾位置，它是节律外成分。主重音规则在 A^r 应用域中找到（名义上的）末尾（这里倒数第二个的）基本节拍 -men-，并将它提升到主重音地位。原先落在 in- 上的主重音，现在居于次重音地位。（由文本凸显保持条件施加的最简规约很可能产生某些扩展，将简化（b）中推导而来的栅，把 in- 简化成第二层级，把 -ment 简化成第三层级。）有一点非常重要：*instrumental* 产生的重音模式明显不同于 *instrumentless* 的，这种差异可以简单地归结为这样一个事实：英语主重音规则具有词根应用域。

---

[32] 正如我们将要说明的，-al 的确一定是底层非重音的（没有基本节拍），因此它的辅音是节律外成分。否则它要为重音后缀中出现的重音压缩提供语境。例如，*paréntal*（父母的）在这方面与 *hélminthòid*（寄生虫）形成对比。

表 3.3

	（a） $_N[_{N^r}[\text{instrument}]_{N^r}]_N$	（b） $_A[_{A^r}[_{N^r}[\text{instrument}]_{N^r}\text{-al}]_{A^r}]_A$	（c） $_A[_N[_{N^r}[\text{instrument}]_{N^r}]_N\text{-less}]_A$
	x	x	x
	x x	x x	x x
N^r 循环	x x x	x x x	x x x
DBA, HBR, MSR	instru(ment)_{节律外}	instru(ment)_{节律外}	instru(ment)_{节律外}
A^r 循环		x	
DBA,（HBR）	——	——-tal	——
		x	
		x x	
		x x	
		x x x x	
MSR	——	instrumental	——
N 循环			
A 循环			x
			x
DBA,（HBR）	——	——	——-less
MSR	——	——	
	x	x	x
	x	x x	x
后循环	x x x	x x x x	x x x x
去重音化	instrument	instrumental	instrumentless
输出项	[ínstrəmənt]	[ìnstrəméntl]	[ínstrəməntlĭs]

在表 3.3 的（c）中，N^r 模式在 N 循环中保持不变。在接下来的 A 循环中，有些栅构建起作用，但不影响 *instrument* 的基本模式。后缀 *-less* 与半拍同界；重音节基本节拍规则可否将它与基本节拍同界，取决于对词是否界定了辅音的节律外性。在任何一种情况下，音节都会被去重音化。重要的是，主重音规则不应用于这个应用域。假如应用于词的应用域，它会找到一个比这里的 *in-*——（不再是节律外成分的）*-ment* 和 / 或 *-less*（如果它不是节律外成分的话）——更靠右边的基本节拍，从而将所找到的最右边的与主要词重音同界。由于这个没有发生，我们的结论是：英语主重

音规则仅限于词根类型的结构成分。

起始基本节拍规则是英语的另一条针对应用域的"重音规则"。我们曾提出将语类类型词根作为它的应用域。这当然会保证词首重音，因为词根是句法结构中的一个词[33]。

严格地说，节拍添加的栅悦耳规则没有自己的应用域。作为一条栅悦耳规则，而非文本到栅的同界规则，它没有明确参照文本的句法结构（音节化的句子表层结构）。当然，我们知道栅悦耳规则跟文本到栅的同界规则一起循环应用于音系表达式的构建，它们应用时只有当前循环应用域范围内含有的、可用的碎片状的节律栅。这就是为什么像节拍添加这类栅悦耳规则似乎可以有句法应用域。更具体地说，节拍添加有两种方式似乎可以拥有自己的句法应用域。第一种是在第二节律层级上，它是方向性的，英语里方向扫描的起点似乎是词根应用域的右端。但相同的描述是，它从位置上（部分）栅的一端开始从右往左扫描。这个描述与我们的观点是一致的，即栅悦耳规则像节拍添加一样，只受栅但不受文本的影响。第二种可以把节拍添加视为具有自己的句法应用域，因为它在某些应用域里是强制性的，而其他应用域里则不是。正如第二章中所提到的，节拍添加"在词内"是强制性的，但显然在短语上则不是。实际上，里面的词根是强制性的。下面这种情况就可以证明这一点：当词（词根外）有一个较长的后缀序列时，如 *cólŏrlĕssnĕss*（无色的）、*mándràkelike*（曼德拉草形的）等，就可能缺少交替音变。还有，两个或两个以上非重音虚词序列在短语上是可能的（见第七章），这也证明了这一点。节拍添加在特定应用域方面不是展示了它有个应用域吗？我们认为不是这样的。我们与其将节拍添加的

---

[33] 词根或词的应用域上的所有前缀都是 CVV 或 CVC 音节，因此实际上无法确定起始基本节拍规则是否应用于前缀。它们单独被重音节基本节拍规则重读。这就意味着，表层重音前缀中的任何差别都一定是有关它们在去重音化方面的表现（见 3.3.3 节）。一个有趣的结果是：与艾伦（M. Allen 1978）等提出的观点正相反，否定前缀 *in*-、*un*- 和 *non*- 在基本重音模式中的位置一定都是相同的。与 *in*- 相比，人们似乎更倾向于以完整（未弱化）形式实现明确否定的 *un*- 和 *non*-。这可以部分归因于它们带音高重调因而保持凸显的可能性（见 5.3.3 节）。

第三章　英语的词重音与词结构

强制性视为一种从特定应用域角度界定的个体角色的属性，不如将其视为节律栅上更具全局性的"输出条件"或"过滤器"的一部分，条件本身就具有应用域。

节拍添加在英语词根内是强制性的，这意味着基本模式不含有节奏**冲突**、不含有节律层级上的两个弱节拍序列（除非通过节律外产生冲突，如 *Ticonderoga* 的情况，或通过我们将要展示的去重音化）。交替音变在词根中是最大化的（而文本到栅的同界规则所要求的遵守栅同界得到保持）。我们可以针对应用域在栅上设置一个通用过滤器，它可以保证不出现这种冲突，而非提出节拍添加在某个应用域中是强制性的。那个英语的条件可以表述如下：

（3.40）
（英语的）反冲突过滤器
　　词根应用域内可能不存在冲突[34]。

（这个条件就别的语言而言可能会有不同的应用域，或者根本不适用。）注意：这一表述可以保证，就是在**同一个**应用域（英语中的词根）内，第二、第三节律层级上的节拍添加都是强制性的。这项规定似乎是正确的。

这种对节拍添加强制性的另类描述——将交替音变引入词根之中有一个优点：可控制像节拍添加之类的栅悦耳规则，不让它们拥有自己的句法应用域，因而大幅度地缩小了该理论提供的语法范围。当然，要想达到提供限制性足够强的理论的目标，现在就要提出某个"反缺失过滤器的可能应用域"概念的理论。我们提出，像（3.40）这种反缺失输出条件或过滤器的应用域与指派语言"主要词重音"的文本到栅的同界规则应用域是相同的。这个提议背后的想法是，在栅的较低层级上将有一个组织严密的节奏组织，但只在较低层级结构组织所**界定**的应用域中。这就是主要词重音指派的应用域。应用域上的这一相关性已在英语里得到证实。它在其他语

---

[34]　注意：尽管如此，反冲突过滤器可能会被蒙大纳过滤器（Montana Filter）覆盖。根据我们的说法，*Ticonderoga* 中有个含有冲突的发音。请比较上面的讨论。

言里是否也适用，仍有待观察。这里，我们将采纳反缺失过滤器，并假定它是循环有效的。

3.2.5 小结

到目前为止，我们呈现了对我们所称之为英语词重音**基本模式**所做的分析。这是第二章所呈现的一个基于栅的重音模式核心理论的分析，这一分析很大程度上受到普林斯（Prince 1981, 1983）所做研究的启发。我们主要依赖于海耶斯的见解，即辅音和音节的节律外很好地解释了重音应用域边界上所发现的基本模式偏离现象。我们提出关于英语的第一个具体主张是：重音与非重音音节模式，在基于栅的理论中可以把这理解为基本节拍层级模式，它是因（a）和（b）两类规则出现在英语语法中所致。（a）类规则是文本到栅的同界规则，它取自普遍的表单：同等对待 CVV 和 CVC 的起始基本节拍规则和重音节基本节拍规则；（b）类规则是节拍添加的栅悦耳规则，它在英语的基本节拍层级上是左统制的，是从右到左方向的。我们的第二个主张是：（第三及以上节律层级上）重音音节间的凸显模式是（a）应用域末端凸显类文本到栅的同界规则、主重音规则和（b）栅悦耳规则（特别是左统制节拍添加）共同作用的结果。鉴于我们提出的英语事实和核心理论所提供的分析可能性，我们实际上不得不对英语词重音基本模式进行这样的分析。这是一种非常理想的状态——当描写上的选项受到极大限制，根据数据只有一种或几种语法可用时。

如上所述，表层重音模式以种种方式背离其基本模式，我们必须证明这里所概述的这类语法可以充分解释这种表现，我们下一节将证明这一点。

我们没有对基于音步的基本英语词重音模式进行批评，但相反，我们关注的是这些早先描述所寻求表达的实证概括[35]和重音的节律栅理论所

---

[35] 实际上，不是所有的早先描述中所达成的概括都是以现有方式表达的。例如，我们现在将 CVC 处理为在基本模式中始终是重读（基本节拍同界）的。塞尔柯克（Selkirk 1980b）、海耶斯（Hayes 1980, 1982）都不同意这种观点。

提供的对这些模式所做的具体分析。重音模式的节律树（和音步）理论，确实有可能捕获到许多节律栅理论所捕获到的同样的有关英语基本模式的概括，正是基于此原因，逐点比较并不是特别有用。在评估不同理论在理解一大堆现象（包括其他语言基本词重音模式、改变这些模式的去重音化规则、短语重音规则和与节奏相关的句法计时性）时，我们可以决定哪个更具解释性、更可取。

3.3 去重音化

3.3.1 去重音化规则的一般属性

实际发音时出现所预测的英语词重音基本模式偏离现象中，都有被所提出的基本语法的文本到栅同界和栅悦耳规则生成的应该重读（基本节拍同界）而不重读（基本节拍不同界）的音节。我们对这些表面偏离现象所做的描述涉及少数几条**去重音化规则**（destressing rule），它们在某些条件得到满足时就会将基本节拍层级上的栅位置删除。

我们遇到的所有去重音化规则都具有如下属性：它们的结构描写都求助于影响栅同界的音节韵音性质。在我们的规则类型中，栅悦耳规则的结构描写都只是用节律栅来表述的，因此，它们不符合栅悦耳规则。换言之，去重音化不是节拍删除栅悦耳规则的事项。去重音化规则显然也不是文本到栅的同界规则，因为文本到栅的同界规则都具有**创建**与文本同界的栅位置的属性。因此，去重音化不属于任何一类帮助界定某个已知语言合乎语法的句子的（基本）音节到栅同界的规则。

英语里所有去重音化规则似乎都只消除了与较高节律层级上的位置**不**同界的基本节拍。也就是说，它们影响重音节，但不影响主重音或次重音音节。海耶斯注意到了这一点，并用这些术语做出概括："强节律位置上的音步可能都不会被删除（Hayes 1982: 257）"。我们的理论将用栅术语表达这一条件：

（3.41）

更凸显维持条件（Higher Prominence Preservation Condition，简称 HPPC）
强基本节拍不可以被删除。

（回想一下，一个节拍若与更高节律层级上的节拍同界，就是**强节拍**。）当然，要去重音化规则遵守这样的条件，实际上它们必须遵循负责确立与第三或以上节律层级同界的栅构建规则的操作。本节将展示英语去重音化规则在词内确实遵循的所有栅构建规则；也就是说，它们只是在词循环完成后才应用。

注意：现有一条原则，由它可以推知，所有适用于词的去重音化规则都遵循所有词内的栅构建规则。这条原则是，只有构建（界定）音系表达式的规则才循环操作，而其他规则则是后循环性的，仅仅应用于句法-音系循环映射输出项的、**完整的**音系表达式。（回想一下 1.3 节中的讨论。）所以，可以把英语词中去重音化规则与栅构建规则之间的排序看作是支持这个一般性语法原则。另一种解释是，简单地说是这样的：去重音化**是**循环性的，但它有词（也许更高）层级的结构成分作为它的应用域。由于基本重音模式是在较早的词根应用域上界定的，由应用域的这种规定可以得知，"去重音化"是"重音化"产生的。根据这一分析，这些音变过程像它们看起来的那样，排序纯粹是英语的一种意外。这种解释不能轻易地摈弃，我们将在第七章论证支持这一解释。这一章将不再试图对此问题给出结论。哪种解释对去重音化的"后循环性"做出了正确的描述，将不会影响我们这里得出的结论。

如果去重音化规则是在（循环性）栅构建规则之后，而且仅限于修改基本节拍不强的音节的栅同界，那么很明显，它们在调整由文本到栅的同界和栅悦耳规则的基本语法所界定的重音模式能力方面是极为有限的。去重音化规则将去除一个已在节律栅"波谷"中的基本节拍，从而产出一个更大的"波谷"，如（3.42）所示。

（3.42）

```
a.        x                    b.         x
       x     x                         x     x
    x   x x        ⟹              x     x
   x x x x                         x x x x
   ... σ σ σ σ ...                 ... σ σ σ σ ...
```

有了这一限制，就可以理解语言学习者可以毫不费力地从核心理论的角度做出对基本模式的分析。

我们认为，去重音化是造成英语不能归因于末尾辅音节律外性的无重音 CVC 表层模式的原因。因此，无重音末尾 CVCC 和任何一种非末尾的无重音 CVC 都必须被这样一条规则去重音化。正如所提出的，如果去重音化规则是在所有基本栅构建规则之后，那么就可作出一条有关无重音 CVC 音节分布的预测，即这些音节仅出现在基本模式 CVC **不接受主重音或次重音**的位置上。我们将说明这一预测是正确的。我们也认为去重音化是造成非末尾三音步出现的原因（即 σ́σ̆σ̆ 序列），如在 àbrăcădábră（施魔法时所念的咒语）中。在这一点上，我们接受海耶斯（Hayes 1980, 1982）的观点，他指出非末尾三音步是源自更为基本的 σ́σ̆σ̆ 序列这一说法是令人信服的。

3.3.2 奇异规则：三音步的来源

我们在处理英语重音以及我们的重音核心理论中都采纳了海耶斯的主张，即如果不是在应用域的边界（一种实际上节律外给模式添加了第二个音节的位置），在重音和非重音音节的基本模式中都不存在三"音步"的情况。海耶斯为英语的这种说法提供了一个有力的论据；我们将在下面的要点中介绍他的论点，虽然是用节律栅术语转述的。

海耶斯的重要发现是，非末尾三音步的分布和组成都是相当有限的。当词中没有其他音节在前面时，而且仅当序列中的中间音节是 CV 时，它们出现在主重音音节之前的表层模式中，如（3.43）所示（下例引自海耶斯（Hayes 1982: 257））。[36]

（3.43）

àbracadábra	施魔法时所念的咒语
Lùxipalílla	卢西帕利拉
Pêmigewássett	佩米格瓦塞特
Òkefenókee	奥克芬诺基
Wìnnipesáukee	温尼伯萨基

当主重音前有四个音节时，人们发现的是基本分析所预测的双"音步"序列，如（3.44）所示（例子引自海耶斯（Hayes 1982: 260））。

（3.44）

Âpalàchicóla	阿巴拉契科拉	Ôkalòacóochee	奥卡拉科奇
ónomàtopóeia	拟声词	hâmamèliánthum	金缕梅属
îpecàcuána	吐根树	Hânimènióa	哈米尼诺
Pôpocàtepétl	波波卡特佩特	Ântanànarívo	安塔那那利佛
Ânuràdhapúra	阿努拉达普拉		

（3.44）中这类形状的词应只有一连串的双"音步"，这一点尤为重要。如果允许三"音步"作为基本模式的一部分，那么词（或其中一些词）就没有理由不可以有由单音节"音步"（或非重音音节）后接三"音步"组成的模式 [σ σ σ σ σ́...]。它们没有这种模式，这一事实因而支持了三"音步"只出现在特殊情况下但不出现在基本重音语法生成的模式中的这一结论。

有了我们的英语重音理论（以及海耶斯体系中的相应部分），便可以以如下所示方式将基本模式指派给 *Âpalàchicóla*：

---

[36] 海耶斯（Hayes 1980）的这个表中还包括 *Nèbuchădnézzar*（尼布甲尼撒）、*pàraphěrnália*（随身用具）和 *Kìlimănjáro*（乞力马扎罗山）。然而，根据我们的分析，这些词与 *abracadabra* 并不属于同一类。相反，它们的前主重音 CVC 将由重音节基本节拍规则重读，而后被单音节去重音化规则去重音化。因此它们都有与 *Halicarnassus*（哈利卡那索斯）同样的底层形式。

（3.45）

	[æ pV læ cV kō lV]
DBA	x x x x x x
	x x
IBR，HBR	x x x x x x
	x x x
BA	x x x x x x
	x
	x x
	x x x
MSR，BA	x x x x x x

这是我们表层看到的模式。然而，为 *àbracadábra*（3.46a）推导出的基本模式则不同于表层模式（3.46b）。

（3.46）

a.	[æ brV kV dæ brV]
DBA	x x x x x
	x
IBR，HBR	x x x x x
	x x x
BA	x x x x x
	x
	x x x
MSR	x x x x x
b.	x
	x x
	x x x x x
	abracadabra

施魔法时所念的咒语

遵循海耶斯的精神，我们提出英语语法中有一条将（3.46a）的输出结果映射到（3.46b）的去重音化规则。

关于（3.46a）中的基本模式，有句话需要说。与（3.45）不同，（3.46a）没有次重音:（3.46a）中唯一的第三或以上层级栅同界是那个主重音。我们现在可以推想，节拍添加很明显并没有应用于第三节律层级产生一个起始的次重音。由对 *Ticonderoga* 例子的讨论可以想到有一个不支持栅悦耳规则生成结构 σ́σ̀σ 的输出条件。我们在此提议，当第一个音节是 CV 时，输出条件不允许有例外，如在 *abracadabra* 中——换言之，输出条件总是覆盖反缺失过滤器，并阻止节拍添加在这些情况下应用。我们有充分理由认为，这种分析以及（3.46a）中的表达式都是正确的。请看一下：主重音之前三个音节序列的中间是个重音节，即第一个音节是 CV，第一个 CV 是典型地去重音的，重音落在了第二个音节上，如（3.47）所示。

（3.47）

| Mŏnòngahéla | 莫农加希拉 |
| Ătàscadéro | 阿塔斯卡德罗 |

假设节拍添加因（绝对）负面过滤器 *CV́σ̀σ 而不应用于这里的第三节律层级，便可以直截了当地推导出正确的表层模式。重音基本语法给出了（3.48），那么，与基本节拍同界的起始 CV 音节 *Mo-* 将被（单音节去重音化，见下一节）去重音化，从而产生（3.49），这恰恰是（3.47）这类例子的表层表达式。

（3.48）

```
              [ mV nan ga hī lV ]
DBA           x  x   x  x  x
                 x      x
IBR，HBR       x  x   x  x  x
BA            ——
                        x
              x  x      x
MSR           x  x   x  x  x
BA            遭阻断
```

（3.49）

```
                    x
            x       x
          x x     x x x
         Monongahela
         莫农加希拉
```

注意：如果允许第三层级的节拍添加应用于 *Monongahela*，那么就会产生（3.50）中那种表层未被证实的栅同界。

（3.50）

```
                    x
            x       x
          x x       x
          x x     x x x
         Monongahela
         莫农加希拉
```

要避免这种不受欢迎的第三层级节拍添加的结果，就不得不附加设置某条语法规则来修改（或排除）（3.50）中的表达式。与此相反，通过假定在这种情况下根本不存在节拍添加，我们便可以（以由（3.49）推导出（3.48）的方式）直接说明 *Monongahela* 等这类起始音节无重音词的原因。那么，我们假定这里没有发生任何节拍添加；对于 *abracadabra* 来说，我们无非也可以做出同样的假定。

我们提出以如下方式表述产生三"音步"的去重音化规则，我们把它称为"奇异规则"[37]：

（3.51）

奇异规则

```
x   x                  x
x   x      ⇒        x   x
σ   CV              σ   CV
```

---

[37] 注意：如果 *bibbity-bóbbity-bóo* 是单语素的，那么规则（3.51）再怎么神奇，也不可能推导出它的三音步序列。

中间音节失去它的基本节拍同界，因而产生了三"音步"。我们将 *abracadabra* 表层模式的推导过程复制如下：

（3.52）

```
         x                    x
x x  x                x  x
x x x x x      ⇒      x x x x x
abracadabra           abracadabra    施魔法时所念的咒语
```

这条规则存在的理由，很可能是它消除了节律栅的基本节拍层级上的冲突。从节奏交替原则角度看，由奇异规则推导而来的表达式比它所应用的表达式更悦耳（或律动）。（回想一下，节奏交替音变原则不允许冲突，而允许由最多两个相邻弱节拍组成的缺失。）但注意：奇异规则产生了一种被反缺失过滤器排除掉的结构形式，如果这个过滤器适用于此的话。这就是把反缺失过滤器看作是循环性（而非表层真实）的一个原因，即将操作限制在它（先前）的词根应用域中。

还需要注意的是，剔除第三层级冲突的冲动并非没有限度。当中间是重音节时，奇异规则就不能剔除冲突。它不应用于 *Monongahela* 的情况，也不应用于 *Ticonderoga* 的情况，（3.53）中列出了这方面的更多例证：

（3.53）

Tìcònderóga	提康德罗加
Dòdècanésian	多德卡尼斯人 / 语
Òmpòmpanóosuc	奥普马诺索克
Srìràngapátnam	斯里兰加帕南

这里，显然没有三"音步"。[38]

---

[38] 回想一下，*Ticonderoga* 与 *Monongahela* 之间的差别在于前者是以重音节开头的。因此，**蒙大纳**过滤器不是绝对的，节拍添加可能会产生起始次重音，也可能不会。在后一种情况下，该模式就跟 *Monongahela*（莫农加希拉）的情况一样（尽管起始重音节没有去重音化，导致这种情况与 *Monongahela* 之间存在很小的表面差异）。

132

因此，我们赞同海耶斯的观点，三"音步"在英语重音模式种类中不是最基本的，它们只是在去重音化规则指定的语境中产生的。我们与海耶斯的不同之处在于对这一过程的描述以及它存在的基本原理。在重音表达式的节律栅理论中，奇异规则的结构描写和结构变化都很简单：确认并删除节律栅中某一特定位置上的基本节拍。另外，还可以把这条规则理解为一条产生更优的栅的规则，这里的优劣程度是从节奏交替音变原则方面界定的。对该现象的树形理论处理方法（如海耶斯提出的那种理论处理方法），就没有这些优点。

海耶斯（1982: 258）提出的规则可以形式化表述如下：

（3.54）

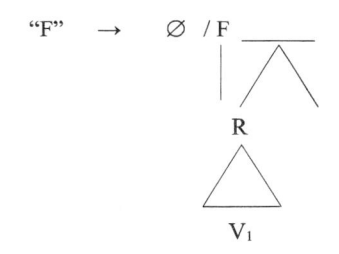

$$\text{"F"} \rightarrow \emptyset \ / \ F \underset{\underset{V_1}{\triangle}}{\underset{R}{\triangle}}$$

该规则说明：一个统制两个音节且第一个是开音节[39]的分支音步，如果它的前面是一个非分支音步，那么将这个分支音步删除。（上面提到的一个颇具普遍性的条件，确保了被删除的音步必须是在节律树的弱位置上。）规则（3.54）应用于基本树形结构（3.55a），产生（3.55b）；接着，为了产生（3.55c）中分支充分的表层树形结构，就需要一条离群音节附接（Stray Syllable Adjunction，简称 SSA）规则。

---

[39] 规则（3.51）只说 CV 可以去重音化，但没有说 CVV 可以。我们知道，没有必须让奇异规则将 CVV 去重音化的情况。

（3.55）

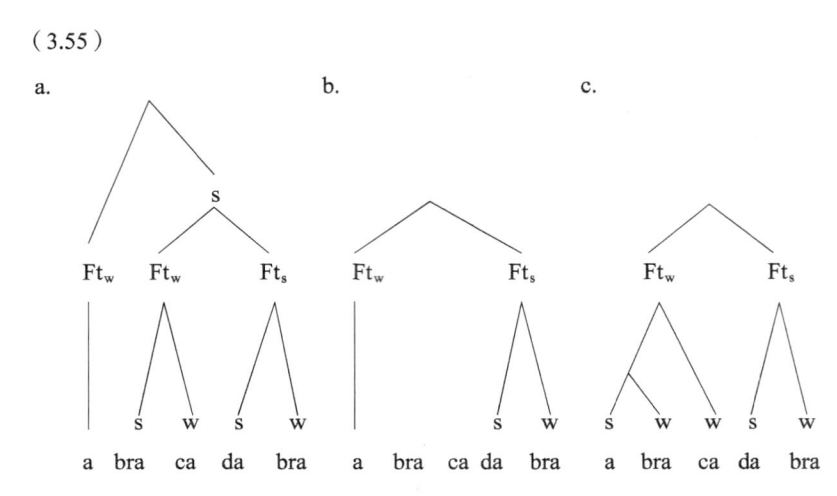

a.　　　　　　　　b.　　　　　　　　c.

```
        S
      / | \
   Ft_w Ft_w Ft_s        Ft_w    Ft_s         Ft_w    Ft_s
              |  \        |       / \          / \     / \
              s   w       s      s   w        s   w   s   w
    a    bra  ca  da bra  a     bra ca  da  bra  a  bra ca da bra
```

119　显然，就重音表达式的树形理论而言，需要强有力的操作。规则（3.54）剔除了树形结构，留下的树是不合乎语法的。离群音节附接又重新构建起了这个树。即使如海耶斯所主张的，离群音节附接具有更为普遍的动因[40]，也需要一个不受约束的一般性树转换理论。另一方面，在基于栅的重音理论中不存在成分结构，因而不存在推导成分结构的问题。此外，这类去重音化规则似乎仅限于那些删除单个栅位置的规则。因此，重音的节律栅理论提供了比树形理论在可能的去重音化规则理论上限制性更强的依据，还为去重音化这类规则（而不是树形理论）为何应当首先存在的理由提供了依据。在树形理论中，输出表达式（3.55c）并不比从其推导出它的底层表达式更优。（某种情况下，如在第一个音节是重音节时，基本模式显然比表层模式更优[41]。）正是由于这个原因以及

---

[40]　在利伯曼和普林斯的理论框架内，要使节律外音节纳入树中，需要一条离散音节附接规则。

[41]　所谓"优"，是指由基本重音规则作为"正常"模式生成的一种模式，即不包括一个起始重音 CV 后接一个重音音节的模式。在这种情况下，根据海耶斯理论，起始 CV 是重读的，因为所有音节都要包括在音步之中，而不是因为基本音步规则说 CV 可以单独获得"重音"。

下文要明确说明的其他原因，我们相信重音表达式的节律栅理论更为可取[42]。

3.3.3 单音节去重音化：无重音 CVC 及相关问题

英语里另外一种主要去重音化的方法是一条我们称之为**单音节去重音化**的规则。在我们对英语重音模式的基本分析中，重音音节基本节拍规则将节律外末尾辅音以外的所有 CVC 音节与（底层）基本模式中的基本节拍同界。我们主张，单音节去重音化（很大程度上）是造成某些 CVC 音节在英语词的表层模式中没有重音（基本节拍同界）的原因。也正是这条规则，将已被起始基本节拍规则提升至与基本节拍同界的 CV 音节去重音化[43]。我们所说的单音节去重音化的作用很大，它取代了起始去重音化规则、中间去重音化以及所谓的阿拉伯语规则[44]。在早前的分析中，这些规则都享有只要满足三个条件时的音节降级（去重音化、去音步）的属性：(i) 它不是主重音的，也不是次重音的；(ii) 它后面紧接着是另一个重音节或词尾；(iii) 它由一个 CV 和（有时）一个 CVC 构成。我们认为这些规则就只是一条，可暂且表述如下：

(3.56)

单音节去重音化

x

x　　⇒　　x

σ_i　　　　σ_i

---

[42] 海耶斯有关不存在基本三音步以及提出的一条规则的三音步推导的主张，存在很多的反例，如 *cátamaràn*（双体船）、*húllabalòo*（喧嚣）、*rígamaròle*（胡言乱语）等。有关对这些形式的讨论，见海耶斯（Hayes 1980, 1982）。

[43] 但我们不认为这条规则是造成某些底层 CVV 音节在表层重音推导中松音化的原因，而这似乎是由所谓的三音节松音化的某个版本产生的（见下文）。

[44] 有关对这些规则的最新阐述，见海耶斯（Hayes 1980, 1982），这些规则是罗斯（Ross 1972）、哈勒（Halle 1973b）、利伯曼和普林斯（Liberman and Prince 1977）、塞尔柯克（Selkirk 1980b）等早前所做的分析的一部分。

条件（暂时性）：
a. 如果 σ_i = CV，那么便是强制性的。
b. 如果 σi = CV $\begin{bmatrix} +辅音性 \\ +响音性 \end{bmatrix}$，那么便是选择性的，而且"时常"如此。
c. 如果 σi = CV $\begin{bmatrix} +辅音性 \\ -响音性 \end{bmatrix}$，那么是选择性的，而且"不常"如此。

注意：我们不需要说明在 σ_i 上面不存在第三及以上层级的栅位置。跟海耶斯一样，我们都认为：去重音化规则的一个普遍事实是，它们只在没有主或次重音的情况下才应用。这里给出的条件很尴尬，它们试图说明这个规则实际上总是在所涉及的音节是 CV 时才运作，而且根据收尾辅音是响音还是阻塞音，在 CVC_1 音节中可能性就会降低。规则没有提及 CVCC 和 CVV，应把这一事实理解为，它实际上从未（或很少）与这类音节一起应用[45]。必须将这些条件置入规则的表述中并不明显，但我们这里这样做，是为了表述清晰。

没有说明的是这样一个条件，即如果去重音化的音节后接一个弱音节，则该规则**不应用**：*Mississippi* 不经历去重音化变成 *Mississippi*。单音节去重音化只应用于与基本节拍同界的音节，它或许排在其他重音音节之前，或许位于词尾。如果这个（后面没有弱音节的）条件产生于某个其他的更具普遍性的语法原则，那么就再好不过了。如果是这样，就没有必要再给（3.56）添加一个条件，说"σ_i 不后接 $\overset{x}{\sigma_j}$（一个弱音节）"。

不允许的推导是一种从（3.57a）映射到（3.57b）的栅构型：

(3.57)
a. x   *   b.
    x   x $\Rightarrow$ x   x
    σ   σ   σ   σ

在（3.57）中，"交替音变"丧失（并且产生了缺失）。我们将假设：一般

---

[45] 不过，正如利伯曼和普林斯（Liberman and Prince 1977）所指出的，在指定的前缀中，甚至对 CVV 都可以去重音化。这些包括 *re-*、*de-* 等。

情况下可避免的恰恰是交替音变的丧失，并且还有一条语法原则——一条确实针对栅转换应用的（共性）条件，如果交替音变丧失，它就会阻止规则应用。我们把它称为**交替音变维持条件**（Alternation Maintenance Condition，简称 AMC），并将其表述为如（3.57）所示[46]。

但奇异规则怎么样呢？它只是实施交替音变维持条件所要排除的某种

---

[46] 请看 *hòspĭtălĭzátĭon* 的推导过程。
(i)
                        [[[hospital] iz 节律外] ation]
循环 1
                                    x
                                    x
DBA，IBR，MSR   x   x x
循环 2
                                    x
                                    x   x
DBA，HBR   x   x x   x
循环 3
                                    x
                                    x   x
三音节松音化   x   x x   x
                                              IZ 节律外
                                    x
                                    x   x   x
DBA，HBR   x   x x   x   x x
                                                        x
                                    x   x
                                    x   x
MSR   x   x x   x   x x
后循环
                                    x   x
                                    x   x
单音节去重音化   x   x x   x   x x
                         hospital iz   ation

注意：在这个允许的推导过程中，单音节去重音化产生一个缺失。因此，设立广义的反缺失过滤器而非交替音变维持条件，是不正确的。让（i）成为一种可能的推导模式，显然是它没有根除一种 x̄x 构式。这正是交替音变维持条件所要表达的内容。

操作，即将节律栅（3.58a）映射为（3.58b）：

（3.58）
a. x　x　　　　　　　b. x
　x　x　x　⇒　　　x　x　x

假定我们把交替音变维持条件用作只支配在某种意义上讲无上下文的去重音化规则。这一属性将单音节去重音化与奇异规则区分开来，前者既不向右看，也不向左看，但后者的左边有个关键性语境。我们推断后一条规则的信息更详细、更具体，这使得它实际上能够覆盖交替音变维持条件。显然，只有在考察了其他语言的去重音化后，才能评估这个条件的地位；但我们暂且把它视为一个可用的假设。它在语法中（作为共性语法的一部分）的存在，使它没有必要把单音节去重音化表述中所提到的那条附加条件纳入其中。

跟奇异规则一样，单音节去重音化的功能是为词创建一种更悦耳的栅同界。它消除了基本节拍层级上的冲突，但只有在降级的音节足够轻时，它才会这样做。请看一些例子（其中很多取自罗斯（Ross 1972））。

（3.59）

a. ăllý 动词　　　pŏtáto　　　例外：ràccóon
　结盟　　　　　土豆　　　　　浣熊
　Mălóne　　　băssóon　　　　suttée
　马隆　　　　　低音管　　　　殉夫
　Mŏnòngahéla　ĭnítial　　　　Ròckétte
　莫农加希拉　　起始的，开头的　洛克特
　vănílla　　　dĕvélop　　　　àugúst
　香草　　　　　发展　　　　　威严的
　Ămérica　　　Dĕcámeron　　　bàssóon[47]
　美国、美洲　　十日谈　　　　低音管
　măjólica
　锡釉陶

---

[47] 雷·杰肯道夫（Ray Jackendoff）（私下交流）指出 bàssóon 和 băssóon 都是可接受的发音。

第三章　英语的词重音与词结构

b. Wĭscónsin[48]　ĭndícative　例外：hàrmónica
威斯康辛　指示的　口琴
cŏndítion　ĕxíst　bàndána
条件　存在　大手帕
pĕrmít　bŭrsítis　ètcétera
允许　黏液囊炎　等等
Bĕrlín　fĕrtílity　àndrógynous
柏林　肥沃　雌雄同体的

(3.60)
a. állỳ 名词　Hárvàrd
同盟国　哈佛
sátìre　bíngò
讽刺　宾戈游戏
Wábàsh
沃巴什
b. Àlabáma　Àthabáskan
阿拉巴马　阿萨巴斯卡语
Mìssissíppi　èxecútion
密西西比　执行
c. Tỳrone　Òdéssa
蒂龙　敖德萨
Pèkíng　cìtátion
北京　引证
Sàigón　pùgnácious
西贡　好斗的
fàctítious
人为的

(3.59)和(3.60)中的例子表明，单音节去重音化可以完成起始去重音化的工作。(3.59)列出了去重音化后的词。(a)中的例子含有 CV 音

---

[48] 这个州的土著居民通常都把第一个音节发成弱化元音的无重音音节：[wə̆.skan.sn̩]。

139

音系与句法：语音与结构的关系

节，（b）中的例子含有不同类别的 CVC 音节。这两种情况都有例外。然而，（3.60）中的例子却都没有例外。它们根本不满足规则的结构描写。（a）例子中的起始音节拥有主或次重音，（b）中的例子都后接一个弱音节，（c）中的例子都没有正确的音节组成。事实上，（c）中某些例子（如 *factitious* 和 *pugnacious*）的地位令人质疑；它们可能是规则的例外，也可能是不适用于此的例子。这完全取决于对规则中条件的确切描述。

请看下面某些末尾位置上的无重音 CVC(C) 的例子。

(3.61)

a.
pérfĕct	完美的	Máynărd	梅内德
témpĕst	暴风雨	Éverĕst	埃弗里斯特
éffŏrt	努力	inhéritănce	继承
stándărd	标准	présidĕnt	总统
móllŭsk	软体动物	bóllĭx	弄糟
módĕst	谦虚的	méndicănt	乞丐

b.
prógràm/prógrăm	程序	óbjèct/óbjĕct	物体
póetèss/póetĕss	女诗人	cárdamòm/cárdamŏm	小豆蔻
ánalỳst/ánalўst	分析家	párallèl/párallĕl	平行
lábyrìnth/lábyrĭnth	迷宫	Éndicòtt/Éndicŏtt	恩迪科特
Decámeròn/Decámerŏn	十日谈	mónàrch/mónărch	君主

c.
áprŏn	围裙	márjorăm	墨角兰
vínegăr	醋	Wachúsĕtt	沃楚西特山
gránĭte	花岗石	spínăch	菠菜
scávĕnge	打扫	jéttisŏn	投弃
wórshĭp	崇拜	Jácŏb	雅各
ídiŏm	习语	pícnĭc	野餐

d.
gýmnàst	体育运动员	Mílibànd	米利班德	prócèss	过程
Lómbàrd	伦巴底语	póllywòg	蝌蚪	húbbùb	喧嚣
ínsèct	昆虫	nárthèx	教堂前厅	Yúgoslàv	南斯拉夫的
prótòn	质子	sámovàr	俄国式茶饮	cúlvèrt	涵洞
hándicàp	障碍	shíshkabòb	羊肉串	pálimpsèst	重写本

对于（3.61a-c）中的例子，必须假定末尾无重音的音节是被单音节去重音化规则去重音化了。在（3.61a）的例子中，音节是以辅音丛结尾的；所以，无论最后的 C 是不是节律外的，重音节基本节拍规则都把这个音节视为重音节，并使其与一个基本节拍同界。（3.61b）中的词是以 CVC 结尾的，这个 CVC 的重音在某些个体说话人的发音中可能有所不同。我们把这看作是单音节去重音化的可选择性应用，而不是词项的变异性，即它们的末尾 C 上一时是节律外的，下一时又不是节律外的。在（3.61c）中，例子末尾的 CVC 一直是无重音的，它们可能有两种推导方式：如果末尾 C 是节律外的，那么它们从一开始就从未重读过；但如果末尾 C 不是节律外的，那么就必须把它们看作是非选择性地应用单音节去重音化的事例。至于（3.61d）中末尾 CVC 从未去重音化的例子，有些明显是规则的例外，因为同类的 CVC 在其他词中是去重音化的。比较一下 *gýmnàst* 与 *témpĕst* 或 *Lómbàrd* 与 *stándărd*。要不是某些 CVC，例如以非齿辅音结尾的那些 CVC，可能只是规则不适用——应把条件构建得不让它们去重音化。我们把这个问题留在这里，请读者参见罗斯（Ross 1972），那里有几种对 CVC 重音及其与辅音类型相关所做的概括。

最后，请看中间音节去重音化的例子。在这些案例中，就要把一个（通常紧接在词的主重音之前的）音节从作为重音节基本节拍规则结果的基本节拍同界那里进行降级。

(3.62)

a. Mòzămbíque　　　　　　例外：chîmpànzée
    莫桑比克　　　　　　　　　　　黑猩猩
    Nèbŭchădnézzar　　　　　Hâlicàrnássus
    尼布甲尼撒　　　　　　　　　哈利卡尔那索斯
    pàrăphĕrnália　　　　　　rôdomòntáde
    随身用具　　　　　　　　　　吹牛
    Kìlĭmănjáro
    乞力马扎罗山

b. cònvěrsátion　　　　例外：êxpèctátion
　　会话　　　　　　　　　　期望
　　cònfrŏntátion　　　　　　rêlàxátion
　　对抗　　　　　　　　　　放松
　　pèrtŭrbátion　　　　　　rêtàrdátion
　　搅动　　　　　　　　　　阻滞
　　àffĕctátion　　　　　　　înfèstátion
　　做作　　　　　　　　　　感染
　　dìspĕnsátion
　　分配
　　dòmĕstícity
　　家庭生活
　　còllĕctívity
　　集体
　　ìnfŏrmátion
　　信息
　　ànnĕxátion
　　合并
　　cònděnsátion/côndènsátion
　　压缩
　　èměndátion/êmèndátion
　　订正
　　àuthěntícity/âuthèntícity
　　真实性
　　Jàpănése
　　日本语
　　spècĭfícity
　　特异性

（3.62a）中的例子是一些单语素词，重音节基本节拍规则在这里就会产生紧靠主重音音节之前的音节上的基本节拍同界。（3.62b）中的例子是一些形态结构复杂的词，其中内嵌词（*condense*、*collective*、*inform*、*domestic*、

Japan、specific 等）的发音表明派生词中有些重音要消除。注意：事实否决了《英语音系》等其他地方所提出的主张，即中间音节无重音是词**没有**循环历史而该中间音节是在早先循环中获得重音的一个标志。在（3.62b）的所有词中，先前循环指派的重音已从中间音节上删除。还需要注意的是，即使没有明显的循环历史，中间音节也可能（例外地）有重音，如在 *dèlèctátion*（愉快）中。像 *rêlàxátion* 这类词既有循环历史，也有中间重音，就像 *delectation* 那样，我们把它处理为单音节去重音化的例外现象。

词是否是单音节去重音化的例外现象，是英语语法中特异现象的重要来源。这一点以及词尾辅音是否是节律外的，可以解释英语词中重音 CVC 时出现的几乎所有特异现象。

我们对英语重音模式的基本分析、对节律外所做的假设以及单音节去重音化规则，构成了我们所认为的英语里重音与无重音分布的正确理论。按照这一语法，CVC 音节在基本模式中总是重读的（除非末尾 C 是节律外的），所做的具体预测是：无重音 CVC 只出现在它（作为一个底层的重音 CVC）没有获得主或次重音的位置上。这与塞尔柯克（Selkirk 1980b）或海耶斯（Hayes 1980, 1982）提出的主张截然不同。塞尔柯克（Selkirk 1980b）对无重音 CVC 的分布不施加任何限制，将 CVC 处理得像是基本模式中的 CV 或 CVC。海耶斯（Hayes 1980, 1982）反对这一观点，引用不可能将重音模式给像 *Nĭnótchkă*（异国鸳鸯）这样的不能重读倒数第二个 CVC（而且也不能给它主重音）的词：*Nĭnŏtchkă。现在，这个理论已克服了这一缺陷。至于海耶斯自己的分析，它具有只重读（音步化的）（粗略地说）词右边界（虽然不是末尾位置）的 CVC 音节的特性。因此，他的分析无法解释 *Halicarnassus* 或 *chimpanzee* 中的中间重音音节问题；值得注意的是，该分析必须认为它们在**拥有**重音上是特立独行的。在我们的理论中，它们的特殊之处只在于不因单音节去重音化而**失去**重音。海耶斯也将末尾重音 CVC 视为例外，我们已在 3.2.2 节有关节律外的讨论时对这一观点提出了异议。

我们不再对海耶斯的 CVC 分析细节做进一步的批评。我们只是注意到我们的理论（即 CVC 在任何地方，都必须以相同于基本模式中的方式进行处理）更具限制性，因此，在其他条件相同的情况下，如果它符合事实，则是我们所期待的。我们认为，当把单音节去重音化和末尾辅音节律外考虑进来后，这个理论确实与事实相符合。由于海耶斯的分析也需要节律外这个概念以及一条或多条类似于单音节去重音化的规则，那么其他一切都是相等的，可以推定应当采纳"重音 CVC 在任何地方"的理论。

在继续讨论之前，我们应讨论一下对我们 CVC 理论（同样对海耶斯的理论）来说明显存在问题的一组案例，这些案例见（3.63）：

（3.63）

Háckĕnsàck	哈肯萨克	Hóttĕntòt	霍屯督人	mísănthròpe	愤世嫉俗者
Álgĕrnòn	阿尔杰农	ámpĕrsànd	和的符号	báldĕrdàsh	胡言乱语
cávălcàde	骑兵队伍	pálĭndròme	回文	mérchăndìse	买卖
Ábĕrdèen	亚伯丁	Áppĕlbàum	阿佩尔鲍姆	Árkănsàs	阿肯色州

鉴于我们的分析，没有办法避免将重音（基本节拍边界）指派给这些词的倒数第二个 CVC 音节。那么该音节或末尾（重音）音节就获得了"主重音"。要避免获得主重音，这里的末尾音节就必须是节律外的。因此，中间的主重音应当是推导而来的，如（3.64）所示：

（3.64）

```
                    [ hæ kVn sæk ]
DBA                  x  x   x
                     x  x   x
HBR, IBR             x  x   x    （末尾 C 不是节律外成分）
                            x
                     x  x   x
MSR                  x  x   x
                    *Hàckénsàck
                     哈肯萨斯
```

但这不是正确的。

海耶斯的分析也面临着类似的问题。他的解决办法是，在给词指派主重音之前，先将中间的重音（音步化）音节去重音化。这个解决方案是以一种允许重音规则和去重音规则自由交织在一起的语法理论作为先决条件的。在此之前，我们曾提出去重音化规则是循环性的因而都是在所有栅构建规则之后应用的一般性假设。如果这个假设是正确的，那么海耶斯的分析就不可能是正确的。

有趣的是，对这些形式的另一种分析方法似乎同样具有启发性，它是以基本重音规则是在任何一种栅转换之前应用作为先决条件的。我们的建议是，栅转换将指派给（3.64）中中间重音音节的主重音（第三层级节拍）收回，并将它置于前面的基本节拍上。我们把这条规则称为"**响音收回**（Sonorant Retraction）"，其理由很快就会清晰，其形式化如下所示[49]：

（3.65）

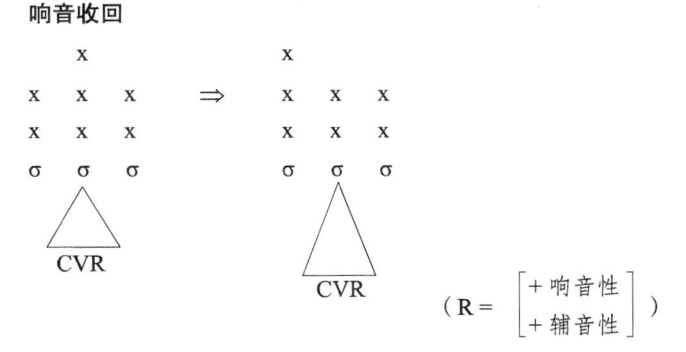

响音收回

```
       x                    x
x  x   x        ⇒     x    x    x
x  x   x              x    x    x
σ  σ   σ              σ    σ    σ
    △                      △
   CVR                    CVR
```

$$\left(R = \begin{bmatrix} +\text{响音性} \\ +\text{辅音性} \end{bmatrix}\right)$$

这条规则将从（3.64）推导出（3.66a），单音节去重音化将它再变成（3.66b）这种正确的表层模式：

（3.66）

```
a.    x                 b.   x
      x x x                  x   x
      x x x                  x x x
      Hackensack             Hackensack
```

---

[49] （如在海耶斯的分析中）仍存在着一些反例，两侧是重音音节、中间是无重音 CVC 的词：*anecdote*（轶事）、*designate*（指定）。我们没有推导出这些词的办法。

很大程度上，该规则的表述反映了海耶斯所呈现的经验概括——用麻烦的 *Hackensack* 变异形式的话说，一定要（以某种方式）让失去其重音的中间 CVC 以响音结尾（比较 *phlògístòn*（燃素），但不是 *phlógĭstòn*），但如果有两个音节先于这个 CVC 音节（比较 *Àdiróndàcks*）或后接的音节是无重音的，那么该规则不应用。

注意：这条规则以类似的方式解释了凯巴斯基（Kiparsky 1979）和海耶斯（Hayes 1980, 1982）所讨论的形态上比较复杂的例子。凯巴斯基观察到的（归因于吉尔·甘恩（Gill Gane））是，如果 CVR 之前有两个音节（见 3.67a）或以阻塞音结尾（见 3.67b），那么在后缀为 -ary 和 -ory 的词中，主重音就会落在后缀前面的 CVR 上。否则，CVR 便是无重音的，主重音将落在词的前面部分上，如（3.67c）所示。

（3.67）

a. èleméntăry
基础的
còmpliméntăry
称赞的
rùdiméntăry
基本的

b. trajéctŏry
轨迹
perfúnctŏry
敷衍的
reféctŏry
餐厅
phyláctĕry
护符

c. légĕndàry
传说的
mómĕntàry
瞬间的
frágmĕntàry
碎片的
cómmĕntàry
评论
vólŭntàry
志愿的
ínvĕntòry
详细目录
répĕrtòry
储备
prómŏntòry
岬

凯巴斯基和海耶斯都注意到其他重音词缀前的类似表现：

（3.68）

a. adamantine	b. ulexine	c. saturnine
冷铸钢粒	金雀花碱	忧郁的
archimandrite	stalactite	gilbertite
修道院长	钟乳石	丝光白云母
salamandroid	molluscoid	helminthoid
蝾螈目动物	软体动物	蠕虫状

与凯巴斯基和海耶斯的解释不同，响音收回规则是在没有把去重音化规则放到循环的情况下对这些事实进行解释的。（3.69）中所给出的推导过程具有代表性，这里，我们同海耶斯一样，假定这些重读的形容词后缀（甚至表层双音节的 -ary 和 -ory）都是节律外的：

（3.69）

	[[element] (ary)节律外]	[perfunctory]	[[legend] (ary)节律外]
循环 1	x	x	x
	x x	x x x	x x
	x x x	x x x	x x
	element	perfunctory	legend
循环 2	x		x
	x x x		x
	x x x x		x x x
	elementary	——	legendary
后循环			x
			x x x
			x x x
响音收回	——	——	legendary

（去重音化规则完成了整个推导[50]。）

---

[50] 我们实际上是在反驳凯巴斯基和海耶斯的说法：*infírmăry*（医务室）以及类似的词（*percéntile*（百分位）、*ceméntite*（渗碳体）等）的重音模式反映了这里所涉及的规则循环性等相关问题（在这一点上，我们可能大错特错）。在我们看来，例如 *infirmary* 仅仅是一个例外而已；它应当经历了响音收回，不能从 *infirm* 的词尾重音角度对它的表层模式做出解释。如果我们对这些例子的非循环分析方法是正确的，那么这种例外的例子就会有（或根本没有）其他某种解释。

最后要讨论的是有关 *explanation*（比较 *explain*）、*provocation*（比较 *provoke*）等词中出现的中间 CVV 去重音化和松音化问题。很多学者（如 Liberman and Prince 1977; Selkirk 1980b; Hayes 1980, 1982）曾指出，这是随时发生元音松音化的 CVV 去重音化的事例。我们现在认为，把这里紧元音的松音化视为与去重音化有关是不正确的。首先，正像 *explánatory* 和 *provócative* 这类词所呈现的，元音可能被松音化，但仍然被重读，因此有必要对松音化单独做出某种解释。其次，如果 CVV 是被单音节去重音化这条一般性规则去重音化的话，则可以预测去重音化的松音化 CVV 也应当出现在起始和末尾位置上；除了一些特别标记的前缀（注 45）之外，事实证明并非如此。因此，我们没有别的理由不让 *explanation* 中的松音化与去重音化相关，不让单音节去重音化降低 CVV。

实施松音化的规则就是所谓的 "**三音节松音化**（Trisyllabic Laxing）" 的修订版。例如，按照《英语音系》，三音节松音化在 *serene* 中的紧元音基础上产生 *serenity*[ε]，等等。我们将保留名称 "三音节松音化"，但指出它模糊了规则本质上的形态特性。在我们看来，该规则改变了一组标记清楚的后缀前音节中的元音音质；我们可以把它解释为一种语素变体规则[51]。触发后缀是拉丁语后缀：-ic（*isotopic* 与 *isotope*）、-ance（*sustenance* 与 *sustain*）、-ize（*satirize* 与 *satire*）、-ation（*explanation* 与 *explain*）、-atory（*declamatory* 与 *declaim*）、-ative（*provocative* 与 *provoke*）、-ity（*sanity* 与 *sane*）、-ent（*president* 与 *preside*）、-al（*vaginal* 与 *vagina*）、-ify（*codify* 与 *code*）、-ive（*iterative* 与 *iterate*）、-ism（*Semitism* 与 *Semite*）。在这一点上，我们遵循的是罗斯（Ross 1972）提出的建议，也是凯巴斯基（Kiparsky 1979）提出的建议。受影响的元音并不一定落在离末尾三音节

---

[51] 严格地说，这里都不是根据把三音节松音化视为一条语素变异规则或一条受形态影响的规则而定的。如果按照凯巴斯基（Kiparsky 1982）的总体思路并求助于"别处条件"和明智利用底层词库表达式，那么大概也会做出同样效果的解释。正如我们在这里所做的，并不是一直都要诉诸循环，可以采用这种特定方式来解决抽象性问题。

之处（也绝不只是被松音化）。边界在这里也不能区分相关类别的后缀：不是所有的词根后缀都触发规则的应用：*detainee*（被拘留者）、*retiree*（退休者）、*pipette*（移液管）等都保留它们后缀前的紧元音，其词根的地位体现在它能承载主重音上。必须直接用附加符号标记触发后缀，以将它们与不引发交替音变的后缀区分开来。（见戴尔和塞尔柯克（Dell and Selkirk 1978），他们对法语里受形态支配的元音交替音变现象提出了同样的处理方法；另见施特劳斯（Strauss 1979a, b），他也呈现了英语里受形态支配的软腭音软化和舌冠音同化等这类规则。）

将三音节松音化视为一条受形态支配的规则（实际上是一条语素变异规则）具有很多重要意义。一是该规则将先于去重音化和语法的其他任何一条后循环规则。这与我们对语法结构组织的看法是一致的：受形态支配的规则应是后循环性的（仅限于"构词法"或"词库"中的应用）或循环性的（穿插在构建音系表达式的规则之间应用）。后一种存在可能性，是因为这些规则的应用域主要是由句法结构（形态结构是一种特殊情况）界定的。

在上述两种情况下，仍然都可以认为去重音化适用于对 *explanation* 的解释，它的输入项在三音节松音化影响的语境中没有中间 CVV。假定三音节松音化是循环性的，无重音中间 CV 的 *èxplănátion* 的推导过程，如（3.70a）所示。它的推导过程在很多方面都可以与 *Jàpănése*（比较 *Jăpán*）相比较，为便于比较，我们把它的推导过程纳入其中。

(3.70)
a.　　　　　　　　[[ex plan] a tion]　　b.　[[Ja pan] ese]

循环 1　　　　　　　　　　　　x　　　　　　　　　x
　　　　　　　　　x　x　　　　　　　　　x x
　　　　　　　　　x　x　　　　　　　　　x x
　　　　　　　　　ex plain　　　　　　　　Ja pan

循环 2　　　　　　　　　　x
　　　　　　　　　　　　x
　　　　　　　　　　　　x

三音节松音化	⋯ plan a tion 节律外	——
	x	x
	x x	x x
	x x	x x
重新音节化	ex pla na tion 节律外	Ja pa nese
	x	x
	x x x	x x x
	x x x	x x x
DBA，HBR	ex pla na tion 节律外	Ja pa nese
	x	x
	x x	x x
	x x x	x x x
	x x x	x x x
MSR	ex pla na tion 节律外	Ja pa nese
	x	x
	x x	x x
	x x x	x x x
	x x x	x x x
BM 后循环	ex pla na tion 节律外	Ja pa nese
	x	x
	x x	x x
	x x	x x
	x x x	x x x
单音节去重音化	ex pla na tion	Ja pa nese
	x	x
	x x	x x
	x x x	x x x
输出项[52]	explanation	Japanese

这便完成了我们对单音节去重音化在推导英语表层重音模式中的作用所做的探讨。

---

[52] 该推导反映了"最简化"（即消除过量垂直度）的最后阶段效应。

3.4 循环

我们已呈现了英语主重音规则具有特定的句法应用域，现在论证的是主重音规则这类栅构建规则是以循环方式应用的。从规则可能具有特有的句法应用域这一事实上看，这并不一定能够得出这个规则肯定是循环应用的。规则可能受类似于"A 冠 A 条件（A-over-A Condition）"（见罗斯（Ross 1967））的支配，因此，在它的应用域类型结构成分彼此嵌入时，它就只在最高的应用域实体上应用。或者规则可能在应用域的所有结构成分上同时应用，或每次只在形态规则新生成的应用域类型结构成分上应用。每一个理论都允许栅构建规则拥有一种特有的句法应用域，但不要求这些规则以循环的方式从内嵌的最深处向上运行。

接下来，我们将提出几个不可能 A 冠 A 应用重音规则（栅构建）的论点（其中一个是凯巴斯基（Kiparsky 1979）提出来的）。要说明这一点，就要有足够的东西说明形态复杂的 A 类词具有一种不同于单语素 A 类词的重音模式，这种不同只是在若重音规则获取前者的 A 类内部组成信息时所要预测的那些方面。我们还会提出不可能同时应用重音规则（栅构建）的论点（其中一个本质上是由凯巴斯基（Kiparsky 1979）提出来的）。这些论点似乎关键性地将两种力量区分开来：一种理论是循环原则支配规则应用于句法－音系映射过程的方式，另一种理论是没有循环，但每次应用规则都能"生成"一个新词。但采用循环理论是有原因的，这一点我们稍后进行讨论。

事实证明，英语里唯一有可能提供循环性（非 A 冠 A 的，非同时性的）栅构建证据的栅构建规则是那些应用于第三及以上节律层级的规则。类似情况也可以在节律树理论中获取。凯巴斯基（Kiparsky 1979）和海耶斯（Hayes 1980, 1982）曾指出，正是节律树结构涉及主和次词重音表达式的指派提供了循环的关键性证据。因篇幅所限，我们不探讨为什么会这样做，但我们注意到，部分原因是意料之外的，部分原因是可以推理而得的。

凯巴斯基有关循环的论点之一是，像 *Ticonderoga* 这样的单语素词以及它的同类词（据推测）在词的主重音前都有两种可能的"次重音"模式（比较（3.35a）与（3.35b）），而像（3.71）中那些形态复杂的词则只有一种可能的模式。

（3.71）

sènsâtionálity	轰动性	*sênsàtionálity
ìcônoclástic	打破旧习的	*îcònoclástic
àntîcipátion	预感	*ântìcipátion
tòtâlitárian	极权主义者	*tôtàlitárian
sùpêriórity	优越性	*sûpèriórity
thèâtricálity	戏剧风格	*thêàtricálity

Ticonderoga 与 *sensationality* 这些词在其他方面都是相同的：它们在主重音前都有一个音节类型为重重轻的三音节序列。凯巴斯基指出，*sensationality* 只有一种模式，而 *Ticonderoga* 则有两种模式，其原因是前者具有主重音的循环指派。我们同意凯巴斯基的说法，但对他基于节律树的分析细节提出了异议。*sensationality* 的栅理论和循环推导过程，如下所示：

（3.72）

[[[sensation] (al) 节律外] i (ty) 节律外]

循环 1
           x
          x x
          x x x
         sensation

循环 2
           x
          x x
         x x x x
         sensational

循环 3
           x
         x x x
        x x x x x x

```
DBA，BA            sensationality
                          x
                        x   x
                      x x   x
                    x  xx  xxx
MSR               sensationality
BA                不应用
BM                （被**蒙大纳**过滤器）阻断
```

这里，早先（循环）指派给 -at- 的第三层级主重音被带到了更高的循环中。因为第三层级位置是在 -at- 上，节拍添加不能应用将起始音节 sen- 提升成为第三层级的凸显音节。由于**蒙大纳**驱动的输出过滤器（3.36）在这里是起作用的，节拍移位不会移动栅位置，而是将它移动到左边。这样，sensationality 与 Ticonderoga 之间的差别就得到了解释。注意：这个解释需要我们假定**蒙大纳**过滤器对词中节拍移位而言是绝对的，但对节拍添加而言则不是。回想一下，在我们的解释中，Ticonderóga 中的起始次重音是由节拍添加产生的，这违反了过滤器，而模式 Ticònderóga 据称是在节拍添加因被过滤器阻碍而不应用（比较（3.35a）、（3.35b）与（3.36））时推导出来的（或者说保持不变）。或许节拍移位完全被过滤器所阻断，而节拍添加则没有，原因是后者在所有节律层级上都比前者表现出更强的应用倾向性。（这在词中尤其是因"反缺失过滤器"所致。）无论如何，这种对比的关键之处是，它表明了在 sensationality 的前面（嵌入）的循环应用域中所引入的第三层级栅位置是存在的。

海耶斯（Hayes 1982）指出，在对比单语素与形态复杂的具有 abracadabra 形状的词的基础上可以提出类似的论点。那类复杂的词如（3.72a）所示：

（3.72）
    a. sŭblìminálity   潜意识性   b. *sùbliminálity
        cŏllàterálity   旁系   *còllaterálity

它们都没有奇异规则在像单语素那样（见（3.72b））处理时所产生的三音步。相反，它们都在第二个而非第一个音节上有次重音。这正是在栅构建是循环的情况下将会产生的结果，如（3.73）所示。

（3.73）

[[subliminal]i(ty)节律外]

循环 1	x
	x x
	x x x x
	subliminal
循环 2	x
	x x x
	x x x xx
DBA，BA	subliminality
	x
	x x
	x x x
	x x x xx
MSR	subliminality
BA	不应用
BM	（被**蒙大纳**过滤器）阻断
后循环	
奇异规则	不应用（被 *-lim-* 的第三层级位置阻断）

这些案例表明，栅构建规则需要应用于连续嵌入的句法成分，而不仅仅应用于最高层级上的结构成分。

还要注意的是，这些例子还为语法中的文本凸显保持条件提供了额外的证据。文本凸显保持条件通常的表述是，在一个循环的应用域内，一个由文本到栅的同界在第三及以上节律层级上指派的栅位置（至少）比特定循环应用域内的任何其他栅位置都要凸显。到目前为止，保证由主重音规则引入的节拍比任何由节拍添加栅悦耳规则所引入的节拍都要凸显，是作为一个条件提出来的。在这些例子中，它确保由主重音规则在当前循环中

第三章　英语的词重音与词结构

所引入的节拍比由主重音规则在前一个循环中所引入的节拍都要凸显。因此，文本凸显保持条件实际上很普遍，并不仅限于对文本到栅的同界规则与栅悦耳规则之间的关系做出裁断。

接下来，我们必须考虑这样一种可能性，即栅构建规则不是循环应用的，而是同时应用于所有相关的句法应用域。同时应用理论有两种可能的版本，其中一种是，文本到栅的同界规则和栅悦耳规则在所有适宜的应用域中彼此相遇。这个特定版本是站不住脚的，因为它无法预测到已证实存在的模式。栅悦耳规则可以移走或删除文本到栅的同界规则（在较低应用域中）所需要的凸显。这就是如 *expectátion* 中所发生的事情，这里匹配动词 *expéct* 的末尾凸显被节拍移位移走了。所以，不可能有一种在所有应用域中同时应用文本到栅的同界和栅悦耳的理论。根据同时应用理论的第二个可能的版本，所有文本到栅的同界规则据说在所有相关应用域中都可能相遇，在此基础上确立的部分模式随后便可以提交给栅悦耳规则。但用来解释比如文本到栅的同界－节拍添加关系则是不可能的。如果要保持适当的文本凸显，节拍添加就不可以消除文本到栅的同界规则的作用，但如果文本到栅的同界排在后面，如果不允许文本到栅的同界规则重新应用，那么这还是可能的（回想一下对主重音规则的讨论——即 2.2.2 节和 3.2.2 节中对节拍添加关系的讨论）。所以，这个版本也站不住脚。相反，我们的分析是，有这样一个循环，像节拍添加这类文本到栅的同界和栅悦耳规则在每个连续的循环应用域中以文本凸显保持条件支配的方式同时相遇。

另一个支持这种循环的论点来自凯巴斯基（Kiparsky 1979）。凯巴斯基试图解释像 expect 这类复杂形式单独出现时（$\overset{0}{e}x\overset{1}{p}\acute{e}ct$）、带着像 -ation 这样的词缀时（$\overset{2}{e}xp\overset{3}{e}ct\acute{a}tion$）和在短语中时（$\overset{0}{e}xp\acute{e}ct\ r\acute{a}in$）的发音。（为了方便起见，我们在这里用整数来表示重音等级：0= 无重音，1= 主要词重音，2= "次"重音，3= 有重音的。）$\overset{0}{e}xp\acute{e}ct$ 的发音源自对 $\overset{1}{e}xp\acute{e}ct$ 的去重音化应用；$\overset{2}{e}xp\overset{3}{e}ct\acute{a}tion$ 中缺少起始去重音化，这是由"节奏规则"（节拍移位）136

操作所致，据称它将次重音（因与 -ation 发生冲突，从 -pect-）往后抛掷到 ex- 上，从而使其不受去重音化的影响。那么，要推导出 expectation，节奏规则（节拍移位）就必须先于去重音化应用。但 éxpect ráin 的发音却显示，节奏规则一定要在去重音化之后应用。如果去重音化还没有实施，现在应用于短语应用域中的节奏规则就会（像（从 àbstract árt）推导出 ábstract árt 那样）推导出 èxpect ráin。因此，这个证据说明，节奏规则（节拍移位）据说不能同时应用于词和短语应用域中（因为去重音化的应用介入其间）。

这似乎是经典类别的循环论点的样例。表面上，我们可以通过假定有个循环（即节拍移位和去重音化都是循环性的，节拍移位排在去重音化之前应用）来解释这些事实。但事实上，这不是经典论点，因为正如凯巴斯基（Kiparsky 1979）所指出的，去重音化不是一条循环性规则，而是一条后循环性规则。这样，我们表面上面对着一条悖论：循环性规则既在后循环性规则之前，又在它之后。在这种情况下，规则成为"后循环性"意味着什么？我们对这个问题是有答案的，对这个表面上的悖论也是有解决方案的，但我们将推迟到第七章对其进行阐释，在那一章中，我们将对单音节去重音化在短语和句子中的作用进行较为详细的探究。

综上所述，我们提出了反对一次性 A 冠 A 应用栅构建规则和同时应用于每个应用域的论点。跟凯巴斯基（Kiparsky 1979）和海耶斯（Hayes 1980, 1982）一样，我们都认为这些论点确立了词内"重音规则"循环应用模式的可能性，这种可能性一旦有了更多的证据，就会变成了一种必要性。

如上所述，对于凯巴斯基和海耶斯所注意到的次重音位置与现在内部形态结构之间的相关性，可能有两种不同的解释。一种源自循环理论，另一种源自西格尔和艾伦提出的重音规则在"构词过程"中应用的理论。正如凯巴斯基（Kiparsky 1982a）所指出的，这种理论可以作为词内应用模式拭除的那个循环。凯巴斯基认为，如果（继利伯曼和普林斯（Liberman and Prince 1977）之后）假定词层级之上没有循环，那么这是一个可取的结果。他的观点是，在没有短语循环的情况下，将循环从词层级中拭除将意味着完全将它从语法中拭除，这至少提供了一定的一致性。

现在我们暂且把（不）存在的短语循环问题放到一边，注意：作为一种词内应用模式将循环拭除，这关键取决于西格尔和艾伦构词理论的正确性。如果我们于 1982 年提出的词句法研究方法是正确的，**而且**如果"当场"可以生成不止一个词缀的词，那么就需要那种作为一种应用模式的循环概念。

在塞尔柯克（Selkirk 1980b）中，我们在 1982 年的词句法理论总体框架内提出了具体的非循环研究方法。我们提出将词项的重音模式作为词条的一部分内容列出（在这种情况下，该语言的重音规则构成了一组词项音系表达式的羡余规则）。此外，我们还提出，当在现有的一个词的基础上（比如通过加缀方法）生成一个新词时，已有的这个词将带着它的重音模式"插入"到新生成的抽象词的结构树中。如果新产生的词结构在适宜的句法应用域中包含了词缀和旧词项，那么则可以认为重音规则的"新"应用（即仅在旧词项中引入"最小变化"）会自动产生词项插入的结果。（到目前为止，这似乎只是西格尔和艾伦研究方法的一种符号变异形式。）重音规则的"新"应用不被认为是循环应用的一个事例。我们的错误在于：没有理解所概述的允许词库表征重音的模式与循环性应用是一致的。简单地说，如果这个模式是正确的，那么这个循环的**大部分**但不是全部证据就会消失。要证明循环的存在，关键是将重音规则应用于（至少）两个连续的应用域中，也就是说，在改写规则生成的新词结构的推导过程中有两个"新的"词根词缀，因而有两个嵌入的词根应用域。

让我们来拟造两个例子。假设 *probationality*（缓刑性）这个词是（由某些刑事事务官员）捏造的，而且 *probational*（缓刑的）也不是这个语言的一个词条。根据塞尔柯克（Selkirk 1982），这个词是这样生成的：词句法的改写规则生成抽象的词结构（3.74a），词项 *probation*（如果有的话，与它的内部结构一起）、-al 和 -ity 都是在词库中插入的，如（3.74b）所示。
（3.74）

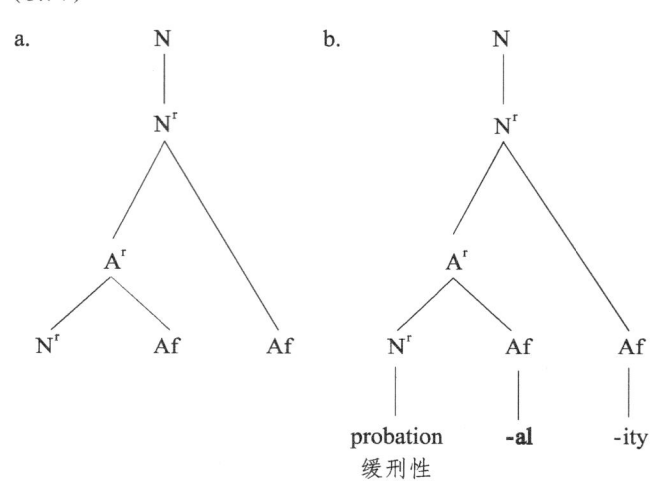

a.
```
          N
          |
          Nʳ
         / \
        Aʳ   \
       /  \   \
      Nʳ  Af  Af
```

b.
```
          N
          |
          Nʳ
         / \
        Aʳ   \
       /  \   \
      Nʳ  Af  Af
      |    |   |
  probation -al -ity
   缓刑性
```

回想一下，作为词条的 *probation* 是**一个名词，也是一个名词词根**。正是它的词根地位才允许它在（3.74a）这里插入。（我们不看它的内部结构，即使它有。）有了这样的结构，即使 *probation* 带着指派给它的重音模式从词库进入到树中，重音规则也必须循环应用，因为 *probationality* 跟 *sensationality* 一样都具有反映它的内部结构的重音模式。那么，通常认为：既然有词结构的改写语法（即一种"句法优先"的理论），其中复杂新词的生成就如这里所示，规则必须是循环应用的。

在描述结构和描述基于句法表达式来定义音系表达式的规则的结构依赖性方面，我们的理论对词与短语的处理是没有区别的。构建节律栅的句法-音系映射的规则是有句法应用域的，并以循环方式应用。如果尚不清楚词需要循环原则，那是因为词项可以在词库中列出它们的重音模式。但生成新的多层词结构的可能性就在那里，而且如果塞尔柯克（Selkirk 1982）的词句法改写语法是正确的，那么对这些结构的正确音系解释，就要求循环在将词结构映射到音系表达式中发挥作用。

3.5 规则与条件的汇总

下列规则和条件在我们对英语词重音模式的描写中发挥了作用。

文本到栅的同界

基本节拍规则

  重音节基本节拍规则 （3.6a）

  （参数 =CVV, CVC）

  起始基本节拍规则 （3.6b）

  （参数 = 左，词根）

应用域末端凸显规则

  主重音规则 （3.38）

  （参数 = 右，词根）

栅悦耳

节拍添加 （3.12）

  第二层级

  （参数 = 左统制，右到左）

  第二以上层级

  （参数 = 左统制）

节拍移位

  第二以上层级

  （参数 = 左）

栅转换

奇异规则 （3.51）

单音节去重音化 （3.56）

响音收回　　　　　　　　　　　　　　　　　　　　　（3.65）

共性条件
文本凸显保持条件　　　　　　　　　　　　　　　　　（3.39）
反缺失过滤器　　　　　　　　　　　　　　　　　　　（3.40）
　　（参数＝词根）
更高凸显保持条件　　　　　　　　　　　　　　　　　（3.41）
交替音变维持条件　　　　　　　　　　　　　　　　　（3.57）
？蒙大纳过滤器　　　　　　　　　　　　　　　　　（3.36）

3.6　韵律语类在英语词重音中的作用

前面几节中对英语词重音所做的分析对"音节"这种韵律成分产生了至关重要的影响。特定句法应用域中出现的音节内部结构和数量都反映在英语词的节奏模式中。可以说，音节序列提供了节奏模式化的根基：我们理论中话语重音模式的表达式是，话语中音节与节律栅的同界方式。因此，音节在英语词的音系表达式理论中的地位牢靠坚实。对英语"可能的重音模式"概念的描述有赖于此，英语语音配列理论和英语规则应用域理论也都如此（参见第一章）。

其他韵律成分在英语词的音系表达式和整个音系学理论中的地位是有争议的。我们认为，音节以外的任何韵律成分都没在英语词重音的表征和描述中发挥作用。这里，我们在英语方面与塞尔柯克（Selkirk 1980b）和海耶斯（Hayes 1980, 1982）存在争议，在一般词重音理论方面与哈勒和维格诺德（Halle and Vergnaud 1979）、海耶斯（Hayes 1980）等也存在争议。然而，如果语音配列理论或音系规则应用域理论需要，那么其他韵律成分仍然可以在音系表征理论中占有一席之地。但我们还会说，无论是作为语音配列描写的单位，还是用作典型音系规则应用域的单位，（英语或一般）音步都没有存在的理据。

音步的语音配列论点基本上是基于这样一种观点：重音模式是一种语音配列描写问题——描述"可能的重音模式"概念与描述"可能的音节"和"可能的音节序列"概念极为相似。有人认为，对"可能的音步"和"可能的音步序列"概念进行描述，就是对重音与非重音音节模式的一种分析。这就是如塞尔柯克（Selkirk 1980b）中所持的英语词重音的立场。但正如我们所论述的，这个立场是错误的。重音模式不是语音配列问题，而是音节序列与表征为栅的节奏结构的同界问题。因此，音步作为语音配列描写单位，没有存在的理据。因此，唯一剩下的音步存在的理据源自音系规则应用域的理论。凯巴斯基（Kiparsky 1979）曾指出，音步是英语里某些音位变体规则的应用域，即塞尔柯克（Selkirk 1980b）中所接受的一种描写形式。然而，塞尔柯克（Selkirk 1978b）对同一现象在不诉诸音步结构的情况下提出了一种相当令人满意的解释。因此，对英语的辩论是开放的；是否有来自其他语言的证据表明音步作为规则应用域的必要性，尚有待观察。

早期的研究（Liberman and Prince 1977, Selkirk 1980b）曾指出，有一种大约单词大小的韵律结构成分在音系话语的音系表达式中占有一席之地。这个结构成分被称作"**韵律词**（mot, prosodic word）"或"**词**（word）"或"**音系词**（phonological word）"等等。产生韵律词（即利伯曼和普林斯的 *mot*）的一个主要动机是它的作用，即表示何时节律树下属部分归属这个词，何时归属复合词或短语结构成分。具体地说，利伯曼和普林斯的"复合词规则"据称"看到了"分支结构，但不是词内的分支结构（相关分析，见利伯曼和普林斯（Liberman and Prince 1977）和塞尔柯克（Selkirk 1980b））。**韵律词**是其下复合词规则无法看到的层级。由第四章所给出的对复合词的处理方法可以清楚地看出，对复合词规则的这种描述是不正确的，因此韵律词在重音模式表达式中的主要动机就消失了。至于把韵律词奉为一种表示"词"与"主要词重音"之间区别的方式，已被节律栅和第三层级节拍所取代。韵律词可否作为音系规则的应用域，尚有待观察；但正如第一章所提到的，我们认为是不可以的，它要么是句法计时的节奏分离状态，要么本身是可根据音系规则得出"词"的恰当表达式的句法结构。

第四章
短语节奏凸显

4.1 问题概览

　　本章的主题是如何对词层面之上的节奏凸显模式进行表征和描写。我们同乔姆斯基和哈勒（Chomsky and Halle 1968）、利伯曼（Liberman 1975）、利伯曼和普林斯（Liberman and Prince 1977）等学者一样都坚信：话语节奏结构并不会简化为将其组成成分词串联起来的节奏结构，相反它也反映了将词变成句法成分的组织结构，即存在着一种契合短语层面的节奏组织。我们同普林斯（Prince 1981, 1983）一样，认为节律栅是现有的**唯一**凸显关系表达式；在这一点上，我们不同于利伯曼（Liberman 1975）、利伯曼和普林斯（Liberman and Prince 1977）以及其后节律理论著作[1]中所采用的方法。在这些著述中，凸显关系的主要表达式都是用节律树（即节点被标记为强或弱的二元分支结构）来表征的。句法对凸显模式的贡献一定要从节律树的角度来描述；栅只是"后面层级"的一种表达式，它里面已映射了句子的节律树表达式，而且用它表达了其节奏和时序的组织方式。然而，正如利伯曼和普林斯所指出的，某些方面的句子节奏模式化，只有用栅才能得到精辟的描写：重音冲突的概念需要栅，更高层

---

[1] 例如，哈勒和维格诺德（Halle and Vergnaud 1979）、凯巴斯基（Kiparsky 1979）、普林斯（Prince 1980）、塞尔柯克（Selkirk 1980b）、海耶斯（Hayes 1980）。特别请看戴尔（Dell 1984）的研究，该文在树加栅的理论框架内明确探讨了法语里的短语凸显问题。

级上朝着交替凸显周期性模式（即一种不是句法成分结构所需要的模式）发展的趋势同样如此。而节律树则无法胜任这项描写任务。我们在此的观点与普林斯（Prince 1981, 1983）相同，都认为：如果对话语节奏模式化的**所有**贡献（既有基于句法的，也有"基于节奏的"）都可以在不丧失任何概括的情况下直接用栅来表征的话，那么按照奥卡姆剃刀（Occam's razor）原则，仅用节律栅便肯定能把凸显关系理论表现出来。需要注意的是：说树构成不了短语重音的部分**表达式**，并不是说树与其**特征描述**或描写无关。我们确实要提出：用节律栅表征的短语重音模式可以主要从句子表层句法结构**方面**（即一种树形的表达式）加以界定。

我们对短语凸显模式描写方式的一般研究方法将体现概述词内凸显模式所采用的描写方式：可以把它们理解为如下两种规则综合作用的结果：（a）文本到栅的同界规则，即（例如）说明（句法）应用域内特定位置上的凸显一定是此应用域内最显著的语法原则；(b) **栅悦耳**原则，它确保了句子的节律栅（或多或少）符合节奏交替原则。跟词一样，我们将在音节组成和成分结构的基础上，把支配短语凸显的原则视为构建栅的原则。英语核心重音规则就是一条 a 类原则。粗略地说，它确保句法短语最右端成分中的最大词凸显是该短语中所有凸显中最凸显的。（在这一点上，它不只是让我们想到了《英语音系》的核心重音规则。）泛泛而论，这类原则指定了句中一个（最大）凸显的"可靠"位置。节拍添加规则是一条 b 类原则，它的作用通常是对核心重音规则的补充：后者用于指定短语内（最大）凸显的可靠位置，而前者则确保从那一点产出一种交替模式。然而，现在确实存在着核心重音规则效果被栅悦耳原则拭除的实例。这是"重音转移"卸除核心重音规则所要求的右凸显时的案例。本章的主题之一是要对各种凸显原则做出恰当表述，并对它们之间的交互作用进行探究。其中，我们还将论证它们的运作受循环原则支配。

因此，从短语重音模式的描述中摒除节律树，是我们在这里与利伯曼（Liberman1975）、利伯曼和普林斯（Liberman and Prince 1977）提出的一般重音和节奏理论分道扬镳走出的第一步。下面还有一步。利伯曼和普林斯等传统生成语法学家都主张，在不考虑其语调属性的情况下可以对话语节奏组织结构进行描述。利伯曼（Liberman 1975）、宾（Bing 1979a, b）、拉德（Ladd 1980）、皮埃安贝尔（Pierrehumbert 1980）和戴尔（Dell 1984）都曾在生成语法框架内对短语重音与语调之间的关系做过研究，他们所采用的研究方法，事实上是把话语短语重音模式视为逻辑上优先，决定其语调曲拱体现的可能性。一种曾广为共享的假设是：构成语调曲拱[②]的某些声调成分与句中词的主重音相联结，即作为那些词在句子短语重音模式中所占位置的一种函项。具体地说，这些声调成分将被作为短语重音原则界定的局部节奏凸显的回归线。我们认为，利伯曼所称的"曲调与文本关系"理论是错误的，现需要一种完全不同的语调与短语重音关系的理论。

我们的主张是，语法从话语语调属性角度所做出的"选择"实际上限定了话语中可能的节奏凸显模式范围，因此后者实际上部分是由前者决定的。例如，我们将提出，无论何种短语重音模式（而且也确实是在确立短语重音模式之前），都将重音相关的声调成分（按照皮埃安贝尔（Pierrehumbert 1980），我们将其视为语调曲拱的**音高重调**，见第五章）指派给表层结构中的词，而且还把短语重音模式部分界定为承载音高重调词在句中位置的一个函项。（在这一方面，我们的研究方法看来可能类似于鲍林格（Bolinger 1958b, 1981）[③]。）具体地说，我们将阐明，音高重调出现在一个结构成分中的词上，意味着这个词具有比该结构成分内任何一

[②] 一般是指那些曲拱的**调核**（参看利伯曼（Liberman 1975））。我们在第五章说明不光是调核，曲拱的其他所有音高重调（见皮埃安贝尔（Pierrehumbert 1980））都必须置于与节奏凸显的关系之中。

[③] 实际上，鲍林格（Bolinger 1958b, 1981）对节奏在短语的超音段描写中起作用的这一主张提出了质疑。对他来说，音节层级之上的凸显完全是一个音高重调有无的问题。我们将在 4.3.2 和 5.3 节中对他的这一观点进行讨论。

个不带音高重调的词更大的节奏凸显。我们把这条原则称作**音高重调凸显规则**（Pitch Accent Prominence Rule，简称 PAR）。音高重调凸显规则可以有效覆盖核心重音规则，但若没有音高重调，主张则是以核心重音规则为准。因此，核心重音规则和音高重调凸显规则一起找出（最大）短语凸显在句中的位置。对这种"音高重调优先"理论的概述是由皮埃安贝尔（个人交流）向我们提出的，尽管这一观点在皮埃安贝尔（Pierrehumbert 1980）中并未得到进一步探讨。

下一章的绝大部分都将是在为这一曲调与文本关系（tune-text relation）的"音高重调优先"理论做辩护。我们认为可以证明，与"重音优先"理论相比，它可以对音高重调与短语结构凸显之间的关系做出一种更有见地的描述。我们还认为，它可以更好地理解句子的超音段音系属性与其"语调意义"（特别是涉及其焦点结构[④]的"语调意义"）相关的方式。我们主张，短语重音与意义或语用无关，只是在解释句子的语义或语用目的时才把音高重调是否出现在词上考虑在内，因此，准确地说，像核心重音规则这类原则是"无例外的"，是纯"音系的"。

本章和下一章将要探讨的"音高重调优先"理论的另一个优点是，它可以对支配英语复合词凸显位置的原则进行全新的认识。虽然我们与《英语音系》、哈勒和凯泽（Halle and Keyser 1971）、利伯曼和普林斯（Liberman and Prince 1977）等学者都认为英语里有一条将左凸显指派给复合词的复合词重音规则，但我们还将阐明，复合词中所见到的大多数明显异常的凸显模式最终都（通过音高重调凸显规则）源自十分一般的音高重调指派（即焦点）原则。我们的提议是以鲍林格（Bolinger 1958b, 1981）和拉德（Ladd 1981）的贡献为基础建立的。

然而，本章的主要目的不是探讨这一音高重调指派理论和音高重调凸

[④] 句子的**焦点结构**是句子成分具有焦点属性的"标记"；见乔姆斯基（Chomsky 1971）、杰肯道夫（Jackendoff 1972）和第五章。

显规则的意义，而是呈现短语凸显的单独节律栅理论以及它比其他已提出的短语凸显理论的优势所在。除了音高重调凸显规则外，4.1 节还给出了基于栅的核心重音规则和复合词规则。4.2 节描述了两种短语重音理论，即《英语音系》的特征理论以及利伯曼和普林斯的节律理论。利伯曼和普林斯赞成短语重音的**关系型**节律树表达式，反对基于特征的《英语音系》表达式，我们对他们的论点进行评析，并表明节律栅理论在体现重音的关系特性方面也同样令人满意。我们还对这样的论点进行评析，即不仅需要一种重音的关系表达式，还必须有一种可以表达有关凸显**层级**和**模式**通则的表达式。《英语音系》理论和节律树理论都不能提供这种表达式；但我们将表明节律栅理论则可以。（关注层级和模式的）4.3.2 节和（关注"节奏规则"的）4.4 节旨在证实我们的这一主张。因此，我们必然得出这样的结论：节律栅是短语节奏凸显的唯一表达式。

4.2 短语重音与音高重调

4.2.1 核心重音规则和复合词规则

传统生成学派提出的各种短语重音理论都力求表达上面提到的这种通则，即短语中最右边成分的最大词凸显是该短语中最凸显的。照此通则，如在句子 *The mayor of Chicago won their support*（芝加哥市长赢得了他们的支持）中，*Chicago* 的主重音音节要比 *mayor* 的更凸显，*support* 的主重音音节要比 *won* 更凸显，*support* 的主重音音节是整个句子中最凸显的。让我们首先来讨论一下如何在节律栅框架内表达这一通则。上述凸显模式的栅表达式如下所示：

(4.1)

```
                            x
            x               x
  x         x   x           x
The mayor of Chicago won their support    芝加哥市长赢得了他们的支持
```

（出于简化图形的原因，我们将不把栅的第一和第二层级表示出来，除非它们与现在所讨论的问题相关；因此，（4.1）中的最低层级是主要词重音层级，我们认为它是第三节律层级，原因见 3.2.4 节。）

遵循第三章的"栅构建"研究方法，我们将把（4.1）的表达式看作是由核心重音规则从"先前的"那个由词及其每个音节到栅的同界组成的表达式那里推导而来的。从这些栅的角度看，核心重音规则是通过将节拍添加到适当层级上的适当位置来构成凸显的。在此过程中，核心重音规则当然（就像在其他任何一种重音理论中一样[5]）主要参照的是由词所组成的（表层）句法结构。我们提出如下（非正式的）核心重音规则表述方法。

(4.2)

核心重音规则（非正式版本）

在已知的一个短语里，与短语最左边直接（子）成分同界的节律栅节拍若是（a）栅（的那部分）中最凸显的节拍，而且是（b）位于至少第三节律层级上的，则可使其成为与整个短语同界的最凸显节律栅节拍。

这条规则确保（4.4）中的栅关系将是在（4.3）中的栅关系和短语结构的基础上确立的，（4.5）（=（4.1））中的栅关系将是在（4.4）的基础上确立的：

(4.3)

　　　　　　　　x　　　　　x　　　　　x　　　　x
$_S$[$_{NP}$[The mayor of Chicago]$_{NP}$ $_V$[won their support]$_{VP}$]$_S$
芝加哥市长赢得了他们的支持

(4.4)

　　　　　　　　　　　　　　　x　　　　　　　x
　　　　　x　　　　　x　　　　　x　　　　x
$_S$[$_{NP}$[The mayor of Chicago]$_{NP\ VP}$[won their support]$_{VP}$]$_S$
芝加哥市长赢得了他们的支持

---

[5] 除了布列斯南（Bresnan 1971a, 1972）的理论外，在他的理论中，核心重音规则是在转换循环中应用的。这个方法站不住脚，有关说明，见第五章。

（4.5）

```
                                          x
                        x                 x
        x       x       x       x
 s[ NP[ The mayor of Chicago ]NP v[ won their support ]VP ]S
```
芝加哥市长赢得了他们的支持

应用该规则从（4.3）推导出（4.4）、从（4.4）推导出（4.5）的方式是十分直截了当的。该规则还将为句子 *The mayor of Chicago won*（芝加哥市长赢了）生成出适宜的短语重音模式。

（4.6）
```
                       x
        x       x      x
 [ The mayor of Chicago ] [ won ] ]
```

（4.7）
```
                       x
                x      x
        x       x      x
 [ The mayor of Chicago ][ won ] ]
```

注意：在这个案例中，*won* 在（4.6）中尽管不如 *Chicago* 凸显（核心重音规则在第一循环中的输出项），但如（4.7）所示，当在下一个循环中应用核心重音规则时，它就变成了最凸显的。这是因为核心重音规则要求它所应用的应用域内最大栅凸显应落在与该应用域内最右边直接成分同界的栅部分内（即与这部分的最大栅凸显相一致），即这个案例中含有 *won* 的 VP。

英语里有一种核心重音规则不能（在一个最右边成分是人称代词的句子中，如在 *The mayor of Chicago won it*（芝加哥市长赢得了它）中）将凸显指派给句法短语最右边成分的情况。我们这里将假定人称代词（等其他功能词）可能无法获得第三层级的词重音。（第七章将对这一观点进行论证。）这一假设连同（4.2）中核心重音规则只可以把那些至少第三节律层级上的节拍变成更凸显的限制性条款一起，确保正确推导出（4.10）中的重音模式：

（4.8）

```
                  x           x         x
        [ The mayor of Chicago ] [ won it ]
                  ⇓                 ⇓ (空的)
```

（4.9）

```
                              x
                  x           x         x
        [ The mayor of Chicago ] [ won it ]
                              ⇓
```

（4.10）

```
                              x
                              x         x
                  x           x         x
        [ The mayor of Chicago ] [ won it ]
```

这些推导中隐含着这样一个假设，即核心重音规则是循环应用的，先是最低短语应用域，而后是更高的应用域。我们相信确实有必要把话语的节律栅同界看作是按照循环原则建立起来的，这一主张我们将在4.4节中用事实加以论证。但这些特定示例并未说明循环的必要性。在此案例中，同样可以很好地把核心重音规则视为在每个短语应用域上所要同时满足的有关全句节律栅同界的一种合格性条件[⑥]。

在也可以产生（4.5）、（4.7）和（4.10）重音模式的重音节律栅理论框架内，还有另外一种特别有意思的核心重音规则表述方法：

（4.2′）

在已知的一个句法短语中，可将与位于至少第三节律层级上的（整个）短语同界的最右边节律栅（片段）节拍变成该节律栅（片段）中最凸显的节拍。

[⑥] 这种方法是由普林斯在普林斯（Prince 1981）和课堂讲授中提出来的。它将涉及以略有不同的方式来表述核心重音规则，用 *is*（是）或 *must*（必须）替代 *is made*（被弄成）。

我们将其留给读者来确定（4.2′）可以为这些所讨论的例子产出相同的结果。

公式（4.2′）作为（4.2）的一种替代形式是很有吸引力的，因为它无须参照句法短语内循环性的成分结构，因而符合一种比（4.2）限制性更强的音节到栅同界的句法结构与音系结构之间关系的理论。然而，有一类例子给（4.2′）但未给（4.2）提出了难题。该例子涉及一种短语，其最右边的直接成分本身就是个复合词，这个复合词含有（至少）两个词，每个词都在至少第三节律层级上具有一个最大的凸显。在一个复合词内，（下文将要构建的）复合词规则将最大凸显指派给了左手边的成分；但在下一个循环中，（4.2′）将对那些凸显关系进行调整，如（4.11）—（4.13）的（部分）推导过程所示。

（4.11）

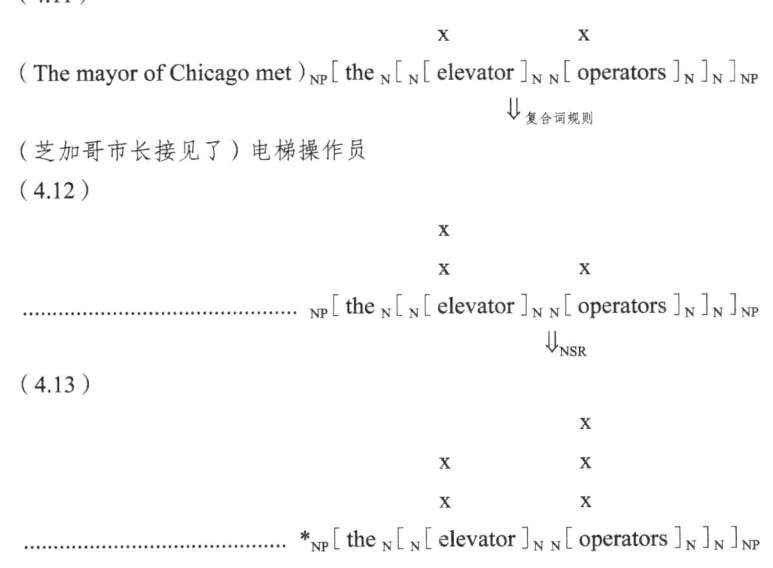

$$ x x$$

(The mayor of Chicago met)$_{NP}$ [the $_N$ [$_N$ [elevator]$_N$ $_N$ [operators]$_N$]$_N$]$_{NP}$

$$\Downarrow \text{复合词规则}$$

（芝加哥市长接见了）电梯操作员

（4.12）

$$ x$$
$$ x x$$

.... $_{NP}$ [the $_N$ [$_N$ [elevator]$_N$ $_N$ [operators]$_N$]$_N$]$_{NP}$

$$\Downarrow_{NSR}$$

（4.13）

$$ x$$
$$ x x$$
$$ x x$$

.... *$_{NP}$ [the $_N$ [$_N$ [elevator]$_N$ $_N$ [operators]$_N$]$_N$]$_{NP}$

这个难题是：根据核心重音规则在（4.12）中分析，在 *the elevator operators* 这个 NP 的应用域内，最右边的第三层级凸显是落在 *operator* 上的凸显；所以，如果没有其他制约，（4.2′）将会把 *operator* 提升至最凸显地位，如

（4.13）所示。公式（4.2）不会遇到此类难题，因为它仅限于调整它所应用的短语**直接成分**的相对凸显。operators 因为不是 the elevator operators 这个 NP 的直接成分，所以它自己的凸显就不会得到（4.2）的提升；复合词内的相对凸显仍将保持不变。因此，这致使我们继续保持（4.2）中更为详尽的核心重音规则版本。

我们将（4.2）与简约但不完善的（4.2′）进行比较，并不是想要表明（4.2）必须以此为先决条件的句法结构与音系结构之间关系的理论是不可取的。（4.2）所构建的核心重音规则只要求识别短语直接成分的能力，更具体地说，识别短语一端（此案例为右端）直接成分的能力，并没有要求其他有关短语结构或相关语类名称的信息。

复合词规则具有类似的特点，我们将其非正式地表述如下：

（4.14）

复合词重音规则

在已知的一个词中，与词的最左边直接成分同界的节律栅片段节拍若既是（a）该片段的最凸显节拍，也是（b）位于至少第三层级上的，则可使其成为与整个词同界的最凸显节律栅（片段）节拍。

有多种方式将（4.2）非正式表述的核心重音规则形式化。我们将提出一种可能性，既可以促进与在其他理论框架下所做的形式化进行比较，还可以表明它的形式化实际上是多么的简单。我们可以把它写成（4.15）那样，其中 x_n 是节律栅位置，省略号是栅位置序列在横纵两个维度上的变项。

（4.15）

核心重音规则

$$_\alpha[\ldots_\beta[\ldots x_i \ldots]_\beta]_\alpha \Rightarrow {_\alpha[\ldots_\beta[\ldots \overset{\overset{x_j}{\vdots}}{x_i} \ldots]_\beta]_\alpha}$$

这里，α 是个短语或 S

条件：(a) x_i 是其层级上的第一个或最后一个

(b) x_j 位于节律层级三或以上

第四章 短语节奏凸显

这条规则正是（4.2）所表述的内容。它在一个循环应用域 α（短语或 S）上操作，从最右边直接成分 β 中挑选出（i）β 内最凸显的（β 中仅有一个最凸显节拍可以单独位于自己的节律层级上）并且（ii）至少是在第三层级上的节拍 x_i，而且它还给与 x_i 同界的且 x_j 位于其顶端的栅增加位置。该规则未包含任何一条确保应用域 α 中所引入的最高栅位置将比任何其他位置都大的条件，也未有一条确保该位置只比其他位置大一点点的条件。我们确实需要该规则遵守这些条件，但却没有必要把它们纳入其中成为规则的一部分，因为语法中的另外一条一般性条件具有相同的作用——即文本凸显保持条件（3.39）。这个条件监控所有文本到栅同界规则的应用，以确保它们在其各自的循环应用域中产出最大凸显，且同时这个凸显不过是满足规则所需的最低限度。借助文本凸显保持条件，我们将在普林斯（Prince 1981）之后坚持主张，节律栅在纵向维度上受到制约，凸显上没有多余的东西。

沿着形式化的这一思路，我们将复合词规则改写成如下的（4.16）：

(4.16)

复合词重音规则

$$_\alpha[\,_\beta[\,...\,x_i...\,]_\beta\,...\,]_\alpha \Rightarrow {_\alpha[\,_\beta[\,...\,\overset{\overset{x_j}{\vdots}}{x_i}...\,]_\beta\,...\,]_\alpha}$$

这里，α 是词类型的一个语类
条件：与核心重音规则（4.15）相同

复合词规则和核心重音规则在节律栅的结构描写和栅中的结构改变中都使用了相同类型的条件，而且还诉诸相同的一般性有限句法结构属性集合：循环应用域的语类类型（如词或短语）以及从应用域某一端的直接成分角度所做的分析。我们的假设是，这仅仅是核心重音规则和复合词规则这类文本到栅的同界规则所必需的信息，它们构成了确定句法结构与音系结构之间映射的两个组件之一。

4.2.2 音高重调凸显规则

核心重音规则和复合词规则不是语法中负责指定句中最大节奏凸显位置的唯一原则。实际上，它们是只有在"其他一切都相同"的情况下才能感受到其作用的原则。但当音高重调与核心重音规则所应用的应用域中的词相联结时，其他一切也就无法相同了。核心重音规则之前的音高重调联结理论将在下一章进行论证。我们这里的目的是描述该理论对核心重音规则和复合词规则的影响。具体地说，我们主张，音高重调出现在一个已知应用域中，可以有效覆盖该应用域中的核心重音规则或复合词规则。我们将这一主张表述为一条规则（4.17）。（该规则在 5.3 节中会有修改。）

（4.17）

音高重调凸显规则

（栅中）一个与音高重调联结的音节要比任何一个未与音高重调联结的音节更凸显。

我们将音高重调凸显规则视为在适当场合"增加"一个或几个更高层级的节拍（与 5.3 节做比较）。通过音高重调凸显规则的操作，文本的属性（音高重调与音节的联结）可在文本的节律栅同界中得到反映。因此，音高重调凸显规则是一条文本到栅的同界规则。它的重要之处在于它覆盖了其他所有栅构建的规则：无论是由核心重音规则这类文本到栅同界规则引入的凸显，还是由节拍添加之类栅悦耳规则引入的凸显，都没有比音高重调承载音节的凸显更凸显。文本凸显保持条件可以确保音高重调凸显规则绝对优先于栅悦耳规则。音高重调凸显规则没有句法应用域（它不是应用域末端凸显规则），所以它能够在每个句法应用域内应用，因此可通过文本凸显保持条件来确保有更大的凸显。但文本凸显保持条件不能确保音高重调凸显规则覆盖核心重音规则和复合词规则。我们必须明白，该规则要求覆盖其余规则是这条规则本身的性质使然。

现在请看（4.18）中的两个句子，它们都带有音高重调。按照音高重调凸显规则,它们都有(4.19a)和(4.19b)节律栅表达式(见 5.2 节)。

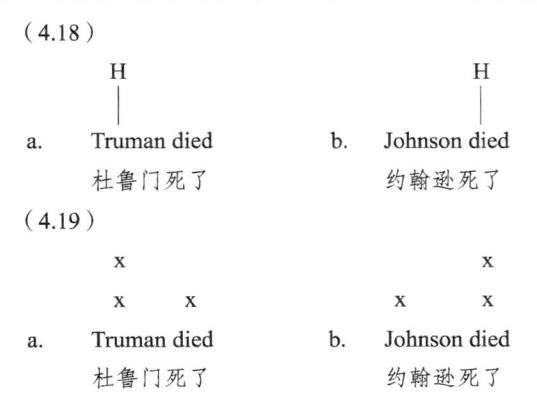

(4.18)

```
         H                    H
         |                    |
a.   Truman died      b.  Johnson died
     杜鲁门死了              约翰逊死了
```

(4.19)

```
              x                         x
         x    x                    x    x
a.   Truman died      b.  Johnson died
     杜鲁门死了              约翰逊死了
```

正如施梅林(Schmerling 1976)所指出的那样,如果年代久远且已被忘却的杜鲁门并未在先前的语篇中或明或暗地提到过,那么一般会用(4.18a)的方式说出 *Truman died*[⑦]。如果是在众所周知约翰逊生病的阶段说出来的,那么自然则是(4.18b)。因此,音高重调的出现以某种方式反映了话语中重调成分的"显著性"(见第五章)。我们用音高重调凸显规则是要说明,它也需要某种节奏凸显。

那么,事实上,只有在所有一切都**是**相同的情况下,也就是在应用域中有两个(或更多)音高重调成分或一个音高重调成分都没有的情况下,才能感受到核心重音规则的作用。例如,请看(4.20)中带音高重调指派的句子。核心重音规则将确保第二个音高重调的凸显,如(4.21)所示。

(4.20)

```
H    H
|    |
Johnson died      约翰逊死了
```

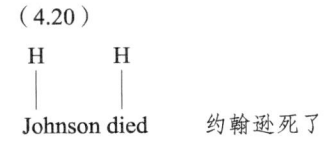

[⑦] 这些确实不是施梅林所使用的例子,也确实不是她所描写的语篇场景,尽管她所说的与我们这里所说的总体上是一致的。请注意:施梅林认为核心重音的位置是与不同话语环境有关。我们在第五章所阐述的观点认为这是一个音高重调指派问题。

（4.21）
```
            x
   x        x
   x        x
Johnson   died       约翰逊死了
```

由此分析便可以得知，核心音高重调总是最凸显的这一通则正是源自核心重音规则。坦白地说，我们理论上的核心音高重调就是最后的音高重调，而按照核心重音规则，最后的则是最凸显的。

如果我们把纽曼的"重重音"当作承载音高重调的音节，那么这个核心重音规则理论则基本上是由纽曼（Newman 1946）提出来的。纽曼的分析是，重重音序列中的最后一个重重音是最凸显的。由于不是所有的词都带重重音，所以这个分析不会自动产生比如句中末尾词上的核心重音。该理论与纽曼理论之间主要存在着两点不同：一是认为核心重音规则是在短语内应用，而不是只在最高应用域应用；二是认为它也在没有音高重调（重重音）的情况下应用[8]。

请看这方面的例子（4.22a,b）。通过核心重音规则和音高重调凸显规则的共同作用，它们转译成（4.23a,b）。

---

[8] 范德斯利斯和赖福吉（Vanderslice and Ladefoged 1972）提出一种重音及其与语调关系的理论，该理论似乎与这里提出的理论也很相似。它们都采用偶值自主音段特征集来表征重音与无重音（[±重音]）、主要词重音与非主要词重音（[±重调]）以及核心承载重音（[±语调]）之间的差别。将特征[+语调]指派给句中最后承载[+重调]的音节。由于所有词都含有一个带[+重调]的音节，所以，通过该规则，所有的句子都将获得末尾词上的特征[+语调]（即语调核心）。跟《英语音系》体系一样，范德斯利斯和赖福吉的体系错误地做出句中（即在末尾位置）有个"正常"核心凸显位置的预测。他们的体系确实很像《英语音系》的体系，都认为完全可以根据音节内容和句子句法结构来预测（上面提到的）重音和语调这些基本自主音段特征的分布。换言之，他们的[+重调]并不等同于我们的音高重调或纽曼的重重音。

作为先于且在某种程度上决定句子重音模式的一种操作，赫丹（Hirst 1980）提出了一种有些类似于我们理论的方案，即将特征[+重调]指派给句中的某个词（但不一定所有的词）的方案。

第四章　短语节奏凸显

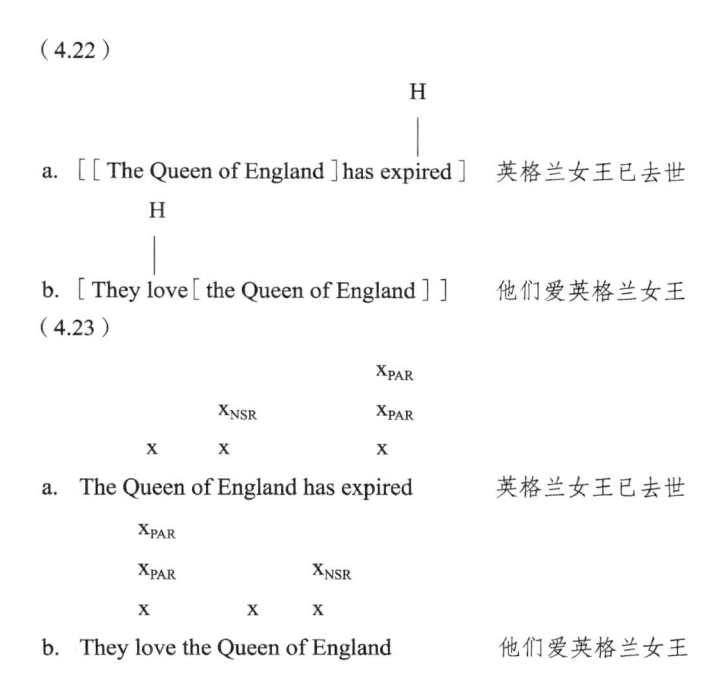

(4.22)

```
                              H
                              │
a. [[ The Queen of England ] has expired ]    英格兰女王已去世

          H
          │
b. [ They love [ the Queen of England ] ]     他们爱英格兰女王
```

(4.23)

```
                        x_PAR
             x_NSR      x_PAR
         x     x         x
a.   The Queen of England has expired    英格兰女王已去世

     x_PAR
     x_PAR          x_NSR
      x      x       x
b.   They love the Queen of England      他们爱英格兰女王
```

在(4.22)和(4.23)中，名词短语 the Queen of England 中未含有音高重调。但在 England 上则确实存在由核心重音规则引入并用下标 NSR 标出的更大节奏凸显。下标 PAR 的是由音高重调凸显规则引入的位置。

我们一般主张：如果一个承载非音高重调的音节是内含另一个重音词（但不是音高重调）的循环应用域中的最后一个主重音音节，无论它位于核心前还是核心后，它的凸显都将是局部性的，而且是确信无疑的。当然，这是这一主张的标准说法，尽管鲍林格（Bolinger 1958b, 1981）对此不予承认（见 4.3.2 节）。[9]

---

[9] 应当说的是，有关存在内嵌句中短语末尾非核心凸显的"标准主张"是基于印象主义且常常不成体系的观察。我们通常认同由此观察所获得的结论——即肯定存在着一种这些可感受到的凸显的语言表达式（《英语音系》，Lieberman 1965）。这样做，我们忽视了这样的反对意见——即迄今为止，尚未将这些既可靠又可测定的更低"重音等级"语音相关物分离出来。

我们在处理复合词中展现的节奏凸显关系上所采用的一般方法十分相似，认为它们既反映了一条受句法制约的复合词规则的操作，也反映了通过音高重调凸显规则将音高重调指派给句法结构成分原则的操作（见 5.1 节和 5.2 节）。因此，这一主张在某些方面类似于拉德（Ladd 1981）和鲍林格（Bolinger 1981），他们指出复合词中的凸显关系常常更多地反映了"信息结构"而非句法结构。因此，事实上是这样的：一个复合词的最大节奏凸显在（i）二者都不、（ii）二者都或（iii）仅左边的成分含有一个音高重调的情况下，将出现在其左边的（子）直接成分内，而且它的最大节奏凸显仅在该成分（而非左边的成分）含有一个音高重调的情况下，才会出现在它的右边子成分中[⑩]。5.2 节和 5.3 节将对这些主张进行分析和探讨，我们此刻将专注于核心重音规则。

当我们把各种最近的生成研究方法与短语重音表达式进行比较时，有必要牢记的是，音高重调出现在有待探讨的正常句子的发音中。我们将争取使用音高重调指派以及音高重调凸显规则随后应用所产生的结果都与核心重音规则自己所产生的结果相一致的例子。

4.3 节律树和/或节律栅？

4.3.1 带节律树的短语重音

让我们首先回顾一下《英语音系》标准理论对短语重音的表征以及规则对其规律性的描写。回想一下：在标准理论中，重音（凸显）等级是用区别特征［重音］的整数值（如［1 重音］、［2 重音］、……［n 重音］）表征的，［1 重音］最凸显。因此，对应（4.1）的标准理论表达式是（4.24）：

[⑩] 当复合词的两个成分都有音高重调时其左手成分是凸显的这种说法是不对的，5.3 节将给出其理由。

（4.24）
　　The mayor of Chicago won their support　　芝加哥市长赢得了他们的支持
　　　　　3　　　　　　　　2　　　　　3　　　　1

类似于前核心重音规则底层表达式（4.3）的标准理论是（4.25），其中每一个 1 都代表一个主要词重音：

（4.25）
　　$_S[_{NP}[\overset{1}{\text{The mayor of Chicago}}]_{NP} {}_{VP}[\overset{1}{\text{won their support}}]_{VP}]_{NP}$
　　芝加哥市长赢得了他们的支持

核心重音规则的表述有点像（4.26）：

（4.26）
核心重音规则（标准理论）
$\overset{1}{V} \rightarrow \overset{1}{V} /{}_\alpha[\,P\,\underline{\quad}\,Q\,]_\alpha$　　这里 α 是个短语成分或 S
　　　　　　　　　条件：$Q \neq \cdots \overset{1}{V} \cdots$

为了推导出合适的相对重音等级，乔姆斯基和哈勒提出核心重音规则是循环应用的，规则的每一次操作（即每一次将［1 重音］指派给应用域右边 $\overset{1}{V}$ 的过程）都伴随着重音从属规约（Stress Subordination Convention，简称 SSC）自动将同一个短语应用域里的其余所有重音降低一个等级的操作。因此，（4.25）引发如下的（循环）推导：

（4.27）
　　$_S[_{NP}[\overset{2}{\text{The mayor of Chicago}}\overset{1}{}]_{NP} {}_{VP}[\overset{2}{\text{won their support}}\overset{2}{}]_{VP}]_S$
　　　　　　　　　　　　　　　　⇓

（4.28）
　　$_S[_{NP}[\overset{3}{\text{The mayor of Chicago}}\overset{2}{}]_{NP} {}_{VP}[\overset{3}{\text{won their support}}\overset{1}{}]_{VP}]_S$
　　芝加哥市长赢得了他们的支持

下面请看利伯曼和普林斯的短语凸显关系和核心重音规则的节律树理论。节律理论的深刻见解是，重音是关系性的，因而要与其他音段绑定的话语音系属性区别开来。利伯曼（Liberman 1975）提出的后经利伯曼和普林斯（Liberman and Prince 1977）充实完善的主张是，这些凸显关系基本上均可以用二分树形图来表示，其节点可标记为 s（强）或 w（弱）。因此，节律树理论可将例句表征如下：

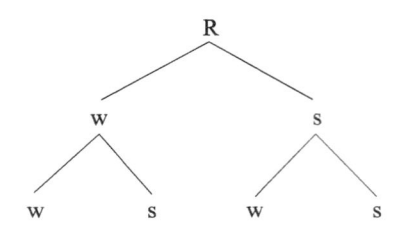

（4.29）

```
           R
          / \
         w   s
        / \ / \
       w  s w  s
```

The mayor of Chicago　won their support　芝加哥市长赢得了他们的支持

（R 是节律树的根。）"强比弱强"这一简单原则确保了对这一节律树的合理解释：*Chicago* 和 *support* 都比它们各自的弱姊妹节点 *mayor* 和 *won* 要强，*support* 节点上的 s 标签表示 *support* 比弱姊妹成分的强成分 *Chicago* 要强。

节律树（4.29）呈现了句子的句法成分结构。对于利伯曼和普林斯来说，这不是巧合。他们认为相对凸显是在句法成分关系上定义的一种关系，即节律树是那种带 s/w 标签的句法树。因此，在其分析中，核心重音规则这类短语重音原则是不建树的，而只是标记树的节点。他们将核心重音规则表述如下：

（4.30）
核心重音规则（利伯曼和普林斯）
在结构 $_c$[AB]$_c$ 中，如果 c 是个短语语类（或 S），那么 B 就是强的。

（由于将一个姊妹节点标记为 s，则表示将另一个节点标记为 w，所以（4.30）确保了对树的所有标记。）

利伯曼和普林斯注意到，标准音系学理论对重音的充分描写研究所需要的许多概念都是重音作为音段性特征理论的产物，而一旦从关系角度理解重音，那么这些概念便会云开雾散，消失殆尽。因此，他们认为，重音的节律树研究方法之所以更可取，是因为它可以将各种重音系统特有属性合理化或让人易于理解，而且从这个意义上讲它是一种更具解释性的理论。我们想证明，利伯曼和普林斯反对标准重音理论、赞同重音关系理论的论据当然总体上很受欢迎，但由于重音和核心重音规则的节律树理论与节律栅理论本质上都是关系性的，所以它无法将这两种理论区分开来。

利伯曼和普林斯指出，重音表达式本身在标准理论中不是常规形式。其他所有的区别特征都是偶值的，但重音特征则主要是多值的。此外，非主重音特征值具有组合性的、仅从主重音出现在话语中的其他某个位置角度来界定的特有属性。在这一方面，重音不同于任何其他区别特征表征的音系属性。标准理论只对这种差别进行编码，却无法洞察这种现象。然而，一旦从超音段的关系表达式角度理解重音，那么随之要面对的则是它的多值性和组合性。在节律栅理论中，重音是多值性的，因为对节拍可能出现在的节律层级数量没有原则上的限制；重音是组合性的，因为特定层级上的节拍仅从栅中的出现方面就比其他更低或更高层级上的节拍或多或少更凸显。同样，节律树已内置了以下概念：可能存在无限多的凸显等级，而凸显等级则要从树的其余部分来定义。

利伯曼和普林斯也指出，体现重音模式通则的标准理论的规则在其描写重音角色之外还需要某些无语法动因的规约和形式手段。例如，在标准理论中，重音从属规约就是凸显指派规则的必要伴随物，而从某种意义上说，它还有远距离效应：即在当前（循环）应用域内，每隔一个非主重音它都将降低一级。任何一条具有这些一般属性的规约都无法在描写其他类别音系现象时起作用。如果从关系角度理解重音，那么重音从属规约也无需在描写重音时起作用。在节律栅方法中，短语的从属效应是通过核心重音规则本身增加节拍实现的。在由核心重音规则所产生的表达式中，节奏凸显已被规则提升一个节律层级的成分比同一个应用域里的任何其他成分都更凸显；从这个意义上讲，后者从属于前者。在节律树方法中，核心重音规则将 s 指派给一个节点，需要让（将 w 指派给的）姊妹节点获得从属地位。

利伯曼和普林斯还断言，严格使用变量是从音段角度描写重音的规则所特有的。实际上,这一观点仅部分正确。在描写许多音系现象的规则中,通常需要用省略号或根本不写出来的缩写变量,只要这些规则被认为是应用于特定应用域的。例如,把形式为 A → B / C ___ D 的规则实际上视为形式为 A → B / $_\alpha$[... C ___ D ...]$_\alpha$ 的规则(这里,α 可以是个句法成分,也可以是个韵律成分),似乎是正确的[11]。利伯曼和普林斯的想法似乎是,标准理论核心重音规则关键使用了一个带否定条件的变量,使用这一特定类别的变量似乎是重音规则所特有的。请回想一下核心重音规则的标准表述,重复如下:

(4.26)
$\overset{1}{V} \to \overset{1}{V}$ / $_\alpha$[P ___ Q]$_\alpha$
条件:Q ≠ ... $\overset{1}{V}$ ...

在重音的音段理论中,要让规则选出**最后的** $\overset{1}{V}$(但不一定是应用域 α 的末尾音段),有关 Q 变量的条件则是必不可少的。节律栅理论不需要这种对变量使用的否定条件。基于栅的核心重音规则只要在循环应用域的最后姊妹节点成分内确认(和提升)第三或更高层级上的最大凸显;因此不需要"Q 变量"。至于节律树理论的核心重音规则,它显然删除了任何类别的变量,因为凸显关系是在树中更高层级的相邻节点上局部确立起来的。

音系中的循环原则是另外一种形式的重音标准研究方法,是利伯曼和普林斯寻求用重音关系理论删除的方法。可以肯定的是,节律树理论的核心重音规则不需要循环应用;它可以在所有节律树的层级上同时得到满足。基于栅的核心重音规则原则上也可以是非循环性的,因此所有成分都可以同时得到满足。但我们认为将循环从音系中删除通常既不可取,也不可能。利伯曼和普林斯指出,循环是重音相关音系现象所特有的。在我们看来,这一点尚无定论(例如,见凯巴斯基(Kiparsky 1982a)有关循环的研究);但即使假定它是真的,也不会让我们把循环视为一种音段重音

---

[11] 从这个意义上讲,每个规则都有一个应用域的这一观点是由《英语音系》(第八章附录)提出的。有关韵律结构成分作为应用域,见如塞尔柯克(Selkirk 1980b)。

表达式的假象。循环确实在语法的其他方面扮演着与描写重音无关现象的角色。循环原则只是说，如果语法规则拥有一个句法应用域，那么它以循环方式应用（或**可能**应用）于句法表达式。因此，不可以把音系中"循环效用"的存在看作是反映了音系表达式本身的某些东西。相反，它似乎仅反映了这样一个事实：（某些）与音系相关的语法规则——无论是音系规则还是构建音系表达式的规则（1.3节和8.1节）——都拥有从句法结构角度定义的应用域。把循环限定于重音规则，仅表明只有重音规则拥有句法应用域[12]。因此，我们看不到将循环排除在音系之外具有一种先验理论上的可取性。

重要的是要认识到两种重音的关系理论都与循环相一致。先前，我们概述了短语重音节律栅表达式的循环推导过程。节律树表达式的循环推导过程也是可能的。这很重要，因为有证据表明"重音规则"确实是循环性的。凯巴斯基（Kiparsky 1979）和海耶斯（Hayes 1980）都曾指出：在节律树方法中，英语词重音必须是循环指派的。我们已证实节律栅亦是如此，并在4.4节中提供证据证明短语重音的某些方面也必须是循环建立起来的。因此，我们将探讨与现在的评估重音理论无关的循环问题。

到目前为止，重音的节律栅理论与节律树理论似乎平分秋色，不分上下，因为重音理论总的来说比凸显关系属性的标准非关系性理论，具体说来比英语核心重音规则能提供一种更具解释力的说法。但这种相等是真的还是只是表面上的？对于节律栅理论来说，描写任务就是一方面描述话语

---

[12] 当然，为什么情况应当如此本身就是个有趣的问题。我们认为答案很简单。在我们的理论中，"重音规则"就是在句法表达式的基础上构建音系表达式的规则。它们是将句法映射到音系的语法组件中的一部分。这就是"重音规则"具有句法应用域的原因。现在，我们可以接受的假设是：如果规则未参与句法结构到音系结构的映射，但只参与了一个音系结构（包括终端语符列）到另一个音系结构的映射，那么它们便无法获取句法信息，而且其本身只在确立了完整的音系表达式（1.3节）时才应用。所以，这些规则（即本质上音系的规则）不会是循环性的。

音节与节律栅同界之间的关系，一方面描述那些音节变成句法成分结构的组织过程。我们对这一关系的具体阐述是这样的：一组栅构建原则，以循环方式根据从句法结构角度定义的应用域进行操作。核心重音规则便是这组原则之一。对于节律树理论来说，正如利伯曼和普林斯所主张的，其描写任务可以认为有所不同：表达式的偶分支树**是**句法结构的树，因而描述凸显关系所需的一切是一组标示节点 *s/w* 的规则。

从表面上看，节律树理论似乎更可取。它可能的凸显模式提供了一种极为简单的描述方法：树单独给定，标示树的规则在类型上便会受到很大限定。如果已在语言里被证实的短语凸显模式正好是节律树研究方法所允许的，那么这个理论似乎应当更可取。但对于节律树理论来说，情况却并非如此。正如利伯曼和普林斯所指出的，并非所有的凸显关系都可以从有独立句法理据的树的角度进行表征。例如，词中的凸显关系不以任何系统的方式反映词的形态结构[13]。在节律理论框架内处理词重音，通常确实要把根据词内音节**构建**节律树的规则包括在内，这些规则参照形态结构，但其输出形式却不一定反映这一点。因此，节律树理论在其处理词重音上与节律栅理论大体相同。事实上，节律树理论可以对短语重音做出相同的观察结果。利伯曼和普林斯对短语重音的处理既优雅又简单，这取决于表层句法结构适宜作为节律树形式的主张，即句法结构与节律结构是同构的。但句法成分结构未必一定真的反映在音系表达式的成分结构中（见 Selkirk 1978c）。请看这样一种情况：一个句子可以有几种不同的语调短语切分，凸显关系正是在这些语调短语中才得以确立（见第五章）。（4.31）中的表达式是我们所熟悉的那个例句可能有的所有语调短语切分方式，其中括号标示短语的界限，N 标记核心音高重调。

---

[13] 有关形态结构与节律树结构是非同构的讨论，见利伯曼和普林斯（Liberman and Prince 1977），凯巴斯基（Kiparsky 1979），戴尔（Dell 1984），塞尔柯克（Selkirk 1980b），海耶斯（Hayes 1980）。

(4.31)
a. (The mayor of Chicago won their suppo̍rt)
b. (The mayor of Chica̍go)(won their suppo̍rt)
c. (The mayor of Chicago wo̍n)(their suppo̍rt)

这些事实表明，利伯曼和普林斯所持的句子的句法结构**就是**其音系结构的主张是完全错误的，而且如果要保留凸显关系的节律树理论的话，那么就必须把节律树看作是独立于句子的句法结构之外的，尽管它是从与其关系角度定义的。鉴于此，节律树理论在简洁性或限定性上并没有享有比节律栅理论更多的特殊优势。（但在本章中，我们将不从节奏结构角度考虑语调短语切分的作用问题，而认为所讨论的所有句子都是只由一个语调短语组成的。我们将在 5.4 节中再回到语调短语切分这个问题上来。）

4.3.2 短语凸显的层级和模式

利伯曼和普林斯对重音标准理论的批评并不仅限于下面这一点：它笨拙而且无启发性，因为它不从关系角度看待重音。他们还阐明，它甚至对最常见的英语短语重音事实也不能做到充分描写。有两类基本事实比较棘手：它们涉及凸显**层级**和**模式**的正确处理问题。在我看来，其重要之处在于重音的节律树理论本身也无法充分处理这些事实。正是因为这个原因，利伯曼和普林斯把节律栅引入进来。也正是因为这个原因，节律树表达式在理论中的地位受到质疑。如果短语凸显的基本节奏层级和模式方面需要用节律栅表征，并且如果正如我们所指出的，认为节律树可以表征的短语凸显的关系方面，用节律栅同样能够得到很好（甚至更好）地表征，那么树显然是多此一举的，而且它在重音理论中就不应当有任何位置。

例如，请看一下比耶维什（Bierwisch 1968）等提出的短语重音标准理论的问题：在诸如（4.32）的多重右向分支结构中，多重（循环）应用

音系与句法：语音与结构的关系

标准核心重音规则及其相伴的重音从属规约，产生的不同重音等级数量（如（4.33）所示）将超出假设存在的合理范围。

（4.32）
[Mary [tried [to begin [to fathom [the force [of Sara's [last remarks]]]]]]]
玛丽试图开始揣摩萨拉最后几句话的分量

（4.33）
Mãry tried to bḕgin to fȁthom the fȍrce of Sȁra's lȁst rȅmarks
玛丽试图开始揣摩萨拉最后几句话的分量

数量如此之多的重音层级并没有说话人感知或产出的基础。因此，在标准理论的分析中就需要做进一步的规定来纠正核心重音规则和重音从属规约的错误[14]。一个相关的问题是：在主重音根本没有得到证实之前，就展示了诸如（4.33）这种凸显均匀下降模式。事实上，像（4.32）这种句子所展示的节奏凸显模式是标准理论难以描写的：在核心前成分（某些比其他更凸显）中存在着节奏分化；等级（或层级）上的不同是未标记的；低凸显成分规行矩步地出现在高凸显成分之后[15]。尚不清楚标准理论中规则的哪些特性会用于描写这类交替现象。至少，它们将包括一些有关连续整数值的复杂操作（从而提升理论的力度），其中与确立模式相关的"层级相同性"概念应是任意指定的。

正如利伯曼和普林斯所指出的，节律树理论在表征和描述像（4.32）这样句中短语凸显的层级和模式方面呈现出与标准理论相同的缺陷。（4.34）是（4.32）的节律树：

---

[14] 关于这个问题，比耶维什（Bierwisch 1968: 175）指出："显然所需要的是一条在某个阶段阻断［短语重音］规则操作的一般原则……。"但他承认它无法用（那时）语法允许的方式构建："理想的条件必须在某种程度上取决于成分的长度或它内在重调音段的数量"。他将这个问题留给了大家讨论。

[15] 当然，前提是要么所有的词都带音高重调，要么只有最后第二个带音高重调。否则，音高重调的（不平等）分布将自己决定句子的节奏凸显，任何突生模式都将只是偶发性的。

(4.34)

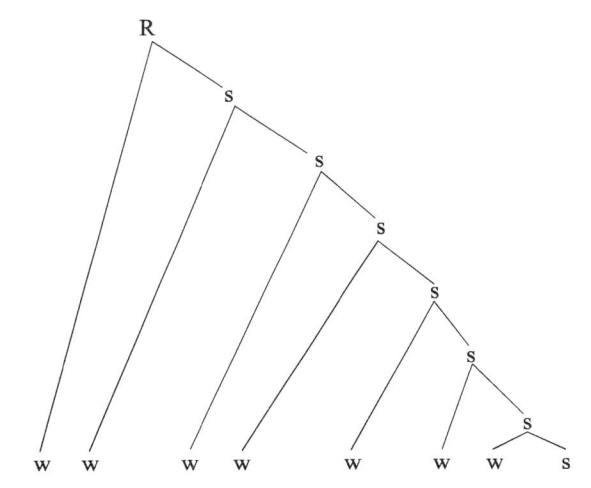

```
                    R
                     \
                      S
                       \
                        S
                         \
                          S
                           \
                            S
                             \
                              S
                             / \
                            S
                           / \
   w    w    w    w    w    w    w    s
```

Mary tried to begin to fathom the force of Sara's last remarks
玛丽试图开始揣摩萨拉最后几句话的分量

作为短语凸显表达式，这棵树既太丰富，又太贫瘠——太丰富，是因为它原则上囊括了标准分析中所见到的所有重音层级（等级）上的差别[16]；太贫瘠，是因为它没有表征出句中反复出现的交替凸显模式。正是因为节律树在这方面存在着的不足，利伯曼和普林斯才转求于节律栅。

在利伯曼和普林斯的理论中，节律栅在某种意义上就是一种**解释**节律树的理论。他们的观点是，节律树将按照下列规约（Liberman and Prince 1977: 316）映射到节律栅的表达式上：

(4.35)
关系凸显投射规则（Relative Prominence Projection Rule，简称 RPPR）
在任何一个已定义强弱关系的成分中，其强组构成分的指定终端成分都要在节律上强于其弱组构成分的指定终端成分[其中节律强度是从节律栅中的节拍高度测定的]。

---

[16] 见利伯曼和普林斯（Liberman and Prince 1977: 259, 316），他们在那里明确否定了一种解释忠实复制标准理论树层级的树的算法。

关系凸显投射规则的主旨是确保对凸显**层级**的妥切描述[17]。按照关系凸显投射规则，最低限度符合树（4.34）的栅构式是（4.36）。

（4.36）

```
                                          x
x    x    x    x    x    x    x    x
Mary tried to begin to fathom the force of Sara's last remarks
```
玛丽试图开始揣摩萨拉最后几句话的分量。

注意：核心前凸显层级在这里完全消失。至于先前出现的核心前凸显，只要不超过"核心"凸显，关系凸显投射规则也都是允许的。按照关系凸显投射规则，（4.37）中的栅也是（4.37）（部分）可能的体现形式（解释）：

（4.37）

```
                 x
      x    x    x    x
a.  x x x x x x x x
                 x
      x         x
b.  x x x x x x x x
                 x
      x    x    x
c.  x x x x x x x x
```
等等

因此，对于利伯曼和普林斯来说，已证实的（4.32）这类句子的短语重音模式和层级基本上是一个句子的音节到栅同界的问题，其中同界是由句子到节律树的组织过程和关系凸显投射规则决定。

我们和普林斯（Prince 1981, 1983）都主张，句子凸显关系系统的**所有**方面都能够而且应当在不借助节律树的情况下仅从节律栅角度得到

---

[17] 戴尔（Dell 1984）认为，按照利伯曼和普林斯的理论，树被"译"成了栅，但他指出：对于法语，规约不同于关系凸显投射规则，它支配树与栅的关系。出于这里尚不详述的原因，戴尔认为该规约就是 s（在栅上）强于**或**与 w **相同**。

表征。注意：普林斯（Prince 1981, 1983）注意到，基于栅的核心重音规则在句子结构（4.32）的基础上，将（最低限度）表达式（4.36）赋予其输出形式。这是因为基于栅的核心重音规则只要求任何一个成分（即应用域最右边的子成分）的最大凸显都应当是最凸显的，最起码是这样的，而且事实上，（4.36）确实如此。至于末尾核心凸显之前凸显等级上交替变化的趋势，这也是可以理解的。在将部分的栅（4.36）作为基础并保持基本（核心重音规则）关系不变的情况下，诸如（4.37）中的那些添加的凸显便是所预测的节拍添加栅悦耳规则（其作用是仅仅产出那些音高重调凸显规则驱动的凸显上的分化模式）的输出形式。（我们将在 4.4 节中对短语节拍添加特别是它的核心重音规则方面的特点进行深入探讨。）

根据其他类别的例证，特别是左分支结构的例证，能够得出：只有节律栅对短语凸显层级和模式可以做出妥切的表征与描写。请看（4.38）的各个习语：

(4.38)

[[cross country] skiing]　　　　[[ten feet] long]
越野滑雪　　　　　　　　　　　　十英尺长
[[brick chimney] red]　　　　　[[next door] neighbor]
砖烟筒般的红色　　　　　　　　　隔壁邻居
[[clear blue] sky]　　　　　　　the [[U Mass] campus]
湛蓝的天空　　　　　　　　　　　马萨诸塞大学校园

标准理论的核心重音规则加重音从属规约会将凸显上升模式指派给这些习语，如（4.39）中的例子所示。

(4.39)

[[nést dóor] néighbor] → （循环 1）
[[néxt dóor] néighbor] → （循环 2）
[[néxt dóor] néighbor]

但这是未经证实的重音模式。相反，短语中的次重音移回到了先前的位置上：nèxt door néighbor, cròss country skíing, clèar blue ský 等。正如利伯曼和普林斯所指出的那样，标准理论既无法解释为什么应有这样的重音移位，也无法对重音移动规则的操作及其应用的语境做出清晰的定义。（有关这一点的阐释，见利伯曼（Liberman 1975: 223ff）、利伯曼和普林斯（Liberman and Prince 1977: 311ff）。）利伯曼和普林斯指出，重音移位现象要求凸显关系应从节律栅角度来表征。

（4.40）是 next door neighbor 的栅表达式，它要么是基于栅的核心重音规则的输出形式，要么是节律树加关系凸显投射规则方法的输出形式。

（4.40）

```
        x
     ⎛ x  x ⎞
   ⎝ x  x  x ⎠
```

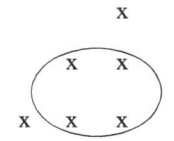

next door neighbor   隔壁邻居

（回想一下我们目前仅注意到第三及以上的节律层级。）如果仅当栅符合节奏交替音变原则时才认为它们是合格的，那么（4.40）显然是个不合格的栅。上图圈出的部分是利伯曼和普林斯所称的**重音冲突**（stress clash）部分。重音冲突是两个强位置未被一个弱位置分开的一种栅构形。利伯曼和普林斯断言：当发生重音冲突时，就会发生重音移位。因此，他们的观点是：节律栅是恰当描写发生重音移位的环境所必不可少的。栅还解释了重音移位规则存在的原因：该规则的功能是恢复栅的合格性。

出于下面就会澄清的原因，利伯曼和普林斯仍坚持用节律树描述重音移位机制。他们将其规则称为**抑扬颠倒**（Iambic Reversal），其表述如下（Liberman and Prince 1977: 319）：

（4.41）

抑扬颠倒（非强制性的）

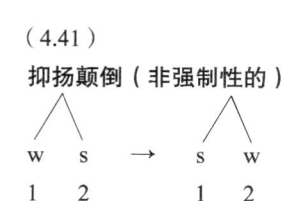

```
  /\        /\
 w  s   →  s  w
 1  2      1  2
```

条件：1、成分 2 不含有语调短语的指定终端成分。
　　　2、成分 1 不是无重音音节。

可将该规则理解为只在变化得以在节律栅中体现的"压力"的语境下才运作。因此，利伯曼和普林斯的理论将树加栅的表达式（4.42）解释为重音移位操作的对象：

（4.42）

```
      /\
     w  \
    /\   \
   [w s]  s
   next door neighbor    隔壁邻居
              x
          x   x
        x x   x
```

该规则将方格内的 ws 标签颠倒过来，关系凸显投射规则自动对栅进行重新解释，因此该规则的完整输出形式如下所示：

（4.43）

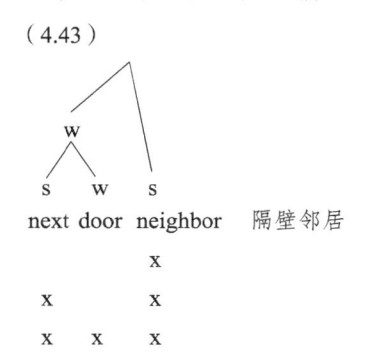

```
      /\
     w  \
    /\   \
   s  w   s
   next door neighbor   隔壁邻居
              x
         x    x
       x x    x
```

但我们坚持认为，没有什么基于树的"节奏规则"公式所能表达的概括，是单纯节律栅构建的规则所不能表达的，我们将在下一节中继续坚持这一主张。

我们阐释中所使用的重音移动规则将表述如下[18]：

(4.44)

节拍移位（Beat Movement）

$$\begin{matrix} x_i & x & & x_i & x \\ x & x & x & \Rightarrow & x & x & x \end{matrix}$$

条件：x_i 是个弱节拍

（回想一下第二章对强弱节拍的定义：强节拍与下一个更高节律层级上的节拍同界，弱节拍则不然。再回想一下我们的推断：该规则本身可能没必要包含这个条件，因为常见的条件是，在两个冲突的节拍中，移动（或删除）的是（较）弱节拍。）该规则会将（4.40）这类表达式看作是输入形式，并作为输出形式给出表达式（4.45）。

(4.45)

$$\begin{matrix} & & x & \\ x & & x & \\ x & x & x & \end{matrix}$$

next door neighbor　　隔壁邻居

遵照普林斯（Prince 1981, 1983）提出的建议，将我们基于栅的"节奏规则"转换成一条"移位"规则。一个冲突的节拍被移往了左边，落在了下一个节律层级的下一个节拍上。在 4.4 节中，我们将阐明，这条简单的规则是对重音移动（stress shift）**机制**的一种十分充分的表征，尤其是要说明，节律树规则（4.41）的各种特征都是不必要的。我们还将展示，

---

[18] 我们需要赶紧指出的是：毫无疑问，该规则只限应用于包含在同一语调短语（IP）内的语符列。（这是戴尔（Dell 1984）有关法语里"节奏规则"所提出的一点。）但无论这是因为 IP 是规则的一个**应用域**，还仅仅是因为 IP 的末尾存在着无声节拍，我们都无法回答这个问题。

规则（4.44）的结构描写充分描述了发生重音移动的**条件**（即音变的**压力**）。这种情况下，节律树的命运似乎已寿终正寝：该归入各种思想的历史档案中。

我们曾说过，"节奏规则"是我们的节拍移位规则，它是不对称的，只将凸显往左移动。第二章已给出认为这一点成立的理由。在第二章呈现栅悦耳规则的一般理论时，我们原则上允许相反方向的节拍移位，因此，在我们的理论框架中，英语语法中必须规定的是：(a)（语言里）节拍移位的存在，以及(b)它的左向移动性质。有迹象表明，删除右边的节拍删除在英语中运作，替代了语法中右移动的节拍移位规则。在强节拍先于弱节拍的冲突中，例如在 *sports contest*（体育运动会）这类复合词中，较弱节拍可能会直接消失，在 *contest* 中产生平和重音。（吉姆森（Gimson 1970: 230）区分了复合词第二个成分的两种凸显形式，提到在组成复合词的词过于接近的情况下，就会失去节奏节拍。）因此，很可能右删除的节拍删除在英语里运行。从某种意义上说，节拍移位和节拍删除是同一条规则。二者的作用都是通过移动/删除冲突中的弱节拍来消除冲突。这或许是因为它们是明显处于互补分布之中的同一条规则。可以料想，该理论仅在一个方向利用了它解决冲突策略的一部分。在英语里，节拍移位利用的是左方向，而节拍删除利用的则是右方向。

4.4 "节奏规则"

4.4.1 多此一举的树

利伯曼和普林斯制定了一种树形"节奏规则"是出于某种思考，该想法难以让人信服，我们将在下文中对此进行阐释。但我们相信对它们进行仔细研究会很有用，因为这种探讨将会提出总体研究中的几个中心问题。

利伯曼和普林斯提供的第一个论据是从 *Tènnessée áir* 到 *Ténnessèe áir* 的推导过程。他们假定移动前的短语表达式，见（4.46）所示。

（4.46） a.　　　　　　（4.47） a.

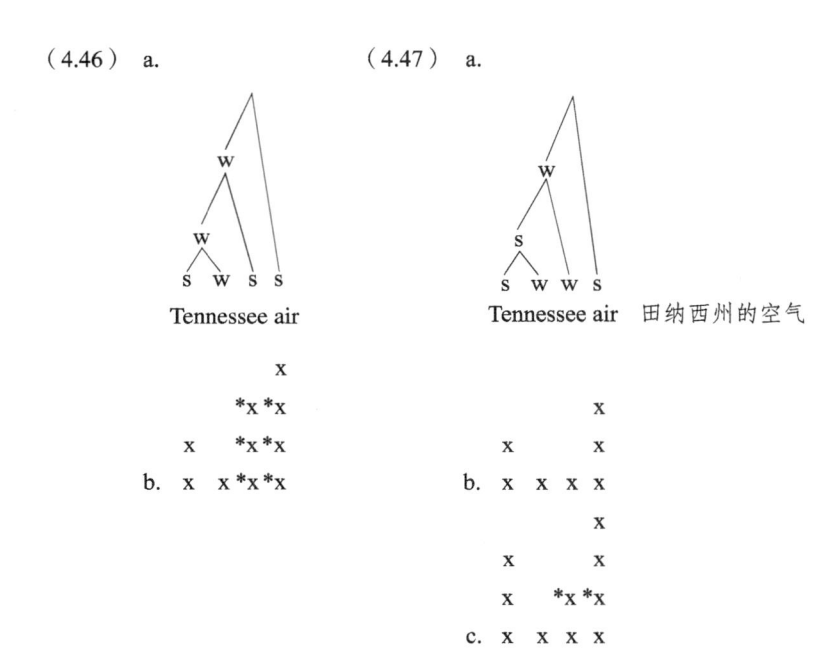

```
        w                         w
       / \                       / \
      w   \                     s   \
     / \   \                   / \   \
    s   w   s                 s   w   w   s
    Tennessee air             Tennessee air    田纳西州的空气
```

```
                  x
              *x *x
          x   *x *x                    x
    b.  x  x *x *x                 x       x
                               b.  x   x   x   x
                                               x
                                           x       x
                                           x  *x  *x
                                       c.  x   x   x   x
```

（4.46）中 *Tennessee air* 的节律树是按照词重音原则构建的，该短语中两个词的相对凸显是通过利伯曼和普林斯提出的（句法的）树标示的核心重音规则获得的，而与树相联结的栅则是由关系凸显投射规则指定的。星号标记栅中产生的冲突构形。利伯曼和普林斯提出，将重音移动应用于（4.46）所产生的表达式是节律树（4.47a），其中伴有栅的（4.47b）和不是栅的（4.47c）。他们指出，（4.47a,b）的推导过程正是（4.41）这类基于树的重音移动规则所预测的。该规则将冲突中的 *s* 与其姊妹成分 *w* 颠倒；作为自动结果，关系凸显投射规则将会重新应用，从而产出栅（4.47b）。利伯曼和普林斯没有从栅的角度探讨任何其他构建方式，但却断言，如果有一条基于栅的规则，那么它便可以消除上部而非下部的冲突，从而推导出（4.47c）。他们认为这个结果是错误的，并得出结论认为重音移动必须从树的角度来表述。

他们的论证主要有三个缺点。第一，认为对 *Tennessee air* 重音移动输

第四章　短语节奏凸显

出形式的栅的适宜表达式是（4.47b），而不是（4.47c）；第二，原则上表达式（4.47c）是不可接受的；第三，假设（4.47b）是正确的，基于栅的分析法也无法以一种直截了当且具启发性的方式将它推导出来。如果可以证明这些说法中的任何一种是错误的，那么该论证都将难以为继，半途而废。我们将重点关注第一种说法的不合理性，因为它反映了利伯曼和普林斯分析中一个更为普遍的问题，该问题涉及只根据 *s/w* 标示的节律树将适当节律强度（栅同界的层级）指派给音节的难度。随着讨论的进展，第二、第三种说法不对也会变得清晰起来。

利伯曼和普林斯为表达式（4.47b）提供的证据是，重音移动后的 *Ténnessèe* 具有与 *institùte* 相同的重音模式。采用他们对英语词重音的分析方法，*institute* 具有用节律树（4.48a）表征的凸显关系，因而也具有通过关系凸显投射规则获得的（4.48b）这种栅的同界。

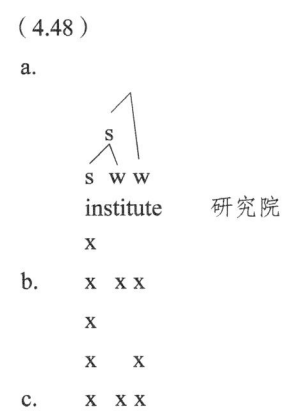

（4.48）
a.
```
         s
       s w w
     institute    研究院
       x
b.  x  x x
       x
       x  x
c.  x  x x
```

因此，他们的主张是：将重音移动应用到（4.46）一定会为 *Tennessee* 产出同样的表达式；所以，该规则必须是以树为基础的。

注意：*institute* 和重音移动后的 *Tennessee* 都有一个末尾重音音节，与没有末尾重音音节的 *Pamela*（帕梅拉）形成对比。对于利伯曼和普林斯来说，这是节律树中没有的一种对比，因此节律栅中也没有。它仅仅是通过将特征［＋重音］指派给前两个词中的最后一个音节，将［－重音］指派给第

195

三个词中的最后一个音节来表征的。他们通常的立场是：关系凸显投射规则只考虑节律树表征的强弱关系。然而，即使他们承认这个立场过强，关系凸显投射规则也不可能是决定音节栅同界的唯一原则。例如，他们提出，如果 s 标示的音节是一个词，那么一定要在栅上给它比不是词的更多的节律强度（本书 353—354 页）。这是解释 *good-looking lifeguard*（英俊的救生员）与 *Montana cowboy*（蒙大拿牛仔）之间在重音移动可能性上的差别所需要的，这一点将在下一节讨论。在某种程度上，利伯曼和普林斯的这项具体建议期望我们更一般地把主要词重音分析为一种至少与节律栅第三层级的同界。它朝着我们这里一直提倡的重音不是纯关系型的，某些重音的固有**层级**应归因于诸如"主要词重音""重音"（与"无重音"）等概念的思想发展。现在，假设沿着利伯曼和普林斯理论框架的这条线路走下去，即［+重音］音节而非［-重音］音节总是与更大栅凸显同界。如果真是这样，*institute* 的栅同界则是（4.48c），而声称里面与 *institue* 相同的 *Tennessee* 的 *Tennessee air*，其表层栅同界则是（4.47c）。（当然，我们认为它应当如此，根据我们的理论，即"重音"音节只是与第二节律层级上基本节拍同界的音节（第三章）。）但如果（4.47c）是合适的，那么利伯曼和普林斯对重音移动时一条树的规则的论证则全部落空（他们也只能采纳节拍移位（4.44））。利伯曼和普林斯要保持他们的论点，因此就必须提出，出于实证原因，不可能将［+重音］音节指派给更大凸显。他们将很难如此付诸实施。

总之，利伯曼和普林斯有关用树表述"节奏规则"的论证有赖于节律树转成节律栅的假设，而这在他们自己的理论中是很难不被违反的。放松这条假设（树栅关系仅由关系凸显投射规则来界定）意味着放弃该论证。根据我们的理论，重音音节与第二层级栅位置同界，主要词重音音节至少与第三层级位置同界，"短语重音"音节（通常）至少与第四层级位置同界。因此，移动前的 Tennessee air 表达式仅是（4.47b），没有（4.47a），而（4.47b）则是由节拍移位映射到（4.47c）的。

那么，(4.47c)较低层级（即利伯曼和普林斯所否认的栅）中存在着什么样的重音冲突？我们分析的问题是，为何不应用节拍移位去移除冲突呢？我们的答案很简单：节拍移位不应用于最低层级的栅。这一限制的基本原理是，它只允许节拍移位这类栅悦耳规则操控重音音节的相对凸显，而不是重音与无重音音节模式。我们可以重新构建我们的规则以反映这种限制，但我们不会这样做。相反，我们把它归因于一条十分一般性的条件（4.49）。（戴尔（Dell 1984）注意到，与此类似的某个东西在法语里也起作用。）

(4.49)

基本节拍层级完整性（Basic Beat Level Integrity，简称 BBI）

栅悦耳规则不可以移动或删除基本节拍。

因此，我们实际上接受了最低层级发生冲突，表明承认它是因为该语言阻止将音节的原有同界改变成基本节拍[19]。

在利伯曼和普林斯的处理中，这个条件的工作在某种意义上是由有关抑扬颠倒（4.41）的条件 2 完成的。条件 2 规定，无重音音节不可以获得规则移动过的凸显。它反映了这样的事实：*àbstràct árt* 变成了 *ábstràct árt*（抽象艺术），而带无重音词首 *cŏn-* 的 *cŏntént cóws* 则无法变成 *cóntent cóws*（心满意足的牛）。由于在利伯曼和普林斯的解释中，两个名词前的形容词都有同样的凸显关系 [w s]，所以，该规则需要另外一条诉诸特征 [重音] 的条件。当然，在基于栅的研究方法中不存在这种鱼目混杂的情况。所有有关重音移动的概括都是严格从栅的角度表示的。

现在，让我们来看一看另外一种在构建"节奏规则"时可能使用节律树的论证。需要注意的是，规则（4.41）的条件 1 表明：如果 *s* 受语调短语**指定终端成分**（Designated Terminal Element，简称 DTE）的统制，那

---

[19] 回想一下"后循环性的"（但见第七章）去重音化规则**不是**栅悦耳规则，因而不受制于基本节拍层级完整性原则。去重音化规则的功能，确实是将与（唯一）一个基本节拍（再没有更高的一个节拍）同界的音节降级，因此它们在表层失去重音（见 3.3 节）。

么就不可以发生颠倒。利伯曼和普林斯是从节律树的角度定义指定终端成分概念的：语调短语（或任何一个更小的分节律树）的指定终端成分就是无 w 标示节点统制的语调短语（分节律树）的 s 标示音节。简言之，它就是那个结构成分中最凸显的音节。假定要维持重音移动节律树而非节律栅的论证，确实重音移动等规则都真的需要参照指定终端成分，那么情况就一定是：没有可以用栅来定义的类似于短语指定终端成分的东西。但情况并非如此。确实，可以很容易地定义（短语内）栅的最大凸显——恰恰正是节拍可以在（该短语中的）节律层级上单独存在；在栅中，任何一个单独存于层级上的节拍都必须是在最高层级上。与这个节拍同界的音节，当然是（该短语中）最凸显的音节。因此，倘若一定需要指定终端成分概念，那么它就不会反映对节律树的需求。

事实证明，在"节奏规则"中不需要指定终端成分概念或栅的等效物。我们认为，该规则就像我们所表述的那样，仅提供有关与英语重音移动现象相关的相对凸显方面的信息。它说："移动不那么凸显的节拍"。（也可以像利伯曼和普林斯提出的公式那样说：只向左边移位。）在利伯曼和普林斯的规则中需要有某种相对凸显的迹象，以便解释似乎只在冲突成分相对凸显中形成对比的成对重音移动的不同可能性。（我们是以一般性条件的形式表述它的。）例如，利伯曼和普林斯注意到，在复合词 $_N[$ Chinése èxpert $]_N$（中文专家）中，$Chinese$ 上的最大凸显是在末尾音节上，而在 $_{NP}[$ Chinese éxpert $]_{NP}$（中国专家）中，最大凸显则移至词的首音节上。其不同是因超词层级凸显关系上的不同所致：复合词中的左凸显和短语搭配中的右凸显。从栅的角度可将这种不同表征如下：

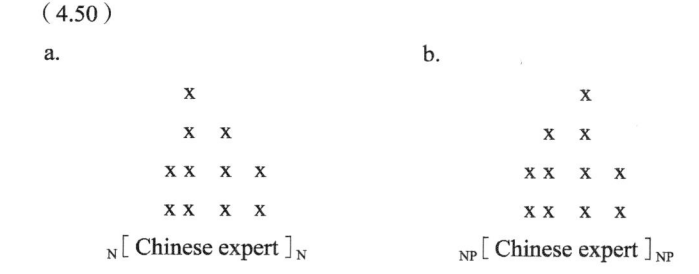

(4.50)

a.

```
        x                     x
      x   x                 x   x
    x x x x               x x x x
    x x x x               x x x x
  N[ Chinese expert ]N   NP[ Chinese expert ]NP
```

b.

```
                    ⇓
                    x
                 x     x
              x  x  x  x
                 x  x  x  x
```
c. Chinese expert　　中国专家

只有（4.50b）满足了节拍移位的结构条件，故而将其变成了（4.50c）。类似成对的词组很多：$_N$[plate gláss fàctory]$_N$（制造平板玻璃的工厂）与 $_{NP}$[plàte glass fáctory]$_{NP}$（由平板玻璃制成的工厂）（比较 *plàte gláss* 平板玻璃），$_N$[Indian súmmer lòver]$_N$（喜欢小阳春的人）与 $_{NP}$[Ìndian summer lóver]$_{NP}$（小阳春中的恋人）（比较 Ìndian súmmer 小阳春），$_N$[kangaróo rìder]$_N$（袋鼠骑手）与 $_{NP}$[kàngaroo cóurt]$_{NP}$（袋鼠场）（比较 kàngaróo 袋鼠）。（值得指出的是，鲍林格（Bolinger 1981））在这方面所做的观察发现，当复合词的每个成分都带音高重调时，作为重音移动可能应用的结果，最大凸显落在右侧成分上[20]。因此，两个成分都带音高重调时便是 $_N$[Chínese éxpert]$_N$。）当然，结论是该规则必须以某种方式将相对凸显考虑进去。

　　我们的公式做出的预测不同于一条规则所陈述的那样：语调短语的指定终端成分无法移动，无论该规则像利伯曼和普林斯那样以树的形式表述，还是以栅的形式表述。按照利伯曼和普林斯的规则，只要不是指定终端成分，一个强于与其冲突的凸显便**可以**移到左边。我们的公式排除了这种移位。然而，利伯曼和普林斯提出支持其具体表述方式的证据则是有争议的。他们注意到：在 *kangaroo rider* 的正常单独发音时，最大凸显是在 *-roo* 上，而且一直留在那里。这个观察结果，我们是赞同的。接着，他们说，当 *kangaroo rider* 内嵌在一个短语内，在这个短语中，最大凸显

---

[20] 这种凸显模式是由核心重音规则而非复合词规则预测到的。有关这个问题，见注释 10 和 5.3 节。

（指定终端成分）不再是在 -roo 上，而是在短语后面的某个音节上时，该词组有两种发音：一种是凸显如上所示留在 -roo 上，一种是较大凸显落在 kan- 上。后者的凸显无法用我们的规则推导出来（尽管它可以用利伯曼和普林斯的规则推导出来），但我们认为我们的规则不能把它推导出来是十分正确的。用栅来表示，移动前的利伯曼和普林斯的 Kangaroo rider's saddle 表达式是（4.51）（假设音高重调同时出现在 kangaroo 和 saddle 上）：

(4.51)

```
                      x
          x           x
       x     x        x
    x  x     x        x
    x  xx   xx    x   x
    kangaroo rider's saddle
```
袋鼠骑手的鞍座

音高重调凸显规则（或复合词规则）将凸显赋予了 kangaroo，而不是 rider；但核心重音规则则将凸显赋予了 saddle，而不是 kangaroo。就我们的节拍移位规则而言，这个构形是相当稳定的——该规则的结构描写根本没有得到满足。但对于利伯曼和普林斯的抑扬颠倒来说，由于 -roo 不是指定终端成分，它可能（可选择性地）将其凸显丢给了 kanga-。事实主张需要做仔细的考察。一般来说，在（4.51）这种构形中，重音移动似乎不会发生。请将（4.52）中的例子与 kangaroo rider's saddle 进行比较：

(4.52)

[pùblic lòo] workers' báttle　　　不是 *[pùblic loo] workers' báttle
公厕劳工之战

[Asian làw] experts' árticle　　　不是 *[Àsian law] experts' árticle
亚洲法律专家的文章

[Tennessèe] lovers' convéntion　　不是 *[Tènnessee] lovers' convéntion
田纳西州情人大会

等等

第四章 短语节奏凸显

这些例子拥有与利伯曼和普林斯的例子相同的基本属性，但次凸显落在最左侧位置如果不是不可能，也是十分不受赞成。移动在前两个例子中的不合乎语法性更能说明问题，因为正如利伯曼和普林斯在讨论另外一个问题时所指出的那样，重音移动一般更可能是复合词而非简单词（比较 *good-looking lifeguard*（英俊的救生员）与 *Montana cowboy*（蒙大拿牛仔））。因此，局部强的凸显一旦从指定终端成分的重量中解放出来，就可以自由移动，避免冲突，这通常似乎不是真的。那么，我们可以断言，利伯曼和普林斯认为可接受的 *kanga-* 凸显暴露出 *kangaroo* 的某个特异属性，但与英语重音节奏组织原则无关。因此，我们将保留我们更具制约性的公式（4.44）。至于利伯曼和普林斯的抑扬颠倒规则，这些事实都表明要摈弃条件1并代之以不同的条件，大意是受 s 统制的音节在节律上一定要比其他参与冲突的音节更弱。在伴以只有弱的移动的一般性条件的情况下，这种变化将使该规则几乎等同于节拍移动。

凯巴斯基（Kiparsky 1979）不是采用这种方法，而是提出了建立在冲突中只有较弱凸显移动的限制上的、以树为基础的"节奏规则"表述方法，如（4.53）所示。

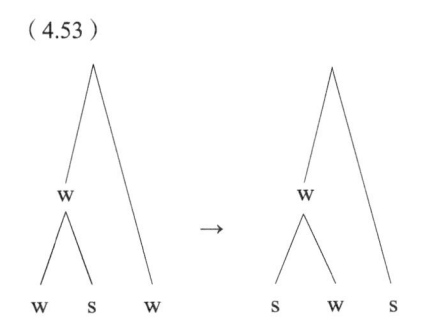

（4.53）

```
        w                    w
       / \                  / \
      w   \      →         /   \
     / \   \              /   / \
    w   s   w            s   w   s
```

但这条规则与节拍移位描写的并不是相同的事实。（4.53）中的表述确实限制性过强，不允许实际上发生重音移动情况。像（4.53）中的那些例子就会出现问题。（见戴尔（Dell 1984）对这些案例的有关讨论。）

201

(4.54)

a. rather lìly white hánds　　（lìly whíte）[21]
　　相当洁白的双手　　　　　　百合白，洁白

b. a really rìght on rádio show　（rìght ón）
　　广播电台上的真人秀　　　　　就在

c. a post-Kàfkaesque nóvel　　（Kàfkaésque）
　　后卡夫卡式小说　　　　　　卡夫卡

d. fourteen tòo many tíckets　　（tòo mány）
　　已达所需十四张的票　　　　　太多

e. a slightly ùnderripe péar　　（ùnderrípe）
　　稍欠成熟的梨　　　　　　　　欠成熟

这个例子都有（4.55a）所呈现的句法成分结构，因此大概会有移动前的节律树结构（4.55b）：

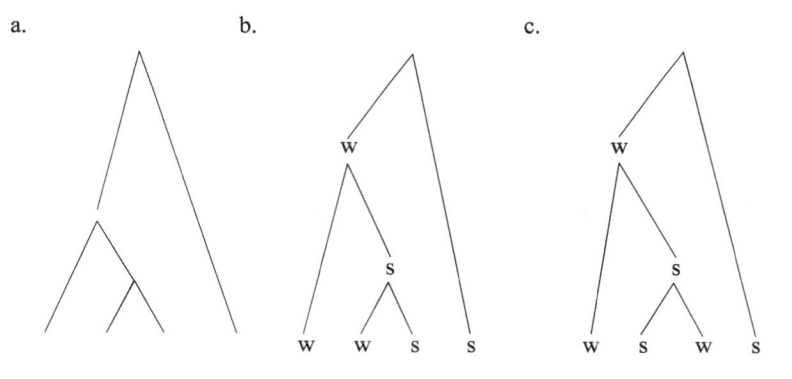

(4.55)

a.　　　　b.　　　　c.

　　　　　　w　　　　　w
　　　　　／＼　　　　／＼
　　　　　　s　　　　　s
　　　　　／＼　　　　／＼
　　　w　w s s　　w s w s

单说时，所有中间成分都在发音时被发成了末尾凸显；鉴于凯巴斯基所构建的重音移动，这个凸显应当仍然保留在末尾，因为该成分不是右边强成分的姊妹节点。然而，在此案例中，非常自然的发音是，将凸显移动到中间成分的第一个组元上，如（4.54）所示。采用节律树术语，（4.54a-e）

---

[21] 当指派了音高重调时，复合词（4.54a,b,c）通常都是右侧凸显（比较5.2.5节和金登（Kingdon 1958a））。

第四章 短语节奏凸显

推导模式的表达式就会是（4.55c）。由于规则（4.53）无法推导出这个模式，凯巴斯基的公式肯定是不正确的。

另一方面，以栅为基础的公式完美地直接推导出这些实例。（4.56）呈现了一种移动前模式的（循环）推导过程，（4.57）给出了将节拍移位应用于该表达式后的输出结果：

（4.56）

```
                    ₃[₂[rather ₁[lily white]₁]₂[hands]]₃  相当洁白的双手
                        x      x      x        x
                        x      x      x        x
"词重音"                 x x    xx     x        x
循环 1                                          x
                                x      x
                                x      x
                                xx     x
循环 2                                          x
                         x      x      x
                         x      x      x
                         x x    xx     x
循环 3                                   x
                                *x      *x
                         x      x   *x  *x
                         x      x    x   x
                         x x    xx   x   x
                              ⇓ 节拍移位
```

（4.57）

```
                                         x
                           x             x
                         ─
                         x      x    x   x
                         x      x    x   x
                         x x    xx   x   x
                        rather lily white hands  相当洁白的双手
```

在循环 1 中，核心重音规则给 white 的凸显提升了一个等级（或 white 上的音高重调通过音高重调凸显规则确保了它的凸显）。在循环 2 中，不需要进一步的调整：rather 和 lily 都不如 white 凸显，二者彼此在凸显上可以保持平等。在循环 3 中，产生了相关冲突，节拍移位随之介入，将问题节拍移至左侧，落在 lily 上，如（4.57）所示。

还要注意，利伯曼和普林斯的公式（就像我们建议修改的那样）不受（4.53）结构描写中的额外分支阻碍，因此不会遇到问题。使用这个公式，可以把从更大的（4.55）中获取的（4.58a）颠倒为（4.58b）：

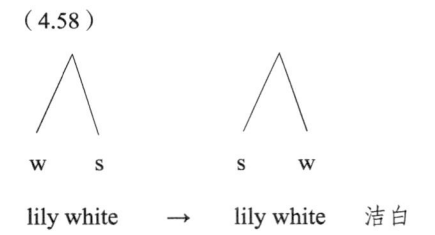

（4.58）

```
   w  s         s  w
lily white  →  lily white    洁白
```

（4.54）中的短语还可以有另外一种发音方式，其中第二个最大凸显是在最左边，如 ràther lily-white hánds（相当洁白的双手）、fòurteen too many tíckets（已达所需十四张的票）、a rèally right on rádio show（广播电台上的真人秀）、pòst-Kafkaesque nóvel（后卡夫卡式的小说）、a slightly underripe péar（稍欠成熟的梨）[22]。在此案例中，中间成分的两个部分可以具有相同的凸显，或一部分比另一部分更凸显。让我们来看看如何为 rather lily white hands 推导出这种发音的：

（4.59）

$_3[\,_2[\text{rather}\,_1[\text{lily white}]_1]_2[\text{hands}]]_3$　相当洁白的手

```
              x    x  x       x
              x    x  x       x
"词重音"      x x  xx x       x
```

---

[22] 整个短语的次重音是用钝音符标记的，其他非主要重音在这里均不予注明。

第四章　短语节奏凸显

```
循环 1                              x
                              x     x
                              x     x
                              xx    x

循环 2                              x
NSR，BA                 x̲          x
                        x     x     x
                        x     x     x
                        x x   xx    x

循环 3                                          x
                                    *x          *x
                        x           *x          *x
                        x     x     x           x
                        x     x     x           x
                        x x   xx    x           x
```

（4.60）

```
                                                x
                        x̲                       x
                        x     （x）或（x）        x
                        x     x     x           x
           ⇒            x     x     x           x
                        x x   xx    x           x
                      Rather  lily  white      hands  相当洁白的手
```

此推导与前面的推导之间的主要区别是在循环 2 上。在（4.56）中，没有应用节拍添加；我们暂且假定它在短语上是非强制性的。而在（4.59）中则确实应用了节拍添加，在 rather（有下划线 x）上产生了更大的凸显，其结果是按照文本凸显保持条件，为保持核心重音规则规定的最大凸显，white 被再次提升一级。因此，在（4.59）的下一个循环应用中存在两个层级的冲突。最高层级的冲突是通过将问题节拍移给下面下一个层级上最近的节拍（即（4.60）中下划线的 x），因而推导出来 rather 上

205

的次凸显。

那下面下一个层级上的冲突节拍在（4.59）的最后一个循环应用域中怎么办呢？在（4.60）中，该节拍被表征为可选择性地出现在两个位置中的任何一个位置上。假设较低冲突的节拍没有进行过节拍移位，那么它将会保留在那里。（我们暂且认为，英语里的节拍删除在弱节拍后接强节拍的时候是不运行的。）相反，假设它进行过节拍移位，那么移动过的节拍现在与 *rather* 上的较强节拍相邻，正好可以进行节拍删除。它可能因为节拍删除是非强制性的而未进行节拍删除。但如果它进行了节拍删除，结果甚至重音可能会落在 *lily white* 上。因此，当 *rather* 和 *hands* 的两侧有较大凸显时，*lily white* 上的相对凸显就会存在三个选项：或左或右凸显较大，抑或两个成员的凸显相同。这似乎做出了准确的预测。

虽然利伯曼和普林斯的重音移动在这些案例中可以为最左侧的成分推导出适当的凸显，但它却无法为中间成分推导出平和重音的替代形式。抑扬颠倒可以从（4.55b）那里推导出 s 落在最左侧成分上的（4.61a）或（4.61b）：

（4.61）

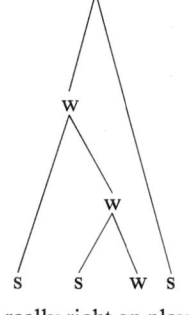

a.

```
      
       w
      / \
     w
    / \
 s  s  w  s
```
really right on play

b.

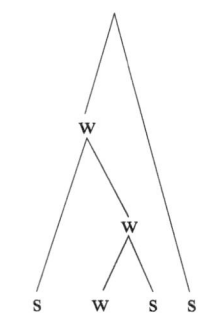

```
       
       w
      / \
         w
        / \
 s  w  s  s
```
really right on play   真的就在节目中

但仅凭节律树则无法推导出平和重音的。一般而言，落在姊妹成分上的平和重音是利伯曼和普林斯理论的一个难题，因为按照关系凸显投射规则，强拍在节律树中一定比其弱的姊妹节点要强[23]。因此，如果情况正如我们所描述的那样——平和重音确实是一种可能性——那么，重音的节律树理论与关系凸显投射规则一起，似乎给它们自己造成了一种无法避免的难题。

总之，到目前为止，我们已阐明，节律树研究重音移动的方法无法表达简单节拍移位栅规则中无法表达的概括。我们把节拍移位（普林斯的移动 x）与利伯曼和普林斯的抑扬颠倒和凯巴斯基的节奏规则做了比较。所显现的结果是，凯巴斯基的树规则版本并不能解决所有的数据。利伯曼和普林斯的规则却没有这个缺陷。因此，主要的比较是在利伯曼和普林斯的基于树的重音移动与基于栅的节拍移位之间。我们已表明，我们的栅悦耳规则系统（包括节拍移位和节拍添加）在逐级增高的句法应用域中循环应用，能生成与利伯曼和普林斯抑扬颠倒规则完全相同的一套移动后的模式。虽然我们对利伯曼和普林斯所分析的（有关 *kangaroo rider's saddle* 的）某些事实持怀疑态度，并认为**任何一种**局部凸显无论是不是指定终端成分都必须进行移动，但由于基于树或栅的节奏规则均可以表示适当的制约，所以这些事实并不是比较的重点。那么，关键是我们的节奏规则栅理论与利伯曼和普林斯的节奏规则树理论所能处理的事实是相同的。简单地说，要描述移动所需"压力"就需要首先求助于栅，因此这便意味着树是多余的。

我们还阐明，基于树的重音移动理论的基础存在着严重缺陷。将节律树转换成适合于描写重音冲突的节律栅的关系凸显投射规则，似乎对某些句子发音的相对凸显做出了错误的预测。它不仅太强，预测实际上并不存在的相对凸显（如在平和重音的案例中）；而且也太弱，如前面在对 *Tennessee air* 的讨论时所指明的那样，未能始终如一地都赋予重音音节和主要词重音以足够大的凸显。节律栅理论没有这些缺陷。因此，我们的结

---

[23] 当然，戴尔（Dell 1984）提出的法语的公式与关系凸显投射规则类似，因允许平和性而不会遇到这种难题。另见利伯曼（Liberman 1975），其中也提出了"s 不会不如 w 强"的解释。

论是：我们应当彻底摈弃树，而专心致志于栅，即那种可以简单且令人满意地表达所有有关节奏组织的真实概括的表达式。

4.4.2 栅的必要性

有两个有关"节奏规则"（即我们的节拍移位）的基本事实尚未提及。首先，它并非处处适用，甚至是在所涉及成分的凸显关系似乎表明冲突的情况下。其次，当节拍移位不应用时，未移动的音节都比发生过移动的时间要长。利伯曼和普林斯认为该规则是非强制性的，并提出，正是从节律栅的角度——仅从它的角度——才能解释它在应用中的"变异性"。我们赞同该规则是非强制性的，并将在本节中初步探讨决定它可否应用的因素。我们还将寻求解释上面提及的音节长度与节拍移位（缺少）之间的相互关系。利伯曼和普林斯虽然（在351页）顺便提出，如果音节发生短语末尾的加长，该规则便遭阻碍，但确实并没有在后一主题上表明立场。我们将为节拍移位遭到"阻断"所提供的解释沿着略有不同的思路且以更明晰的方式阐明这一建议。我们还将考虑如下的可能性：在节拍移位（因出于某种与末尾加长无关的原因）是不可能的或根本不选择应用的情况下，结果引入另外一种"语音"加长方式。

看来有必要尽可能地扩大栅本身只提供有关决定音高移动是否出现的信息因而节拍移位便有公式（4.44）这一主张的适用范围。这些想法结合增加的且很有助益的三条假设，都变得非常有价值。第一个是无声半拍添加（Silent Demibeat Addition，简称SDA）将句法的"成分间隔"译成栅术语（第一章和第六章）。显然，无声半拍添加将负责节拍移位中的诸多可变性，这既是因为它对句法语境做出区分，也是因为（至少在某些场合）它可以是非强制性的。第二个假设是，与栅的"重音计时"体现有关的因素可以推动避免冲突。第三个是，因它可以有助于冲突的避免而将音高重调的存在视为转换成栅中的一种超层级的节奏凸显。正是这些另外的相当自然的假设，才有可能继续完全从栅的角度解释"节奏规则"。因此，我们不同意鲍林格（Bolinger 1981）不从精心设计的多层节奏结构角度而从达到理想音高曲拱的冲动角度看待凸显移动现象。在本节的最后，我们将研究鲍林格的提案，解释为什么我们认为他的提案是错误的。

　　严格句法之外的其他因素也有助于及时将一个词语与另一个词隔开。例如，一个词比较生疏，或它不常见于某个短语搭配或某个话语中，都可能影响它的及时性，尤其可能在它的前面引发停顿[24]。例如，请比较在将一个人介绍给另一个不熟悉的人时与在熟人之间指称那个人时所使用的专有名词的发音："这是爱丽丝·奥布莱恩"与"爱丽丝·奥布莱恩这些日子怎么样？"在第一种情况下，在（不熟悉的）专有名词前有个停顿。我们认为，节奏体现中的这些细微差异作为无声节拍在栅中是有作用的。（鲍林格（Bolinger 1981）注意到）有迹象表明，它们具有影响"节奏规则"的能力。

　　我们提出的一个具体建议是：由无声半拍添加引入的无声节拍实际上可以"消除"由于同界可能造成的冲突，如果句子的底层节律栅同界就是其音节与栅按照这里概述的凸显原则所形成的同界。例如，词重音与核心重音规则将（4.62）赋予了 *Marcel Proust*（马塞尔·普鲁斯特）和 *Marcel proved (it)*（马塞尔证明了（它））。

（4.62）

```
                    x
      x             x
   x  x             x
   x  x             x
  Marcel      ⎧ Proust      ⎫
              ⎨              ⎬
              ⎩ Proved (it)  ⎭
```

㉔　这一情况已在有关话语及时性的文献中提及（如见科克尔，梅田和布朗曼（Coker, Umeda and Browman 1973））。鲍林格（Bolinger 1981）也曾指出过这一点。

但假如句法计时规则如下所示：

(4.63)
- a. 选择性地将半拍置于一个词的末尾位置。
- b. 将半拍置于分支成分的末尾位置。
- c. 将半拍置于句子节点的子节点末尾位置。

第六章将论证类似于这些规则的规则。它们将共同引发（4.64a）和（4.64b）这些不同的音节与栅的同界。

(4.64)

```
a.              x          b.              x
          x     x                 x        x
      x x       x              x x         x
      x x(x)    x ...          x x(x)x x   x...
      Marcel Proust            Marcel     proved
      马塞尔·普鲁斯特              马塞尔证明了
```

我们认为，节律栅中的这类差别最终可以解释如下这种情况：在 *Marcel Proust* 中，重音的移动在礼仪上确实是必要的（如果把他称作是个熟人的话），而在 *Marcel proved it* 中，这种移动则是十分不受欢迎的[25]。在(4.63a)中，节拍移动运行将产生(4.65a)。至于(4.64b)，我们认为它并没有受到影响。节拍添加应用于它，在第二节律层级上产出一个（无声）半拍，如(4.65b)所示；正是添加的这个节拍消除了冲突，从而阻断了节拍移位。

---

[25] 请注意：这不是对我们在塞尔柯克（Selkirk 1978c）提出来的 *Marcel proved...* 中缺少节拍移位的解释。我们在那里还提出，这个词语与 *Marcel Proust* 之间的差别在于它们组成音系短语的方式。"节奏规则"被认为具有作为其应用域的音系短语，而且还将 *Marcel proved* 中的每个词说成是音系短语，因此"节奏规则"无法应用。出于第六章所给出的理由，我们此刻认为，利伯曼（Liberman 1975）最先暗示的句法计时（无声栅位置）研究方法更具优势。

第四章　短语节奏凸显

（4.65）
```
a.                    x         b.                              x
     x         x                      x              x
   x x         x                    x x         x    x
   x x(x)     x...                  x x(x) x x       x...
   Marcel    Proust                 Marcel         proved
   马塞尔·普鲁斯特                  马塞尔证明了
```

到目前为止，这是最简单的解决方案。事实上，节拍移动若**不**应用，则必须重新进行构建。已知长节奏缺失是由（4.65b）中的句法计时规则产生的，如果节拍添加没在某一点上介入，那么由节奏交替音变原则获得的这个表达式则不是合格的。节拍添加能够在无声栅位置的地方介入，源于规则本身的性质。回想一下它的公式：

（4.66）

节拍添加

```
                    x
   x   x    →     x   x
```

在它的这种最简单的公式中，节拍添加对各个栅位置的同界一无所知——这是一种严格在栅上进行定义的操作，因而将同样适用于无声和音节同界的位置。因此，我们将假定，（4.65b）中的第二层级节拍是通过拭除作为先决条件的冲突，来阻断节拍移位的。当然，这一分析的另一个优点是，可以保持节拍移位规则不变，而且不必让它在最低层级上受中间半拍数的制约。确实，这样的修改将使理论失去了我们在第二章讨论过的、还将在下文回到这里的有理有据的概括，即"节奏规则"无视栅的最低层级，不关注"真实的"音节相邻性，而只注意更高层级上与它们同界的节拍。

作为支持无声节拍解释这些案例中重音移动变化概率的最后一点，请注意：两个案例中半拍数量上的差别将解释 -cel 为什么在第二个案例中比在第一个案例中要长——如果我们假定：在表层语音体现中，一个音节（通过从左到右的自主音段联结）至少与其右边的某些无声半拍同界。（这个假设将在第六章予以论证。）因此，持两个案例中存在着不同数量无声半拍的想法，解释了在一个案例中**无**节拍移位和**有**（实质上的）末尾加长而在另一个案例中情况则正好相反。那么你还能问什么？

如果认为节拍移位是非强制性的，那么它则可能如在 *Marcel Proust* 中那样无法在可能应用的地方应用，因而完好无损地保留下冲突。这似乎是一种对事实的正确观。冲突似乎确实保持不变，甚至是面对节奏交替音变原则的时候。在某些案例中，它们确实是无法避免的，如在 *cóntent cóws*（心满意足的牛）中。但我们提出的在没有节拍移位情况下更大的（末尾）加长应归因于栅中的无声位置的解释现在怎样呢？我们说节拍移位是非强制性的，是在不明确地提出：如在 *Marcel Proust* 中没有重音移动并不是因为句法计时或"陌生人原则"提供了额外的无声栅位置。那么，*Marcel Proust* 中 -cel 的额外加长就必须有别的某种来源。当然，有人可能想象，引入额外的栅位置，以防万一发生冲突。这就是说，某个另外的语法原则正在发挥作用，在一个从栅的角度定义的语境中将半拍和节拍引入到那里已存在的其他半拍和节拍之间。就这一点来说，该原则与我们所遇到过的其他原则在类型上截然不同，按照这条原则，半拍的存在与否要么由话语的音节组成（第二章和第三章中的普遍性半拍同界规则）决定，要么由话语的句法成分结构（第六章中的句法无声半拍插入规则）决定。另外一种方法（即不需要将这种新的栅构建原则引入到理论中去的方法）是，将 -cel 的超长视为一个栅的"语音体现"问题，特别是一个在各个层级上倾向节拍等时性的体现问题。

回想一下，重音计时语言这个概念（2.2 节）需要假定在第一节律层级上任何具体的半拍都没有固定的时间。这是因为第二节律层级上的基本节拍往往都是等时的（即以（理想的）相等间隔时间出现），并且尽管其后的半拍数量不尽相同，但仍认为它们亦是如此。那么，重音计时理论就是一种栅的"语音体现"理论，我们暂且提出可以将其扩展到本例。对非重音移动 -cel 长度的解释将是这样的：*Marcel* 中的 -cel 是个第三层级节拍。由于紧随其后的是另一个第三层级节拍，所以它必须填满理想等时性与第三层级节拍相一致的整个时间跨度，它伸出来这样做了[26]。当然，一般来说，这种语言"要避免"较高层级节拍必须在时间上通过少量语音材料来体现的这种情况。这就是为什么保持冲突在 Marcel Proust 中如此不受欢迎，冲突可以避免的原因。我们并不是意在由此暗示存在着任何一种指派给第三层级节拍的绝对时间值。想必它一定只是比第二层级节拍要长，就像前面 Mar- 上的节拍那样。但那已经够糟糕了。因此，这是对这一案例中 -cel 的长度的一种"重音计时"说法，即一种不依赖于有无附加半拍的说法[27]。

总之，我们一直所做的假定是，栅中的冲突是节拍移位应用的必要条件，但不是充分条件。出现节拍移位时的某些变异性是由于这样一个简单事实：规则是非强制性的。然而，将该规则视为非强制性规则对描写与重音移位相关的事实方面并没有很大帮助。选择应用节拍移位方式的可能性，或完全采用它的可能性，似乎取决于别的因素，包括看似冲突成分的句法关系在内。如上所述，我们假设这些所有别的因素都可以在栅中或在语音解释栅的原则中找到表达它们的合适方式。

有个事实似乎与我们的主张相悖离，即在（明显）冲突的情况下，左手成分内嵌越深，节拍移位发生的可能性越小（这是因为无声半拍添加

---

[26] 鲍林格（Bolinger 1981）建议采用一种相同的重音计时方法，但它不是从栅这类节奏结构的角度构建的。他的建议是，"长"［重音］音节在另一个"长"音节之前变得"超长"（17 页）。他指出，最后音节中的超长是在 réprobàte jùstificátion（恶棍的理由）中，但不是在 sénsitive jùstificátion（敏感的理由）中。

[27] 还有一种替代对这种加长的"重音计时"说法的方法是由利伯曼（Liberman 1975）提出的，他允许在"后面层级"将冲突消除无声半拍和节拍加到句子的节律栅同界。到目前为止，我们一直拒绝采用这种方法，并以下列这种方式限制这一系统，即半拍（以及其上添加的节拍）足以存在仅仅通过（a）将音节与栅同界的普遍性半拍添加或（b）产出句法计时的无声半拍添加实现的。这个限制背后的想法是：无约束地将消除冲突的半拍引入，或许让描写超出了可取的程度。但如果发现对加长的重音计时解释不正确，那么也许就必须求助于这些添加。

的可能性越大）。正如利伯曼和普林斯所指出的那样，事实是第一个成分是个复合词时比是个简单词时更容易发生移动。他们对比的是［*good-looking*］*lifeguard*（英俊的救生员）与［*Montana*］*cowboy*（蒙大纳牛仔）这一对[28]。假设无声半拍添加、音高重调凸显规则和核心重音规则在两种情况下都能应用，（4.67a,b）将是两个节拍移位之前的表达式。

(4.67)

```
a.                  x
      x₁        x₂                 b.                              x
   x   x      x   x                             x₁    x₂   x
   x   x      x   x                             x     x    x
   x   xx  x  xx  x...                          x  x  x  x  x...
   good-looking  lifeguard                       Montana  cowboy
   英俊的         救生员                          蒙大纳牛仔
```

下划线的位置是由无声半拍添加（以及其后的第二层级上的节拍添加）添加的。这样，每种情况中都只有一个下标为 x_1x_2 的冲突。那么为什么节拍移位的可能性应当有所不同？可能的答案在于，冲突是在不同的节律层级上。由于节拍移位是非强制性的，因此在任何情况下都无需应用。但我们指出（4.67a）中的冲突不比（4.67b）中的更可取，因为保留冲突对于话语的"语音体现"所具有的意义。其意义是：对于（4.67a）来说，*looking* 将不得不占据第四层级节拍中的（理想）时间跨度，而（4.67b）中的 -*tana* 则必须占据第三层级节拍中唯一的时间跨度。前者的发音想必比后者的发音更蹩脚，因此遭避免[29]。我们认为，由于目前对栅的语音体现知之甚少，该答案理所当然仅仅是暂时性的。

---

[28] 请读者忽略这样一个事实：*Montana* 本身并不情愿发生节拍移位。在这一方面，*Montana* 与 *good-looking* 是颇具可比性的。

[29] 这个解释似乎与戴尔（Dell 1984）"下级优先"的说法相矛盾。按照戴尔（Dell 1984），较低层级比较高层级往往更容易获得栅悦耳，因此可以预测节拍移位在诸如 *good-looking cowboy*（英俊的牛仔）案例中发生概率更低。事实是：在英语里，较低层级上的冲突似乎比较高层级上的更容易接受。

第四章　短语节奏凸显

　　然而，事实证明，这种解释可以很自然地扩展用以解释鲍林格（Bolinger 1981）提及的某些案例。鲍林格注意到，*fast-trotting colt*（快跑的马驹）和 *fast-galloping giraffe*（疾驰的长颈鹿）都可能发生重音移动，但前者比后者可能性更大。这些示例具有完全相同的句法分析（因此无声半拍添加也都具有完全相同的可能性）。唯一不同的是冲突凸显之间弱音节的数量。除了无声半拍添加的潜在影响之外，两个示例具有下列不同的栅：

（4.68）

```
a.                x        b.                       x
        x₁      x₂                  x₁            x₂
    x   x       x              x    x             x
    x   x       x              x    x     x       x
    x   x x x                  x    x             x x
    fast-trotting colt         fast-galloping giraffe
    快跑的马驹                 疾驰的长颈鹿
```

跟 *good-looking lifeguard*（英俊的救生员）一样，*fast-trotting colt*（快跑的马驹）在第四层级上含有一个冲突，冲突中的节拍音节仅被一个音节分隔。如果我们像在前一个案例中那样假设最好不要用两个音节来体现一个第四层级的节拍，则可以解释节拍移位在（4.68a）中的倾向性。相比之下，在（4.68b）中，在冲突的第四层级节拍中（后）只是有更多的语音材料。可以想象，这正是更容易保留（4.68b）中冲突、避免节拍移位的所在之处。

　　接下来我们来看似乎给节拍移位带来问题的一些案例。在这些案例中，规则的结构描写似乎并**未**得到满足；也就是说，似乎并不存在重音冲突，但节拍移位却仍然发生。在其中一类案例中，要应用节拍添加以此消除冲突，相关节拍之间就要有足够多的弱音节，如（4.69）中的 *phònological rèsearch*（音系研究）所示[30]。

---

[30] *research* 这个词还有一种主重音落在首音节上的发音 *résearch*。请注意 *phònological résearch* 中的节拍移位也是有问题的，因为在 -ical 之后没有无声半拍将在基本节拍层级上诱发节拍添加，因而消除了冲突。

音系与句法：语音与结构的关系

（4.69）

```
                      x
            x         x
    x   x             x
  x x x x x (x)     x x
  phonological    research    音系研究
```

在（4.69）中，起始无重音的 *re-* 总是与 *-ical* 构成导致节拍添加从而消除冲突的那种缺失现象。当然，节拍移位确实应用于这种情况：*phònological résearch*。在别的问题案例中，第二词中的第一个节拍不是第三层级上的节拍，而只是第二层级上的节拍，如 *telegraphic commùnicátion*（电报通讯）、*ìdeal èditórial*（理想的社论）、*psỳchological trànsformátion*（心理转变）等：

（4.70）

```
  a.                      x        b.             x
              x           x               x       x
      x   x        x  x               x x x
    x x x x     x x x x             x x   x x x x x
    telegraphic communication       ideal editori al
    电报通讯                          理想的社论
```

这里也没有冲突，但节拍移位是可能的：*tèlegraphic communicátion*、*ìdeal editórial*、*psỳchological transformátion*。如果冲突是节拍移位的一个必要条件，那么这里怎么能应用它？

我们提出，（4.70a,b）实际上不是这些短语重音移动发音的节拍移位前的适当结构。当确实发生这种移动时，我们认为第一个词（跟第二个一样）带一个音高重调。假定与音高重调相联结的音节拥有一个至少第四层级的栅同界，那么节拍移位前的栅同界将是（4.71a,b）中所给出的那些形式（这里下标表示冲突），节拍移位便可以应用。

第四章　短语节奏凸显

(4.71)

```
a.                    x       b.                    x
       x₁     x₂              x₁     x₂
       x      x               x      x
    x  x  x   x               x      x  x
   x x x x x(x) x x          x x (x)    x x x x x
   phonological research     ideal    editorial
       |      |                |        |
       pa     pa               pa       pa
```

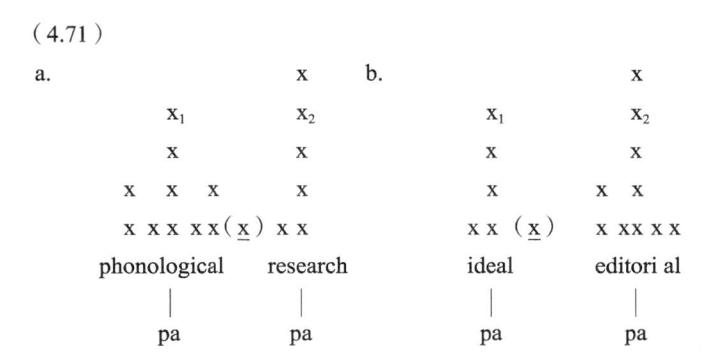

我们似乎在此可以拿出一张通配符：音高重调拯救大局！但有迹象表明，音高重调的出现会产生更大的节奏凸显（Halliday 1967b 和 5.3.4 节）[31]。因此，这里的问题是该主张的本质，即当这些短语上没有音高重调时，则没有重音移动。特别请看在 *phonological* 上没有音高重调的（4.69）。无论有没有无声半拍添加，它都不会有冲突（如果我们有关节拍添加的假设是正确的）[32]。在语言环境中，形容词 *phonological* 不需要强调的情况非常多，因此不常带有音高重调。当它以无音高重调方式出现时，就会感觉重音移动的发音 *phònological reséarch* 不流利，很拗口。如果音高重调导致额外的节奏凸显，这就是冲突驱动的节拍移位所预测的结果。因此，我们的建议是，音高重调的存在使节拍移位在其原本不应用的场合成为可能，并以可理解的栅的方式付诸实施。我们将在第五章中展开这一讨论，更加准确地描写音高重调出现的条件及其对语调意义的贡献。

鲍林格（Bolinger 1981）在其先前主张（Bolinger 1965b）的基础上，

---

[31] 韩礼德（Halliday 1967b: 208）指出，发 *He teaches classics*（他教古典文学）这句话的音时，音高重调（或声调等）落在 *teaches* 和 *classics* 上，这在节奏上不同于发 *He teaches classics* 的音时 *teaches* 没有调的情况。在第一个案例中，*teaches* 的音较长，如同从其音高重调指派角度把它归入更大栅凸显所产生的结果。

[32] 由于节拍添加在某些场合不能应用，节拍移位便也可以在这里应用。节拍添加绝不是强制性的，尽管它通常应用于较低层级。但在快速话语中，它的应用甚至在较低层级上也可能被中止。

217

提出了对我们已讨论过的凸显移动问题的一种不同看法。他认为，两个音高重调彼此靠得太近就会发生移动，凸显中所追求的是一种最佳**音高曲拱**（pitch contour），即由 H 调界定外边缘、形状像个台地的"帽型模式"。他的分析没有考虑本章概述的那种节奏因素。我们认为，无论"节奏规则"操作中的可变性是源于有关熟悉性的句法计时还是其他因素，从这种可变性角度来看，这种分析都是没有道理的。而且，一种不基于基本节奏因素的说法将无法解释为什么冲突中的最凸显成分是稳定的，也很难看到该说法怎么可以扩展到有两个以上音高重调的序列且中间重调发生移动的案例中。在此情况下，中间音高重调已包含在帽型模式中，因此其移动功能无法再产生一个。也就是说，为什么应由（4.72a）转移成（4.72b）？

（4.72）
    a. thirtéen Tennessée míners　→　b. thírteen Ténnessee míners
       十三个田纳西州的矿工

在这种情况下，先前的音高重调已经存在。此外，英语里还要有比所谓"帽型模式"多很多的"曲调"（见 Pierrehumbert 1980），而且重音移动还都适用于它们。皮埃安贝尔（Pierrehumbert 私下交流）指出，承载这些不同曲调的话语中唯一可以想象的韵律共同点将是它们的重音模式，即节奏结构。因此，这些就是我们相信凸显移动应当从节奏角度理解的一些原因。

4.5　凸显层级、句法结构与循环

我们在前面的讨论中已假定，短语凸显存在着程度差异，我们不能把这些差异压缩到音高重调的有与无或横向凸显之间的距离上。我们认为，这些凸显本质上是纯节奏性的，它们的程度反映了音节在节律栅中与最高节拍同界的层级。我们注意到，句中词与词的相对凸显反映了它们在短语和复合词中的组织方式，一个短语或复合词的主要凸显（除非音高重调在成分内的存在需要，否则）大致（分别）落在成分的最右端或最左端。我们提出了基于栅的核心重音规则和复合词规则，以说明这种句法驱动的凸显模式。核心重音规则是一条右应用域末端凸显规则，而复合词规则则是一条左应用域末端凸显规则（比较 Prince 1981, 1983）。前者适用于短语类型成分的应用域，而后者则适用于词类型成分。

像这些文本到栅的同界规则都具有典型的句法应用域，这并不意味着规则应遵循任何一种特定的应用模式。也不意味着它们应以**循环**方式应用，尽管循环确实是以规则具有句法应用域为前提的，而且考虑其应用模式当然是个自然的假设。关于节律栅构建规则应用模式的有竞争力的重要假设将涉及句中必须得到满足的规则在不同应用域里的某种**同时**应用。（A 冠 A 的说法因短语凸显模式反映**内嵌**结构而被排除在外；见 3.6 节。）

我们的循环假设是，文本到栅的同界规则和栅悦耳规则都是**在每一个连续循环应用域里**同时得到满足的，并在这些连续的应用里受到文本凸显保持条件的制约。因此，我们并不认为这些规则都是"表层为真的"，因为如前所述，规则对较低循环的作用可以在较高循环中被消除。迄今为止，所有证据都与这一特定的循环假设版本相一致。

我们在第三章中曾讨论了基于某种同步性概念应用的循环假设的两种方式。按照其中一种，文本到栅的同界规则和栅悦耳规则都是在其得到满足的所有应用域里同时得到满足的。此版本站不住脚，因为文本到栅的同界规则对所有应用域的影响与栅悦耳规则对所有应用域的影响相一致完全是不正确的。例如，节拍移位可以消除（移走）核心重音规则所需要的较低应用域的凸显。按照另一种同时应用理论，所有文本到栅的同界规则在其所有适宜的应用域里都同时得到满足，然后是栅悦耳规则，它们之间可以排序，也可以不排序。重要之处在于，该理论允许所有本身确实具有句法应用的栅构建规则（文本到栅的同界规则）可以不是循环性的（因此不会以任何方式排序）。

同时应用理论的后一个版本似乎可以成功地处理前面各节中讨论过的

复杂推导问题。例如，请看 *rather lily white hands*（相当洁白的双手）的推导过程。如果核心重音规则仅仅是移动和移动添加之间的音节到栅同界的一个合格条件，而且它们在所有相关应用域里都必须同时得到满足，那么 *rather lily white hands* 的结果将是（4.56）中循环 3 输出的结果：*white* 比 *lily* 更凸显，*white* 比 *rather* 更凸显，*hands* 比 *white* 更凸显。其表达式复制如下：

(4.56)

```
                x
             x  x
   x     x   x  x
   x  x  x   x  x
   x  x  x x x  x
```

rather lily white hands
相当洁白的双手

为了使事情简单化，我们要考虑的仅仅是如何从这个表达式推导出（4.57）和（4.60）两个表达式中的一个，现复制如下：

(4.57)   (4.60)

```
                                        x
         x                    x         x
      x  x                    x     x   x
   x  x  x  x              x  x  x  x
   x  x  x  x              x  x  x  x
   x  x xx x  x            x  xx    x  x
```

rather lily white hands   rather lily white hands
相当洁白的双手

让我们来假设节拍移位与节拍添加彼此之间是没有排序的。如果节拍移位在推导中先于节拍添加，结果将是（4.57）。然后，节拍添加就不能应用于这个输出项（因此 *rather* 就不那么凸显了）。相反，如果节拍添加首先（在 *rather* 上）应用，然后再应用，则将推导出近似于（4.60）的形式

（无论节拍添加是否应用于较低层级）。因此，需不需要这个循环，还不完全清楚。

但回想一下，我们认可循环，不是因为它是唯一能够确保生成正确模式的规则交互的理论，而是因为它是在那些具有叙述上充分性的理论中约束性最强的理论。现在的问题是，面对现有的栅悦耳规则理论以及节拍添加、节拍移位和节拍删除规则，要为一般理论提供一种核查这些规则的方法；伴以文本凸显保持条件的循环理论，恰恰便是这样的一种理论。实际上，它防止节拍添加过度应用，破坏文本到栅的同界规则所要求的（如在第二、三章所给出的词层示例中的）局部凸显。也确实需要某种机制来让短语层级上的节拍添加处于核查状态。例如，如果没有约束，则可以从（4.56）推导出不合乎语言的（4.72）或从（4.73a）推导出不合乎语法的（4.73b）。

（4.72）

```
x
x           x
x       x x
x   x   x x
x   x   x x
x x xx  x x
```
rather lily white hands
相当洁白的双手

（4.73）

a.
```
            x
      x x x
      x x x
      x x x
```
three blind mice
三只盲老鼠

b.
```
x
x       x
x x x
x x x
x x x
```
three blind mice

为了避免这些模式，该同时理论也将需要如文本凸显保持条件之类的东西。但文本凸显保持条件的表述则要求文本到栅的同界规则和栅悦耳规则在相关应用域里同时得到满足。要想它在非循环理论中起作用，必须让文本到栅的同界规则和栅悦耳规则在所有的应用域里同时得到满足，而我们已证明那是不可能的。试图消除循环的理论因而陷入了僵局，所以我们必须放弃这个选项。

我们要感谢珍妮特·皮埃安贝尔，她（Pierrehumbert 私下交流）的论点截然不同，她支持循环观点，普林斯（Prince 1983）也采纳了这一观点。请看复杂短语 Alewife Brook Parkway subway station 的重音模式：

（4.74）
Álewife Brŏok Pàrkway sùbway stătion
酒馆夫人布鲁克公园路地铁站

最大凸显是在 *subway* 上，它承载着短语最右边成分的主要凸显。有趣的是第二最大凸显所在的位置，它落在了 *Alewife* 上。我们认为，我们已讨论过的同时应用理论版本不能产生这个凸显，而串联循环应用文本到栅的同界规则和栅悦耳规则则可以。

（4.75）
a.　　[[[[Alewife] [Brook]] [Parkway]] [[subway] [station]]]
b.　　　x　　　　x　　　　x　　　　x　　　　x
　　　　　　　　　　　　　　　　　　　　　　x
　　　　　　　　　　　　　x　　　　x
　　　　　　　　　x　　　x　　　　x
c.　　　x　　　　x　　　　x　　　　x　　　　　　x
　　　　　　　　　　　　　　　　　　　x
　　　　　　　　　　　　　x
　　　　　　　　　x　　　x　　　　x
d.　　　x　　　　x　　　　x　　　　x　　　　　　x

NP 的结构如（4.75a）所示。为简化起见，我们将假定括号里的每个词都具有相同的词重音层级，如（4.75b）中所述的那样。现在，如果在应用栅悦耳规则之前在所有相关的应用域里同时应用核心重音规则和复合词规则，则将推导出（4.75c）中的栅表达式。所产生的冲突已用圆圈圈出。只有操作节拍移位，将次凸显从 *Parkway* 上移到 *Brook* 上，就可以将其拭除，如（4.75d）所示。

这为该短语创建了一个不合乎语法的重音模式：

（4.76）
*$\overset{4}{\text{A}}$lewife B$\overset{2}{\text{r}}$ook P$\overset{3}{\text{a}}$rkway s$\overset{1}{\text{u}}$bway st$\overset{4}{\text{a}}$tion

酒馆夫人布鲁克公园路地铁站

接下来请看循环应用文本到栅的同界规则和栅悦耳规则所产生的结果。在（4.75a,b）（见（4.77a,b）的复制形式）的基础上，发生了下面一系列的循环操作。

（4.77）

a. [[[[Alewife] [Brook]] [Parkway]] [[subway] [station]]]

b.   x   x   x   x   x

                        x   x

c.   x   x   x   x

                            x

                        x   x

d.   x   x   x

                            x

   x   x

   x   x   x

                                  x

                        x   x

   x   x   x

e. x   x   x   x   x

                            x

  x   x

  x   x   x

x   x   x   x   x

在（4.77d）的第二次循环中，核心重音规则之后接着是节拍移位，从而消除了那个圈出的冲突。在核心重音规则将最大凸显赋予 *subway* 的第三次循环中，节拍移位再次介入，消解掉了冲突。正如（4.77e）所示，错误节拍又落在了 *Alewife* 上，给出了短语中的次凸显，因而也是所需的模式。

因为循环在处理诸如此类的复杂案例中所取得的成功，还因为上述原因，它对于充分阐释句子语法中句法到音系的映射看来是必不可少的。第六、七章将为句子的循环呈现更多证据。

第五章

语调语法

5.1 问题

本章将谈两个问题。第一个问题（已在第四章做了简要回答，这里将做更为具体的阐释）关于"重音模式"或话语节奏结构与我们所称的它的**语调结构**（intonational structure）之间的关系。第二个问题（一个备受争议的大问题）涉及语调结构与意义之间的关系。本书虽总体上不能对这个问题进行全面彻底的处理，但在这一章中，我们将阐释我们关于语调意义本质的假设，并只以初步方式提出有关语调结构、句法结构以及与被称为**焦点**（focus）的语调意义相关属性之间关系的一些主张。

第一个问题涉及音系表达式两个方面之间的关系。一方面是"重音模式"，可以把它理解为句子中的音节与节律栅的一种同界方式。另一方面是语调结构，它包括三件事。第一是句子的**语调短语切分**（intonational phrasing），即将句子划分成一个或多个**语调短语**（intonational phrase）的过程。语调短语是韵律结构成分单位，它界定了语言特有的语调曲拱。第二，语调结构涉及每个语调短语特有的**语调曲拱**（intonational contour）的表达式。按照皮埃安贝尔（Pierrehumbert 1980）的做法，我们把英语的语调曲拱描述为一个音高重调序列，其最前面是一个（可有可无的）边界调，其最后面是一个短语重调和一个（必不可少的）末尾边界调，它们

198 都是在与音段和音节音层分离的自主音层上表征的[1]（见 5.3.1 节）。第三，句子的语调结构涉及给句中的词指派音高重调问题：语调曲拱的每个音高重调都被指派给句中一些通常单词大小的结构成分，尽管不是每个词都有与之联结的音高重调。句中音高重调到词的指派过程被称为它的**音高重调指派**（Pitch Accent Assignment）。

对于"语调与重音构成什么关系"这个问题，我们已在第四章进行了回答：准确地说是语调"优先"，句子语调结构与表层句法结构结合起来决定了它的词和短语的节奏关系。具体地说，我们提出：通过（基于栅的）核心重音规则、复合词规则与音高重调凸显规则的组合效应来实现这一点。这里，我们将详述这一主张，指出它与最近的其他一些观点有所不同，它们的短语重音都是独立于语调结构之外界定的（Liberman 1975; Liberman and Prince 1977; Bing 1979a; Ladd 1980; Pierrehumbert 1980）。

句子语调结构指派，逻辑上先于短语重音指派，我们这个理论要求短语重音在决定语调曲拱的声调单位（具体地说是音高重调）在何处、以何种方式在与句中音节同界上不起作用。相反的假设是短语重音决定语调曲拱成分与"文本（text）"的同界方式，这一假设由利伯曼（Liberman 1975）明确提出，而且在所有其他关于这个课题的生成文献中已经得到过明示或暗示。5.3 节将展示这种"重音优先"说法的缺点以及"音高重调优先"说法的优点。

第二个问题涉及句子语调意义与语调结构之间的关系。我们使用术语"**语调意义**"，只是想要从语调结构方面指定总体或部分界定的一个句子的种种意义。英语语调意义的研究已经将它分成了两个组件；一种可称之为**表情达意组件**（expressiveness component），另一种可能是**信息结构**或**焦点结构组件**（Halliday 1967b; Crystal 1969; Bolinger 1965a; Ladd 1980）。

---

[1] 皮埃安贝尔（Pierrehumbert 1980）借用了利伯曼（Liberman 1975）的"边界调"概念和布鲁斯（Bruce 1977）的"短语重调"概念。

（无法排除的是，在其他语言里，语调意义可能包括其他更为常规方面的语义表达式问题，如逻辑算子的辖域、变项约束等。）语调结构的各种组件都以不同方式与这些语调意义组件相联系。

此外，话语表达还涉及它所传达的有关说话人的态度、情绪、个性等信息。它可能还涉及句中所谓的问句语调和言外之意等其他方面问题（例如，见利伯曼（Liberman 1975））。在句子语调结构的三个方面中，对它的表达贡献最大的是它的语调曲拱（序列）——即对音高重调、短语重调和边界调的**选择**。文献中有很多有关语调曲拱"表达力"的讨论[2]，我们将在5.3.1节中对某些例子进行研究，以此阐明这些关系。至于语调结构的其他两个方面，虽然文献对此很少提及，我们在这里也不讨论，但音高重调指派（选择哪些词承载音高重调）与语调短语切分似乎可能也有助于话语的表达。我们也可能注意到：在英语里，表达的重担几乎完全是由语调结构承担的，而在其他语言里，表达的重担则在不同程度上由不同类别的小品词分担或完全由它们承担（如芬兰语（Carlson 1982）或纳瓦霍语（Schauber 1977）的例子）。总之，我们这里不讨论表达的注意事项，除非它们允许确立（如皮埃安贝尔（Pierrehumbert 1980）所阐释的、5.3.1节中所综述的）语言的重调细目表，因为语调曲拱所决定的句子表达似乎并不系统地与句子的其他语法属性具有系统相关性[3]。这样，表达与涉及句子焦点属性的英语语调意义的其他组件截然不同。

沿用乔姆斯基（Chomsky 1971）和杰肯道夫（Jackendoff 1972）的观点，我们认为语调结构与焦点相关的语调意义之间的关系是由我们称之为

---

[2] 关于语调表达意义的文献量多面广。相关综述与文献，见拉德（Ladd 1980）。

[3] 这样说，实际上否认了英语是非疑问句末尾出现的高升（那个"高"的"表达"特征"是指"与这个位置的低有所不同的意思）系统地与句中出现任何一种特定语法特征是相关的。我们认为这是事实：语调曲拱的选择与语法结构（主语-助动词的倒装）的选择各自是独立的，尽管它们可能会在同一个句子中汇聚，具有确实有的语篇功能上的重叠。

焦点结构的一种表达式调解的[④]。如此说来，对这种关系的特性描述包括两部分：一方面是对语调结构与焦点结构之间关系的描述，另一方面是对焦点结构与语调意义之间关系的描述。句子焦点结构最为重要的一个作用是定义句子对话语所假定的"信息贡献"。粗略地说，可以把句中的焦点部分理解为话语中的"新"信息，而把非焦点部分理解为"已知"信息（这个观点将在 5.2 节中进行细化）。因此，话语的语法在决定句子在特定话语语境中的适宜性时，必须明确把焦点考虑进来。在英语里，句子的焦点结构与语调结构的关系是密不可分的[⑤]。我们的经验主张是：在英语里，句子的音高重调指派与它的焦点属性直接相关。再次粗略地说，音高重调的出现与焦点相关（因此与"新信息"有关），而音高重调的缺失则表明焦点（或"旧信息"）的缺失。也可能是句子的语调短语切分与它的焦点结构有关，虽然我们在 5.4 节之前只处理过由一个语调短语组成的句子，在此期间一直不考虑那种可能性。至于语调曲拱的选择（从调式细目表中选择特定成分），似乎至少在英语里，这与焦点结构无关。最后，我们明确否认短语重音与焦点结构有任何直接关系（见 5.3 节）。

很多学者（如 Chomsky 1971; Jackendoff 1972; Bing 1979a, b; Williams 1980b; Halliday 1967b）都认为焦点是句法结构成分的一个属性。我们这里将采纳这一观点，并常常用术语**焦点**来简化**焦点结构成分**。认为句子可以不止一个焦点也是很有必要的，尽管这一点尚未得到普遍认可（见 5.2 节）。杰肯道夫在乔姆斯基的基础上提出的建议是：存在着一种可以指派给句子表层句法表达式结构成分故而可以给它们"加注"的**焦点**属性。指派给句子结构成分的**焦点**属性集合，是我们所说的它的**焦点结构**。对于杰肯道夫来说，焦点结构在表层结构中的作用是一种纯形式化的作用。焦点

[④] 下文将给出用乔姆斯基和杰肯道夫称之为的**焦点-预设结构**（focus-presupposition structure）不能确认**焦点结构**的原因，这里，预设结构在某种意义上包括句子的焦点。

[⑤] 可以想象，在其他语言里，语调结构与焦点无关，或者语调结构只是与焦点相关的几个语法特征（包括词序、小品词的使用等）之一。

结构标记与焦点相关的韵律现象所界定的句法应用域，它在句子的语义解释方面和确认其在话语中的适应性方面具有相应的特殊作用。这里，我们将遵循杰肯道夫的观点，假定焦点结构是用**焦点**标示手段在句子的表层结构中表征的[⑥]。我们还将假定同样的焦点结构表达式也出现在逻辑式中。

将焦点结构作为一部分逻辑表达式的观点，最初由杰肯道夫（Jackendoff 1972）提出。杰肯道夫证明，逻辑算子（如否定）在句中的辖域可能是由句子的焦点结构划定的，诸如 only 和 even 这类词的意义本质上与焦点密切相关[⑦]。对杰肯道夫而言，这相当于说，焦点结构有助于对句子语义表达式的界定。在最近提出来的修订后扩展式标准理论框架（如 Chomsky 1981）内，结论是焦点结构有助于对逻辑式的界定（其中对辖域以及意义的这类其他几个方面做出表征）和/或用逻辑式对焦点结构做出表征。很有可能两方面结论都是有保证的。

应当指出的是：在这一理论中，焦点结构不在语调意义表达式之中，本身也不是它的组成部分，它是一个自身需要解释的表达式。结构成分是焦点"意味着"什么？不是焦点（或"预先假定"）又"意味着"什么？这些问题都必须给予解答，而找到这些问题的正确答案则并非易事。概括与焦点相关的语调意义有各种说法：从新旧不同角度（Halliday 1967a,b; Chafe 1976）、预先假设与焦点之间所界定的关系角度（Chomsky 1971; Jackendoff 1972; Williams 1980b）、主题和评述角度（Kuno 1972）、统制概念角度（Erteschik-Shir and Lappin 即出）等等。下文，我们将简要讨论有关焦点结构与意义之间关系的这些说法，并尝试在韩礼德（Halliday 1967b）的基础上和部分程度在鲍林格（Bolinger 1965b, 1972a）的基础上提出我们自己对这一问题的做法。

---

⑥ 这里，我们不对表层结构与 S-结构（Chomsky 1981）作区分。我们所说的**表层句法结构**，一方面是指映射成逻辑式的结构，另一方面是指映射成音系表达式的结构。

⑦ 关于以逻辑式表征焦点的必要性，见格伦（Guéron 1980）；以及基于相互参考的这一结论的论点，见莱因哈特（Reinhart 1976）。

至于这个问题（即有关焦点结构与语调结构之间关系的问题）的另一方面，我们认为应当选择一种略与我们前辈不同的方式解释它。按照我们将（又一次，略带尝试性地）提出的理论，对焦点结构与语调结构之间关系的分析是基于如下两条规则。第一条是基本焦点规则（Basic Focus Rule），简单地说，它是指音高重调所指派的成分落在焦点上。出于解释的原因，这个规则的作用粗略地说是：一个词若具有音高重调，便成为焦点。第二条是短语焦点规则（Phrasal Focus Rule），它涉及焦点递归性定义，意即：如果一个成分的**中心**成分（通常是一个词）是焦点，或/和如果它内部含有一个是其中心语的**论元**（argument）成分是焦点（也就是说，比如，如果一个动词或者它的论元是焦点，或者动词和它的论元都是焦点，那么 VP 便可以是焦点），那么这个成分便可以是焦点。我们在这里提到这些细节是为了说明这样一个事实：根据我们将要捍卫的那个理论，焦点结构与语调结构的关系不仅受（传统上所假定的）表层结构的成分结构关系的支配，还受句子词项的谓词论元（predicate-argument）结构的支配。而且我们还指出，两条焦点规则都不关注表层结构中的词序问题。因此，这一理论对句子的焦点结构所做出的预测与我们熟知的理论[⑧]所做出的预测截然不同。5.2 节将对这些差别进行研讨，并展示焦点规则可以让我们对英语句子的焦点属性提出新的见解。我们还将阐明，由于焦点规则不关注词序，便可以不加修改地将它们扩展，用以描写像德语这类语言（其词序可能与英语不同，但统制关系和论元结构可能相同）句中韵律与焦点的关系。

很明显，我们的理论没有论及"正常语调"或"正常重音"概念，而这些概念仅仅被视为是依据句法结构计算出来的语调模式或短语重音模

[⑧] 在传统生成语法中，这些包括乔姆斯基（Chomsky 1971）、杰肯道夫（Jackendoff 1972）、宾（Bing 1979 a, b）、拉德（Ladd 1980）、威廉姆斯（Williams 1980b）、甚至施默林（Schmerling 1976）的理论。我们所提出的理论在某些方面似乎与施默林的最为相似，但正如我们在 5.2 节中所展示的那样，它们之间存在着本质上的差别。

式。(在这一点上,我们的理论与施默林(Schmerling 1976)和鲍林格(Bolinger 1972b)的那些理论不谋而合。)我们认为界定焦点结构与语调结构之间的关系是语法的任务,并提出焦点规则是用以界定焦点与语调结构之间那种关系的,它们自由且独立地被指派给了(表层)句法结构。根据这一理论,不存在单从纯焦点立场所界定的"正常的"语调结构。虽然任何一种特定焦点结构都确实存在一种可能的"正常"语调结构,但只要没有(按照某些尚待确定的标准)被单独定义为"正常"的焦点结构,那么句子就没有"正常语调"。当然,根据我们音高重调第一的理论,一旦将语调结构指派给句子,那么核心重音规则、复合词规则和音高重调凸显规则都将(在句法结构与那个语调结构的基础上)产生一种自动计算出来的"正常"重音模式。但这并不是我们前面用以描写核心音高重调在句中分布的那个术语的"正常重音"。

总而言之,我们已提纲挈领地描述了这样一种理论,即它把乔姆斯基和杰肯道夫的焦点结构表达式看作是韵律与焦点相关意义之间的关键所在,并且就像乔姆斯基和杰肯道夫的理论那样,将其描写性任务视为分成两个截然不同的部分:一方面是概述韵律与焦点之间关系的特点,另一方面是描述焦点的解释。图 5.1 以图形方式呈现了乔姆斯基和杰肯道夫理论的基本特征。

我们的韵律与焦点关系的理论在两个基本方面有别于乔姆斯基以及其后生成学派研究者的理论。首先,它主张是句子语调结构与句子的焦点属性直接相关,而不是其短语重音模式。在我们的理论中,焦点结构与短语重音模式之间的关系是由这个语调结构调整的。这当然暗示了把语调置于首位的语调与重音关系理论,也暗示了一种以基于音高重调的适当方式表述的、与乔姆斯基等人的理论相去甚远的韵律与焦点关系理论。然而,我们提出的焦点规则并不只是译成现在的乔姆斯基和杰肯道夫有关重音与焦点关系的概念框架而已,相反,它们主张的新颖之处是,正是韵律凸显(即音高重调)在表层成分结构中的位置**和**焦点成分在谓词与论元结构内的位置决定了句子焦点结构的所有可能性。这是我们的理论与经典生成学派理论之间所存在的第二个主要差别。此处说法所暗示的那一语法组织结构,见图 5.2 所示。(注意:我们在图中没有专门对表层结构(S_n)与语调表层结构(S'_n)做区分,请参看第一章。这种区分对目前的讨论并不重要。)本章的各部分都旨在阐明和证明这一理论模式的不同组成部分。

5.2 节将呈现我们在焦点规则中所体现的韵律与焦点关系的理论,我们主要提出两个主张:第一,焦点相关韵律凸显在焦点成分中的位置不是由核心重音规则这样的原则决定的;第二,短语和句子的论元结构是根据位于其中的凸显来确定更高层级结构成分焦点属性的关键。另外,我们还在所创立的框架内提出了解读焦点的方法。

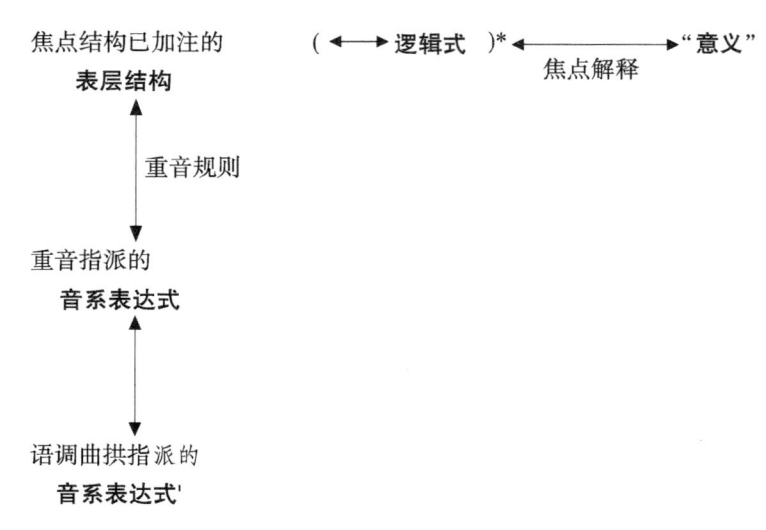

```
焦点结构已加注的         (⟷  逻辑式  )* ⟷  "意义"
  表层结构                         焦点解释
      ↕
    重音规则
      ↕
  重音指派的
  音系表达式
      ↕
 语调曲拱指派的
  音系表达式'
```

*回想一下,对于乔姆斯基(Chomsky 1971)和杰肯道夫(Jackendoff 1972)而言,不存在任何一个逻辑式层级。

图 5.1

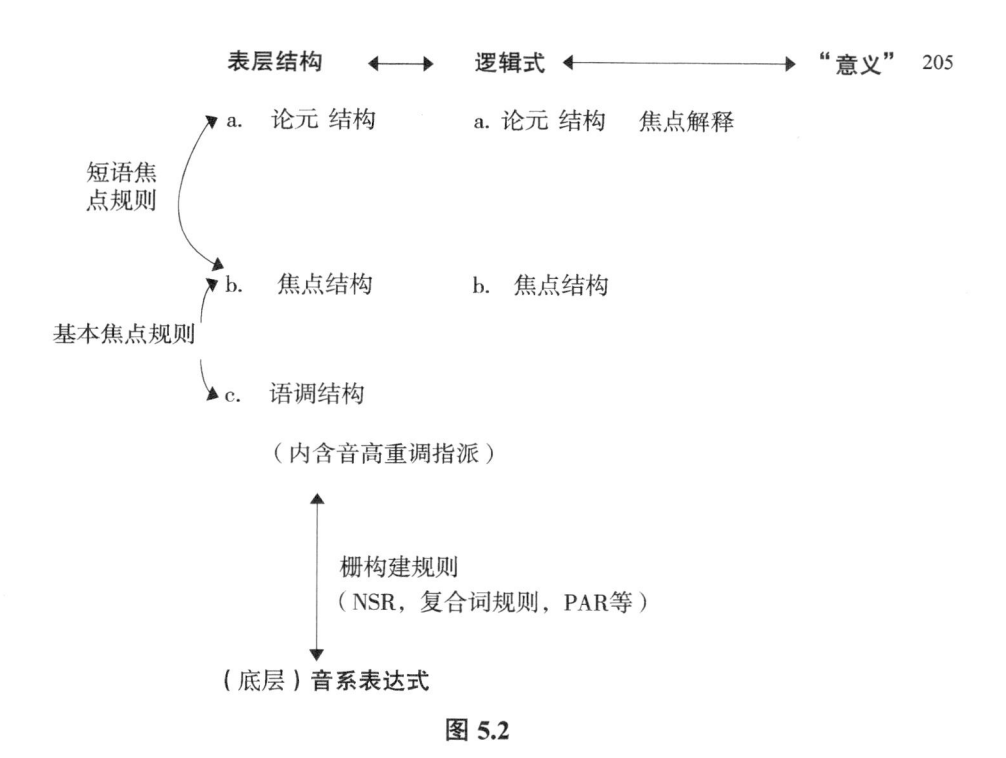

```
        表层结构  ⟷  逻辑式  ⟷  "意义"

         a. 论元 结构      a. 论元 结构   焦点解释
短语焦
点规则

         b. 焦点结构       b. 焦点结构
基本焦点规则

         c. 语调结构
         （内含音高重调指派）

                  ⟷
                栅构建规则
              （NSR，复合词规则，PAR等）

   （底层）音系表达式
```

图 5.2

在 5.3 节中，我们给出证据证明句子的音高重音指派与其焦点结构相关，而非短语重音关系，并阐明音高重调至上理论比重音至上理论更能说明语调与重音的关系。

在 5.3 节中，我们还在"节奏规则"运用的基础上提供了证据，证明一种精心设计的焦点结构（即加注的焦点成分）一定构成了部分表层结构，即界定了句子节奏结构的表达式。按照我们的模式，词的焦点属性只在表层结构中加注，更高层级结构成分的焦点结构仅限于逻辑式，因此我们拒绝了一种可能的替代模型。

最后，我们在 5.4 节中讨论语调短语切分问题，提出一些问题并给出一些相关答案，特别是语调短语切分、句法结构与语义关系之间存在的关系问题。

5.2 韵律与焦点的关系

5.2.1 基本分析与另外的一些分析方法

本节主要是探讨韵律与焦点结构之间的关系问题,特别是句子论元结构与决定其焦点结构相关的主张。鉴于 5.1 节中已对这个框架做了概述,我们必须把与"信息结构"(Halliday 1976b)相关的句子语调意义上的任何一种差异表征为一种焦点结构上的差异。目前,我们暂且认为焦点成分给话语提供了"新的信息",而把非焦点成分理解为"旧的信息"或"预先设定的"。(我们将在本节稍后部分对焦点相关的语调意义做更为精确的描述。)由于具有特定语调结构的句子在已知语境中的适宜度(部分)是其语调意义的一个功能,因而也是其焦点结构的一个功能,我们在讨论时将诉诸有关话语适宜度的直觉,以决定可能的句子焦点结构,弄清楚句子焦点结构与语调结构之间的关系。

例如,乔姆斯基(Chomsky 1971)、杰肯道夫(Jackendoff 1972)和威廉姆斯(Williams 1980b)的韵律与焦点关系理论,都认为韵律凸显在焦点成分中的位置是由那个语言的重音规则决定的。他们提出核心重音规则将凸显指派给短语中的词,而焦点短语中的最凸显位置就落在这个词的主重音音节上——具体地说,最凸显位置落在短语最右边词的最凸显位置上。我们把这称之为**核心重音规则的焦点分析**。许多学者已证明这种方法面临着严重的问题。有些学者曾尝试对这种方法进行改进(如 Bresnan 1971a, 1972);还有些学者完全将之摈弃,并提出了基于完全不同的原则所做的分析(如 Bolinger 1972a; Schmerling 1976; Ladd 1980)。我们对他们提出的方法并不满意,因而在吸收对核心重音规则焦点分析所做的批评中的真知灼见之后,提出了我们自己的分析方法。我们将着重说明我们的理论能够解释核心重音规则焦点分析中有问题的数据,并在此过程中对另外一些分析方法进行评析。虽然这里因篇幅所限未能对其他这些分析方法做全面的评析,但我们没选择其他方法而只选择了我们的分析方法的原因,已一清二楚。

我们的分析涉及三个基本要素。第一个是对音高重调指派和联结的分析。我们提出音高重调被**指派给**了句法结构中的词类或更小类别的结构成分(或与结构成分成对出现),指派给结构成分的音高重调与那个成分的节奏最凸显的音节**相联结**(或在其上体现)。第二个和第三个要素是焦点规则:

(5.1)
a. **基本焦点规则**
  指派音高重调的结构成分是焦点。
b. **短语焦点规则**
  如果(i)或(ii)(或两者都)是真的,结构成分便可以是焦点:
  (i)结构成分是它的**中心语**,便是焦点。
  (ii)它里面所含有的结构成分是中心语的**论元**,便是焦点。

该分析体现了三个相当普遍的事实主张,它们与那个焦点结构取决于论元结构的具体主张无关。第一个主张是音高重调与韵律-焦点关系相关,而非节奏重音。第二个主张是用于决定焦点相关凸显在词中位置的原则不同于用于决定它们在短语中位置的原则。通过音高重调的指派与联结,音高重调(通常)会寻找到词的主重音音节(5.3.3 节),但据称音高重调在短语中的位置完全不是由短语的节奏构成决定的。第三个主张是一个焦点可以嵌入到另一个焦点之中。短语焦点规则给出了对焦点的递归性定义,这一假设对于制定该规则是必不可少的。我们将阐明任何一种理论都应允许内嵌的焦点。第二个主张对我们的分析也至关重要:我们的焦点规则是对该主张的一种具体阐释。至于第一个,其实对我们的论证并不重要。只要保持住词与短语的区别,哪个实体构成一个词与焦点相关的韵律凸显就不是当务之急。为了说明这一点,本节在论述韵律与焦点关系时使用了中性术语**凸显**,一直到 5.3.2 节才证明争议的焦点是音高重调,而不是重音。因此,我们将暂且把基本焦点规则修改如下:

(5.2)

基本焦点规则（暂时性）
词的结构成分凸显，便是焦点。

以下示例中的大写单词是"凸显"部分。根据经验，这意味着音高介入与这些词有关，也与某些节奏显著有关。

首先，请看（5.3）。

(5.3)

She SNEEZED. 她打喷嚏。

两种语调意义，因而也是两种焦点结构，可能与这个句子有关。在第一种情况中，似乎较为妥切地说 VP 是焦点，因为这句话贴切地回答了对询问整个 VP 原则上所提供的信息这个问题："她做了什么？"这里，我们的具体主张是：V 也与 VP 一起成为焦点（尽管在这个例子中有些难以搞清楚焦点落在动词上可能增添的附加意义会有哪些）。第二种情况是通常被称为**对比**（contrastive）的意义。我们可以把这里的动词"打喷嚏"用来与另一个（不及物）动词形成对比，就像话语"I don't think she SNIFFLED, she SNEEZED.（我没想到她**打喷嚏**了，她**打喷嚏**了。）"总的来说，我们将用句中"窄"焦点（相应地用句中大量的"预先假定的"或"旧的"信息）来识别对比的直觉。这一方面，我们接受鲍林格（Bolinger 1961）和拉德（Ladd 1980）的观点。因此，（5.3）有两种可能的语调意义，其不同之处在于后者的焦点是"窄的"，并且仅包含动词，而前者的焦点是宽的，并且还包含动词短语。

两种语调意义都与我们的焦点语法所做的预测一致。凸显落在"**打喷嚏**"上，通过基本焦点规则可知，这必然与动词上的焦点有关。短语焦点规则在某种意义上是可选择的，即：如果获得了某个条件，那么焦点就**可以落在更高层级的结构成分上**。与短语焦点规则相一致的是，**不存在更高层级的焦点**，因此只允许窄焦点落在那个动词上。还有与短语焦点规则相一致的是：由于 VP 的中心动词是焦点，所以 VP 上就有焦点。（另请注意：

如果 VP 是句子的论元，或者是时态与情态综合体（即 Chomsky 1981 所称的 INFL）的论元，并且是句子的中心语，那么鉴于短语焦点规则，VP 焦点也将允许 S 焦点。）因此，我们的焦点规则预测了这里正确的焦点结构序列。

核心重音规则焦点分析在（5.3）上也没有任何问题。动词（主重音）上的凸显与动词焦点和 VP 焦点是相一致的。当然，没必要认为有 VP 焦点，较低成分上也有焦点，但我们将证明这并不是核心重音规则焦点分析的一个优点。

请看下面的句子（5.4）：

(5.4)
She watched "KOJAK". 她看了"KOJAK"。

这里，仍有可能再出现两种不同的语调意义。可能只是宾语 NP 上有个（对比的）窄焦点（她没有看"*M*A*S*H"，她看了"KOJAK"），也可能有个 VP 焦点。（5.4）是对"玛丽昨晚做了什么？"这一问题的适当回答。我们的分析是：名词 *Kojak* 上的凸显意味着名词是焦点，这在专有名词的情况下可以自动保证 NP 也是焦点。只有 NP 上的焦点产生对比性意义。NP 是动词"看"的论元，它的焦点可使 VP 上的焦点成为可能。至于核心重音规则的焦点分析，它也为句子预测了正确的韵律与焦点关系序列。但是，正如这个例子开始所呈现的那样，它是出于错误的原因这样做的。如果凸显落在此处带焦点 VP 内的 NP 上，那么这是因为那个 NP 是最右边的成分，它凭借核心重音规则获得主重音。有必要把（5.4）中的 NP 解释为新信息，我们必须把这一情况看作是 VP 焦点自动产生的结果，因为核心重音规则的焦点分析不允许内嵌焦点。

下面的例子将说明：鉴于句子的特定语调结构[9]，由于缺乏内嵌焦点概念，核心重音规则的焦点分析无法准确概括现有的焦点结构范围和语调意义。另外（正如别人所做的那样）还将说明：对焦点成分内右向凸显

---

[9] 我们应当指出的是，威廉姆斯（Williams 1980b）的焦点理论是建立在我们认为是错误的如下这种假设基础之上，即认为不存在内嵌焦点。

所做的概括是不正确的，因此，若要获得对短语中韵律与焦点关系的正确描述，那么就必须抛弃短语重音规则决定凸显在焦点短语内的位置这一主张。我们将开始收集证据，证明诉诸句子论元结构的短语焦点规则决定（相互嵌入的）焦点之间的关系，并使得直接处理韵律与焦点关系成为了可能。还应当指出的是：要讨论的第一组实例与一种不诉诸论元结构的短语焦点规则版本相一致，稍后我们将展示在（5.1b）中基于论元结构的版本与（5.5）中的那个版本之间将起决定作用的案例。

（5.5）

另一种短语焦点规则

一个成分若含有一个焦点成分，便可以成为焦点[10]。

一种无内嵌焦点的理论不明确地提出，对 VP 内的 NP 解释在某种程度上是自动而成的（而且无法与 NP 自己焦点的有无直接相关）。没有内嵌焦点概念，VP 焦点与 VP 内的 NP 焦点都不能单独操作。但有证据表明，它们必须这样。请看下面两个句子：

（5.6）

She sent a BOOK to MARY.　　她给玛丽送了本书。

（5.7）

She sent a/the book to MARY.　　她把书送给了玛丽。

两者都有 VP 作为焦点的语调意义，任何一种都可以回答她（简）下一步做了什么的问题（或甚至在简比较凸显因而"预先假定"的话语中"发生了什么事？"这个问题）。但当两个句子都有 VP 焦点时，它们的全焦点结构并不相同。在（5.6）中，VP 的两个 NP 成分都代表新信息。既然这样，（5.6）是对有关简的活动的问题所给出的出乎意料的贴切答案。（5.7）也是对同一个问题的一种可能的答案，但要让它适当贴切，就必须在 a/

---

[10] 这条规则的表述不是乔姆斯基（Chomsky 1971）给出的，因为它有赖于内嵌焦点主张，不是乔姆斯基主张中所支持的。乔姆斯基的焦点规则是：既然语调中心的位置是由诸如《英语音系》中的核心重音规则和复合词规则之类的原则决定的，那么一个成分若内含句子的语调中心部分，便可以成为焦点。

第五章　语调语法

the book 是"旧信息"的语境下说出来，因为这就是 *book* 上缺少凸显的解释方法。这种语境是很容易想象到的。简的工作是对书做出说明，她眼前的书是谈话的话题，有人就她最近的活动提出了问题。其中一位发言人提到，她（简）昨天把书寄给了玛丽（一位普通朋友），她期待着得到一些评论。（5.7）是这句话的妥切表达。因此，VP 可以是焦点，而其 NP 成分之一可能不是。（5.6）和（5.7）这两句表明，将焦点落在（和解释）VP 内部的成分上，确实与 VP 的焦点无关。要对这种情况做出表征，我们就必须允许内嵌焦点的表达式。因此，我们提出：当有 VP 焦点时，（5.6）和（5.7）的焦点结构将分别是（5.8）和（5.9）：

（5.8）

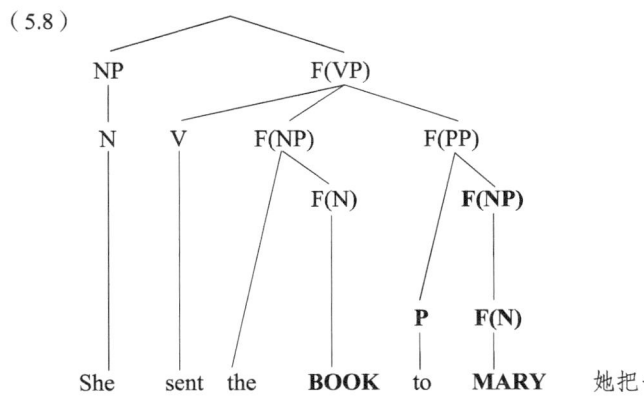

```
              NP        F(VP)
              |       / |    \
              N      V F(NP)  F(PP)
                       |      / \
                       F(N)  P   F(NP)
                                  |
                                  F(N)

              She  sent  the  BOOK  to  MARY    她把书送给玛丽
```

（5.9）

```
              NP        F(VP)
              |       / |   \
              N      V  NP   F(PP)
                        |    / \
                        N   P   F(NP)
                                 |
                                 F(N)

              She  sent  the  book  to  MARY    她把书送给玛丽
```

212

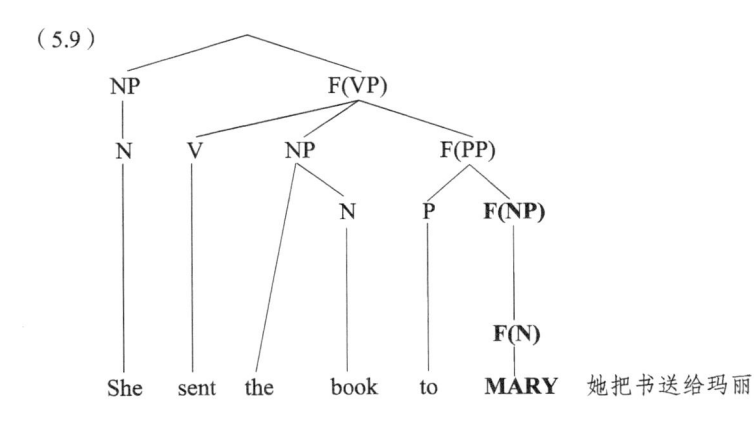

焦点规则宣布这些是合乎语法的韵律与焦点组合。基本焦点规则得到满足，是因为每个凸显成分是焦点；短语焦点规则得到满足，是因为每个作为其焦点、中心语或中心语的论元的更高层级成分是焦点。这些焦点结构为恰如其分的语调意义奠定了基础。

但真的需要 VP 焦点概念吗？如果在（5.6）、（5.7）这类例句中没有 VP 焦点，那么就没必要允许内嵌焦点。我们认为：要表达这类句子具有（至少）两种不同语调意义的可能性，就需要 VP 焦点概念。当预先假定（即旧的信息）"她向某人发送了某个东西"时，那么便可以适当地说出句子（5.6）。它可能是一系列句子中一个逐条列出她发给谁什么东西的句子："……她发给保罗一张唱片，发给她哥哥一支笔"，等等。在此情况下，每一个 NP 都是焦点，但 VP 不是。另一种意义是前面提到的那个句子，其中 VP 的任何一部分都不是预设的。我们在此指出 VP 应当说也是焦点。在涉及其他例子时，对 VP 焦点或更高焦点概念的需要将会变得愈加显而易见。

内嵌焦点（特别是焦点可能内含不是焦点东西的焦点结构的内嵌焦点）的存在，对焦点阐释理论具有重要意义。例如，我们不能像杰肯道夫（Jackendoff 1972）那样设想一句话（即它的"旧信息"）的预设。对于杰肯道夫（Jackendoff 1972: 240）来说，"与 F 统制的表层结构节点相关的语义材料是句子的焦点。为了获得预设，用适当的语义变项替代焦点材料"。然而，正如我们所呈现的，预设不仅仅是一个删除焦点、留下变项后的"句子框架"。因此，我们的观点让我们倾注于一种新的焦点和预设理论。不幸的是，我们这里无法提供这样的一种理论，下文中只会进行部分尝试去解决这个问题。

从迄今为止所考虑的案例来看，对焦点解释的一项重要观察结果是：未对**无焦点**做出统一的解释。必然要把无焦点的 NP 解释为旧信息，但无焦点的东西却非如此。在前面的大多数例子中，动词都没有凸显，因此没有 F(V)，但对话语来说，我们可以把动词理解为新的。我们认为概括应是只有（论元）成分焦点与（表示新旧信息之间有关话语差别的）语调意义方面有关，我们假设在语法中运行的焦点解释（主要）原则是（5.10）：

（5.10）

焦点解释原则

F（论元）⇔ 新信息

下文将提供其他方面的证据，表明这是有关焦点解释的正确假设。这里关注的重点在于：（5.10）这类原则让先前例子中的动词这类非论元焦点的解释全都变得含混不清，模棱两可。无焦点与这种非论元是新消息的说法是一致的。当然，凸显（因此也是焦点）也可以落在"新的"动词上：She SENT the book to MARY（她把书送给了玛丽）是适用于同一个语境的、（5.7）的另一种表达方式。后面的证据将证实这种解释动词等其他非论元的方法，还将有些**焦点**落在动词上且**不**一定解释为新信息的情况。

另一条解释焦点的原则，也与将要讨论的许多事实相一致：

（5.11）

另一条焦点解释原则

F（短语）⇔ 新信息

（5.11）区分的是短语与词，而不是论元与非论元。因此，（5.10）与（5.11）显然做出了不同的预测。目前，我们假定（5.10）是一条工作假设，它不对这些差异做出评析。稍后，在5.2.3和5.2.4中，我们将对两条原则的相对优点做出评估。

无论是（5.10）还是（5.11），都没构成焦点解释的完整理论。它们中的任何一个都没有确切地说出比如动词焦点可以为语调意义贡献哪些东西，也没有准确地说出"新"与"旧"的含义。（韩礼德（Halliday 1967b）对这一问题做过一些有趣的观察。）但我们在这里不能尝试更多的东西，而且我们提出这个已部分做出来的分析更多是作为一种研究的建议，而不是尝试对这个问题做出明确的陈述。

让我们回到主线上来，分析一下韵律与焦点的关系。由于我们的分析不借助于凸显在更高层级焦点成分中的成分线性序列中的位置,所以它可以说明另外一组核心重音规则焦点分析有问题的案例。请看(5.12):

(5.12)
    She sent her SKETCHES to the publisher.　她把她的概述发给了出版商。

这句话也可能具有 VP 焦点,因此构成了对简这个概述者在最近活动信息量上的适当评议,只要她的出版商以某种形式出现在话语中。这表明:要让 VP 焦点得以存在,VP 最右位置则不需要有韵律凸显;并且还表明:焦点 VP 可以内含一个无焦点 NP。在我们的阐释中,VP 本身在(5.12)中某种程度上是"新的"(即使它里面部分是"旧的"),这个意义对应于(5.13)中的焦点结构。

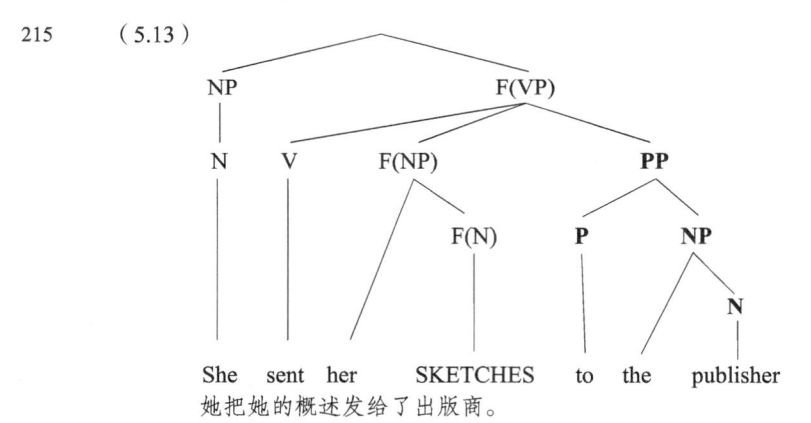

(5.13)

```
                NP              F(VP)
                │        ┌────────┼────────┐
                N        V      F(NP)       PP
                │        │        │       ┌──┴──┐
                │        │       F(N)     P     NP
                │        │        │       │     │
                │        │        │       │     N
                │        │        │       │     │
               She     sent     her    SKETCHES  to    the   publisher
```
她把她的概述发给了出版商。

焦点规则宣布(5.13)在形式上是正确的,因为从韵律凸显词 *sketches* 到 VP 是一连串的焦点,其中关键联结处是焦点成分,它或是相关短语的中心语或论元。

    像(5.12)这样的带成分结构、论元结构和语调结构的句子可否有焦点 VP,存在着某种分歧。乔姆斯基(Chomsky 1971)引用例句(5.14)提出它们不可能有焦点 VP。

(5.14)
    Did John give the BOOK to Bill?　约翰把书给比尔了吗?

他指出：对这个问题的自然反应句是，"No, something ELSE.（没有，还有别的东西。）"，而**不是** "No, he KEPT it.（没有，还在他手里。）"。由于回应句与问句的焦点结构被视为是相同的，自然而然反应句中焦点的"窄宽"被用来表示问句中焦点的窄宽。我们认同 the BOOK 上的窄焦点是这里首选的语调意义。但只要也存在一种出现 VP 焦点的可能说法，我们的阐释就合情合理，因为当（5.14）中的 BOOK 上存在韵律凸显时，我们的理论便允许 NP 上的窄焦点，**也**允许 VP 上的宽焦点。想象一下，提问者要约翰代表她做几件事：把某本书还给比尔、复印一些文件等，而约翰却出了名地健忘；当提问者遇见一位既（a）知道这些事，还（b）说过曾见过约翰和比尔在一起的室友时，在我们看来，（5.14）的提问似乎恰逢其时，"No, he KEPT it." 或 "No, he FORGOT it.（没有，他忘了。）" 都是恰如其分的回答。事实上，需要构建这么详尽的话语来表示（5.14）中的 VP 焦点，这一需要与焦点规则无关，而仅以如下事实有关：更难以构建的情况是可以将焦点适当给予带定冠词 the 的名词短语，并可以把它表示为新的信息。假设句子先前是（5.15）。

（5.15）
  Did John give a BOOK to Bill? 约翰把书给比尔了吗？

只有在约翰、比尔和比如比尔的最近生日是话语中的"旧信息"时，这种句子才可能是恰当的。妥当的回答可能是 "No, this time he grew a pot of NARCISSUS for him."（不，这次他为他种植了一盆水仙花）。其他例子很多，其中焦点 VP 中第二位置上的论元 NP 是无焦点的，第一个论元是有焦点的[11]：

---

[11] 诺米·埃尔特希克-希尔（Nomi Erteschik-Shir，私人交流）注意到：英语里动词后间接宾语的焦点一定是窄的，至少有些说话人是这样的。那么，VP 在（i）中无法有焦点：
  （i）She offered PETE the recipes. 她把食谱给了皮特。
  这一观察结果若是真的，那么将支持如下观点：更高层级成分的焦点是由短语论元结构包含其中的焦点成分的"位置"决定的。该观察结果还表明，应对短语焦点规则加以改进，以处理更高成分内所含有的论元**类型**中的差异。

（5.16）

 a. She offered all her RECIPES to Pete.　　她把她的食谱都给了皮特。
 （话语背景：讨论苏珊与皮特之间不寻常的离婚安排事宜。）
 b. They told us not to put our ELBOWS on the table.
  他们告诉我们不要把胳膊肘放在桌子上。
 （话语背景：在饭桌上讨论家庭冲突之事。）
 c. La Guardia used to read the FUNNIES to the kids (on the RADIO).
  拉·瓜迪亚以前常（在广播中）给孩子们读笑话。
 （话语背景：讨论为什么即使是纽约最年轻的一代也都喜欢市长。）

这些例句和下面讨论的其他例句很好地证明了 VP 焦点不需要 VP 内右边上的韵律凸显。

 但短语焦点规则确实需要将焦点中心语或论元落在更高焦点成分内的某个位置上。这是该规则（5.1b）公式中"包含其中的"附加条件的内容。作为动词论元的主语名词短语的焦点定位不足以允许 VP 焦点，这一事实说明确实需要这个附加条件。在（5.17a-c）中，句子的唯一韵律凸显是在主语 NP 内，只有窄焦点落在这个 NP 上；换言之，这些都不是对"发生了什么？"这一提问的妥切回应。

（5.17）

 a. JOHN writes poetry in the garden.　　约翰在庭院里写诗。
 b. JOHN eloped.　　约翰私奔了。
 c. JOHN was arrested.　　约翰被捕了。

有人说，像这些只在主语 NP 内有韵律凸显的一些句子在突然说出来时是十分合适的。请看（5.18）中的例句[12]。

（5.18）

 a. The SUN is shining.　　阳光明媚。

---

 [12] 有关（5.18a, b）的讨论，见伯曼和绍莫希（Berman and Szamosi 1972）、布列斯南（Bresnan 1972）、鲍林格（Bolinger 1972a）和施梅林（Schmerling 1976）。关于这些句子的逻辑式和焦点属性的一些重要见解，见盖龙（Gueron 1980）。
 有关（5.18c）的讨论，见鲍林格（Bolinger 1965b）、拉德（Ladd 1980）。

b. My UMBRELLA's been found. 已找到我的雨伞了。
c. My MOTHER's coming. 我妈妈来了。
等等

突然说出来它们时的适宜性要求我们把 VP 视为这里的焦点，因而若一个焦点论元不在有中心语的结构成分内，能否允许把该结构成分变成焦点？我们认为不可能。可能只是在一个贴切的话语中，突然说出来只将焦点落在主语 NP 而不是整句上的句子[13]。因此，我们暂且将短语焦点规则放置在一边，不予关注。

施梅林（Schmerling 1976）也曾对我们迄今为止所讨论的现象做过分析。我们的阐释与施梅林的相似，即我们认为核心重音规则在决定短语凸显在特定话语中的位置不起作用，并把每个凸显的出现与否看作是与句子能否作为已知语境中一种贴切的话语有关。但我们的阐释与施梅林的阐释存在本质上的差别。焦点结构在韵律与语调意义之间起调节作用，施梅林的体系中却没有这一结构的表达式；正因为此，也存在一些它不能描写的情况类型。

有两条原则构成了施梅林体系的核心。第一条是（5.19）（Schmerling 1976: 76）：

（5.19）
原则 I
句中的那些部分获得了弱化的重音，其中有由说话人预设为真且为听话人所知的材料。

在没有焦点结构层级的情况下，施梅林的原则 I 似乎可以将她的理论归结为韵律与语调意义之间存在一对一关系的主张。例如，有这样一条原则，就不可能表示我们概括为窄（对立）焦点与宽焦点之间差异的这种意义上的差异，也不可能将这种焦点相关的词的范围说成是**偶数的**和**唯一的**，以及杰肯道夫所讨论过的需要焦点结构概念的其他事项。因此，尽管原则 I

---

[13] 所有这一切毫无疑问都与"主题"概念有关。这里，我们对此不予考虑，但在某些时候将不得不做出区分。关于"主题"与"焦点"，见韩礼德（Halliday 1967b）。

背后的直觉是合理的，但它并不构成韵律与意义关系理论的基础。

施梅林（Schmerling 1976: 82）提出作为她理论组成部分的第二条原则是：

(5.20)
> **原则 II**
> 如果有重音的话，动词获得的重音比主语和直接宾语更低；换言之，无论谓词在表层结构中的线性位置如何，它们获得的重音都比它们的论元更低。

当所有的句子都是"新闻"时，这样一条原则被认为在突然说出一句话时适用（90页）。我们认为这里不够清晰，其原因在于施梅林的理论未能通过焦点结构的调节来将韵律凸显与语调意义之间关系的阐释进行"模块化"。施梅林试图继续如下这种分析方法：直接由（a）所假定的话语中句子的新旧信息内容（原则 I）和（b）它的谓词与论元结构（原则 II）来决定凸显（即她所说的"重音"）的出现与否。具体地说，原则 II 把她的分析归因于凸显**没有**落在"新闻"句子的动词上，我们已证明这是错误的。在施梅林的分析中，原则 I 和 II 是指派重音但不是决定重音**程度**的规则（她的理论框架跟我们的一样，在这个理论框架中，结构成分是否具有凸显是与语调意义有关，重音程度是由后面层级的规则决定的）。（见 5.3.4 节）我们认为中间层级的焦点结构有助于厘清这个问题。

关键之处在于：只要动词焦点不存在时 VP 内有个焦点论元，焦点在动词上出现与否与句子的话语相关信息内容无关。这意味着，当有个凸显的 NP，而且这个句子又是突然说出来时，那么动词既可以是凸显的，也可以是不凸显的。这应当是如下两条原则产生的情况：不把动词解释为新或旧的"焦点解释原则"和需要在突然说出话来的语境中让论元 NP 承担起确保 VP 焦点可能性工作的"短语焦点规则"。施梅林所认定相关的谓词与论元差别在我们的理论中具有一种与施梅林理论不同的功能。根据我们的理论，它在表述韵律与焦点关系以及解释焦点方面都占有一席之地。难题必须以此方式得到破解，这将会日渐清晰。

让我们更加全面地看一看短语焦点规则第（ii）部分的含义。根据这条规则，落在中心语成分上的焦点可以让焦点落在更高的中心语成分上。例如，在（5.4）中，要想在"*KOJAK*"中 N 焦点的基础上指派 NP 焦点，那么就需要这一条款。（这是因为我们假设只是词（而非短语）根据其韵律凸显被赋予了焦点属性，这一假设我们将在 5.2.3 节中加以论证。）相同条款将允许 VP 焦点化，因而允许（5.21a-d）中更高成分的焦点化。

(5.21)
a. JOAN ELOPED.　　　　　　　　琼私奔了。
b. JOHN was ARRESTED.　　　　　约翰被捕了。
c. The SUN is SHINING.　　　　　　阳光明媚。
d. My UMBRELLA has been FOUND.　我的雨伞已经找到了。

它只在中心语的词带焦点而其论元都不带焦点的情况下也允许 VP 或 NP 的焦点化。这一结果非常重要。

拉德（Ladd 1980）让我们注意到这样的事实：当焦点仅落在它的中心语而不是中心语的论元上时，这将表明更高成分可以成为焦点；而且还指出，这些事实给任何一种基于核心重音规则的焦点指派解释带来了问题。请看（5.22）中的话语（即拉德（Ladd 1980）中的（19））：

(5.22)
A. Has John read *Slaughterhouse-Five*?　约翰读过《五号屠场》吗？
B. No, John doesn't réad [READ] books.　没有，约翰没读过书。

拉德评述道（Ladd 1980: 81）：

> (19) 中的重调绝不像通常所说的那样是"对立性的"：B 答话的意思并非要与"约翰不读书，他写（评析、收集、烧毁等）书"形成那种明显的对立。相反，重调模式的关键之处在于 *books* 上没有重调；焦点是宽焦点，但重调默认落在 *read* 上。

我们认同拉德的观察结果，即凸显落在 B 答话中的 *read* 上，这个凸显不是"对立性"的窄焦点，而是较宽的"宽"焦点。NP 都不是焦点；依照我们的解释，B 答话的焦点结构结果一定如（5.23）所示。

（5.23）

```
                    S
                  /   \
                NP    VP'
                |    /   \
                N   F(VP)
                    /    \
                 F(V)    NP
                          |
                          N

               John doesn't READ books  约翰不读书
```

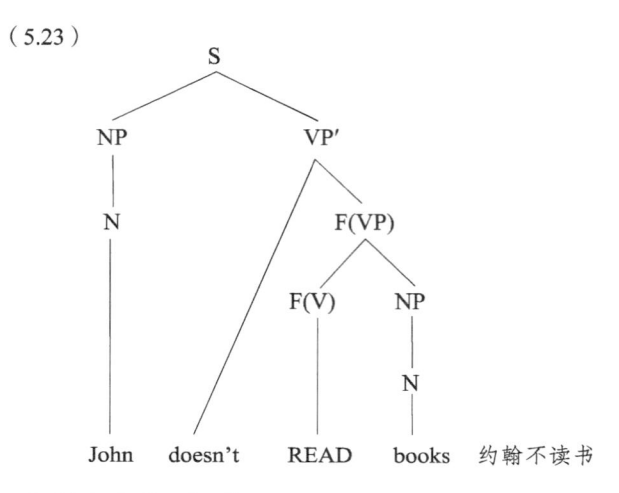

F（VP）是在直觉上知道这里是宽焦点的最低限度焦点指派形式。（已知 F（VP）和短语焦点规则，F（VP'）和 F（S）原则上也可以成为焦点，尽管我们并不清楚在特定话语中焦点是否确实落在这些成分上。）这里的关键之处是，必须把 VP 的焦点归因于动词的焦点。

因此，话语（5.22）给出了有 VP 焦点但同时论元 NP 不需要（事实上不可能）成为焦点的情况。动词的凸显允许（通过基本焦点规则和短语焦点规则获得的）VP 焦点，而且在焦点解释原则（5.10）的情况下，这个焦点结构让说话人只认为 VP 是"新的"，动词不是"新的"。这是一种理想的结果，因为 read 肯定不是"新的"。因此，这些语法原则允准句子拥有一种适合于这种话语语调意义的可能的发音方式，即一种只有动词是凸显的发音方式。这是唯一具有妥切语调意义的句子的发音方式。

拉德对这类情况的分析截然不同。其分析体现在它的焦点规则（5.24）中。

（5.24）

焦点规则（Ladd 1980）

重调落到焦点结构成分中那个最能重调的音节上。

（我们在讨论中将用中性术语**凸显**替代拉德的**重调**）（5.24）的主张是，焦点 VP 的凸显**默认**落在动词上，这只是因为这个话语中的 NP 不能带重调（或不带重调）。但这一基本主张是没有事实依据的。当 VP 是焦点时，重调可能（至少）出现在 NP 是焦点时的**两个**地方。例如，可以说 *John/he TEACHES CLASSICS*（约翰/他教授经典著作）或 *John/he teaches CLASSICS*（约翰/他教授经典著作）[14]。两个例子都可能有 VP 焦点，不同之处在于焦点是否出现在动词上——根据焦点解释原则，这对新/旧信息内容没有任何贡献。关键之处在于：通常不可以声称焦点 VP 中动词上的凸显是因 VP 上的某些其他成分没有焦点而产生的。在"缺省"情况下，动词**一定**是凸显的，其原因是，当动词的论元不是焦点时，产生 VP 焦点的唯一方式是动词本身成为焦点，因此是凸显的。

另一对例子有助于提出同样的观点。（5.25）中的两个问句的焦点都是在 *Lake Hill*（希尔湖）这个 NP 上。

（5.25）
　　a. Where is Lake HILL?　　希尔湖在哪里？
　　b. Where is LAKE HILL?　　希尔湖在哪里？

名词短语实际上是模棱两可的，这取决于把组成部分的名词解释为专有名词（莱克太太、希尔先生）还是景观特征名称（湖、山）。确确实实，（5.25）中所阐释的每一种凸显类型都有一种首选的解释。*Lake HILL*（希尔湖）是以 *HILL*（希尔）命名湖的（参见伊利湖、休伦湖、塔霍湖），而 *LAKE HILL*（莱克山）是指一座命名为 *LAKE*（莱克）的山（布莱克山、诺布山、福特山）。这些例子都说明我们不能仅依据 NP 焦点来预测成分中有一个凸显（重调）还是两个；对比显示，我们必须允许至少两个凸显（并允许每一个都能得到一种解释）[15]。

---

[14] 这些例子源自韩礼德（Halliday 1967b），但我们对它们的解释与韩礼德的有所不同。

[15] 我们将假定 *hill* 在两种情况下都是 NP 的中心语，因此它的焦点是确保 NP 焦点的那一种。当地理术语 *lake* 在其前面时，它可以成为焦点，也可以不成为焦点，这也许是因为它在某种意义上是羡余的。*Lake HILL*（希尔湖）（或 *Lake ERIE*，伊利湖）与 *my sister/SISTER ANDREA*（我妹妹/修女安德莉亚）这类说话风格有些相似。至于 *LAKE HILL*（*NOB HILL*），第一个成分可能因其本身适宜作为名称而优先成为焦点。

拉德的焦点规则还有另外一个更为严重的问题：它是基于一种概念上的、对"重调性"与"焦点"所做的无效区分。拉德没有对重调性做出界定，认为它是名词原本程度上就比其他词类一定更强的一种属性，并把 teaches classics（教授经典著作）中 classics 的凸显归因于这一原本就强的重调性。但拉德也承认语境（不知怎么）可以使名词不那么具有重调性。例如，在此例中，其姊妹动词在处于更高焦点成分中时被弄得"更具重调性"，更易于获得凸显（重调）。从概念上讲，焦点和重调性似乎同属一个概念。二者都与语调意义和句子在某一特定话语中的恰当性相关。在拉德的阐释中二者的区别在于，焦点是更高结构成分的一个属性，而重调性是焦点内所含的一个结构成分的属性。将二者统一起来所需要的仅仅是焦点可以彼此嵌入这样一个概念。

焦点可以彼此嵌入这个概念为统一解释句子的焦点结构及其与语调意义关系奠定了基础。我们的焦点规则和与之相伴的焦点解释原则就是这样一种解释，可否重新制定拉德的焦点规则以提供这样一种解释？我们认为不可能。一旦剔除重调性这个概念，就像短语焦点规则那样无法避免对焦点做递归性的界定。因此，我们虽然认同拉德对有关在所谓的缺省重调案例中的宽焦点所做的实况观察，但仍不接受他对那些案例的解释。我们还要强调，基本焦点规则和短语焦点规则如早期那样，无需调整就可以对这些案例中的韵律与焦点关系做出解释。

在转向我们分析所要解释的其他事项之前，我们想要探究一下另外一些"缺省重调"的案例，从而将两个观察结果讲清楚它们是我们阐释韵律与焦点关系的基础：(i) 要使结构成分成为焦点，也不需要凸显出现在那个结构成分的最右端位置；(ii) 虽然更高焦点在某种意义上可从内在的焦点成分中"推导出"它的焦点，但让所有更高焦点中的结构成分本身成为焦点，并不是必要的。

请看下面引自拉德（Ladd 1980: 81）的例子：

第五章 语调语法

(5.26)
A bill was sent to Congress today by President Carter which would require peanut butter sandwiches to be served at all government functions. At a press conference today, a group of Senators led by Republican Barry Goldwater of Arizona DENOUNCED the measure. Goldwater said . . .
卡特总统今天向国会提交了一份法案,要求在所有政府职能部门提供花生酱三明治服务。在今天的新闻发布会上,由亚利桑那州共和党人巴里·戈德沃特领导的一组参议员宣布了这项措施。戈德沃特说……

(5.27)
I can't imagine what it would be like to be a dentist — but I'm awfully glad there are guys who want to BE dentists.
我无法想象成为一名牙医会是什么样子,但我非常高兴有些人想成为牙医。

(5.28)
A: Man, it's hot! Doesn't feel like it'll cool off till tomorrow at least.
　老兄,太热了!至少明天不觉得会凉下来。
B: Yeah, they SAID it would be hot all day.
　是的,他们说明天整天都会很热。

在所有这些例子中,作为 VP 中动词姊妹节点的补语是旧信息,因而不适合成为焦点。但不要把动词焦点化理解为对立性的。由此我们得出如下结论:这里因动词上有焦点而允许有 VP 焦点。这些例子本质上与(5.29)之类的例子无实际差别,在(5.29)中,动词的宾语是一个无焦点的代词。

(5.29)
　I SAW her again today.　　我今天又见到了她。

没有窄焦点暗示落在 saw 上。对会话人来说,如果指称对象足够明确,那么甚至可以从说出这句话起开始一场会话。(这可以在进入房间时说出来,指一个在附近居住、无家可归的奇怪女士,在这种情况下 see 不可能是对立性的,因为"看到的"或许就是这个人所做的一切。)

接下来请看介词短语中"缺省重调"的例子。就像在 VP 中那样,当

251

NP 宾语一定不是焦点而母成分是焦点时，这个中心语承载凸显，因而是焦点，这使得更高的焦点成为可能。我们给第一个例子（5.30）一整套的凸显，尽管这里我们最感兴趣的是斜体的介词短语部分：

（5.30）

For THEM, it is *WITH metrical trees* that the pattern of prominences must be REPRESENTED.

对于他们来说，必须用节律树来表征凸显模式。

斜体 PP 是在句法界定的焦点位置：*it is* 之后的结构成分一定是焦点。这里，最终保证 PP 焦点可能性的凸现是由介词承担的。这句话的语境一清二楚：节律树（和凸显模式）是旧信息，因而无法成为焦点，这将 PP 焦点化的工作留给了介词中心语。短语焦点规则确保了介词凸显能够承担起这项工作。其他带宽焦点的介词凸显例子很多：

（5.31）

The buttermilk's the best part OF it.　酪乳是其中最好的部分。

（it = 早上的谷物混合物）

（5.32）

Some expressed concern that the President wouldn't be able to get a budget resolution THROUGH Congress.

一些人担心总统无法通过国会获得预算决议。

（5.33）

I didn't even know it was BY Beethoven.[16]

我甚至不知道这是贝多芬创作的。

（5.34）

IN such circumstances, people are likely to try something else.

在这种情况下，人们可能会尝试别的东西。

我们可以认为这些例子中没有一个介词上有窄焦点。可以说，介词只是允许 PP 焦点的凸显载体。之所以能够这样做，是因为这样的事实：焦点解

---

[16]　我们将这个例子归功于斯蒂芬妮·沙特克–赫夫纳格尔（Stephanie Shattuck-Hufnagel）。

释不强迫介词构成新信息的读取方式。

拉德指出（所谓）缺省重调不仅仅限于这种 VP 和 PP 结构。确确实实，每当无焦点论元出现在更高焦点结构成分之中时，那个更高的结构成分必须含有另外一个焦点论元或焦点中心语。请比较例（5.30）与例（5.35）。

（5.35）
For THEM, it is in TERMS of metrical trees that ...
对于他们来说，是用节律树……

这里，PP 焦点也是由一个非论元确保的，尽管这个例子的外形有所不同。在此例中，*terms* 是 *in* 的 NP 宾语中心语，它是凸显的；因此 NP 宾语本身可以是焦点，从而保证句法焦点位置上的 PP 是焦点。正是在这个 NP 中，我们找到了一个"缺省重调"的例子。*terms* 负载里允许更高 NP 焦点的凸显，因为它的论元 NP 作为旧信息是不能负载的。

对于许多现存的韵律与焦点关系理论来说，这种"缺省重调"的案例是很成问题的。各种版本的核心重音规则焦点分析的倡导者（如 Chomsky 1971; Jackendoff 1972; Bing 1979a; Williams 1980b）都赞成把这些案例中动词和介词上的焦点看作是窄焦点，因而具有对立性。对于任何一种不纳入焦点结构的理论解释（如施梅林的理论解释），特别是任何一种不将中心语的焦点与更高结构成分的焦点分开的理论解释来说，这些案例也很成问题。我们的理论能够成功地解决"缺省重调"的案例，这种能力强烈表明，我们正走在让**中心语**与**论元**语义关系而非结构成分的线性排序在概括韵律与焦点关系中发挥核心作用的正确轨道上。

5.2.2 德语里的韵律与焦点

我们的韵律与焦点关系理论没有直接或间接地求助于韵律凸显在结构成分线性排序中的**位置**，所以可以不加修改地将它扩展，用于描写某种语言里的韵律与焦点关系，在这种语言里，中心语与论元的排序不同于英语里的排序。请看下面这个德语句子，在这个句子中，VP 中的论元 NP 位于末尾位置上的动词之前，动词并不**凸显**，句子的主要凸显是在前面的 NP 上。

（5.36）
PETER hat ein BUCH betrachtet.　　彼得看到了一本书。
Peter　has　a　book　looked at

这句话可以突然地说出来。两个 NP 都提供新的信息，而且也可以把 VP 解释为新信息。与包含 VP "宽"焦点的意义相对应的焦点结构，最起码是（5.37）：

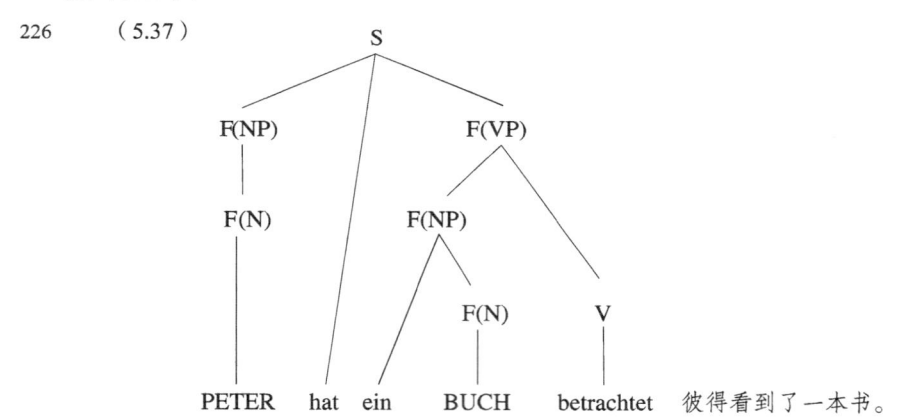

（5.37）

```
                S
              /   \
          F(NP)   F(VP)
            |      /  \
          F(N)  F(NP)  V
                 |
               F(N)
          PETER hat ein BUCH betrachtet    彼得看到了一本书。
```

（有关这种短语结构的理据，见蒂尔施（Thiersch 1977）。）焦点规则认为这是一个合格性的韵律与焦点结构关系。此外，焦点解释原则把焦点主语和直接宾语的 NP 论元和焦点 VP 解释为新信息，并让动词 *betrachtet* 的新旧地位模糊不清。

（5.37）之类的句子给在类似《英语音系》的标准理论框架内分析德语里的"正常短语重音"造成了困难。（例如由凯巴斯基（Kiparsky 1966）所阐释的）这个问题是要解释为什么在这类突然说出来"正常重音"的话语中没有末尾动词凸显，尽管末尾凸显（通常）是针对其他结构成分（包括句子）的规则。例如，在（5.36）中，*Buch* 比 *Peter* 更凸显，说明核心重音规则对该句的影响。(5.38a-c) 之类的句子（引自比耶维什（Bierwisch 1968））展现了核心重音规则变体的右向凸显[17]。

(5.38)
a. [[Die Schuhe von Heinrich²] sind kaputt¹]
　　　the shoes of Heinrich are ruined
　　　海因里希的鞋子毁了。
b. [[Bücher³, die zu teuer sind], taugen¹ nichts]
　　　books which too expensive are are worth nothing
　　　太贵的书一文不值。
c. [Peter² betrachtet ein Buch¹]
　　Peter looks at a book
　　彼得正看着一本书。

由于凯巴斯基所做的有关德语表层短语结构的假设不同于我们这里所做的假设，按照蒂尔施（Thiersch 1977）等人的说法，对凯巴斯基的提议及其遇到的困难所做的详细考察都不会特别富有成效。可以这么说，凯巴斯基提出德语有一条类似于英语的核心重音规则，它适用于某些而非其他短语。在其他这些结构成分中，据说另外一条短语重音规则适用，并指派最左端的凸显。从（5.36）和（5.37）的凸显模式来看，VP 似乎是个指派最左端凸显的规则所适用的短语。但甚至 VP 的这一特别规则也无法应对这些现象，因为如果 VP 含有两个先于动词的补语（并且两个都是新信息），如（5.39）所示，那么如指派 VP 最左端凸显的规则所预测的那样，是最右端而不是最左端获得最大凸显。

(5.39)
Sie hat ihrer　　　MUTTER das BUCH gegeben.
She has her (dat) mother　　the book　given
她把那本书给了她母亲。

---

[17] 我们将假定每个大写或用整数标示"重音"的词都带有一个与焦点相关的韵律凸显，即音高重调。我们的核心重音规则版本将确保负载音高重调音节的相对凸显等级（参见 5.3.4 节）。

（大写无法反映出凸显的**等级**：在这句话中，*Buch* 比 *Mutter* 更凸显。见本章注 ⑰。）

当然，应当清楚的是，德语在焦点方面与英语没有什么差别。动词在任何出人意料的话语（或任何一种 VP 是焦点的话语）中没有焦点（和凸显），是完全允许的，若要把 NP（但不一定是动词）解释为新信息，那么 NP 一定是焦点。另一对涉及含有无焦点 NP 的焦点 VP 的例子将对这一相似性起到强调作用。请看一段通常充满客厅、主题乱七八糟的话语。为了提供可悲事态的额外证据，一位对话人在谈到她的兄弟时说出了只有一个凸显的句子（5.40）。

（5.40）
Er hat sein BUCH im Wohnzimmer   verloren.
he has his book   in the living room lost
他把他的书丢在了起居室里。

实际上，由于德语词序是自由的，可能还有另外一个具有相同含义的句子（5.41），只是将其动词补语的词序做了颠倒。只要凸显仍落在直接宾语 *sein Buch* 上，语调意义保持不变。

（5.41）
Er hat im Wohnzimmer sein BUCH verloren.
他在起居室里丢了他的书。

Buch 上的凸显并不仅仅产生这些句子中的 NP 焦点。相反，将整个 VP 视为焦点似乎恰如其分。（5.40）与上面引用的英语句子颇为相似，VP 内只有一个 NP 焦点，VP 便可以成为焦点，即使是在 VP 中的与 NP 相邻的（姊妹节点）PP 或 NP 不是焦点的时候。对任何想要在纯线性或结构因素基础上计算更高焦点短语的凸显位置的理论来说，这类句子当然都很困难。

最后需要注意的是：英语里的"缺省"重调现象也存在于德语里。（5.42）和（5.43）非常适宜作为在 *books* 是旧信息的背景下的新话语。

（5.42）

PETER hat ein/das Buch BETRACHTET.

彼得曾经注视着一本/这本书。

（5.43）

PETER BETRACHTET ein/das Buch.

彼得注视着一本/这本书。

（比耶维什（Bierwisch 1968）强调了这些例子给短语凸显的标准理论解释造成的问题特征。）

总之，德语里最大凸显在焦点成分内的位置是由短语重音规则决定的，这一点所依照的理论有几个不良后果。因此，它必须为短语重音设定两条不同的规则。（尽管在 VP 有两个凸显补语时，这仍无法解释 VP 的凸显模式。）即便有这些规则，也没有能力处理像（5.40）和（5.41）这种相同焦点结构中可以允许有两个不同韵律凸显位置的句子，也没有能力处理像（5.42）和（5.43）这种"缺省重调"的案例。然而，焦点规则和焦点解释原则对这些事实做了直接的解释。比耶维什（Bierwisch 1968）注意到了在德语里这些句子对核心重音规则形成的问题特征。但正如我们所展示的那样，他的这些有关事实表明核心重音规则必须应用于表征层面而非表层句法层面的结论，是没有根据的[⑱]。

---

⑱ 比耶维什指出的核心重音规则表面结构应用的另一个问题是由（i）和（ii）之间的对比形成的：

(i) a. Péter betrachtet das Búch.
   b. Péter hat das Búch betrachtet.
(ii) a. Péter scháut das Búch án.
    b. Péter hat das Búch ángeschaut.

在所有这些句子中，NP 都是"无重调的"，并构成了旧信息。问题是要解释在这些例子中"缺省重调"为什么在（ia）中落在动词 betrachtet 上，而在（iia）中却落在可分离的前缀 an 上。比耶维什提出，与在（iib）中的理由相同，重调落在（iia）中的 an 上，而不是主动词上，并在动词移到第二个位置上之前很可能将更重的重音指派给（iia）中的 an。我们系统中没有这种通常类型的分析法（其原因已在 5.2.3 节讨论由布伦南（Brennan 1971, 1972）提出的一项并非不相似的提议时做过解释）。然而，目前我们没有对这些事实做过解释。它们很可能是由 an 作为动词的某种论元的地位（即获得一种优先于动词本身的焦点）产生的。

229 德语有个我们的分析方法无法解释的事实。在句子（5.44）中，除了补语外，动词还可以成为焦点。这句话有适宜的焦点，但是如果把它（即使并非不可能）当成一句出人意料的话，我们则认为十分怪异。

（5.44）
PETER hat ein BUCH BETRACHTET.
彼得曾经注视着一本书。

这里，动词的凸显似乎表明动词上的焦点是窄焦点。我们不知道该怎么处理这个事实，特别是因为当动词的语义更丰富时，它可以凸显，成为焦点，仍然还允许 VP 宽焦点的解释，如（5.45）所示。

（5.45）
Er hatte diese MORALVORSTELLUNGEN INTERNALISIERT.
he had these moral ideas internalized
他已将这些道德理念内在化了。

然而，动词 *internalisiert* 绝不需要凸显。但现在要注意的是，在（5.46）中，同样的动词是**不**凸现的，据报道这是出乎意料说出此句时的首选发音。

（5.46）
Er hatte die SELTSAMSTEN MORALVORSTELLUNGEN internalisiert.
he had the strangest moral ideas internalized
他已把极陌生的道德理念内在化了。

或许将这里的动词焦点化会"贬低"NP 上的焦点。显然我们尚未达到焦点解释的深度：原则（5.10）到目前为止还没有办法区分德语里这些案例与（很多都是鲍林格（Bolinger 1958a，1972a）曾引用中的）英语里类似这类案例之间的差别。显然，现在到了细化解释的时候了。尽管如此，这些事实的存在以及我们目前缺乏解释这些事实的能力，都不应当模糊掉总的要点。我们探讨的德语短语凸显的事实表明：凸显在焦点结构结构成分内的位置不是由短语重音规则决定的，VP 及其成分 NP 的焦点是独自变化的，而且焦点规则很好地解释了语言里韵律与焦点的结构关系。

在我们放下德语短语凸显这一论题之前，还必须讨论一下余下的这样一个事实。句子（5.47）（=（5.43））是一个英语里所讨论的那些"缺省重调"的情况。

（5.47）

Peter/PETER BETRACHTET das Buch.

彼得注视着这本书。

das Buch 这个 NP 作为旧信息，不是焦点，而动词上的焦点不（一定）是窄焦点。我们可以理解 VP 是焦点。重要的是：这里的动词不是**在 VP 中**。德语底层是动词结尾的，移至第二位置的动词不再是 VP 的一个结构成分（有关这方面的论证，见蒂尔施（Thiersch 1977））。注意：短语焦点规则实际上并不要求为了本身成为焦点而将成分的焦点**中心语**包含其中。然而，构建（5.1b）可能是要求中心语和论元都包含在更高的焦点结构成分之中，如果它们一定要将焦点"传递"给它。英语的各种事实都与任何一种构建方式相一致，因为英语里的中心语动词不会弃掉 VP。但德语的事实却似乎只与原始版本兼容；它们似乎表明中心语动词可使其中心语的 VP 成为焦点，即使它不包含在其中。然而，还有另外一种解决方案。如果第二位置上的动词在 VP 中留下语迹，而且先行语的表层结构焦点"转成"其语迹的焦点，那么表面上无动词 VP 的焦点就能归因于其中中心语的语迹焦点；如果更高的结构成分是焦点的话，还能保持焦点中心语包含在该更高结构成分中的必要条件。我们让读者思考这些问题，不要试图在这里对这个问题下定论，而应该转向提供更多的相同类别的观察结果。

5.2.3 论元结构与短语焦点规则

短语焦点规则（5.1b）主张论元和/或中心语的焦点对更高统制成分的焦点而言是至关重要的，但到目前为止，我们实际上还没有给出支持该短语焦点规则的决定性证据。迄今为止所考察的事实都与另一种短语焦点规则（5.5）相一致，而按照这条规则，更高的结构成分只要包含任何一种焦点成分,就都可以成为焦点。

焦点解释原则(5.10)在解释句子的新旧信息内容方面有赖于论元与非论元的差别,我们还没有给出描述这一原则的决定性证据。已考察过的事实都与另一种焦点解释原则(5.11)相一致,该原则只是从**短语**与本身不是短语的**词**之间的区别来看待相关差别的。

要证明**论元**与**中心语**概念确实至关重要,我们必须对既不是句子谓词与论元结构中的中心语,又不是论元的词和短语的焦点和解释进行研究,也对表层结构中统制它们的短语的焦点和解释进行研究。我们将把既不是论元也不是更大短语中心语的句法成分称作**附加语**(adjunct),它们包括修饰语、量词等成分。短语焦点规则认为附加语的焦点**不允许**母节点的短语焦点。焦点解释原则认为附加语上焦点的有无并不影响话语新旧信息的内容。

请看句子(5.48):

(5.48)
  JOHN bought a red TIE. 约翰买了一条红领带。

(5.48)可以突然说出来,VP 和两个 NP 都被用来引入"新的信息"。形容词 red 在这里不是凸显的,故而不是焦点,因此,统制 red 的形容词短语不是焦点。这个句子与决定短语焦点规则的哪个版本是正确的无关。red 是 AP,它的上面没有焦点,这对 a red TIE 这个更高的 NP 成为焦点的可能性没有影响,因为无论短语焦点规则的哪一个版本,TIE 的焦点都将允许更高的焦点。然而,句子(5.48)确实允许我们询问附加语 red 在信息结构的地位情况。发出(5.48)是否让说话人认为 red 是"旧信息"?要让(5.48)成为一个恰当的句子,一定在话语里(或以某种方式出现在话语语境中)提到 red 吗?我们不这么认为。如果这种直觉是有根据的,那么焦点解释原则的原始版本理应就是正确的。这是因为 red 不只是一个词,而且还是一个短语,因此,如果起作用的是另一种焦点解释原则,则必然把它解释为旧信息。

请看下面的句子（5.49）。

(5.49)
JOHN bought a RED shirt.　　约翰买了一件红衬衫。

问题在于附加语 *red* 上的焦点是否允许在整个 NP 上因而也在 VP 上的焦点？这里的答案是否定的：焦点是窄焦点，它仅限于 AP 上。意在表示"对立性"时（如在 *Sue bought a blue shirt*（苏买了一件蓝色衬衫）之后说出来就会出现这种情况），可以把（5.49）恰如其分地说出来。但作为一种突然说出来的话，即使是衬衫在凸显的语境下，(5.49) 似乎也不恰当。我们的结论是：*red* 上的焦点最终并不允许 VP 上的焦点。已知短语焦点规则，对这个的解释是 VP 的 NP 不能成为焦点，也就是说，附加语 *red* 上的焦点不会导致 NP 上的焦点。这也是短语焦点规则预测的内容。相比之下，另一种短语焦点规则将预测 *red* 的焦点允许 NP 上的焦点，从而允许 VP 上的焦点。那么，这便是支持描述韵律与焦点关系的证据，对韵律与焦点关系的描述引发短语论元结构中所涉及的关系。

接下来请看（附加）量词 *three* 焦点变异的句子：

(5.50)

There were { a. three GUYS / b. THREE GUYS / c. THREE guys } out there who were making a lot of noise.

有三个家伙在那里正制造很多噪音。

(5.50a,b) 似乎非常适合突然说出来（其中 *there* 所指的是部分话语）。在两种发音中，任何一种都可以把 NP 理解为新信息。在此情况下，没必要让不预先设定的 *three* 成为焦点。（这是焦点解释原则所预测的。）但如果 NP 是新信息，那么 *guys* **有必要**成为焦点：(5.50c) 不恰当，除非把 *guys* 理解为旧信息。短语焦点规则对此提供的解释是：附加语 *three* 不能把自己的焦点"转给" NP，这样，要使 NP 成为焦点，其中心语 *guys* 就必须是焦点。注意：短语焦点规则并未规定"新的" NP 的中心语应当是焦点。

在此情况下，中心语必须承载焦点，因为 NP 内没有其他成分可以做。

这方面，请比较句子（5.51）。

(5.51)

When THREE opponents of REAGAN gather together, everyone thinks there's a caucus taking place.
里根的三个对手聚在一起时，都认为有个正在举行的核心会议。

在所给出的这段话语中，中心语名词 *opponents* 上没有焦点，但在话语中不提及对手的情况下说出来也是非常恰当的。可以把 NP 解释为新信息，因为它本身可以成为焦点。在这里，它的焦点不是来自其中心语，而是来自中心语的 NP 论元 *Reagan*。

最后一个例子是不允许更高 NP 焦点的焦点 NP 中名词前附加语，请看一下（5.52）中的部分量词 *half*。

(5.52)

The lady gave me { a. half a PIE / b. HALF a PIE / c. HALF a pie }. 那位女士给了我半个派。

（5.52a,b）都有 NP 焦点（因而也是 VP 焦点），因此可以用在一种对应整个 VP 的信息是新的这样的场景中。但（5.52c）似乎只给 *HALF* 一个窄焦点，而且仅当预先假设"那位女士给我（某些部分的）派"（是旧信息）时才能恰当使用。

在研究涉及附加语在短语内的其他位置上的句子之前，我们必须先处理一些与我们的主张（即附加语的焦点不会导致其母短语的焦点）形成的明显反例。鲍林格（Bolinger 1972a）引用了一些例子，其中包括（5.53）和（5.54）。在这些例子中，附加语是凸显的，而中心语则不是，这里我们要说的是整个 NP 位于焦点之上：

(5.53)

My GERANIUM plant is almost dead. 我的天竺葵近乎死了。

(5.54)

There were CRAWLING things all around. 到处都是爬来爬去的东西。

这里既可以是只落在修饰语上的窄焦点，也可以是落在整个 NP 上的宽焦点。鲍林格将这种凸显模式归因于所涉及词语的"相对语义重量"和"可预测性"（实际上，鲍林格采用"相对语义重量"的概念来解释有关话语里凸显位置的大多数事实，而施梅林（Schmerling 1976）和拉德（Ladd 1980）证明这一观点是站不住脚的）。在这个例子中，我们认为鲍林格的见解可以为我们理论中所判定的明显异常的焦点结构做出解释。有理由认为，还有一条焦点规则在界定语言里成对韵律与焦点结构的合乎语法性时起作用。

（5.55）

羡余焦点规则

如果一个成分在 S_j 中是**羡余的**，那么它可以是 S_j 中的焦点。

可将 S_j 中的**羡余成分**界定如下：

（5.56）

成分 C_i 在 S_j 中是**羡余的**，当统制 C_i 的句子 S_j 的意义源自与 S_j 相等的句子 S_j' 的意义时，除非 C_i 的内容是不存在的（由 C_i 统制的词项（如果存在不止一个词项，还有它们的结构关系）是 C_i 的**内容**）。

根据这条定义，两个明显反例的中心语名词是羡余的。（5.57）意味着（5.53），（5.58）意味着（5.54）。

（5.57）

My GERANIUM $_N$[φ]$_N$ is almost dead. 我的天竺葵近乎死了。

（5.58）

There were CRAWLING $_N$[φ]$_N$ all around. 到处都是爬来爬去的东西。

因此，根据新规则（5.55），非凸显中心语不过可以算作焦点，而更高的 NP 的焦点则是由短语焦点规则确保的。当然，（5.55）只能是首次最基础的一种近似说法，因为所提到的"意义"必然涉及一些世界知识——换言之，不能严格地用句子来界定它。

羡余这个概念与有关它的羡余焦点规则可以解释鲍林格所引用的其他一些例子：

（5.59）
    a. He was arrested because he KILLED a man.　　他因杀了个男人而被逮捕。
    b. I'm going over to the DOCTOR'S place.　　我要去医生那里。
    c. I'm doing it for JOHN'S sake.　　我是为了约翰的缘故这样做的。

这些案例中没有一个案例，必须把 a man、place 或 sake 理解为旧信息。在后两个案例中，统制非凸显中心语的 NP 很明显是新信息（因而是焦点）。如果要保住我们的一般理论，那么这些句子的焦点结构与其解释就需要我们说 a man、place 和 sake 是焦点。由于这些无凸显的潜在焦点在各自的句子中是羡余的[19]，我们便可以指出是羡余焦点规则在这里发挥了作用。请将这些与鲍林格提供的颇为相似的例子做比较：

（5.60）
    a. He was arrested because he KILLED a POLICEMAN.
        他因杀了一个警察而被逮捕。
    b. I'm going over to the DOCTOR'S BARN.
        我要去医生的仓房。
    c. I'm doing it for JOHN'S WELFARE.
        我是为了约翰的福利这样做的。

这里，凸显模式正是所预期的那样。这些与前面例子之间的差别是：成分 a policeman、barn 和 welfare 在句子中并不是羡余的，因此 NP 的焦点必须用更为常规的手段（凸显落在中心语上）来确保。

这样，我们通过增加羡余焦点规则，在仍保留那些通则（在韵律与焦点关系中，论元和中心语的表现不同于附加语；在焦点结构的解释上，论元的解释不同于非论元）的情况下，还能将各种新案例纳入我们的基本分析（短语焦点规则和焦点解释原则）的范围内。在（借鉴拉德（Ladd 1981）的见解）对复合词的讨论过程中，我们将再次求助于羡余焦点规则

---

[19]　我们可以用 woman（妇女）或 child（儿童）代替（5.59a）中的 man（男人），这就要求焦点落在 NP 上，如（5.60a-c）所示。这一事实很好地表明，"羡余性"并不完全是句内语义学的问题，但需要不明确地详细参照（可能）有关世界性质的共享假设。

来解释其他有问题的凸显模式。

现在，我们想要说明的是：我们的焦点语法有赖于谓词与论元结构，它很好地解释了韵律与焦点领域中的一些经典困惑，即已证明对先前这种关系的解释非常令人烦恼的困惑。第一个是纽曼（Newman 1946）最先提到的、包含关系从句的名词短语与包含中心语名词补语的名词短语之间所存在的"正常重音"上的明显对立。纽曼比较了（5.61）与（5.62）中的例子[20]。

（5.61）
a. I have INSTRUCTIONS to leave.　　我要留下指令。
b. I have INSTRUCTIONS to LEAVE.　　我有离开的指令。
（5.62）
a. With their PLANS to write, ...　　他们有写作的计划
b. With their PLANS to WRITE, ...　　他们已计划好写作

如他的释义所示，(a)当 to 短语是一个关系从句时，(b)当 to 短语是一个中心语名词的补语时，均可以把与句子相关的凸显模式视为是恰当的。布列斯南（Bresnan 1971a,1972）接受事实判断，并提出了一种对"重音差别"的解释，其中据说核心重音规则不应用于从核心重音规则的角度看短语是相同的表层结构，而应用于推导的早期阶段（具体地说是每次转换循环结束时）。其后的研究显示：最初的经验概括则并非全部合理（如见 Berman and Szamosi 1972; Lakoff 1972b; Bolinger 1972a; Schmerling 1976），而新的事实表明，布列斯南的解释无法得到支持，对此我们将在下文加以评析。然而，我们认为：尽管 NP 关系从句与 NP 补语案例之间并不像纽

---

[20] 这实际上不是纽曼所用的标音方法，他所写的例子如下：
（ⅰ）
a. ... intrúctions to lèave ...　　留下指令
b. ... intrúctions to léave ...　　离开的指令
（ⅱ）
a. ... pláns to wrìte ...　　写作的计划
b. ... pláns to wríte ...　　计划去写作
我们的标音仍保留了他的原有想法。他的尖音符所表示的"重重音"是我们大写的（与焦点相关的）韵律凸显。

音系与句法：语音与结构的关系

曼和布列斯南所称的那样，但仍存在将二者区分开来的一种发音。

让我们首先来看一看语法差异被"中和化"的凸显模式。首先请看（5.63）（=5.61b）。

（5.63）
　　I have INSTRUCTIONS to LEAVE.　　我有离开的指令。

我们与上面提到的其他人都认同如下的事实主张：这句话模棱两可、含糊不清。我们还主张，对于关系从句和补语的解释来说，均存在现成的语调意义，其中焦点既可以仅限于 NP 的某些部分，又可以让焦点尽可能宽地落在更高的 NP 和 VP 上。这实际上正是焦点规则所预测的模样，如焦点结构"表"（5.64a）和（5.64b）所示。

（5.64）
a. $_{S_1}$[I $_{VP_1}$[have $_{NP_1}$[$_{NP_2}$[INSTRUCTIONS]$_{NP_2}$ $_{S_2}$[to $_{VP_2}$[LEAVE]$_{VP_2}$]$_{S_2}$]$_{NP_1}$]$_{VP_1}$]$_{S_1}$

F(N)	F(V)
F(NP_2)	F(VP_2)
F(NP_1)	F(S_2)
F(VP_1)	
F(S_1)?	

b. $_{S_1}$[I $_{VP_1}$[have $_{NP_1}$[INSTRUCTIONS $_{S_2}$[to $_{VP_2}$[LEAVE]$_{VP_2}$]$_{S_2}$]$_{NP_1}$]$_{VP_1}$]$_{S_1}$

F(N)	F(V)
F(NP_1)	F(VP_2)
F(VP_1)	F(S_2)
F(S_1)?	F(NP_1)
	F(VP_1)
	F(S_1)?

基本焦点规则给出了 N 和 V 的焦点，如图中线上所示。线的下方是（通过短语焦点规则获得的）每个连续的焦点，因为在纵列中是其上面提到的结构成分的焦点，而且每个连续的焦点原则上都是可选性的。在（5.64a）中，已知 NP_1 的中心语 N 是凸显的，整个 NP（因而最高的 VP_1）便可以

是焦点。关系从句在（5.64a）中也成焦点，但 *LEAVE* 在（5.64a）中的"焦点链条"却表明它无助于更高 NP（不是论元）的焦点化。在（5.64b）中，中心语 N 和补语都是焦点，这一事实意味着实际上存在着两条中心语或论元实现 NP_1 和 VP_1 焦点化的路径。因此，短语焦点规则预测了两种案例中"宽焦点"的可能性。人们的共识是，这个应该如此。

请看接下来的句子（5.65）(=（5.61a））。

(5.65)

I have INSTRUCTIONS to leave.　　我要留下指令。

同样，我们提出这种发音既可以用于带关系从句的 NP，也可以用于带补语的 NP。此外，我们还提出：当更高的 NP 和最高的 VP 都是"新信息"时，用任何一种句法分析来说出这个句子都是合适的。换言之，我们现在说的是：最高的 VP 与其姊妹节点 NP 可以是新的，而作为关系从句或补语的无焦点 VP 则仍然是旧的。（在她走进办公室时，带关系从句解释的（5.65）可以回答说给说话人的"你在这做什么？"这个问题；在说话人走出去时，带补语解释的（5.65）就可以回答"你为什么要走？"这个问题。在这两个语境中，*to leave* 都成了旧信息。）同样，这些可能性都是由焦点规则预测的：

(5.66)

a. $_{S_1}[$ I $_{VP_1}[$ have $_{NP_1}[$ $_{NP_2}[$ INSTRUCTIONS $]_{NP_2}$ $_{S_2}[$ to $_{VP_2}[$ leave $]_{VP_2}$ $]_{S_2}$ $]_{NP_1}$ $]_{VP_1}$ $]_{S_1}$

　　　　　　　　　　　F(N)

　　　　　　　　　　　$F(NP_2)$
　　　　　　　　　　　$F(NP_1)$
　　　　　　　　　　　$F(VP_1)$
　　　　　　　　　　　$F(S_1)$?

b. $_{S_1}[$ I $_{VP_1}[$ have $_{NP_1}[$ INSTRUCTIONS $_{S_2}[$ to $_{VP}[$ leave $]_{VP}$ $]_{S_2}$ $]_{NP_1}$ $]_{VP_1}$ $]_{S_1}$

　　　　　　　　　　　F(N)

　　　　　　　　　　　$F(NP_1)$
　　　　　　　　　　　$F(VP)$
　　　　　　　　　　　$F(S_1)$?

焦点规则预测句子分化之处，似乎确实是它们的分化之处，就在（5.67）的话语中。

(5.67)

I have instructions to LEAVE.　　我要留下指令。

这个具有补语意义的句子适用于需要"宽焦点"NP 和 VP 的地方，其焦点结构完全可以与句子 *I was instructed to LEAVE* 相媲美。然而，对于关系从句意义，我们则认为只可能有落在 *to leave* 上的**窄**焦点。为关系从句分析提出来（5.67）中的凸显模式，这让说话人坚信（i）*instructions* 是旧信息，（ii）更高的 NP 和 VP 都是旧信息。如果这确实正确表征了事实，并且我们相信这确实如此，那么对引用短语谓词与论元结构的短语焦点规则的描述一定是正确无误的。关系从句是个附加语，而非论元，因此，鉴于短语焦点规则，落在关系从句 *to leave* 上的焦点是不能单独允许更高 NP 上的焦点的。但事实上，名词补语 *to leave* 是个论元，因而它的焦点可以"传递"给更高的短语。因此，短语焦点规则预测了我们认为两类句子的韵律与焦点可能性之间存在的差别。相关焦点结构"表"如下所示：

(5.68)

a. $_{S_1}[\text{ I }_{VP_1}[\text{ have }_{NP_1}[_{NP_2}[\text{ instructions }]_{NP_2}\ _{S_2}[\text{ to }_{VP_2}[\text{ LEAVE }]_{VP_2}]_{S_2}]_{NP_1}]_{VP_1}]_{S_1}$
$\qquad\qquad\qquad\qquad\qquad\qquad\qquad\text{F (V)}$

$\qquad\qquad\qquad\qquad\qquad\qquad\qquad\text{F (VP}_2\text{)}$
$\qquad\qquad\qquad\qquad\qquad\qquad\qquad\text{F (S}_2\text{)}$

b. $_{S_1}[\text{ I }_{VP_1}[\text{ have }_{NP_1}[\text{ instructions }_{S_2}[\text{ to }_{VP_2}[\text{ LEAVE }]_{VP_2}]_{S_2}]_{NP_1}]_{VP_1}]_{S_1}$
$\qquad\qquad\qquad\qquad\qquad\qquad\qquad\text{F (V)}$

$\qquad\qquad\qquad\qquad\qquad\qquad\qquad\text{F (VP}_2\text{)}$
$\qquad\qquad\qquad\qquad\qquad\qquad\qquad\text{F (S}_2\text{)}$
$\qquad\qquad\qquad\qquad\qquad\qquad\qquad\text{F (NP}_1\text{)}$
$\qquad\qquad\qquad\qquad\qquad\qquad\qquad\text{F (VP}_1\text{)}$
$\qquad\qquad\qquad\qquad\qquad\qquad\qquad\text{F (S}_1\text{)?}$

总而言之，我们对事实的描写和分析与纽曼和布列斯南的截然不同。

第五章 语调语法

然而，我们认同两类案例之间在韵律与焦点模式上存在差别，我们将其归因于界定表层结构中凸显与焦点结构之间关系的规则诉诸短语的论元结构这一事实。

在探讨布列斯南讨论过的、与焦点结构普遍理论有关的其他一组案例之前，我们来评析一下布列斯南所认为的纽曼在（5.61）与（5.62）中的句子之间所存在差异的理论为什么在音系上不可能是正确的。布列斯南的理论是，《英语音系》（将赋予特征数值[n 重音]的）核心重音理论应用于句法的（转换）循环，并且在每个循环内，其应用是在所有转换规则在那个循环中应用之后进行的。根据这一理论以及关系小句深层结构的某一特定理论，（5.61）与（5.62）这对在表层重音模式上的差别是自动计算出来的。（5.69）给出了两个推导样例：

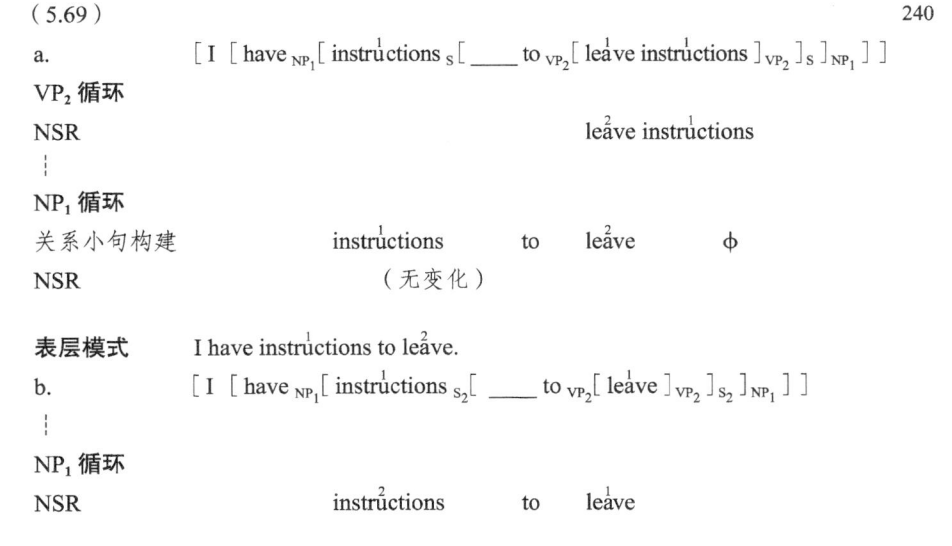

(5.69)

a. $[\text{I }[\text{have}_{NP_1}[\text{ instructions}_S[\underline{\quad}\text{ to}_{VP_2}[\text{ leave instructions}]_{VP_2}]_S]_{NP_1}]]$

VP₂ 循环
NSR   leǎve instrúctions
⋮
NP₁ 循环
关系小句构建   instrúctions   to   leǎve   φ
NSR   （无变化）

表层模式   I have instrúctions to leǎve.

b. $[\text{I }[\text{have}_{NP_1}[\text{ instructions}_{S_2}[\underline{\quad}\text{ to}_{VP_2}[\text{ leave}]_{VP_2}]_{S_2}]_{NP_1}]]$
⋮
NP₁ 循环
NSR   instrǔctions   to   leáve

表层模式   I have instrǔctions to leáve

该分析主要依赖于某些有关重音表征性质的假设，但从我们对重音新的理解角度看，这些假说至少可以说是令人质疑。例如，1 重音是关系小句中心语的主要词重音，它是（在关系小句构建中）通过把较低的承载 1 重音

的 *instructions* 删除以使前面的动词承载 2 重音,来自动提升至主要短语重音地位。无论是重音的节律树理论还是节律栅理论,它们都不对等于这一特定的数字命理学,布列斯南提出的这类分析也是根本不可能的。事实上,即使核心重音规则"适用"于句法循环,而且删除是作为关系小句构建的一部分出现的,由树或栅理论推导而来的"主重音"都会落在 *leave* 上。我们把推导本身作为练习留给读者。关键的是,即便对重音的表征有不同的理解,布列斯南的那类分析原则上也是不可能的。

现在,我们转到布列斯南(Bresnan 1971a, 1972)所讨论的其他一组相关案例。她注意到提问的重音模式中存在着一种对立,她说这种对立取决于动词的底层宾语是否容易获得主要短语重音:

(5.70)
a. John asked what Helen has written?　　约翰问海伦写了什么?
b. John asked what books Helen has written?　　约翰问海伦写了哪些书?

(5.71)
a. Whose have I taken?　　我拿走了谁的?
b. Whose umbrella have I taken?　　我拿走了谁的雨伞?

布列斯南对这一对立的分析存在着与早期相同的实证上的缺陷。正如其他学者已证明的那样,甚至当其深层宾语(表层 *wh-* 短语)是"完整的"NP 时,它的主要凸显可能确实落在(较低的)动词上(如见 Berman and Szamosi 1972; Lakoff 1972b; Bolinger 1972a; Schmerling 1976)。该分析的音系基础同样存在问题。但是,虽然布列斯南的具体分析肯定要继续下去,但问题仍然存在。事实上,(5.70b)和(5.71b)可能仍是突然说出来的发音,而且解释为什么会是如此,仍将是韵律与焦点关系理论的主要任务。

关键性的问题在于这些提问中是否有 VP 焦点。如果在(5.70b)和(5.71b)中有 VP 焦点,即使表层结构 VP 不含有凸显,那么 VP 的焦点可能必须归因于其中心语动词 NP 论元的焦点,即使表层结构中它里面不含有那个论元。但我们证明论元必须包含在短语之内,如果它要"传递"

它的焦点。那么，由此我们不得不得出结论：焦点 wh- 论元的**语迹**正是允许 VP 焦点的东西。换言之，语法中必须有一条原则，说明先行词上的焦点导致先行词所限定的结构成分上的焦点。甚至那还是过于宽泛笼统，因为如被动态那样，NP 移位后留下的论元语迹先行语上的焦点最终并不允许 VP 焦点（在 JOHN was arrested 中，焦点只是在 JOHN 上的窄焦点）。那么，这很大程度上取决于 VP 在（5.70b）和（5.71b）之类的提问中是否是焦点？答案并非显而易见。很显然，提问的是"关于"被提问的 NP——如果是凸显的，那么它在某种意义上肯定是"新的"。显然，新信息可能是在句子的其他地方以一个不是 wh-NP 的焦点 NP 形式引入的：

(5.72)
What BOOKS has HELEN written?　　海伦写了哪些书？

动词可能也是焦点：

(5.73)
What BOOKS did HELEN REVIEW?　　海伦评析了哪些书？

但这里有 VP 焦点吗？

所需要的是一些用于确定 VP 焦点存在的操作测试，即当话语是个提问时它便应用。我们尚未创设过这种测试，所以必须把问题留下来，不做定论。

总之，我们在本节中已表明，接受短语焦点规则和焦点解释原则作为对相关现象的恰当概括是有充分理由的。假定句子的论元结构在分析中起着关键性作用，我们就已经能够解释短语凸显对焦点结构以及最终对语调意义的不同贡献。

5.2.4 焦点与英语的复合词

根据对《英语音系》给出的英语复合词的分析，最大的凸显在复合词中的位置按照规则是在左边，而右手凸显的情况只是例外。这个分析里有些真实的东西，我们在第四章中确实提出，英语有一条复合词规则，它将节奏凸显指派给复合词左边最凸显的结构成分。这一提议实际上是《英语音系》复合词规则的节律栅术语的转换。但我们也指出，可以将一种不同的凸显指派给复合词中所含有的词，即一种与句子的焦点属性直接相关的词，而且正如我们将表明的，这后一种凸显一般绝对不指派给左手的成员。我们提出，另外的这类凸显是出现了音高重调，而且音高重调与音节相联结，（通过音高重调凸显规则）保证了该音节比任何一个不承载音高重调的音节在节奏上更凸显。将焦点相关的音高重调指派给复合词的右手成员，这一指派将因而赋予右边在节奏上的凸显，从而覆盖了复合词规则。（将音高重调指派给左手成员，这将给左边最大的节奏凸显。在这种情况下，音高重调凸显规则和复合词规则对"主重音"做出同一位置的预测。）那么，在我们的解释中，复合词规则像核心重音规则一样只在它被出现焦点相关的音高重调所覆盖的地方才起作用。虽然相关的凸显不只是"最大的（节奏）重音"，还有音高成分，但我们在下面的讨论过程中仍将继续使用**凸显**这一中性术语来指与其焦点结构中的位置相关的词的超音段属性。

所提出的焦点规则和焦点解释原则在解释凸显在英语复合词中的位置方面有很长的路要走。特别有趣的是，对论元、中心语与附加语做出区分对解释复合词中的焦点至关重要。我们首先将复合词"单独时的发音"视为证据。与任何话语一样，一个单独时的复合词都有焦点结构和语调结构，并且最少含有一个（核心）凸显。概括起来是，在"中性"话语环境中说出的复合词单独发音中，（核心）凸显处于复合词内确保"宽焦点"（即焦点落在整个复合词上，而不只是落在承载凸显的个别词上）的位置。

在英语里，复合词的中心语通常是在右边（M. Allen 1978; Williams 1981a; Selkirk 1982），而且复合词都有一个（递归性的）二分结构。复合词的左边成分可以与中心语有许多可能的语义关系（M. Allen 1978; Downing 1977; Levi 1978; Selkirk 1982; Adams 1973）。就我们的目的而言，区分论元中心语与附加中心语这两种一般类型的关系就足够了。焦点规则与焦点解释原则预测：在两种不同案例中，凸显将是以不同方式被指派的。对宽焦点的需求意味着在附加中心语的案例中，凸显**必须**落在中心语上。附加语上也可能有凸显，但仅附加语上的凸显是不会把窄焦点给附加语的。至于第一个案例，只要论元上有凸显，就会产生宽焦点。如果中心语也有凸显或只是中心语上有焦点，也会产生宽焦点。但如果论元本身不是凸显，焦点解释原则将赋予它一个"旧信息"的地位，所以这样的发音不适宜中性语境。总之，预测两类不同复合词的"中性"单独发音有如下凸显的可能性：

（5.75）
a. **论元** 中心语 b. 附加语 **中心语**
   论元 **中心语**   **附加语** **中心语**
  *论元 **中心语**   *附加语 中心语

在深入探讨有关凸显在复合词中位置的这些说法的真相之前，我们应当指出，许多复合词（或许那些大多数赋予词项地位的复合词）并不具有一种语义组合规则合法产物的意义。例子见 *greatcoat*（外套）、*greenhouse*（温室）、*high school*（高中）、*rainbow*（彩虹）、*funny bone*（肘部的尺骨端）、*bluebird*（蓝鸟）、*redskin*（红皮肤的人）、*kingfisher*（翠鸟）。当然，这种情况下不存在论元与中心语或附加语与中心语的关系。关于这些，我们要说复合词本身是与语篇中的焦点结构以及话语适宜性相关的最小句法语义单位。因此，此类复合词的凸显与我们对焦点结构和焦点解释所做的分析无关。但是，我们确实认为：凸显在这些"僵硬的"复合词意义的案例中落在左边是有意义的。我们相信，它证实了这种说法的正确性，即英语里确实存在复合词规则，尽管在其他案例中可能因焦点相关的凸显而变得模糊不清[21]。5.3.3 节还将回到这个问题上来，在那之前，我们的讨论仅限于意义很明显是其组合部分的一种功能的复合词。

---

[21] 此处，我们与鲍林格（Bolinger 1981）、D. 琼斯（D. Jones 1964）等人的观点不谋而合，他们指出，在"语义融合"案例中，（德语的）左凸显规则在起作用。

请看（5.76）中的复合形容词。

（5.76）
a. waist HIGH　　　　　齐腰高　　　　lily WHITE[22]　　　百合白的
　　world FAMOUS　　　世界著名　　　crystal CLEAR　　　清澈透明
　　Boston TRAINED　　 波士顿训练　　dirt CHEAP　　　　非常便宜
　　ash BLOND　　　　　灰白石　　　　stone DEAF　　　　完全聋的
b. FROST bitten　　　　冻咬的　　　　WAGE earning　　　工资收入
　　DISEASE prone　　　容易患病的　　GERM resistant　　 抗细菌的
　　BLOOD thirsty　　　血渴的　　　　COLOR blind　　　　色盲
　　BREATH taking　　　呼吸　　　　　FIRE proof　　　　防火的

这些复合词都有 $_A[\text{N A}]_A$ 结构。显而易见，不能用纯结构性的术语来解释这里的凸显在位置上的差别。（a）与（b）案例除了凸显模式外，二者的差别是中心语与其姊妹之间所持有的语义关系。在（5.76b）中，中心语的左边有个论元：*bitten by frost*（被霜冻咬伤的）、*prone to disease*（容易生病的）、*thirsty for blood*（血渴的）、*resistant to germs*（抗细菌的）等。在（5.76a）中，中心语的姊妹具有一个附加修饰语的特性（如 *as white as a lily*（像百合一样白的）、*as high as*（*the*）*waist*（跟腰一样高的）、*as cheap as dirt*（如土一样便宜））或一种定位力量（Adams 1973）。论元具有了这里的凸显，而附加语则没有，这一概括似乎很有道理。想一想接下来的形式为 $_A[\text{A A}]_A$ 或 $_A[\text{Adv A}]_A$ 的复合形容词。在绝大多数的案例中，左手的 A 或 Adv 是修饰语，因而复合词中的凸显就落在了右边的中心语上，如（5.77）所示。

（5.77）
a. hard HITTING　　　　有力的　　　　worldly WISE　　　善于处世的
　　long SUFFERING　　 长期忍受的　　red HOT　　　　　 火热

---

[22] 我们在此重申：金登（Kingdon 1958a）的告诫不认为这类基本模式的复合词是左边凸显，正如金登所指出的，这些复合词通常都是在名词之前的，在那个位置上一般都要经过凸显的左向移动（我们的节拍移位），因此从统计学上讲，它们可能最常是以左凸显形式出现的。但它们在无重音移动语境中的右凸显透露了它们的真实本色。

wide AWAKE	完全清醒的	ever LASTING	永恒
well BEHAVED	举止优雅的	blue GREEN	青绿

但要注意：当来自动词的形容词作形容词论元时，凸显模式是反过来的。

(5.78)
a. NICE seeming　　　　好看
　?RED-turning（leaves）　变红的（叶子）

最后要注意的是：当复合形容词中的第一个元素是介词时，它通常具有附加修饰语的作用力，如（5.79）所示。

(5.79)
over RIPE	过熟的	in BORN	先天的
under COOKED	未煮熟的	out GOING	爱交际的

正如这些词所表明的那样，左凸显绝不是复合形容词的规则。实际上，反过来说似乎是正确的（相关清单，见 Adams 1973; Kingdon 1958a）。我们认为，原因是大多数复合形容词的左边都有附加语。这种左凸显的例子与（左手）论元的存在有关。

到目前为止，英语里数量最多的是名词复合词。当中心语 N 是源自动词的且明确要求一个姊妹论元时，凸显总是落在左侧：

(5.80)
WAGE freeze	工资冻结	CHICKEN thief	偷鸡贼
SCHOOL teacher	学校老师	FOOTBALL coach	足球教练
TIN mining	锡矿开采	TRASH removal	垃圾处理
SLUM clearance	贫民窟拆除	HOUSE keeper	房屋管理人
URANIUM enrichment	铀浓缩	SOUL searching	深刻反省

（注意：同时落在左边论元成分和中心语上的凸显（如 *SLUM REHABI-LITATION*（贫民窟改造））也是可能的，但或许不那么常见，尤其是中心语特别"有内容"时。）[23] 现有许多左凸显的其他例证，可把其左手成分认

---

[23] 回想一下对德语里"语义丰富的中心语"的讨论。有关此类复合词的更多例子，见鲍林格（Bolinger 1972a）。

定为一个论元：

(5.81)

APRON string	围裙带	PERSONALITY cult	个人崇拜
BEE sting	蜂蜇伤	CARVING knife	切肉刀
DEATH penalty	死刑	LEATHER tool	皮革工具
BLOOD pressure	血压	ORGAN pipe	管风琴

诚然，我们这里正在充分利用论元这个概念，需要做的工作是描述这些案例涉及的一系列语义关系，以及这种左凸显案例恰恰与右凸显案例有何不同。右凸显复合词的例子见（5.82）：

(5.82)

kitchen TOWEL	洗碗布	plate GLASS	平板玻璃
peach BRANDY	桃子酒	town HALL	市政厅
ginger ALE	姜味汽水	kid GLOVE	羊皮手套
bull TERRIER	牛头㹴狗	cream CHEESE	奶油干酪

将这里左手的某些（或许全部）成员赋予附加语地位并不是不可能。当然，我们也必须注意确立这些的确是复合词的例子，而不是短语搭配的例子。因此，(5.83) 中的对立很可能只是带论元的复合词与带附加语的短语之间的对立：

(5.83)

a. STEEL warehouse 与 steel WAREHOUSE
   贮存钢材的仓库   钢材造的仓库
b. LEATHER tool 与 leather TOOL
   皮革加工工具   皮革制的工具

在任何情况下，当左手成分明确具有附加语地位（如作为修饰语）时，中心语就是凸显的，而附加语则不可以是凸显的。

这里，我们并未打算对名词或形容词复合词做更为详细的分析。我们给出这些例子，意在表明：一、语义因素（不只是结构因素）决定凸显在这些复合词中的位置；二、我们的焦点规则很有可能有助于解释特定复合词为何具有凸显。

鲍林格（Bolinger 1972a, 1981）指出，信息内容这个概念在决定凸显的可能性方面起着一定的作用。他的观点是：相对语义权重、语境中的可预测性等，都说明了凸显的定位。然而，这些概念虽然有一定的用途处，但在解释我们这里所提到的重要对立上就不够精确，或阐释不足。要想解释 *nice-seeming* 为何是左凸显而 *easy-going* 为何是右凸显，则有必要求助于复合词的特别具体语义面。我们认为：论元结构（或无论元结构）方面的差异对于描述这些案例的韵律与焦点关系至关重要[24]。

正如鲍林格所指出的，复合词中的凸显指派千变万化，特别是在它们嵌入更大的话语语境时，可将其中的一些可变性理解为反映了特定词项所传达的信息量。例如，鲍林格指出 *pípe organ lesson*（管风琴课）与 *pipe organ tutórial*（管风琴教程）（我们对差别的表征是 *PIPE organ lesson* 与 *PIPE organ TUTORIAL*）、*old schóol chum*（*old SCHOOL chum*，老校友）与 *old school sídekick*（*old SCHOOL SIDEKICK*，老校友）之间的差别。将凸显指派给这里的中心语，这并不是必需的，但考虑到各种情况，它似乎可以起到适度的强化作用，不会给句子的新旧信息结构（即焦点解释原则所预测的事实）增加任何东西。这些情况类似于前面提到的德语里动词的凸显取决于其语义的丰富程度的情况，而且还类似于鲍林格（1972a）所讨论的许多其他这类情况。

塞维恩斯（Severynse 1977）讨论了这类变化的另外一种情况，指出一律左分支的复合词 *labor union scandals investigation*（工会丑闻调查）是在 *labor* 或 *scandal* 上具有最大的凸显。我们将在（5.84）与（5.85）中呈现这些差别，其中焦点表格是指例子的焦点结构（我们假定 *labor*、*labor*

---

[24] 有关对 *Madison Avenue*（麦迪逊大道）与 *Madison Street*（麦迪逊大街）这一对词的讨论，见拉德（Ladd 1980），而在我们的理论框架内，可以把它们看作是由羡余焦点规则的运作所产生的。

union 和 *labor union scandals* 都是各自结构成分的论元）。

(5.84)
$_{N_4}[_{N_3}[_{N_2}[\text{LABOR}_1 \text{ union }]_{N_2} \text{ scandals }]_{N_3} \text{ committee }]_{N_4}$ 　　工会丑闻委员会
$\underline{\hspace{2em} F(N_1) \hspace{20em}}$
　　　　F(N_2)
　　　　F(N_3)
　　　　F(N_4)

(5.85)
$_{N_4}[_{N_3}[_{N_2}[\text{LABOR}_1 \text{ union }]_{N_2} \text{ SCANDALS}_5]_{N_3} \text{ committee }]_{N_4}$ 　　工会丑闻委员会
$\underline{\hspace{2em} F(N_1) \hspace{6em} F(N_5) \hspace{8em}}$
　　　　F(N_2)　　　　F(N_3)
　　　　F(N_3)　　　　F(N_4)
　　　　F(N_4)

源自 *labor* 的焦点与源自上面中心语 *scandal* 上的焦点聚合在同一个大的焦点结构之中，因此，任何一种发音就同一段语篇而言都是适宜的。有趣的是，在（5.84）这类例子中，音高重调落在了最左边的词上，这个位置可以允许尽可能宽的宽焦点。原因是（5.84）含有一连串的论元，而根据短语焦点规则，论元的焦点允许其母成分的焦点，如果这个母成分是论元，那么它允许它的母成分的焦点，依此类推。其他类似（5.84）—（5.85）的例子是 *1980 FOOTBALL season ticket application*（1980足球赛季球票申请）和 *SHOE string tip machine operator*（鞋带头机器操作员）。跟前面的例子一样，这些例子也可以具有出现后面凸显的变异形式。

最后，我们的分析可以产生另外一个极为重要的有关复合词凸显的事实。乔姆斯基和哈勒曾在《英语音系》中指出，当复合词的右手成分本身是二分的（即由两个成分组成的），（上层）右手成分便是凸显的。利伯曼和普林斯（Liberman and Prince 1977）对此做过详细的讨论，并引用最大凸显落在 *language* 上的例子（5.86）与最大凸显落在 *law* 上的例子

（5.87）做了比较。

(5.86)
[[LAW degree][LANGUAGE requirement]]　　法律学位语言规定
(5.87)
[[[LAW degree]requirement]changes]　　法律学位规定变化

这个事实可直接纳入利伯曼和普林斯的复合词规则中，该规则的基本表述是："将更大的凸显指派给复合词的左手成分，除非右手成分是二分的"。

这些事实可以用不同的术语来描述。请看（5.87）在"中性"单独发音时只有一个凸显，它落在了 *law* 上。这是给整个复合词的非标记性凸显指派，就像给每个内嵌其中的复合词一样：（每个）中心语的论元内都含有音高重调。（通过音高重调凸显规则，与音高重调相联结的音节将是所有节奏上最凸显的音节。）（5.87）的凸显指派与（5.86）形成鲜明对比。在（5.86）中，右手姊妹成分 *language requirement* 含有一个（落在 *language* 这个论元上的）凸显；左手结构成分也可以有一个落在 *law* 上的论元（如果二者都有一个音高重调，那么核心重音规则将保证落在 *language* 上的正确凸显；如果仅仅 *language* 有个音高重调，那么音高重调凸显规则将使它更凸显。无论哪一种情况，右向凸显都是确保的）。在我们看来，问题是要解释右手成分为何应当首先有凸显。一旦有了，将按所描述的那样推导出整个词语的右手凸显。我们认为，答案极为简单。在 [$_A$[CD]$_{AB}$[EF]$_B$] 这种复合词的结构中，A 和 B 不可能彼此保持一种论元与中心语的关系。（见塞尔柯克（Selkirk 1982：第2章），其书中证明：一个带开放式论元位置的词——如 *requirement*——必须拥有姊妹成分所满足的那个论元（如果要得到全部满足），如 *language*。按照该理论，分支成分（如 *language requirement*）没有开放式论元位置，因此分支成分的姊妹成分永远不会是那方面的论元。）相反，其关系可算是一种"较宽松的"、近似定语类或附加语类的关系，它规定非标记凸显指派将音高重调给了右边的中心语 B。当然，在 B 中，非标记的内部凸显指派将凸显给了论元 *language*。

不用说，这种解释事实的方法与《英语音系》或利伯曼与普林斯所用的本质上基于句法的方法截然不同，按照他们的方法，（无论《英语音系》经由边界还是利伯曼和普林斯（Liberman and Prince 1977）直接）给复合词指派凸显关系的规则都受句法树的架构影响。我们的主张是：复合词中右手分支与右手凸显之间存在着相关性，因为右手分支与复合词的语义特性之间存在着一种关系，这在非标记右手凸显指派中得到了反映，而这转过来又在右手节奏凸显中得到了反映。这种分析方法的魅力在于：这种相关性源自一些一般原则，每一条原则都具有完全独立的理据。因此，我们的语法里不需要一条以特别的方式来确定句法分支决定凸显可能性的规则。

5.2.5 小结

这就结束了我们对证据的审查，这些证据支持用我们的焦点规则来解释韵律与焦点的关系，这些焦点规则主要诉诸句子的谓词论元结构，而非其元素的线性排序。我们的研究方法已成功地解决了某些有关韵律与焦点关系的"经典"问题："缺省重调"问题、德语里的核心重音规则、所谓的布列斯南句、复合词的右凸显，以及句子没有"正常重音"的一般问题。诚然，我们尚未谈完这个话题。但泛泛地而非从核心重音规则焦点研究角度审看韵律与焦点的关系，就已有很多需要推荐的，而且对尚未解决的问题提供了很有前途的研究路线。

5.3 音高重调的首要性

与焦点相关的凸显在焦点复合词或短语中的**位置**是由原则支配的，而这种原则则无视节奏凸显中的关系。我们先前已表明，"正常短语重音"与"正常复合词重音"在描述韵律与焦点关系上是无关的。本节将说明，重音或节奏凸显在**表征**与焦点相关的凸显差异上也是无关的。我们的观点是：焦点规则（尤其是基本焦点规则）中所指的凸显是个**音高重调**。

第五章 语调语法

音高重调概念以及我们在这里使用的具体含义可能不为许多读者所熟知，所以，（5.3.1）这一节的第一部分将描述这一概念中有一定地位的语调曲拱理论——即皮埃安贝尔（Pierrehumbert 1980）的理论。然后，我们将讨论语调与重音关系的音高重调优先理论，它包括有关音高重调凸显规则性质的某些假设，以及有关与其他文本与栅同界规则（如核心重音规则和复合词规则）关系的某些假设（5.3.4 节）。

我们已经介绍了我们的韵律与焦点关系的音高重调优先理论。它涉及两条规则：音高重调指派的规则（即可以将音高重调指派给表层结构中的词的规则）和（原始）基本焦点规则（即指派音高重调的成分是焦点的规则）（别的焦点规则不求助于韵律。例如，就短语焦点规则而言，它所依赖的词的基本焦点，也可能是基于出现某个小品词或与焦点相关的词缀）。根据我们的理论，上面讨论中所提及的、与焦点相关的韵律"凸显"是音高重调出现在词上。有关音高重调与焦点的关系，这里不再赘述（但在 5.3.3 节中，我们还将论及音高重调只指派给词的论据）。

这里，我们在详细阐释第四章最先给出的语调与重音关系的音高重调优先理论时将借此机会说明：即使在从对韵律与焦点关系的讨论视角做了修改的情况下（5.3.2 节），重音优先理论为何还不能有效阐释那种关系？我们将表明：如果把重音（或节奏凸显）作为与焦点相关的凸显的**表达式**，那么韵律与语调意义关系的一般理论就一定要带上某些不良特征。正是由于这个原因，我们在这种关系的理论中将音高重调设为首要的或关键性因素。此外，我们把节奏模式放到次要地位，其所探寻的理念是：节奏结构是在表层结构基础上（以循环方式）产生的，它不是表层结构的组成部分，因此也不是与语调意义相关话语表达式的组成部分。

本节所讨论的最后一个主题是，焦点结构在限制由节拍移位带来的音高重调位移（"节奏规则"）中的地位问题。我们将表明：表层结构中确实不需要"标记"焦点结构，因为该表层结构正是所划定的这种栅构建规则的操作范围（5.3.5）。

5.3.1 英语语调的音系学与语音学

一种语言的语调结构理论的主要要素是语调曲拱理论。毫无疑问，语言在语调曲拱的细节上差别最大，因此这也是描写负担最重之处。语调曲拱理论本身可分为两部分，这两部分彼此相互依存。首先，它必须能够用音系学术语描述语言的语调曲拱。这通常在于用原子性的声调单位线性序列方式来描写曲拱。其次，它必须能够描述对曲拱的语音解释，即描述音系所界定的语调曲拱与已证明的音高曲拱（基频或 F_0 曲拱）之间的关系。我们这里采纳皮埃安贝尔（Pierrehumbert 1980）的观点，她的论著充分且有说服力地论证了必须以此方式厘清语调的描写。因此，我们与皮埃安贝尔都对只注重一个方面或另一个方面的语调研究方法提出质疑。如同其他人那样，皮埃安贝尔已表明，有必要提供一种对语调曲拱的音系描述方法，而且不能独立于语音解释分析之外进行音系分析——语音解释假设不同，结果音系表达式可以考虑的假设范围就不同。底层语言表达式的分析与语言规则对它们的解释的分析相互配合、协调一致，这在语言学研究中当然是很正常的。那么，皮埃安贝尔的语调理论只是不同领域中所熟知的那种语言学理论之一而已。就皮埃安贝尔理论而言，特别有趣的是，语调曲拱的底层表达式是以离散的语言实体表示的，而应用于它的（语音解释）规则输出项却被用严格的"语音"术语表征为一个连续变化的基频（F_0）曲拱，而不是一个与底层表达式具有相同形式属性的（表层）表达式[25]。

本章仅对皮埃安贝尔的语调理论做出假设，但不会提出支持它和反对有竞争力的理论的论据。我们对她的理论的阐述仅限于与我们当前所关心的最相关的那些要素，即一方面对语调结构与节奏结构之间关系的描述，另一方面对语调结构与语调意义之前关系的描述。有关这一理论的全面论

---

[25] 另见赫丹（Hirst 1980b, 1983），他采用了一种非常有趣的语音规则描写方法，即在声调音段语符列（即语调曲拱音系表达式）的基础上体现英语的 F_0 曲拱。

辩和阐释，请读者参见皮埃安贝尔（Pierrehumbert 1980）。

皮埃安贝尔的语调曲拱音系学理论基于三个本质上是独立的基本假设。第一个是曲拱的音系表达式是自主音段性的。这相当于宣称：(a) 语调曲拱是独立于话语的音段和/或音节属性之外，在另一个（自主音段）**音层**（tier）上音系表征的；(b) 它是由一系列离散的声调实体组成的（Goldsmith 1976a,b）。这一假设曾在许多语调著作中或明或暗地出现过（拉德（Ladd 1980）对此做过有用的评述）。应当指出的是：皮埃安贝尔明确否认，要描写句子的声调曲拱就需要有任何一个以上的线性表达式；因此她对句子的声调属性是以层级形式或以一种更为"全局性"方式表征的提议[26]提出了质疑。有人会说：从这个意义上讲，该理论是**严格自主音段性的**。毋容置疑，这是一个极具限制性的、因而也是非常令人感兴趣的假设。

第二个基本假设是，构成语调曲拱的声调元素（=**声调**）是声调**层级**赋值组成的，而且只有**高**和**低**两个层级。这方面，该理论的限制性又一次与别的理论形成反差。有些学者曾提出需要用两个以上声调层级来描写语调曲拱（如 Liberman 1975），还有的提出平调和曲调（降调和升调）都要发挥作用（如 Ladd 1980），还有些学者提出从曲折调角度来看语调曲拱，也提议只有**降调**和**升调**这两个曲折调（如 Clark 1978, Bing 1979a）。虽然后一种提议在其全部声调的简单性上可以与高低理论相提并论，但皮埃安贝尔表明它会遇到许许多多的实证问题，其中有一种将语音解释指派给曲折调上的（原则性）困难（Pierrehumbert 1980）。还有，皮埃安贝尔研究最为有趣的结果是，可以将声调表达式（**声调**）的最小基本单位限定于{高、低}这个集合。

第三个而且从我们的角度看皮埃安贝尔理论最直接相关的基本假设

---

[26] 例如，克莱门茨（Clements 1981b）和黄正德（Huang 1979）曾主张采用把声调表征为一种降阶（downstep）和下漂（downdrift）说法的节律树方法，而戈尔丁（Gårding 1982）主张曲拱的"全局性"特征。

是，三个不同类型的声调实体构成了英语里每个语调短语的语调曲拱，而且这些实体具有不同的声调组织方式、语调短语内不同的分布方式、与句子音节不同的联结方式，以及可能对其表达力做出的各类贡献。其理论是，英语语调曲拱是由**音高重调**（pitch accent）、（最右边音高重调之后出现的）**短语重调**（phrase accent）和（语调短语的右端和左端出现的）**边界调**（boundary tone）（的一个无限序列）组成的（见注1）。可将此称为语调曲拱的"句法"理论。音高重调（一般）与词的"主重音"音节相联结；短语重调不是在任何一个特定音节上体现的，而是在末尾（核心）音高重调之后一定时间段内体现的；起始和末尾边界调分别与语调短语的起始和末尾音节相联结。按照皮埃安贝尔的分析，英语的音高重调可以由一个或两个声调组成。其中一个声调所依托的是词内节奏凸显最大的音节。遵循自主音段理论传统，采用星号（*）标记重音依托的声调。因此，英语里音高重调的一般形式或是 T*、T*+T，或是 T+T*，这里 T = H 或 L。（出于皮埃安贝尔（Pierrehumbert 1980）解释中所给出的理由，只有 H*、L*、L*+ H、L+H*、H+L*、H*+L 和 H*+H 据说可以构成英语音高重调库的一部分。）短语重调是个单声调，它或是 H，或是 L。边界调也是个单声调，即 H 或 L，它被写成 T%，这样以从符号上将其与其他类型的声调实体区分开。

按照皮埃安贝尔的说法，语调短语的最小语调曲拱由音高重调、短语重调和末尾边界调组成。句子（5.88a）和（5.89a）只呈现出了最小曲拱[27]。

(5.88)

  H* L   H%
  |
  a. Legumes are a good source of vitamins. 豆类是维生素的良好来源。

---

[27] 这两个句子都在 legumes 上有音高重调，也就是说，legumes 是焦点，碰巧也是句子的唯一焦点。可以把边界调 H 解读为问句的标示。

（5.89）

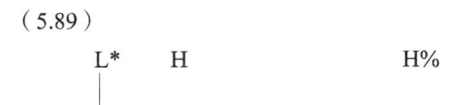

　　　　　L*　　　H　　　　　　　　H%

　　a. Are legumes a good source of vitamins?　豆类是维生素的良好来源吗？

在这些例子中，第一个调是（仅有的）音高重调，第二个是短语重调，第三个是末尾的边界调。

　　按照皮埃安贝尔的说法，这些底层语调曲拱语音体现为 F_0 曲拱，如图（5.3）和（5.4）所示。在这些图中，键入文本与曲拱的同界只是一种粗劣的同界。由于音段的作用，曲拱中存在着局部的扰动。带圆圈的音段如Ⓩ是个参照点，表示曲拱的哪个部分对应于音段序列的哪个部分。把声调写在里面，以指明它们所对应的 F_0 曲拱点。

　　当然，这些底层曲拱如何体现，取决于音高重调在句子中的哪个地方被指派给文本（与文本联结）的。这些相同的曲拱可以体现在只有一个音段的话语中，这种情况下，F_0 在那个音节范围内有相当大的波动。F_0 上升或下降斜坡的斜率和特定音姿（上升、下降或水平）体现的长度，显然将取决于曲调与文本的关系。图5.5—5.8 中带 F_0 曲拱的句子（5.88 b,c）和（5.89 b,c），分别含有（5.88a）和（5.89a）中所示的一种相同的最小曲拱。

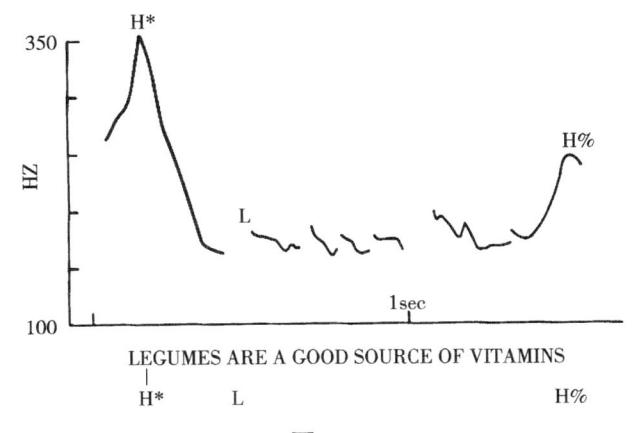

图 5.3

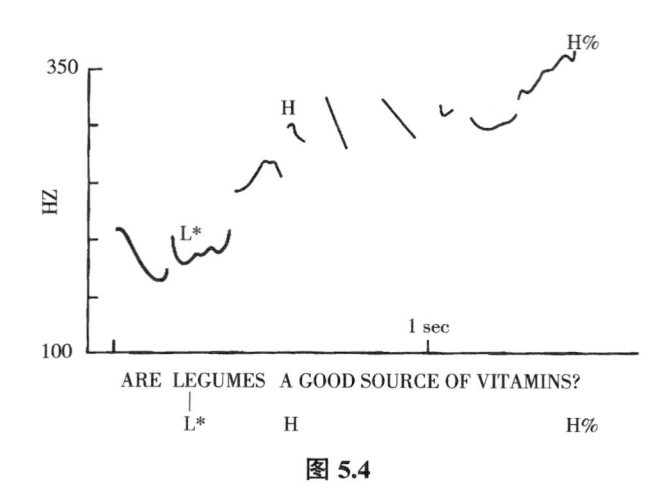

音系与句法：语音与结构的关系

```
                                           H%
      350                            H
                                   ─
       HZ
                  L*
                ─

                              1 sec
      100 ├─────────────────────────────────
          ARE LEGUMES A GOOD SOURCE OF VITAMINS?
                │                            │
               L*         H                  H%
```

图 5.4

257　（5.88）

　　　　　　　　　H*　　L　　　　H%
　　　　　　　　　│

b. Legumes are a good source of vitamins. 豆类是维他命的良好来源。

　　　　　　　　　　　　H*LH*

c. Legumes are a good source of vitamins. 豆类是维他命的良好来源。

```
                         H*
      350
                                            H%
       HZ
                                    L
                              1 sec
      100 ├─────────────────────────────────
          LEGUMES ARE A GOOD SOURCE OF VITAMINS
                        │
                       H*      L          H%
```

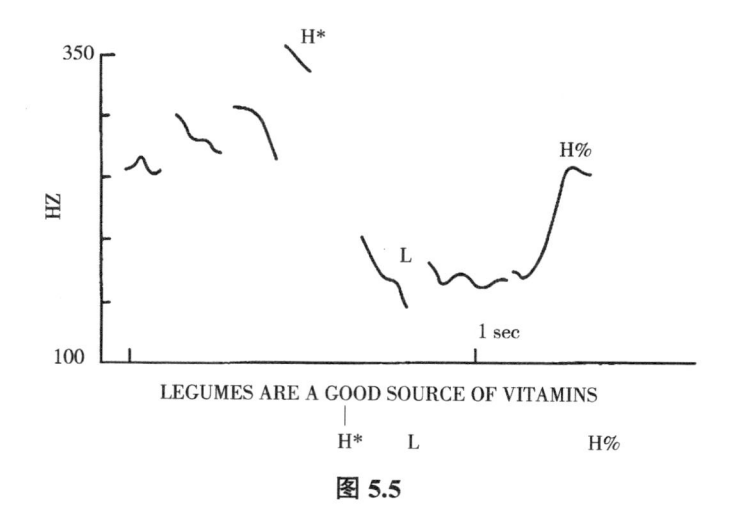

图 5.5

第五章 语调语法

```
                                    H*
                                                    H%
                                                 L

                              1 sec
          LEGUMES ARE A GOOD SOURCE OF VITAMINS
                                    H*  L  H%
```

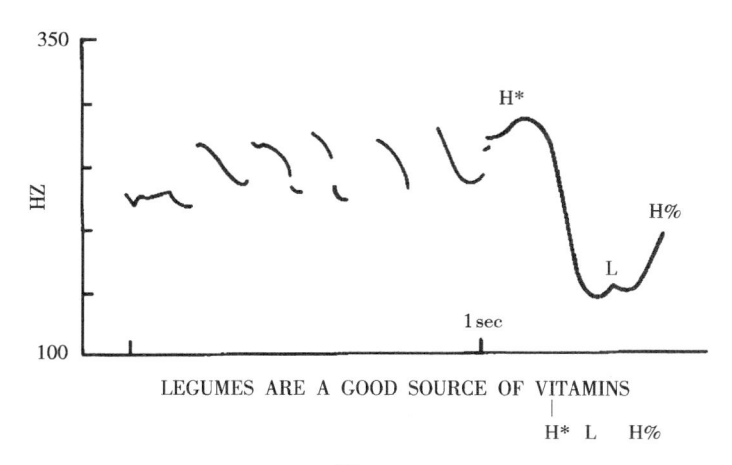

图 **5.6**

(5.89)

              L*   H   H%

b. Are legumes a good source of vitamins?   豆类是维他命的良好来源吗？

                      L*HH%

c. Are legumes a good source of vitamins?   豆类是维他命的良好来源吗？

```
                                                    H%
                                         H
          350

                                L*
          HZ

                              1 sec
          100
          ARE LEGUMES A GOOD SOURCE OF VITAMINS?
                                L*       H        H%
```

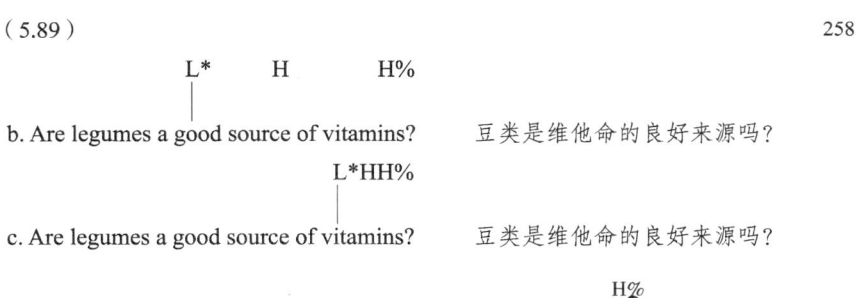

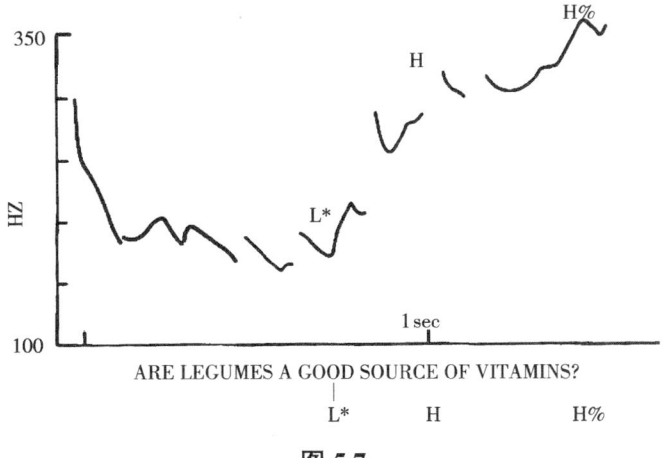

图 **5.7**

音系与句法：语音与结构的关系

```
            350                              H%
                                        H
         HZ
                                     L*
            100
                          1 sec
            ARE LEGUMES A GOOD SOURCE OF VITAMINS?
                                     L*    H  H%
```

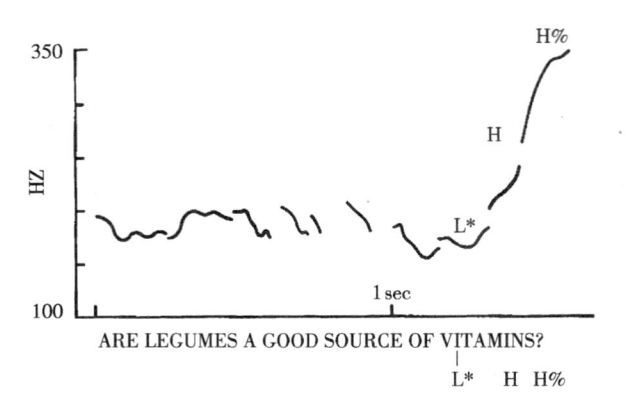

图 5.8

259　从音系上说，这里所有的不同之处在于音高重调联结的位置（这与句子的焦点结构不同有关）。

在下面的例子中，语调曲拱不是最少的，里面有不止一个音高重调（有时还有起始边界调）。（5.90）的短语里有这种底层语调曲拱，体现形式见图 5.9—5.13。

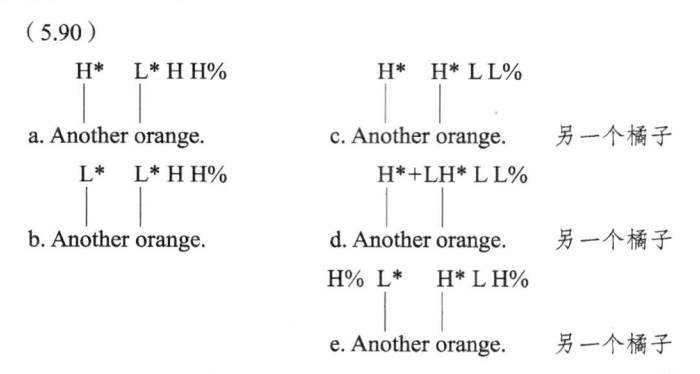

（5.90）
　　　H*　L* H H%　　　　　H*　H* L L%
　　　│　│　│　　　　　　　│　│　│
　　a. Another orange.　　　c. Another orange.　另一个橘子
　　　L*　L* H H%　　　　　H*+L H* L L%
　　　│　│　│　　　　　　　│　│　│
　　b. Another orange.　　　d. Another orange.　另一个橘子
　　　　　　　　　　　　　H% L*　H* L H%
　　　　　　　　　　　　　│　│　│　│
　　　　　　　　　　　　e. Another orange.　另一个橘子

（声调的这些不同组合，当然与可能有的不同表情达意有关[28]。）

---

[28]　皮埃安贝尔（Pierrehumbert 1980）指出：(5.90c) 是对"这是什么？"这个问题的恰当回答，(5.90d) 可能"传达了判断力"，(5.90e) 模式"常用来表示惊喜，或暗示说话人正在重复他确实不必重复的内容"。(5.90a) 和 (5.90b) 这两个模式是典型的问句。

288

第五章 语调语法

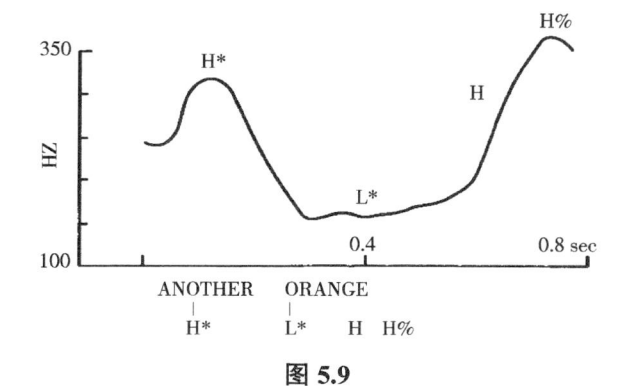

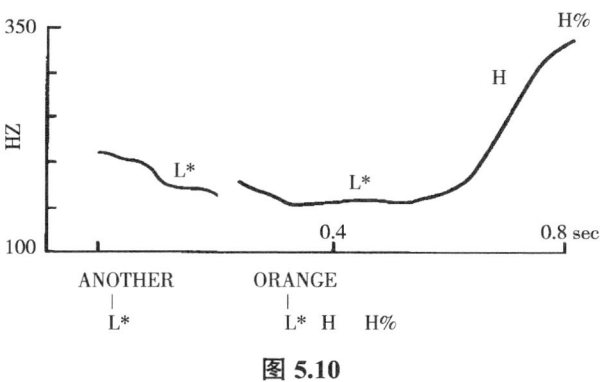

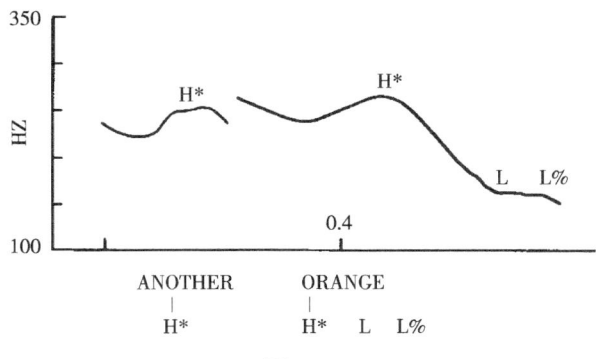

图 5.9

图 5.10

图 5.11

音系与句法：语音与结构的关系

261

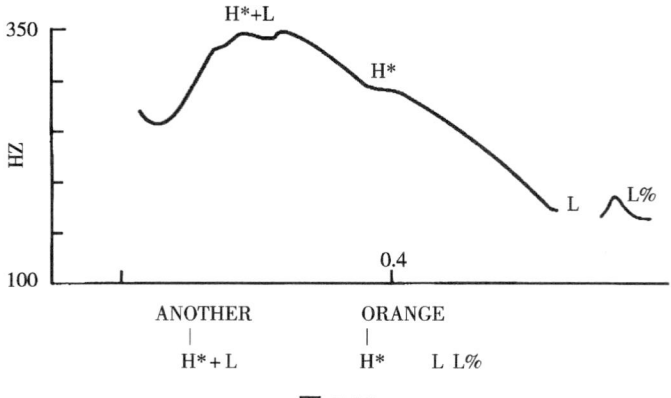

图 5.12

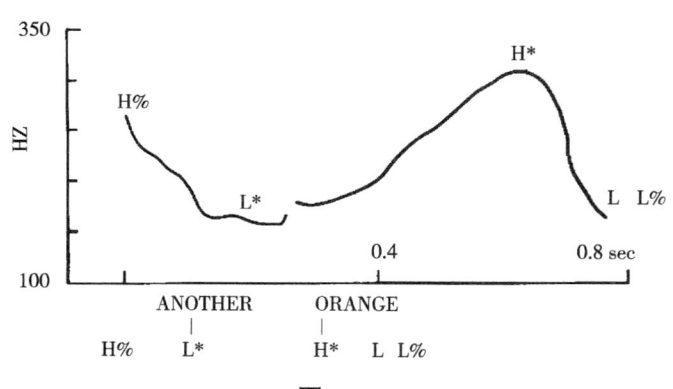

图 5.13

262 （5.91）和（5.92）都是长一些的例句，它们展示了音高重调的不同组合方式；它们的 F_0 曲拱，如图 5.14—5.17 所示。

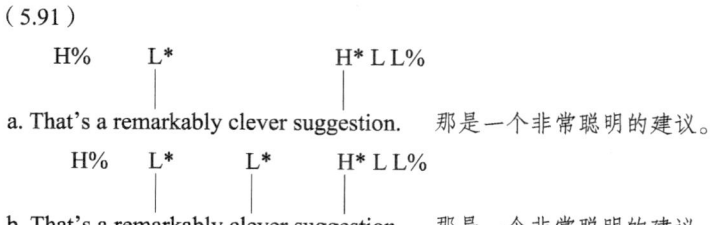

（5.91）

H%　　L*　　　　H* L L%
　　　｜　　｜　　　　　｜
　　a. That's a remarkably clever suggestion.　　那是一个非常聪明的建议。

H%　　L*　　L*　　H* L L%
　　　｜　　｜　　｜　　　｜
　　b. That's a remarkably clever suggestion.　　那是一个非常聪明的建议。

290

第五章 语调语法

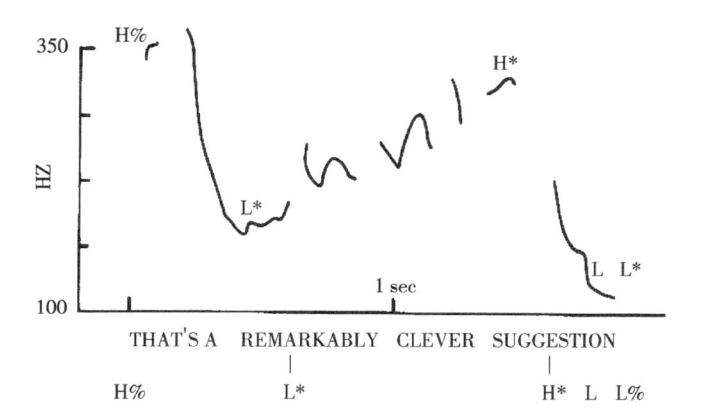

图 **5.14**

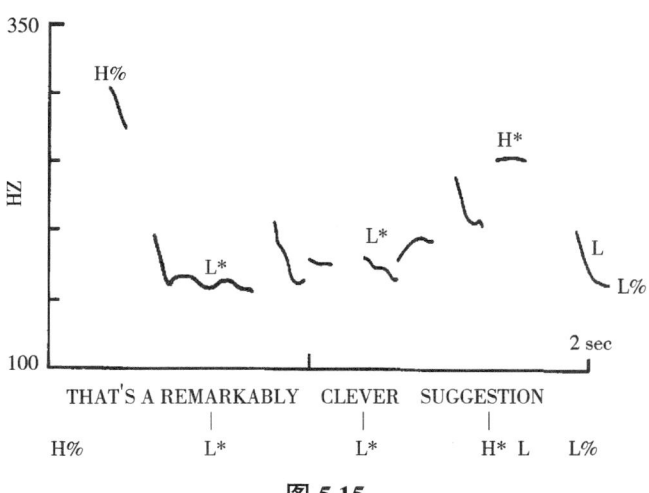

图 **5.15**

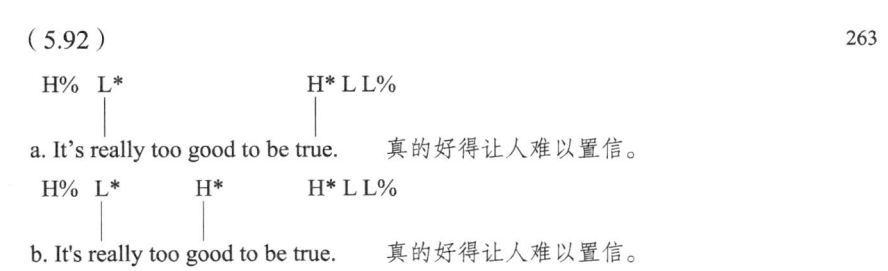

（5.92）

```
H%  L*            H* L L%
 |   |             |
a. It's really too good to be true.    真的好得让人难以置信。

H%  L*      H*     H* L L%
 |   |       |      |
b. It's really too good to be true.    真的好得让人难以置信。
```

263

291

音系与句法：语音与结构的关系

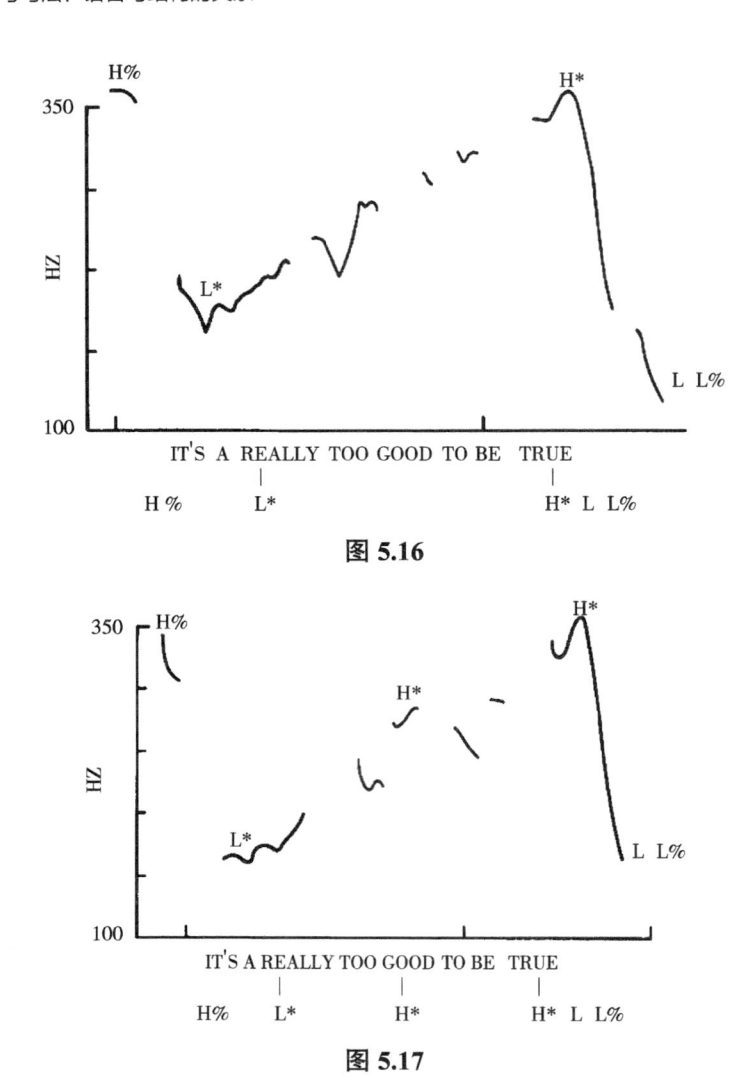

图 5.16

图 5.17

((5.91)和(5.92)中的示例涉及表达和焦点结构上的差别，因为变异的不仅是在曲拱的选择上，而且还在音高重调的指派上。)

这里，我们不谈这些曲拱的语音解释细节，即不谈底层语调曲拱与其表层语音体现为 F_0 曲拱之间的关系。至于这里不得不对语音解释保持神秘的方面，我们推荐阅读皮埃安贝尔（Pierrehumbert 1980）。但理解这一解释的具体细节，对我们这里所关注的内容无关紧要。如能确认音高重调的有无（通常）与音高曲拱中向上或向下的一些听得到（或看得到）的音高陡强（pitch obtrusion）相一致，就足矣了。

注意：这个语调曲拱理论认为核心与核心前声调实体之间并无区别。音高重调跟短语重调和边界调一起构成了短语的语调曲拱，语调短语的核心音高重调仅仅是音高重调序列中的最后一个。因此，这一理论与别的理论有所不同，它们都给语调曲拱的核心与核心前部分赋予不同的地位（请再次参看拉德（Ladd 1980）所做的评析）。此外，一些理论把属于末尾音高重调和短语重调（有时甚至包括末尾边界调）的声调材料视为构成一个单独声调实体。与这些理论相比，这一理论所称之为核心的则是指更为有限的一段曲拱线。通过分离出如布鲁斯（Bruce 1977）所称的音高重调和利伯曼（Liberman 1975）所称的边界调，皮埃安贝尔的理论提出了一种语调曲拱表达式，在这个表达式中，核心是以一种与前面声调实体完全一样的声调实体出现的；皮埃安贝尔认为它就应该如此。当然，对于任何一种语调结构与语调意义之间关系的理论来说，重要的是，应当有一个与句中的词相联结的同一类型（音高重调）的（很可能是无限的）声调实体序列。人们观察到句子（更准确地说，只由一个语调短语组成的句子）中可能存在不止一个语调标示的焦点。皮埃安贝尔的语调曲拱理论与这个观察结果一起，导致了上面所给出的假设，即焦点与音高重调的指派有关。笼统地说，根据这一假设，句中承载音高重调的词越多，焦点就越多。

我们不会讨论因音高重调的声调内容不同所传达的意义可能有所不同。正如 5.1 节所提到的，这似乎完全是表情达意的问题，因而与此没有直接利益关系。但我们应当指出，英语的音高重调库要比某些语言更丰富：斯德哥尔摩的瑞典语里只有 H*L（Bruce 1977），而法语极有可能只有 H*（Delattre 1966）。这就意味着英语话语语调曲拱对表情达意的贡献可能比其他语言更大。我们也不会讨论各种边界调所传达的意义。利伯曼

（Liberman 1975）以及皮埃安贝尔（Pierrehumbert1980）都对这个问题做过某种程度上的讨论。还有，我们也不会讨论高低短语重调的意义。

皮埃安贝尔的假设是：在上述所描述的语调曲拱的"句法"范围内，特定声调成分是自由选取的[29]。也就是说，任何一个音高重调都可以与其他任何一个音高重调、任何一个短语重调或末尾边界调等组合出现[30]。表达部分的这种自由组合意味着，如果存在"表情达意的解释"原则，那么它们本质上则必须是组成性的。请注意：这个自由组合的理论并不排除存在语调习语，即拥有一种固定声调实体组织和一种"冻结"常规解释的曲拱。利伯曼和萨格（Liberman and Sag 1974）、拉德（Ladd 1980）都曾讨论过的"矛盾曲拱"，无疑是这类习语之一。但按照皮埃安贝尔的假设，有些人称之为**语调词**（intonational words）的这种常规化的曲拱是个例外，而不是规则。

在以下各节（最后一节除外）中，我们将把假设简单化，即假设只有一个语调短语与每个讨论的句子相对应。这可以让我们暂且忽视句子范围内除音高重调外出现的任何其他内容，还让我们暂时忽视与短语切分和焦点有关的问题。

---

[29] 皮埃安贝尔提出了一种有限状态语法，类似于下图所示的英语语调曲拱"句法"模型。

边界调　　音高重调　　短语重调　　边界调

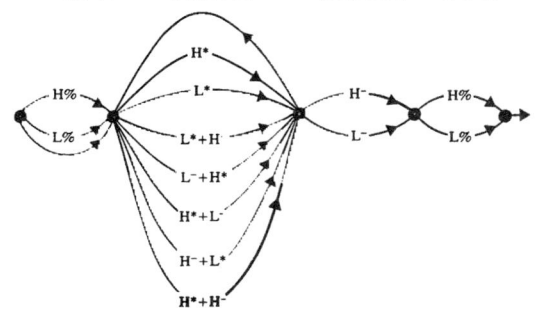

[30] 然而，请看宾（Bing 1979a）。根据他的观点，曲拱的某些方面是可以根据其他方面进行预测的。戴尔（Dell 1984）对法语也做过这样的建议。这些案例都需要重新做调查。

5.3.2 焦点相关的凸显表达式

在 5.2 节讨论韵律与焦点关系时，我们未详细说明与焦点结构相关的"凸显"性质。从语音上讲，它既有声调部分又有节奏部分。但那个界定韵律与焦点关系的表层结构中的凸显表达式怎么样呢？它是否既有凸显的声调属性又有节奏属性？或其中一个是"先有的"，如果是的话，是哪一个？正如我们所说的，我们的理论是：将音高重调指派给词是构成与焦点结构相关的韵律凸显的因素，我们（通过音高重调凸显规则）把这个音高重调的指派用来（部分）决定短语的节奏凸显模式。

任何一种与焦点结构相关的韵律凸显理论都必须能够表征和区分例如（5.93）中所有的凸显模式，因为每一种模式都有不同的焦点结构。（5.93）是抽象的模式，其例示见（5.94）。

（5.93）

a.　　　　　b.　　　　　c.　　　　　d.

凸显 凸显　　＿＿ 凸显　　凸显 ＿＿　　＿＿ ＿＿

（5.94）

a.　　　　　b.　　　　　c.　　　　　d.

LAKE HILL　　Lake HILL　　LAKE Hill　　Lake Hill

音高重调优先理论把那些差别直接表示为是否将音高重调指派给词。我们把这些指派表示如下，*pa* 用以指任何一个英语音高重调，如 5.3.1 节所述。

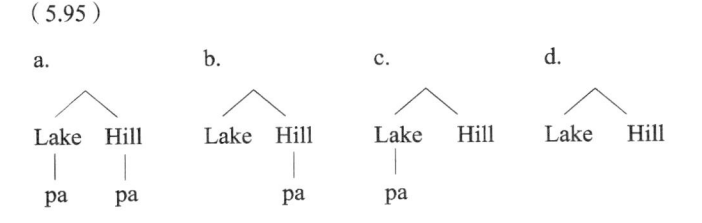

（5.95）

a.　　　　　b.　　　　　c.　　　　　d.

Lake Hill　　Lake Hill　　Lake Hill　　Lake Hill
| 　 |　　　　　 | 　　　　　|　　　　　
pa　pa　　　　　pa　　　　pa

（非正式使用的、表征 5.2 节中所讨论的凸显差异的大写字母，在这里被音高重调指派所取代。）更明确地说，我们的理论是：音高重调构成了语调（句法）表层结构表达式的一部分，并且焦点规则构成了从韵律与焦点关系角度对这种结构合乎语法性的定义。此外，该理论还说道：文本到栅的同界规则既关注成分结构（核心重音规则和复合词规则）又关注音高重调的存在（音高重调凸显规则），通过同界规则和栅悦耳规则，将语调的表层结构映射到节奏结构（即节律栅）之上。

该理论提出的主要经验主张（我们相信，这是个正确的主张）是：就话语中每个（带一个音高重调的）词而言，都至少存在一个焦点结构成分；就每个焦点结构成分而言，都至少存在一个音高重调[31]。

一种可能的重音优先理论会是怎样的？按照这样的理论，我们可以根据话语的节奏凸显预测语调曲拱声调材料的有无，而且正是话语的节奏属性与其焦点结构相关或直接相关。重音优先理论怎样可以表征那些如（5.94）中所例示的、与焦点相关的"凸显"模式上的差别？如果上面所提出的经验主张确实是真的的话，那么，无论基于区别性重音的"凸显"差别表达式怎么样，它都必须足以将这种凸显与句中其他任何**不与焦点相关**的节奏凸显区分开来，因为与焦点相关的节奏凸显必须制定一条清晰明确的指令：给它"加上一个音高重调"。

那个与焦点相关的凸显表达式会是怎样的？很显然，严格**关系性的**重音表达式并不完美，（5.96）中 *s/w* 的那类树和（5.97）中的节律栅构式（这里，必须把栅位置置于三或三以上层级）都不能对（5.94）中的适宜性差异进行表征。

---

[31] 实际上，该主张有点过强，因为在某种条件下，可能会将多个音高重调指派给单独一个词。但这并不改变句子的焦点结构。也就是说，词不是双焦点的，而且句子的焦点属性与词具有一个音高重调时的焦点属性是相同的（见下文中的例子）。

(5.96)

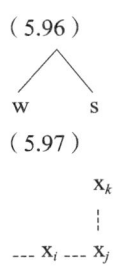

```
    /\
   w  s
```

(5.97)

$$x_k$$
$$\vdots$$
$$--- x_i --- x_j$$

与其他某个音节相对的音节节奏凸显，并不保证这个音节会获得音高重调；而节奏上不凸显，也不能保证它**不**会获得音高重调。所有组合都是可能的，如（5.95）所示。

宾（Bing 1979a）曾试图想为重音的纯关系性节律树解决这个问题。[268] 她的主张是：每个焦点都有一个语调短语，正是每个语调短语内节律树的"最强 *s*"（指定终端成分，即 DTE）决定了声调元素的位置。威廉姆斯（Williams 1980b）（或多或少）以这种说法作为先决条件。因此，（5.98a）和（5.98b）表征了 *Lake HILL* 与 *LAKE HILL* 或 *John LEFT* 与 *JOHN LEFT* 之间的差别。

(5.98)

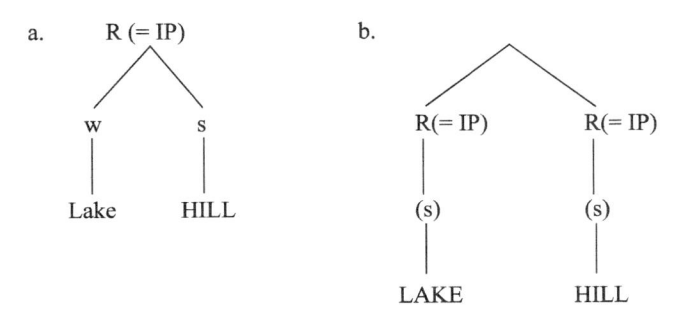

a.
```
       R (= IP)
        /\
       w  s
       |  |
      Lake HILL
```

b.
```
          /\
     R(= IP)  R(= IP)
        |       |
       (s)     (s)
        |       |
       LAKE    HILL
```

换个说法，该主张是：在每个语调短语（intonational phrase，简称 IP）内，将音高重调指派给语调短语中所包含的节律树的指定终端成分。（当语调短语只含有一个音节时，那个音节便是指定终端成分。）但这个有关表达式的主张完全是错误的。首先，正如皮埃安贝尔的调查所证明的，并非每个音高重调都有一个语调短语。其次，(5.98b)这类表达式中有两个语调短语的主张并未得到发音事实的支持。无论何时只要序列中有两个音高重调，不一定就会出现语调短语切分的各种语音相关物，如音高曲拱体现的时长和细节，而这种情况根本不存在（见 5.4 节）。

节律栅理论允许用非关系性术语表征凸显等级，可以在该理论框架内尝试一下重音优先理论的最后版本。例如，可以提出焦点相关的凸显对应于特定节律层级（如第五层级）上出现的一个栅位置。在语调表层结构中，这件事可以发生，焦点词的主重音与第五层级的栅位置同界。由于没有英语词因词重音规则而产生其主重音高于第四层级的情况，所以第五层级凸显将确保正确的区分。但请注意：重要的是，这个重音优先理论预先假设的自动音高重调指派必须**在施用如核心重音规则等栅构建规则之前**发生，因为它们可以产生第五（和更高）层级凸显。但音高重调承载音节的节奏凸显仍必须得到保护。按照这个理论，必须防止核心重音规则在非音高重调承载的音节上比在音高重调承载的音节上产生的凸显更大。换言之，这个理论还必要有一条音高重调凸显规则。因此，以栅为基础的"第五层级凸显优先"理论越来越像音高重调优先理论了。

选择音高重调优先理论的一个原因是它更为简单。关于表层结构，只有一句话要说："可将一个音高重调指派给一个词"。其他一切都是在这一音高重调指派之后相继发生的。至于"第五层级节拍优先"理论，它需要表明"可将一个第五层级的节拍指派给一个词"，而且还要说明将一个音高重调指派给一个第五层级的节拍。音高重调优先理论不需要这一步骤。

选择音高重调优先理论的另一个原因是：它允许一种**语调表层结构**中的表达式，**这种表层结构**的音高重调是从现有的许多成分中指派的。音高重调的选择（显然）不与话语的焦点结构和新旧信息内容相关，但与表情达意有关。因此，音高重调优先理论将允许与语调意义有关的所有语调结构因素构成一个且同一个层级的表达式——表层结构。这似乎是一个理想的结果。

5.3.3 音高重调指派与音高重调联结

本节将讨论音高重调在其指派成分内**指派**给英语句子成分，以及它们与单个音节的**联结**问题。**音高重调指派**（Pitch Accent Assignment，简称PA 指派）是指音高重调与句法结构的特定成分之间的匹配过程。基本焦点规则（"一个已被指派音高重调的成分是焦点"）所诉诸的正是音高重调与成分的这种匹配。我们提出的重要假设是，音高重调只指派给词层成分。我们还假设，音高重调指派是"自由的"，也就是说，对音高重调在（表层）句法结构中的出现起调节作用的原则只有：(a) 它应当只与单词大小的成分相匹配，(b) 与其匹配的成分一定是焦点（可以把基本焦点规则看作（表层）句法结构的合格条件）。一旦音高重调做了指派，那么焦点成分内的那个音高重调与特定音节的（自主音段）相联结便是自动的。音高重调与所指派的成分内的节奏最凸显的音节相联结；这里，节奏凸显是根据音节与节律栅的同界与否来界定的。

有了音高重调指派给词这样的假设，音高重调与词的主重音音节之间的联结就可以通过采用可在别的（音高重调是词的一种属性的）语言里运用的同一种原则得到解释（这类联结在诸如立陶宛语（Halle and Kiparsky 1981）、塞尔维亚-克罗地亚语（Ivič and Lehiste 1973）、瑞典语（Bruce 1977）等音高重调语言里是标准规范的）。但如果增加可将音高重调指派给短语并用类似的联结机制将其与短语的主重音音节相联结的假设，就只会做出错误的预测。正如我们所论证的，正常短语重音绝不能决定一个短语中哪个词将承载音高重调，但正常词重音则确实可以决定一个词的哪个音节将承载指派给那个词的音高重调。因此，我们提出音高重调指派不是由短语做出的，而仅仅是由词大小（或比词还要小）的结构成分决定的。我们的这项提议与如下这一事实相一致：音高重调在词和短语中的位置是由完全不同种类的原则决定的。

不是任何一个词都容易获得与焦点相关的音高重调的指派。从某种意义上说，该词必须在语义上是透明的或自身是有意义的。事实证明：

在"冻结的"非组成意义的复合词中，音高重调总是落在左边，如 *high school*（中学）、*high chair*（高脚椅）、*yellow jacket*（黄马褂）、*funnybone*（漏斗骨）、*blackboard*（黑板）、*kingfisher*（翠鸟）。假设音高重调只可以指派给更高的复合词成分，而不是任何一个组成部分，而这些组成部分在复合词的语境中并没有自己独有的意义，那么音高重调联结将以规则方式把音高重调与（复合）词的最大凸显同界。在复合词中，那个凸显落在了其左边。（确确实实，可以将这些词的表现看作是对如下主张的一种支持：英语里有一条指派左凸显的复合词规则。）

271　　如果复合词是"规则"复合词，那么就不会将音高重调指派给更高的复合词，因为整体意义显而易见是其部分意义的一个函项。在此情形下，音高重调在焦点复合词内的位置是由短语焦点规则决定的，而且取决于复合词的论元结构，如 5.2.5 节所示。因此，给焦点相关的音高重调指派必须仅限于某种意义上"最小的"且有明显承载意义的句子结构成分。其中绝大多数都是非复合词。

一个显而易见的问题是：音高重调所指派给的结构成分是否比本身有明确意义的词要小？答案很可能是肯定的。明确否定的前缀（如 *in-*、*un-* 和 *non-*）常常承载音高重调。当然，这些前缀因为不是其词成分的中心语，所以无例外地承载这些实例中的窄焦点（见 M. Allen 1978, Williams 1981a, Selkirk 1982）。

我们应当区分像这些与词缀上凸显相联结的语调意义和与本身没有意义的词缀上凸显相联结的意义，比如可能出现在 *TRANSfer* 与 *REfer* 的对比之中。这些案例似乎涉及元语言说法的某些东西：现在可能要做一点**有关**语素本身的评析。在这些实例中，"语调意义"与见于音节而非语素对比时的意义相类似：*I said coFFIN, not coFFEE.*（我说的是棺材，不是咖啡。）这也与冻结复合词中某一部分的音高重调相类似：*I said kingFISHER, not kingPIN.*（我说是翠鸟，不是主要人物。）

概括起来大概是，可将音高重调指派给词层或以下的任何成分，但当

第五章 语调语法

音高重调承载成分具有单独可识别的意义时，它就只可以按照正常焦点成分予以解释。当音高重调承载成分不能以此方式解释时，就要用元语言术语对音高重调的出现进行解释。我们将把这作为我们的工作假设。

现在我们来看一看音高重调联结的表述问题。如果将音高重调指派给英语里的特定的词，如（5.99a）所示，那么它就会与词的主凸显相联结，其示例见（5.99b）。

（5.99）

$$\text{a.} \left[\begin{array}{c} x \\ x\ x \\ x\ x\ x\ \ x \\ \text{California} \\ H^* \end{array}\right]_N \Rightarrow \text{b.} \left[\begin{array}{c} x \\ x\ x \\ x\ x\ x\ \ x \\ \text{California} \\ H^* \end{array}\right]_N \qquad \text{（美国）加利福尼亚州}$$

（显然，我们现在所假设的是，只有凸显模式在其所指派的成分范域内确立起来后，才会发生音高重调联结。我们可以把联结本身视为循环性的，因此只适用于相关领域。）

如果将一个音高重调指派给一个语类类型比词小的特定语素，如一个词缀，那么它将与前者中最凸显的音节相联结，如（5.100）所示。

（5.100）

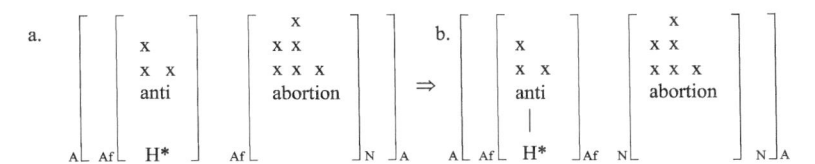

$$\text{a.} \left[_A \left[_{Af} \begin{array}{c} x \\ x\ x \\ \text{anti} \\ H^* \end{array} \right._{Af} \left[\begin{array}{c} x \\ x\ x \\ x\ x\ x \\ \text{abortion} \end{array} \right._N \right._A \Rightarrow \text{b.} \left[_A \left[_{Af} \begin{array}{c} x \\ x\ x \\ \text{anti} \\ H^* \end{array} \right._{Af} \left[\begin{array}{c} x \\ x\ x \\ x\ x\ x \\ \text{abortion} \end{array} \right._N \right._A$$

（例如，在对 *antiabortion*（反对堕胎）与 *proabortion*（支持堕胎）做对比时，就可能做这类指派。）最后，可以将一个音高重调指派给（联结到）一个特定的音节，比如一个弱音节，如 *coFFEE*（咖啡）与 *coFFIN*（棺材）。

这些例子表明，音高重调联结不存在所需要的绝对最低层级的凸显，而只有特定范域内的最大凸显。该范域的界限是由指派音高重调的成分所带的括号划定的。音高重调的联结可以描述如下：

（5.101）

音高重调联结（Pitch Accent Association，简称 PA 联结）

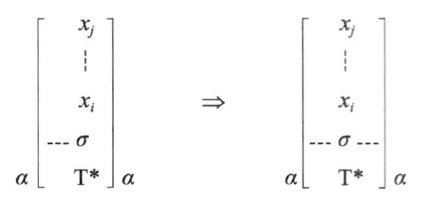

$$\alpha \begin{bmatrix} x_j \\ \vdots \\ x_i \\ \text{---}\sigma\text{---} \\ T^* \end{bmatrix} \alpha \Rightarrow \alpha \begin{bmatrix} x_j \\ \vdots \\ x_i \\ \text{---}\sigma\text{---} \\ T^* \end{bmatrix} \alpha$$

条件：x_j 是 α 中最凸显的节律栅的节拍。

（另一种陈述条件的方式是，规定 x_j 在 α 中既是初始的，又是末尾的，即一条只有最凸显节拍才能满足的条件）。

音高重调指派与音高重调联结之间的区别是很有用的。第一，它可使我们把构成英语语调曲拱一部分的音高重调联结视为颇具普遍性联结规则（5.101）的一个例子，这条规则负责将音高重调与语言里不可以自由指派但可以是词库词项一部分的音高重调的（凸显）音节相联结。第二（而且也是对英语分析更为重要的一点），它说明了在已经历节拍移位且其最大凸显位置随之发生改变的成分中音高重调的**重新**联结问题。如果音高重调的联结只是起始音高重调指派的一部分，那么它将不能作为具有联结已指派音高重调能力的原则单独使用。

请看（5.102a-c）：

（5.102）

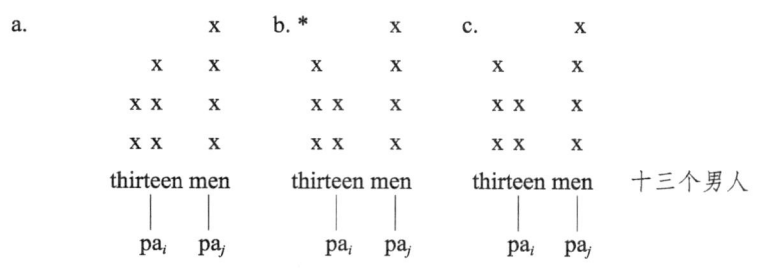

```
a.              x        b. *       x       c.            x
            x   x               x   x              x      x
        x x     x           x x     x          x x        x
        x x     x           x x     x          x x        x
        thirteen men        thirteen men       thirteen men      十三个男人
           |    |              |    |             |    |
          pa_i  pa_j           pa_i pa_j          pa_i pa_j
```

当节拍移位应用于这个 NP 时，与落在 *thirteen* 上音高重调相联结的（局部最大的）凸显将移至先前的音节上，如（5.102b）所示。这就产生了一个音高重调不与最大凸显相联结的表达式，因而音高重调联结判定它是一个不合格的表达式。(5.102b)的联结未得到证实，得到证实的是(5.102c)，它的音高重调"随"凸显移动。音高重调的这个移位可以通过以下方式得到阐释：假设（a）不合格的联结被自动删除，从而产生了一个"浮游"音高重调；(b) 音高重调联结自动重新应用，将浮游音高重调落到新的凸显音节上。这是区分音高重调指派与音高重调联结的主要原因。(5.3.5节中将进一步讨论由"节奏规则"触发的音高重调移位问题。)

可以将一个以上的音高重调指派给一个词或与一个词相联结。下面是皮埃安贝尔（Pierrehumbert 1980）给出的例子（我们给提供了节律栅）：

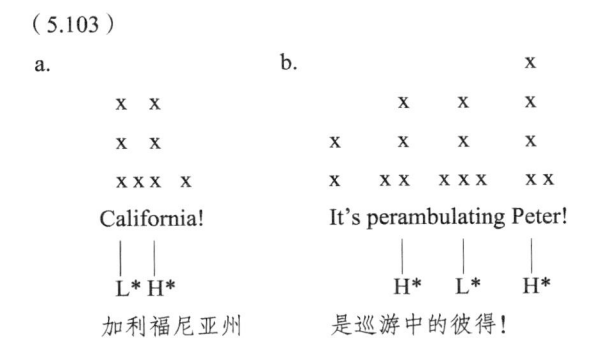

(5.103)

```
a.                    b.                          x
      x x                        x    x
      x x                   x    x    x
      x x x  x              x    xx   xxx    xx
      California!           It's perambulating Peter!
       |  |                 |    |    |
      L* H*                 H*   L*   H*
      加利福尼亚州          是巡游中的彼得！
```

额外的音高重调似乎并没有改变与焦点相关的话语属性。(这可能只是意味着，基本焦点规则不在意有多少个音高重调指派给了某一个结构成分。)第二个音高重调似乎确实引起了话语表达上的差别，尽管很难说出这种差别是什么。像这些额外的音高重调在语法中是否具有同样的地位，尤其是它们是否在（表层）句法结构中获得指派且由音高重调联结或经过某种修改后联结，我们都将不做定论。我们必须说的是：并未要求我们确定这些次要音高重调的地位。

5.3.4 语调与重音的关系

提出语调与短语重音关系的音高重调优先理论有两个主要部分：音高

重调凸显规则和核心重音规则。音高重调凸显规则确保承载比不承载音高重音的音节节奏凸显都要大。例如，它是造成 *Lake HILL* 与 *LAKE Hill* 节奏凸显差异的原因，而这种差异与存在音高重调时的差异相互关联。继音高重调凸显规则之后，为这些所构建的节律栅分别是（5.104b）和（5.105b）。

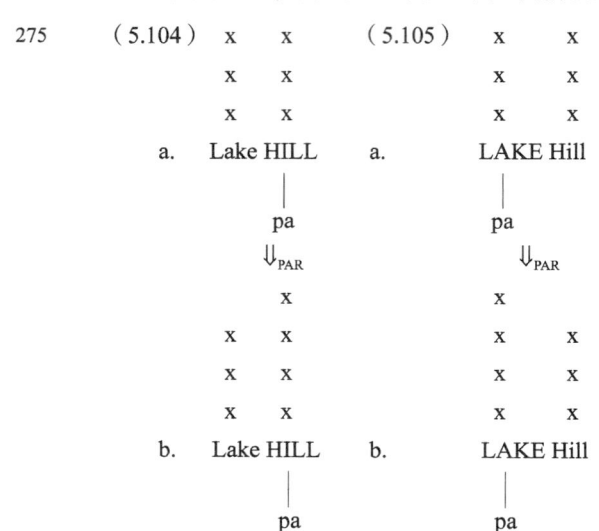

（5.104）　x　　x　　　（5.105）　x　　x
　　　　　　x　x　　　　　　　　　x　x
　　　　　　x　x　　　　　　　　　x　x
　　　a.　Lake HILL　　a.　　LAKE Hill
　　　　　　　|　　　　　　　　　　|
　　　　　　　pa　　　　　　　　　pa
　　　　　　　⇓ $_{PAR}$　　　　　　　⇓ $_{PAR}$
　　　　　　　x　　　　　　　　　　x
　　　　　　x　x　　　　　　　　　x　x
　　　　　　x　x　　　　　　　　　x　x
　　　　　　x　x　　　　　　　　　x　x
　　　b.　Lake HILL　　b.　　LAKE Hill
　　　　　　　|　　　　　　　　　　|
　　　　　　　pa　　　　　　　　　pa

当所有音节都承载音高重调时，核心重音规则将确保循环范域内右手成分的更大节奏凸显。如 LAKE HILL 所示。在这一节中，我们将提出：每个音高重调承载音节在（由音高重调凸显规则引入的）节律栅中都至少具有四个层级的节拍，因此，LAKE HILL 的推导过程如下所示：

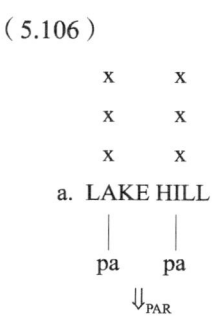

（5.106）
　　　　　　　x　x
　　　　　　x　x
　　　　　x　x
　　a.　LAKE HILL
　　　　　|　　|
　　　　　pa　pa
　　　　　　⇓ $_{PAR}$

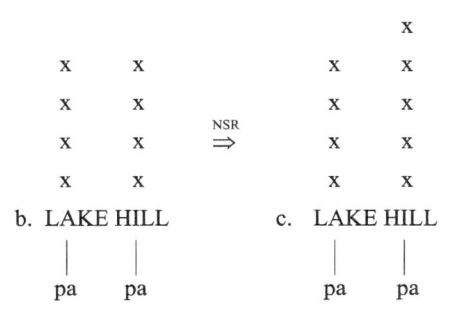

```
                            x
         x  x           x   x
         x  x     NSR   x   x
         x  x      ⇒    x   x
         x  x           x   x
         b. LAKE HILL   c. LAKE HILL
         |   |              |   |
         pa  pa             pa  pa
```

还提出核心重音规则适用于根本没有任何音高重调的情况，（5.107）给出了它的推导过程。

（5.107）

```
                        x
         x  x        x  x
         x  x   NSR  x  x
         x  x    ⇒   x  x
         Lake Hill   Lake Hill
```

因此，正是核心重音规则担负起了纽曼（Newman 1946）所做的概括，即最后一个"重重音"（承载音高重调的）音节是最凸显的音节。

有一种我们理论没有解释的现象：两个组成成分都承载音高重调时复合词内的相对凸显问题。正如鲍林格（Bolinger 1981）所指出的，*CHINESE EXPERT*（中国专家）或 *SLUM REHABILITATION*（贫民窟改造）这类复合词都是最右边凸显。当"其他所有条件都相同"时，如果应用我们的复合词规则（就像我们的核心重音规则那样），那么就无法预测到这一点。如果要是应用的话，那么一对承载音高重调中的那个左手成员应当将是凸显的。我们无法解释这两条文本到栅的同界规则在实际表现上的这种偏离情况，我们暂且仅仅规定：如果那个要提升节拍所属的音节承载了一个音高重调，那么复合词规则则不可以应用。

第四章已对我们的语调与重音关系以及音高重调凸显规则与核心重音规则交互作用的一般理论做过描述，我们这里不再赘述。但是，我们确实需要对音高重调凸显规则进行更明晰化的表述。现有充足的理由认为，音高重调凸显规则总能引入至少第三个层级甚至第四个层级的节拍。我们确实要提出：应当对该规则做如下的表述：

（5.108）

音高重调凸显规则

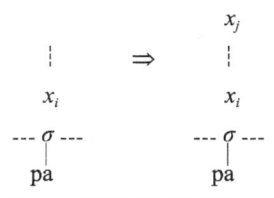

$$\begin{array}{ccc} & & x_j \\ \vdots & \Rightarrow & \vdots \\ x_i & & x_i \\ \text{---}\sigma\text{---} & & \text{---}\sigma\text{---} \\ \text{pa} & & \text{pa} \end{array}$$

条件：x_j 是在节律栅层级 n 上的，这里

（i）n（至少）比其他任何**未**与音高重调同界的节拍所在的层级都要大；
（ii）$n \geq 4$。

该规则应用于与音高重调相联结的音节。请回想一下，不存在音高重调联结所要求的最小凸显。我们主张，正是音高重调凸显规则造成了所有承载音高重调的音节都有某种最小节奏凸显这一事实的原因。

我们先来看一看为什么音高重调凸显规则必须引入至少第三个层级的凸显。首先需要注意的是：任何承载音高重调的音节都不易于**去重音化**。正如 3.3 节中所展示的，第二层级凸显不会阻止去重音化，但第三层级凸显却可以。通过假定落在词中一般弱音节上的至少是一个第三层级的凸显，我们便可以解释缺少去重音化的现象。

（5.109）

coffin	与	coFFIN	棺材
refer	与	REfer	参照
intolerable	与	INtolerable	无法容忍的

我们应当强调的是，不能把这里缺少去重音化和其后的元音弱化仅仅归因于音高重调的存在。虽然确确实实音高重调（更普遍地说，任何声调材料）的存在可能会导致加长，但必须把这种加长视为非常"后面层级的"或语音的现象，因为一定量的声调材料出现在音节上，并不能阻止发

生这种"音系"去重音化以及元音弱化。这可以通过如下事实加以证明：当短语重调和边界调都体现在语调短语末尾位置的无重音音节上时，如（5.110）所示，元音（虽已加长）音质就会弱化。

（5.110）

    H* LH%
    |
    President?   总统？

还要注意的是：假定第三层级节拍会导致功能词无法去重音化、元音弱化以及当它们碰巧承载音高重调时赋予它们"弱形式"的其他规则，即使它们可能是在要不然可能发生去重音化的语境中（参见第七章）。

（5.111）
  a. Joe HAD planned to LEAVE.
    乔已计划离开。
    （对比 Joe'd [d] planned to LEAVE.）
  b. I'm traveling TO Boston, not FROM there.
    我要去往波士顿，不是要从那里出来。
    （对比 I'm traveling to [tə] Boston.）

认为第三层级节拍承载音高重调的另一个理由是：当第一和第二重音音节都承载音高重调时，它便可以解释"主要词重音"在 *perambulating*（巡视）中的**错位**（displacement）现象。在 *peRAMbuLAting* 中，原先在 -*at*- 上的第二层级重音现在甚至比最初的主要词重音还重，如果 -*at*- 至少是第三层级的话，那么核心重音规则就可以确保这一事实。（回想一下，核心重音规则只"看到了"第三层级的节拍。）

最后需要考虑的一个因素是，它可能起码是音高重调凸显规则所引入的第四层级节拍。在 4.3.2 节讨论"节奏规则"应用的可能性时，我们提出：当第一个词承载一个落在冲突音节上的音高重调时，凸显移位的可能性更大。例如，主张节拍移位更可能应用于 *FUNDAMENTAL THEOREM*（基本定理），而不是 *fundamental theorem/THEOREM*（基本定理）。假定第四层级凸显带音高重调,其解释是前者比后者(两个层级的)冲突更大,如(5.112a)和(5.112b)所示。

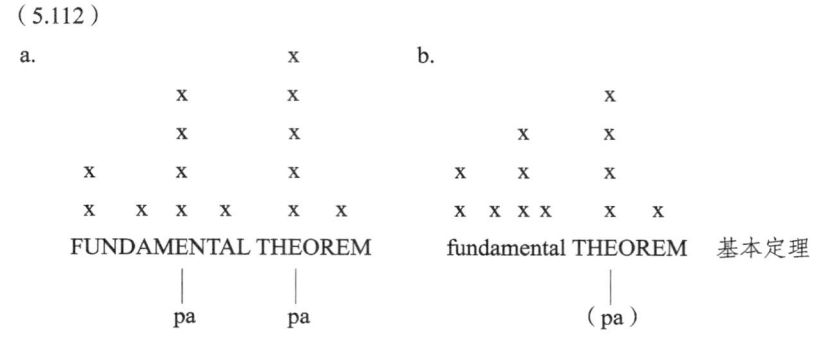

(5.112)

```
a.                    x              b.
              x       x                              x
              x       x                      x       x
      x       x       x              x       x       x
x     x   x   x   x   x              x   x   x   x   x
    FUNDAMENTAL THEOREM            fundamental THEOREM    基本定理
              |       |                              |
              pa      pa                            (pa)
```

具体地说,这一主张是:鉴于只有两个音节才能体现第四层级节拍,由于(5.112a)所需要极为笨拙的重音计时发音,因此难以承认它是一种冲突。

5.3.5 焦点结构与"节奏规则"

我们已阐明,通过节拍移位以及随后与音高重调的断开与再联结"节奏规则"便可以导致词内音高重调的位移。(回想一下 5.3.3 节中从 thirTEEN MEN 到 THIRteen MEN 的推导过程。)还有一种情况,"节奏规则"也可以导致短语内音高重调从一个词到另一个词的位移。(5.113a)可以变成(5.113b):

(5.113)

  a. lily WHITE HANDS b. LILY white HANDS 百合白的手

本节将探究这一现象对我们韵律与焦点关系理论所产生的影响。

首先需要注意的是:(5.113a)与(5.113b)具有同样的语调意义,它对应落在整个复合词 *lily white* 上的宽焦点。这个在我们的理论中是可以预见的,因为复合词 *lily white* 是在可能已经历节拍移位而且随后已发生音高重调位移的语境中。在表层结构中,*LILY* 在(5.113b)中的音高重调可能已在 *white* 上,即在可能已出现宽焦点的位置上。因此,存在着(5.113b)的一种表层结构来源,这种来源与(5.113a)相同;结果它们可能都有相同的一种语调意义和一种焦点结构。请注意：与此相反，当 *lily white* 不是在节拍移位的语境（如在句子的末尾）中时，落在 *lily* 上的音高重调（*Her hands were LILY white* 她的手是百合白的）将无法进行宽焦点的解释。它的意思也不可能与 *Her hands were lily WHITE* 相一致。这些事实与我们关于重音–语调–焦点关系的一般研究方法相吻合。确立韵律与焦点关系的表达式层级不是（部分由栅悦耳规则创造的）表层节奏模式层级；相反，它是一个更为抽象的表达式——即语调表层结构。对焦点来说，音高重调在语调表层结构中的位置至关重要，而不是因句法–音系映射栅构建规则而可能移动到的位置。

为了不让人们以为音高重调位移现象是在保持宽焦点的情况下进行的，我们在（5.114）中给出了一组示例，这些示例是，由附加语后接中心语组成的名词前短语的凸显落在了附加语上，而且整个名词前短语仍可能具有宽焦点（这些惯用语当然是模棱两可的，可以把附加语的焦点解释为落在附加语上的窄焦点）。

（5.114）

PRETTY good TEACHER　　　VERY nice PAPER
不错的老师　　　　　　　　很漂亮的纸
THIRTY-nine STEPS　　　　HOME made JAM
三十九级台阶　　　　　　　自制果酱
POST-Kafkaesque NOVEL　　a REMARKABLY clever SUGGESTION
后卡夫卡小说　　　　　　　一条极为聪明的建议
TOO many PEOPLE
太多的人
a REALLY good COACH　　　a HARD hitting DELIVERY
一位非常好的教练　　　　　一种言辞激烈的演讲风格

然而，节拍移位所产生的音高重调位移并没有看起来那样自由。如果**窄**焦点落在名词前短语的中心语上，那么音高重调便**无法**移位。就像（5.114）中的短语那样，不可以把 *LILY white HANDS*（百合白的手）的发音解释为表示焦点落在短语中的中心语（即这里的 *white*）上，而且仅仅是在短语中的中心语上。也就是说，将模棱两可的表层结构凸显模式（5.113a）可以转换成只拥有它的焦点结构之一——宽焦点结构的（5.113b）。窄焦点阻止了凸显移动。此外，就像利伯曼和普林斯（Liberman and Prince 1977）所观察到的，例子（5.115a,b）虽具有相同的音系结构，但在可否经受"节奏规则"上却有所不同。

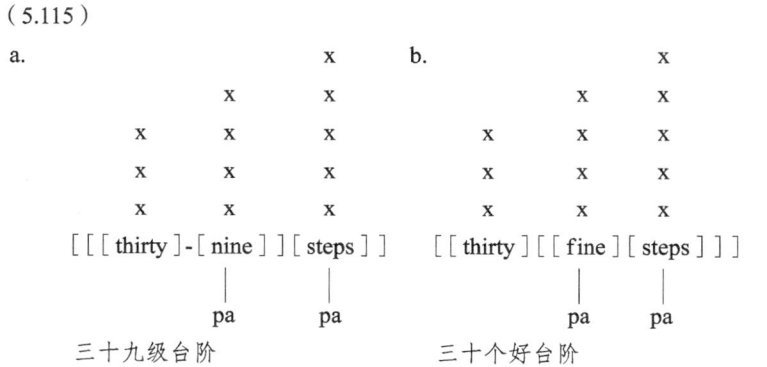

（5.115）

```
a.                    x            b.                      x
                   x  x                                  x  x
            x      x  x                         x        x  x
            x      x  x                         x        x  x
            x      x  x                         x        x  x
       [[[thirty]-[nine]][steps]]          [[thirty][[fine][steps]]]
            |      |                            |        |
            pa     pa                           pa       pa
        三十九级台阶                            三十个好台阶
```

THIRTY-nine STEPS 与 *thirty-NINE STEPS*（三十九级台阶）的确具有相同的语调意义。它们就像（5.113）中的那一对句子，但 *THIRTY fine STEPS* 与 *thirty FINE STEPS* 的语调意义并不相同。这里，*thirty* 上的音高重调仅表示窄焦点。

概括起来似乎是，音高重调不能移动到它所赋予焦点的焦点成分之外。（5.115a）与（5.115b）的焦点结构分别是（5.116a）与（5.116b）。

（5.116）

```
a.        F₂                      b.        F₂
         /  \                              /  \
        F₁   \                            /    F₂
       /  \   \                          /    /  \
      F₁   F₂                          F₁    F₁  F₂
      |    |                           |     |   |
    thirty-nine steps              thirty  fine steps
      |    |                                |   |
     pa₁  pa₂                              pa₁ pa₂
     三十九级台阶                           三十个好台阶
```

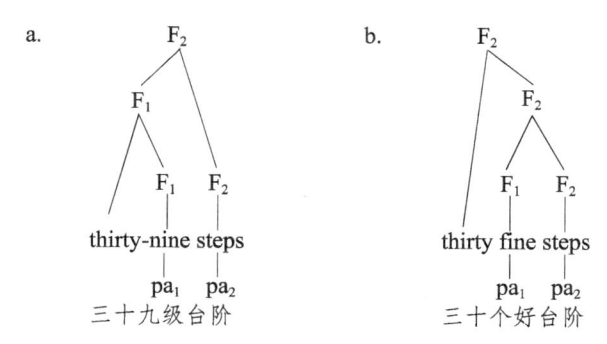

（标记为 F_n 的焦点成分是通过焦点规则从标记为 pa_n 的音高重调那里"获得"的。）显然，将音高重调从（5.116b）中的 *fine* 上移走，将把它从它使之成为焦点的成分中移除，而将音高重调从 *nine* 上移走，却不会产生任何变化，因为 *thirty-nine* 是个整体，这个整体成为 *nine* 的音高重调最终所承担的焦点。现在，请比较一下可能造成 *lily WHITE HANDS* 表层结构凸显模式的两个焦点结构：

（5.117）

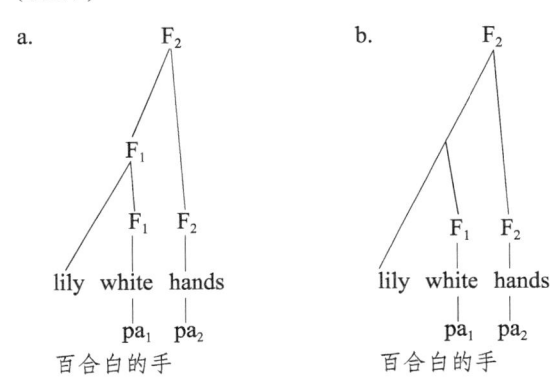

a.
```
        F₂
       / \
      F₁  \
     / \   \
    F₁  F₂  \
    |   |   |
   lily white hands
        |    |
       pa₁  pa₂
      百合白的手
```

b.
```
        F₂
       /  \
      /    \
     F₁    F₂
     |     |
   lily white hands
         |    |
        pa₁  pa₂
      百合白的手
```

在窄焦点的案例（5.117b）中，如果把 *white* 上的音高重调移走，那么它将移至唯一一个与焦点有关系的成分之外。另一方面，在（5.117a）中，已移走的音高重调仍将受它（最终）负责的其中一个焦点的统制。

那么，明显地存在一条节奏驱动的音高重调位移的制约条件，该制约条件不涉及音系表达式，而涉及该表达式构建所依据的句法结构与焦点结构。要想对它做出准确表述，我们就必须能够识别特定音高重调所"归属"的焦点或焦点链（到音高重调中寻找它们的焦点）。如前面的示例所示，我们将通过对音高重调以及"它的"焦点加下标（编制相互索引）来做到这一点。制约条件的表述如下所示：

（5.118）
音高重调的焦点统制
　　音高重调 pa_n 必须永远被某个焦点 F_n 所统制。

现在，我们来看一看 *LILY white HANDS* 从具有 *lily WHITE HANDS* 这种凸显模式的表层基本句法表达式开始的推导过程。在进入句法到音系映射的最高循环时，它具有如下的表达式：

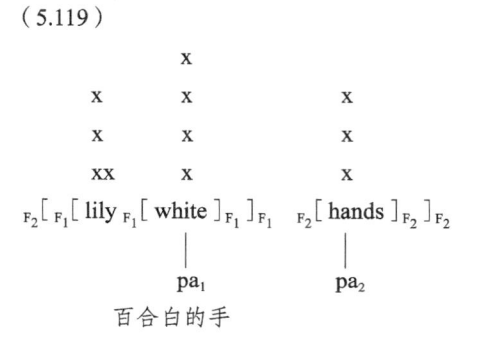

（5.119）

```
                    x
      x     x            x
      x     x            x
      xx    x            x
 F₂[ F₁[ lily F₁[ white ]F₁ ]F₁    F₂[ hands ]F₂ ]F₂
              |              |
              pa₁            pa₂
         百合白的手
```

核心重音规则以及其后的节拍移位将分别产生（5.120a）与（5.120b）。

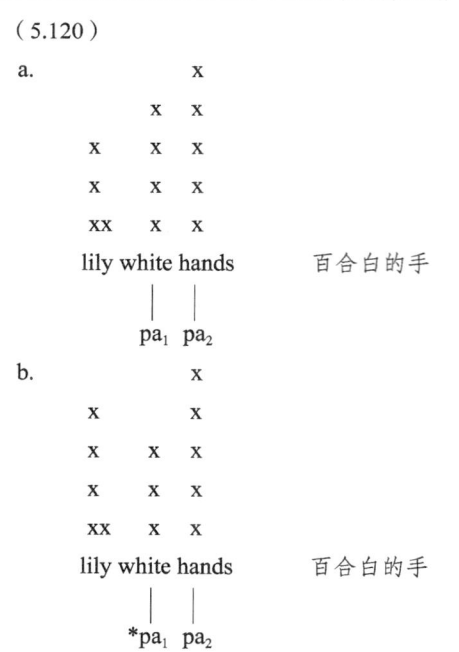

（5.120）

a.
```
              x
            x x
      x     x x
      x     x x
      xx    x x
      lily white hands      百合白的手
        |    |
        pa₁  pa₂
```

b.
```
              x
      x       x
      x   x   x
      x   x   x
      xx  x   x
      lily white hands      百合白的手
        |       |
       *pa₁    pa₂
```

283 我们认为后面一种形式因为同时违反了音高重调凸显规则和音高重调联

结,所以是错误的。我们可以推想通过重新应用音高重调凸显规则(重新制造冲突)来消除这一违反,但这并没有发生。显然,相反所发生的是:如(5.121a)所示,音高重调变成了"浮游调",因而消除了违反。然后,它重新联结到循环范围内尚未联结的最大凸显上——*lily* 的凸显上,从而产生表层结构(5.121b)。

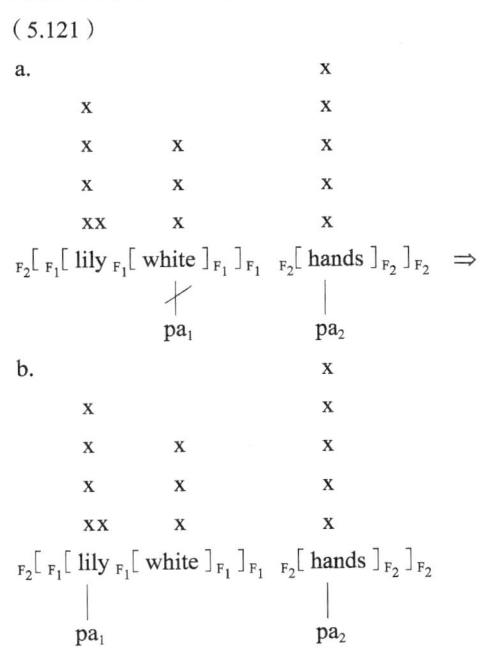

(5.121)

a.
```
                              x
       x                      x
       x       x              x
       x       x              x
       xx      x              x
  F₂[ F₁[ lily F₁[ white ]F₁ ]F₁   F₂[ hands ]F₂ ]F₂    ⟹
                |             |
               pa₁           pa₂
```

b.
```
                              x
       x                      x
       x       x              x
       x       x              x
       xx      x              x
  F₂[ F₁[ lily F₁[ white ]F₁ ]F₁   F₂[ hands ]F₂ ]F₂
        |                     |
       pa₁                   pa₂
```

按照音高重调的焦点统制,这个重新联结将产生一个合乎语法的表达式,因而结果一切都好。对于落在 *white* 上的窄焦点结构,情况却并非如此。以相同的方式进行推导,但这次焦点统制却排除了这种结果。当然,由于节拍移位不是强制性的,因此首先从来不需要排除掉音高重调。只有未发生节拍移位的发音才与窄焦点相一致。

总之,我们已呈现了句法音系映射制约条件方面的证据,这种映射指的是焦点结构,尤其是高阶成分的焦点结构。如果制约条件需要在句法音系映射的范围内给出"局部性"表述,那么,由此可见,必须在表层句法结构中对焦点结构做标注。这当然是我们这里一直所认为的杰肯道夫的立场。有趣的是，句法音系映射完成之后，句法语义表达式这一重要方面的证据应由音系结构表达式提供。

5.4 语调短语切分

为了简化对我们的语调结构理论，以及该语调结构一方面与节奏结构的关系（节律栅同界）另一方面与焦点结构的关系理论的讲解，前一节没有对语调短语切分问题予以关注。我们的例子只涉及了一种语调短语。实际上，一个（母）句子对应于单独的一个 IP 是再正常不过的事了。然而，要完全了解语调结构在语法中的作用，我们就必须要探讨由多个 IP 组成的句子。这种句子的存在，立即让我们想到了几个重要问题：

如果有的话，语调短语切分与句法结构之间的关系是什么？
语调短语是否具有区别性的语义属性？
句子的语调短语切分是否对句子的含义有特定的贡献？
如果有的话，语调短语切分与句子的焦点结构之间的关系是什么？
语调短语切分对句子的节律栅同界有何影响？
是否存在对连续语调短语的声调曲拱的同现限制？

由于所有这些问题不可能在这里都能得到解决，我们选择了（尽管是以初步的方式）对最接近本书核心内容的问题进行评析。这些内容一方面涉及语调短语切分与句法结构之间的关系，另一方面关注语调短语切分与节奏结构之间的关系。

5.4.1 语调短语切分与语法组织结构

在分析语调和焦点结构时，我们发现：两条结构合格性原则（基本焦点规则与短语焦点规则）可产生对句子焦点结构与其中音高重调分布之间关系的有见地的描述。这种方法允许我们假定，将音高重调与焦点结构自由且独立地指派给表层结构（但限制是只将音高重调指派给词或比词更小类别的成分）。焦点规则界定这些自由生成的组合中哪些是合格的。（当然，其他方法也是可能的：可以在焦点结构先前指派的基础上进行音高重调指派，或者可以在音高重调先前指派的基础上指派焦点结构。无论哪一种情况，句子的焦点结构仍受同一种焦点结构条件——即音高重调组合的支配。）关键之处在于，句法结构本身无法决定指派给句子音高重调的位置、数量或声调特性（见韩礼德（Halliday 1967a,b），他提出的总的观点与此相同）。该情况与语调短语切分并无差别：同一个句子不同的话语，可以划分成不同的语调短语。换言之，不能说句子的句法结构**决定**它的语调短语切分方式。（这一点在韩礼德（Halliday 1967a, b）和塞尔柯克（Selkirk 1978c）中都有说明。）因此，可以把句法结构与语调结构各个方面之间的关系描述为一种一对多的映射。

假设（i）有一种语调结构音系表达式，其句子可以由一个或多个 IP 组成，并且每个 IP 都有一个由采用不同方式与话语的音节相联结的声调音系成分（音高重调、边界调和短语重调）所组成的曲拱，而且（ii）句子 F_0 曲拱的语音体现是从语调结构、音节内容和节律栅同界界定的，我们现在向库柏和索伦森（Cooper and Sorensen 1981）等作者提出异议，他们认为句子的 F_0 曲拱是根据其句法结构自动计算的，而不会求助于任何一个我们称之为语调结构的音系表达式方面。如果根据后一种理论，F_0 曲拱是由句法决定的，那么它就会被严重误导（有关对这一观点的重要评析，见皮埃安贝尔和利伯曼（Pierrehumbert and Liberman 1982））。任何句子语调的处理方式都必须要说明的一个中心事实是：一个具有已定句法结构的已定句子，可以有许多具有语言学区别性（对立性）的语音实现。仅凭这个事实，就需要一种 F_0 曲拱理论，该理论诉诸句法之外的某种语言表达式——即语调短语切分、语调曲拱和声调成分与句子音节相联结的一种表达式，或我们一直所称的"语调结构"。

我们以同样的一般方式把句法结构与语调短语切分之间的关系视为表层结构、焦点结构与音高重调指派之间的关系。我们将把句子的表层结构看作是自由地切分成语调短语，而短语切分则受制于某些合格性条件。众所周知，语调短语切分的确存在着某些限制——即有些可能根本不合乎语法的。本节的主要任务是界定语调短语切分的合格性条件。我们必须提出的假设是，合格性条件有两大类，但没有一类是句法性质的。第一类非常简单，我们把它称作**语调短语的句法-韵律对应规则**（Syntactic-Prosodic Correspondence Rule for Intonational Phrase）：

（5.122）
语调短语的句法-韵律对应规则
必须将一个母句详尽地分析为一系列（一个或多个）语调短语。

第二类是**意义单元条件**（Sense Unit Condition），它更具实质性，因而需要做出阐释。基本上，它把语义条件落在语调短语切分上。

（5.123）
语调短语切分的意义单元条件
必须将语调短语的直接成分一起共同构成一个意义单元。

（在 5.4.3 节中，我们将对 **IP 的直接成分**和**意义单元**进行定义）那么，我们的观点（又一次继韩礼德（Halliday 1967a,b）之后）是：没有语调短语切分的严格句法条件。我们认为：语调短语切分中可能出现"间隔"的任何明显句法条件，最终都会归因于语调短语成分必须具有某种语义意义这一必要条件。

至于语调短语切分与句子的节律栅同界之间的关系，我们无需赘述，将仅仅假设 IP 是名誉上的一种句法短语——即栅构建规则循环应用于 IP 的直接成分以及 IP 本身（在 IP 中的最后一个音高重调上产出适当的"核心"凸显）。IP 很可能是核心重音规则这类规则应用的最高短语成分，换言之，栅构建的范围不包括多个 IP。因此，我们在此提出：句子的语调短语切分决定了其节奏结构的某些因素。这与较早提出的主张（即句子的音高重调指派（与联结）决定了其"重音模式"的某些因素）一起，相当于提出一种更为普遍的主张：由语调结构与句法结构组合而成的某一层级的语言表达式决定了句子的节奏结构。我们把这一层级的表达式叫做**语调表层结构**（见第一章）。

此外，我们还假设，最终提交给语义解释的，正是标注焦点结构的语调表层结构。（这意味着要直接将语调表层结构与逻辑形式相关联。）采取这一观点的一个原因是：在某些语言里，语调曲拱中声调成分（音高重调、短语重调和边界调）的特定选择可能有助于需要语法描写的各方面语义解释（当然，到目前为止，我们尚未说明这一点；我们已说明的是：在英语里，只要**出现**音高重调而非它的声调组成，最终才与语义解释有关。这一概括则已在基本焦点规则中得到表述）。持语调表层结构被置于与逻辑式和语义表达式关系之中想法的另一原因是：在描述语调短语切分合格性制约条件中必须调用的语义关系在句法结构中可能无法全部表达出来，而需要求助于表层结构之外的某个层级的语义表达式。

5.4.2 语调短语切分的某些语音指标

皮埃安贝尔（Pierrehumbert 1980）的英语语调曲拱理论是一种语调短语曲拱理论。当一个英语句子只由一个 IP 组成时，那么只有（句子左右两端的）两个边界调、一个（最后音高重调之后的）短语重调和（原则上）任意数量的音高重调。所以，拥有一个 IP 的句子与拥有多个 IP 的句子具有不同的语调曲拱，其不同在于：后者将在中间位置、其他音高重调之前或之后拥有几个短语重调和边界调。因此，存在中间边界调是一个句子由多个 IP 组成的可靠标示，并且由于它对 F0 曲拱的影响是非常明显的，因此我们将对它而非短语重调加以重点关注。请回想一下，边界调可以是 H，也可以 L，它们体现在紧靠 IP 左边界或右边界的音节上。

常见于句子中间的所谓的连续上升需要有一个边界调（Pierrehumbert 1980）；因此，句子中间出现连续上升，这表明句中存在着不止一个 IP，更准确地说，紧靠出现上升的音节之后的 IP 之间有个"间隔"。句子（5.124）在无重音音节 -cal 上拥有一个持续上升，因此只能做 IP 分析

（5.125），让 -cal 上有个高的边界调。

（5.124）

            H

After the musical, they went for a late snack to Ella's.

音乐剧结束后，他们去了埃拉家吃了一顿夜宵。

（5.125）

              H

$_{IP}$(...............-cal)$_{IP}$　　$_{IP}$(....)$_{IP}$

在已知句子节奏语境的情况下，就没有其他任何方式可以引入这样的上升。（H 远离任何主重音音节，无法成为音高重调的体现部分。）请看下面的句子（5.126）。

（5.126）

     HLH

After lunch, we think we'll go for a drive.

午饭后，我们想去开车兜风。

单音节词 lunch 上有个降升曲拱。鉴于我们的假定是（基于皮埃安贝尔（Pierrehumbert 1980）的）有关音高曲拱的音系表达式以及它们的语音体现的，所以，只有承载音高重调的（重音）音节是在 IP 的末尾，那么这个降升曲拱就可以落在单独一个音节上。在此情形下，音高重调、（必须出现在 IP 中最后一个音高重调之后的）短语重调和边界调都必须在同一个音节上体现（通常，当最后一个音高重调离末尾很远时，F_0 的斜率不可能有这种变化）。因此，中间连续上升的存在，特别是这个在下降后的上升是在同一个音节上，这是句中两个 IP 之间存在一个中断的很好证据。

另外还有一条明显迹象表明出现在 IP 的末尾：F_0 中的急剧陡降，一直降至说话人音域的基线。按照皮埃安贝尔（Pierrehumbert 1980）的观点，当有个低边界调时，即仅在 IP 末尾有个低边界调时，那么就会有这种下降。这种下降与一个音高重调转到另一个音高重调时在 IP 内所发生的缓慢下降形成了反差（它的产生不是因为两个 H 之间存在一个 L，而

第五章 语调语法

是因为皮埃安贝尔所称的**插值规则**（rules of interpolation）。如图 5.18 所示，由 IP 末尾的 L 边界调引发的陡降与由"插值"引入的下降所形成的对比，展示了句子 An earlier warning would allow remedy（早一些提出警告可以做些补救）的 F_0 曲拱。NP 短语 an earlier warning 独自成为了一个含有两个 H* 音高重调的 IP，一个落在 earlier 上，一个落在 warning 上。VP 短语 would allow remedy 是个 IP，这个 IP 具有一个落在 remedy 上的 H*。请注意，同一个语调短语中 early 与 warning 上音高重调之间的 F_0 下降明显小于 warning 与 remedy 上音高重调之间的下降。这后一种下降仅见于 IP 末尾位置。

```
150                H*
         H*
HZ
                        L L%              L L%
 75                    1 sec
      AN EARLIER WARNING WOULD ALLOW REMEDY
       L*      H* L L%          H* L L%
      早一些提出警告可以做些补救
```

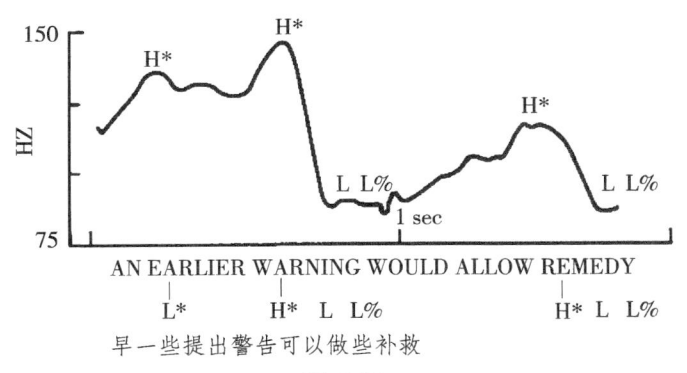

图 5.18

　　一个句子的时序可以为其切分成语调短语提供支持性的证据。IP 末尾通常都有一定时间的延迟或停顿。某些延迟可能是 IP 末尾声调曲拱产生的效果；某些类别的声调构形只是需要花费较长的时间才能实现（Lyberg 1979）。但无法用同样一种方式解释停顿。此外，如果不能通过其他影响来解释 IP 结尾出现的延迟程度，则必须将它和延迟两者都解释为与句法时序产生的一种相似的效果。我们认为它们是通过无声半拍添加规则从无声半拍添加产生的（第六章）。如果确实存在着与 IP 末尾相关（而且独立于音高曲拱之外）的一种常规时序效果，那么这是采用句法制约的栅构建规则把 IP 处理为一种名誉性短语的另一种方式。

5.4.3 语调短语切分的语义条件

在采取语调短语切分不受句法制约但受语音制约的立场方面，我们与如韩礼德（Halliday 1967a, b）保持了一致，但与唐宁（Downing 1970, 1973）、宾（Bing 1979a, b）和塞尔柯克（Selkirk 1978c）正相反，他们认为起码存在着某些以句法术语定义的、确实需要具体语调短语的表层结构。为具体构想语调短语切分的语义制约，我们提出了**意义单元条件**（5.123），按照这个条件，IP 的直接成分必须共同构成一个意义单元。我们将阐明，这个单独条件就可以说明一个句子可具有的变项范围或可选择的短语切分形式、其他句子的不合乎语法性以及明显强制性的短语切分样例。

对**语调短语直接成分**的定义直截了当：

（5.127）

定义：语调短语 IP_i 的一个**直接成分**是一个全部包含在 IP_i 内（仅由 IP_i "统制"）的句法成分，而它不被任何其他完全包含在 IP_i 内的句法成分所统制。

用语调短语切分（5.128b）来阐释，在句子（5.128a）中，NP 成分 *Mary* 和 V 成分 *prefer* 是第一个 IP 的直接成分，NP 成分 *corduroy* 是第二个 IP 的（唯一的）直接成分。

（5.128）

a.
```
              S̄
              |
              S
            /   \
          NP     VP
          |     /  \
          N    V    NP
          |    |    |
          |    |    N
          |    |    |
        Mary prefers corduroy     玛丽喜欢灯芯绒
b.    |_____| |_____|
            IP_i             IP_j
```

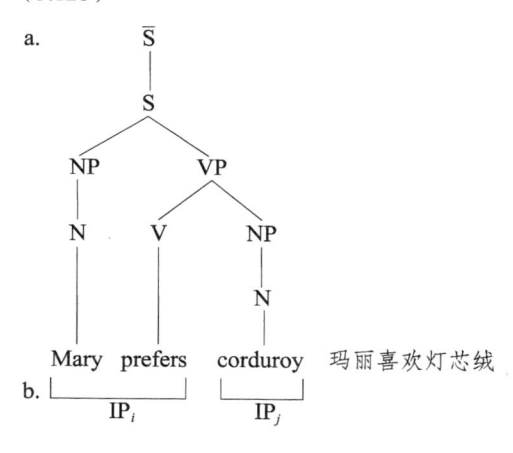

我们发现用直接成分很容易把 IP 写出来，如下所示：

（5.129）

$_{IP_i}$(Mary prefers) $_{IP_j}$(corduroy)
NP　　V　　　NP
玛丽喜欢灯芯绒

要想将条件（5.123）具体化，就需要对何为成分构成"意义单元"加以界定。不言而喻，单独一个成分可以构成一个意义单元。至于更大的成分组合，我们的基本假设如（5.130）所示：

（5.130）

如果句子的语义解释真的是（a）或（b），那么两个结构成分 C_i 和 C_j 便构成了一个意义单元：

a. C_i 修饰 C_j（中心语）
b. C_i 是 C_j（中心语）的一个论元。

如果两个以上结构成分构成一个意义单元，那么，那是因为它们之间存在着刚才所界定的那类适宜的关系。**意义单元**如此界定，（5.129）中的 IP 显然满足了意义单元条件。在 IP_i 中，主语 NP 与动词之间获得了论元与中心语的关系，因此构成了意义单元。在下文中，我们将看到，结构正确的语调短语都是由按照意义单元条件为结构正确的 IP 组成的，而结构不正确的语调短语则是由结构不正确的 IP 组成的。

我们首先来看一看明显不合乎语法的语调短语切分的实例。皮埃安贝尔（Pierrehumbert 1980）指出，句子（5.131）可能无法以如下这种语调短语切分方式体现：归属于主语 NP 的 PP 补足语 *in ten* 与 VP 都包含在 IP 之内，但它与主语 NP 的其他部分是分开的，如（5.123）所示。

（5.131）

$_S$[$_{NP}$[Three mathematicians in ten]$_{NP}$　$_{VP}$[derive a lemma]$_{VP}$]$_S$
十分之三的数学家们得出了一条引理

（5.132）

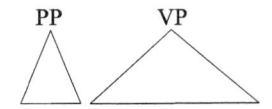

*$_{IP_i}$(Three mathematicians) $_{IP_j}$(in ten derive a lemma)
十分之三的数学家们得出了一条引理

我们对（5.133）不合乎语法性的解释是：从句子（5.131）的意义上看，IP_j 的两个直接成分不构成一个意义单元。另一个对意义单元条件效应的简单说明是由句子 *Jane gave the book to Mary*（简把书给了玛丽）提供的，我们认为该句子的句法结构如（5.133）所示（即使 VP 结构更为复杂（即 V 和 NP 构成一个成分），我们的论点也不会改变）。

（5.133）

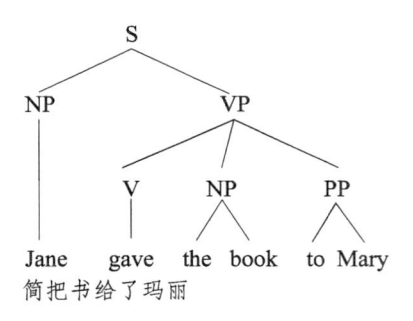

```
           S
         /   \
        NP    VP
              /|\
             V NP PP
             |  |  |
           Jane gave the book to Mary
```
简把书给了玛丽

对于此句，当然有各种各样的结构正确的语调短语切分形式，其覆盖范围从（5.134a）到（5.134d），从（5.134g）到（5.134h）。值得关注的是（5.134e）和（5.134f）的不合乎语法性。

（5.134）
    a.（Jane gave the book to Mary）
    b.（Jane）(gave the book to Mary)
    c.（Jane gave the book）(to Mary)
    d.（Jane gave）(the book)(to Mary)
    e.*（Jane）(gave)(the book to Mary)

f. *（Jane gave）（the book to Mary）
g. （Jane）（gave the book）（to Mary）
h. （Jane）（gave）（the book）（to Mary）
简把书给了玛丽

（为核查这些有关短语切分的感知，我们建议用"连续上升"发出每个短语的最后一个音节的音来。）两个不合乎语法的短语切分是带 IP（*the book to Mary*）的短语切分，这个 IP 没有满足意义单元条件。NP（*the book*）和 PP（*to Mary*）都是该 IP 的直接成分，它们既不具有论元与中心语的关系，也不具有修饰语与中心语的关系。因此，例如，将（5.134e,f）与（5.134g）进行比较。在（5.134g）中，中间 IP 的直接成分是 V（*gave*）和 NP（*the book*）。它们虽然并不共同构成一个句法成分，但却构成一个意义单元，所以（5.134g）代表了一个结构合格的短语切分形式。还要比较（5.134c），在（5.134c）中，第一个 IP 不是句法成分，但却是结构合格性的，因为它的每一个直接成分 NP 都具有与其他直接成分 V 的论元关系。因此，（5.133）充分表明，单独一个句法结构就可以承载语调短语切分形式，其中有些句法结构含有与句法成分不同构的 IP。判别 IP 不合乎语法性，不是因为存在它不与句法成分相对应的事实来实现的，而是因为它的直接成分不构成一个意义单元这一事实确认的。

接下来请看很多人已讨论过的一个例句：（*This is the cat*）（*that chased the rat*）（*that ate the cheese*）（这是那只追赶吃奶酪的老鼠的猫），这个例句的"音系"短语切分与其句法短语切分是不一致的。我们有时把这个例句看作是为了给音系部分创造正确的输入项需要对句法结构进行"重新调整"的证据（《英语音系》：第二章, Langendoen 1975）。施梅林（Schmeiling 1980）也曾讨论过这类例子，他倡导一种基于蒙太古语法的研究短语中句法与音系非同构问题的方法。然而，在我们看来，该示例仅仅说明，指派给句子的语调短语切分方式不一定与其句法短语切分方式同构。句子的句法结构不完全是右分支的，如（5.135a）所示。它被分析成连续的 IP，（5.135c）中将这些 IP 的直接成分都被标示了出来。

(5.135)

a. s[NP[VP[NP[s[VP[NP[
b.　　This　is　the cat　that　chased　the rat
c.　　（NP　V　NP）（Comp　V　NP）
　　s[　VP[NP[　　]]]]]]]]]]
　　　　that　ate　the cheese
　　（　　　　S　　　　）

这是那只追赶吃了奶酪的老鼠的猫

按照意义单元条件，这里每一个 IP 都是形式正确的。所以，我们确实要有一种理论，说明这个句子为什么应当具有这一特定的短语切分方式。

这个例子提出了一个有趣的问题。我们说前两个 IP 是形式正确的，因为直接成分 NP 具有一种与动词的论元关系。（我们这里没有考虑补足语的地位问题。）然而，在任何一种情况下，*the cat* 或 *the rat* 都不是前面动词的"完全"论元。确实，它们的修饰性关系小句全都或部分包含在下一个 IP 之中。但如果（至少就这个条件而言）我们把论元与中心语关系视为在论元短语的**中心语**与直接成分中心语之间获得的，则这一明显的意义单元条件问题就解决了。因此，由于 *rat* 是作为 *is* 论元的整个 NP（包括关系小句）的中心语，所以我们把它（以及作为中心语的其他任何成分）视为 *is* 的合格论元，因而在 IP 中与它构成一个意义单元。

同样将论元性扩展到论元短语的中心语上，这使我们可以调用意义单元条件，把下面 *Jane tried to begin to learn Spanish*（简试着开始学西班牙语）的语调短语描述为形式正确的：

(5.136)

　　Jane tried to begin to learn Spanish.
a.（NP）（　　　VP　　　　）
b.（NP　V）(　　　VP　　　)
c.（NP　V　V）(　　VP　　)
d.（NP　V　V　V）(NP)
e.（　　　　S　　　　　）

简试着开始学西班牙语。

问题在于短语切分（5.136c, d），我们在此要说的是：末尾的 V 是前面 V 的一个论元（而对于（5.136d）来说，这个 V 反过来又是第一个 V 的论元）。严格意义上讲，S（或 VP）统制作为前面 V 的论元的末尾 V。但通过将论元属性延展到作为论元成分的中心语的词（或它的中心语的中心语）上，我们便可以说，末尾 V 和前面的 V 共同构成一个意义单元（请注意：例如，如果 S 是 *try* 的论元，要使 *begin* 有资格成为这里论元成分的中心语的中心语，我们在这里就必须把 VP 视为 S 的中心语）。

至于强制性短语切分，IP 的合格性条件（意义单元条件）未直接说出**必须**是什么才能构成 IP。但它确实含蓄地表示对此事有话要说，因为它禁止**不**具有意义单元关系的成分占据相同的 IP，结果迫使这些成分分裂成各自的 IP。因此，似乎从意义单元条件（正确地）得出：呼格、某种类型的插入语、反意问句以及其他类别的非论元、非修饰性话语都注定应各自构成 IP（Bing（1979a,b）对此类短语及其语调属性做过有益的讨论，她主张这些短语的句法是它们体现为 IP 的原因，但我们对她的这一主张提出了质疑）。还可以从意义单元条件得出，前置短语本身不一定是 IP——如果它具有一种与另一个在 IP 中可以与它组合的成分所构成的修饰语或论元关系。

（5.137）

$_{IP}$(When Geordie and I went to Scott's, it was pouring rain)$_{IP}$

（H* H*）

当我和格奥尔迪前往斯科特的家时，大雨倾盆而下。

((5.137) 是在我和艾琳（Irene）在去往斯科特家的路上遭遇倾盆大雨时说出来的) 焦点是窄焦点，它落在前面小句（下面句子的修饰语）的联合主语上，整个句子似乎构成一个 IP。这样的例子并不罕见。然而，我们并不否认，经常而且相当经常的情况是前置语料被分开，作为一个单独的 IP 使用。我们认为，这与语调短语切分的合格性条件无关；相反，很可能要从前置化的话语功能或"意义"和语调短语切分的"意义"或话语功能对它进行解释，遗憾的是，我们目前对此尚无话可说。

还有最后一种我们无法解释的明显是强制性的短语切分。非限定性关系小句这类非限定性修饰语全都是单独的 IP，不会出现在与它们所修饰的成分同一个 IP 之内。如此表述的意义单元条件，显然没有对此提供解释。但我们怀疑，非限定性修饰语所要求的语调分隔肯定是由句中的意义造成的。在许多方面，此类短语的作用是单独断言或表述，可能正是在这一方面它们必须是在不同的 IP 中。或许要让一个成分与另一个成分构成一个意义单元，二者就必须构成同一个断言的一部分。然而，我们在此无法阐述我们所说的"断言"或"表述"，所以，我们必须把这个问题留到以后解决。

我们相信，我们已经表明：用简单明了的语义术语描述语调短语切分的合格性条件，有很多值得推荐的地方。意义单元条件是建立在"论元与中心语"和"修饰语与中心语"基本概念之上，它宣布那些确实不合乎语法的短语切分是不合格的，允许存在大量的已验证的合乎语法的短语切分的变异性，而且也成功地解释了一定数量的强制性短语切分。我们尚未着手将短语切分的这种语义研究方法与诸如唐宁（Downing 1970, 1973）和宾（Bing 1979a,b）提出的基于句法的研究方法进行比较，相信举证责任现落在了基于句法研究方法的拥护者的身上，他们要将这里所评析的事实归纳成几条本质上的句法通则。

第六章
句法计时：栅中的音渡

我们在前面几章中主要关注的是凸显模式的表征问题。我们主张从节奏结构——特别是从利伯曼（Liberman 1975）提出的节律栅角度来表征词和短语层面的凸显模式。我们还关注了这些凸显模式与词和短语（句法和/或形态）结构之间的关系问题。就像在标准理论中那样，我们把句法结构在凸显模式中的作用看作是划定定义相对凸显关系应用域（即连续话语跨度）的边界手段之一。这一章将集中讨论其他一些有关语法在话语计时方面的贡献，以及句法结构在划定范围这一贡献上的作用。

已有大量证据表明，表层句法成分结构方面与计时现象方面（如停顿和加长等）之间存在着一种重要关系[1]。无论停顿长短，都可以构成句子流利表达的一部分；而且话语内出现停顿的可能性以及它的幅度，都与话语的句法结构相关[2]。因此，在动词短语的最后一个成分与其后的副词短语（如呼格）之间，就可以出现一定长度的停顿，如（6.1）

---

[1] 特别值得注意的是库珀和他同事们的著述。库珀和帕西娅-库珀（Cooper and Paccia-Cooper 1980）汇总了早期的研究成果，如库珀、帕西娅和拉普安特（Cooper, Paccia and Lapointe 1978）、库珀、拉普安特和帕西娅（Cooper, Lapointe and Paccia 1977）、库珀（Cooper 1976a, b）。与此问题直接相关的还有克拉特（Klatt 1975, 1976）、利希斯特（Lehiste 1973a）、利（Lea 1974）。有关一篇很有助益的综述，见利希斯特（Lehiste 1980）。这一问题的非实验性研究，见琼斯（D. Jones 1964）、阿伯克龙比（Abercrombie 1967, 1968）、卡特福德（Catford 1966）、吉姆森（Gimson 1979）、派克（Pike 1945）。

[2] 大部分停顿和末尾加长方面的证据，均来自言语产出的研究；见注释[1]。

所示③。

（6.1）

Here is the famous duke, James.　　这是著名的公爵，詹姆斯。
... vp [... NP [........] NP] vp　NP [...] NP

但这么长的停顿不会出现在一个名词短语的两个成分之间，如（6.2）中所示：

（6.2）

Here is the famous Duke James.　　这是著名的詹姆斯公爵。
... NP [........ N [...] N　N [...] N] NP

（确实可以说，除中断与清塞音 k 相关联的发音所需的最短停顿外，该语境中根本不出现停顿）拿（6.1）与（6.2）以及文献中所报道的其他类似的两个例子做对比，便可以充分说明句法结构以某种方式决定了停顿在话语中出现的可能性。与此相仿，话语句法结构上的差异似乎与其音节长度的差异息息相关（见本章注释①和②）。音节位于成分的最后位置④（但不是句末，因为总体趋缓效应似乎会导致句末数个音节的加长（Klatt 1976））时会存在加长现象。此外，末尾加长的程度似乎取决于音节领先"成分间隔"的程度。在 6.2 节中，我们将仔细分析在停顿和加长基础上所做出的这些判断的一些数据，探讨究竟句法结构的哪些因素与这些计时现象有关。

现在，我们来谈一谈两个基本问题：一、句法计时效应是否一定要表征为与话语凸显模式相同的节奏结构的一部分？二、如何在语法中恰当描述句法结构与"句法计时"表达式之间的关系？显然，第二个问题并不独立于第一个问题之外。如果句法计时最终是用节律栅表征的（正如我们将要论证的，它一定如此），那么就必须把句法结构与停顿/加长之间的关

---

③　这个例子以及（6.2）中与其对应的例子的讨论，见库珀等（Cooper et al. 1978）、库珀和帕西娅-库珀（Cooper and Paccia-Cooper 1980）。

④　中田、奥康纳和阿斯顿（Nakatani, O'Connor and Aston 1981）论证了对末尾音节的限制情况。

系理解为是间接的,并被二者与话语节律栅的关系所调节。但如果是以其他方式表征句法计时,那么语音解释中句法结构与计时关系的其他某些构想,理所当然也是可能的。

我们跟利伯曼(Liberman 1975)一样,都假设停顿和末尾加长均是因无声位置出现在话语节律栅中(即出现在栅中(底层)不与音节同界的位置上)所造成的。卡特福德(Catford 1966)、阿伯克龙比(Abercrombie 1968)等也提出了类似的假设。阿伯克龙比用于描写这种音节节奏进程中连拼分读(hiatus)的术语是**无声重音**(silent stress);卡特福德所使用的术语**休止**(rest)也恰当地表达了这样的观点:这些停顿和加长在整体节奏结构中具有类似于乐谱的完整地位,即它们不只是"运用"作用。

此外,我们还假设,这些无声位置是由一组受话语句法结构制约的规则引入的。从形式上讲,我们将把这些规则解释为构建句子节律栅的操作:在特定句法条件下,想必是在界定了凸显模式之后,无声位置将会被"添加"到某个结构成分的节律栅中。我们把这些称为**无声半拍添加**(Silent Demibeat Addition,简称 SDA)原则,4.3.2 节中已对此做过初步讨论。那么,我们的主张是:话语的完整节奏结构(即它的节律栅)是由句法计时的(底层)无声位置以及表示凸显模式的各种位置构成的,因此凸显原则和句法节拍添加原则共同界定了话语的那个(那些)节律栅。

这里概述的句法计时理论,与那些已被接受的理论截然不同。言语产出有一条重要的研究脉络,这包括克拉特、库珀及其同事的研究,也包括其他学者的研究(见本章注释①)。根据这一研究脉络,表层句法结构在言语产出中起着直接作用。这些学者都认为存在着直接诉诸句法结构的音节加长规则(或"音变过程")和设置停顿规则,并假定这些规则本身都是非常"低层级"的——即确实是句子语言表达式语音体现的一部分。因此,这些研究中所预设的理论赋予了句法结构在音系中一种无处不在的作用，这种作用甚至"往下至"支配音长量化细节的规则。然而，我们将证明：这一理论动机的数据不足以证明所得出的结论，而且它们实际上与我们所概述的理论并不一致。

我们的句法计时理论与大多数别的理论之间所存在的另一个重要且相关的差别是，在描述语法相关的停顿和末尾加长时所赋予的节奏结构的角色。例如，库珀和帕西娅-库珀（Cooper and Paccia-Cooper 1980）明确否认句法计时与节奏相关事项之间存在着任何联系（尽管他们对这一细节没有给出任何论据或数据）。其他学者多多少少也没有关注这一问题。相比之下，利希斯特（Lehiste 1973b, 1980）和利（Lea 1974）都的确指出了句法计时、节奏结构与句法结构之间的联系，但却都没有提出一种节奏结构表达式理论，也没有提出从那个结构角度表征句法计时的理论。他们也没有明确提出有关句法结构与节奏结构之间联系的观点。现在的挑战当然是提出这样的一种理论，并由此更深入地洞察这一关系网络以及已被证实的彼此相关性问题。我们希望，通过详细阐释由利伯曼（Liberman 1975）首先提出的一个简单的基本观点（即句法计时要从话语节律栅中的无声位置角度加以理解）开始应对这一挑战。

6.1 作为无声栅位置的句法计时

末尾加长和停顿等一些句法计时作用表达式作为一组支配言语产出机制指令的一部分是必不可少的。我们这里提出的主张是：需要表征这些计时作用的一种抽象**音系**表达式，而且还要把这一抽象表达式转化为一种很低层次的语音表达式，它可以为音段和停顿的时长提供明显量化的信息。我们认为：那个较为抽象的表达式是音节与节律栅的同界，其中可能包含不与音节同界的无声位置。一个音节的栅同界（这包括"垂直"同界（即凸显表达式）和主要涉及末尾加长的"水平"同界）将与音节音段构成、语速等其他因素相结合，以此量化描写该音节内的音段时长[5]。至于停顿，我们的理论认为，它们都是未与任何音节（即任何发音材料）同界的栅位置；停顿的时长取决于无声位置的数量、种类以及语速等。

与这一理论相对立的是一种有关这些句法计时作用的非量化音系表达式理论。在这个理论中，末尾加长和停顿都仅被表征为时长量化赋值的一部分，而这种赋值则是在很低层级的语音表达式中表达的。除此之外，它们是由规则引入的，这些规则是在话语句法结构基础上计算时长的。这是克拉特（Klatt 1976）以及库珀、帕西娅－库珀（Cooper and Paccia-Cooper 1980）等人的观点。在这一节中，我们将对这一观点提出异议，并论证计时作用必须用节律栅来表征。

人们在试图确立末尾加长和停顿的适当表达式时会寻找哪种证据？很显然，人们逻辑上可能先要考虑的是：音系规则和句法音系映射规则。我们认为停顿和末尾加长源自无声节拍和半拍；如果句法计时在栅中得到恰当表征，那么便可以预想：无声节拍和半拍的出现将影响受话语音节到栅同界制约的语法规则（这包括音系组件中的规则和栅构建的规则）。确确实实有证据表明，音系现象真的受句法计时无声位置的影响。

6.1.1 句法计时与"节奏规则"

节拍移位的栅悦耳规则（"节奏规则"）被界定为一种节律栅上的操作。当两个节拍相邻出现在同一个节律层级上时，也就是它们构成**冲突**时，这条规则便可以应用。正如 4.3.2 节所论证的，把句法计时的贡献表征为栅中的无声位置的这一理论，解释了节拍移位在某些案例中会**缺失**的原因。在这些案例中，只有在音节序列凸显模式的基础上才可以期望存在着冲突，因而才有出现节拍移位的倾向。4.3.2 节中所讨论的 Marcel

---

[5] 音节中音段的数量和性质以及词中音节的数量等因素结合起来，共同决定音节的实际时长。有关时长不同影响的一篇很有用的综述，见克拉特（Klatt 1976）。

Proust/Marcel Proved 这一对比对，就是个很好的案例。必须要解释的是：为什么节拍移位常见于第一个案例中，却（如果有的话）罕见于第二个案例中？在后一种案例中，主语 NP 与动词之间有不少的半拍（以及通过节拍添加而成的节拍），这一观点直接解释了节拍移位缺失的原因。根本不存在必不可少的冲突。因此，"节奏规则"（节拍添加）必须用栅来呈现，所以它也为句中用栅表征词间不同程度的"分音渡"提供了重要的证据（6.2 节将探讨其他"节奏规则"应用与否的语境的例子，以此用事实进一步证实第四章中所界定的研究方法）。

6.1.2 句法计时与外部连读变音

在操作用于（句中相邻词的）音段的音段音系规则（外部连读变音规则）所得出的证据基础上，可以对一种计时的栅表达式进行更为精细的论证。我们常常见到：辅音同化、元音收缩等规则应用于"词之间"；而且还常常见到：这些外部连读变音规则是否确实应用，则以某种方式依赖于这些词"紧密""连接"的程度——这里，"连接的紧密度"最终是从表层句法短语结构角度得到界定的。一些学者持有的立场是：一定要直接从表层短语结构角度描写与连读变音过程相关的"连接性"或"相邻性"（如 Pyle 1972, Rotenberg 1978, Napoli and Nespor 1979, Cooper and Paccia-Cooper 1980）。还有一种方法是以《英语音系》为代表的，这种方法则主张，表层结构转化为音系表达式，而音系表达式又反过来支配短语的音段音系规则。在《英语音系》中，各种类型的**边界**是通过诉诸表层短语结构的边界规约插入到音系音段语符列中，而分隔音段边界的数量和类型则影响外部连读变音规则的操作（这个理论是由塞尔柯克（Selkirk 1972）提出来的）。麦考利（McCawley 1968）、巴斯贝尔（Basbøll 1978）、塞尔柯克（Selkirk 1980a, b）都曾阐明，作为音段实体的边界并不提供连读变音规则所需要的那种音系表达式。这些作者都认为应用域概念具有中心地位，而塞尔柯克（Selkirk 1980a,b）实际上还提出：音系表达式含有一组具有层级结构的韵律成分,事实上它们还适当划定了短语音系连读变音规则的应用域。这里,我们将论证另外一种连接性音系表达式,亦称**音渡**(juncture),它也是以句法结构映射到调节句法与音系规则的音系表达式为先决条件的。

我们假设,节律栅代表序列中词的"连接程度",这适用于支配外部连读变音规则的适用性。根据该理论,音渡——更确切地说,**分音渡**(disjuncture)——是一个词界音节之间有多少**无声栅位置**(silent grid positions)的问题。连读变音规则相关的音渡是一个句法计时问题,这一假设可以让我们解释这样一个事实:连读变音规则更有可能应用于那些不太可能应用停顿的句法环境。我们将阐明,它还可以让我们解释另一个事实:连读变音规则可应用的句法环境范围随着话语速度的增加而扩大。

这一提议背后的基本思想是:支配外部连读变音规则应用的是**时间上的毗邻性**,而栅则可以为这些计时关系提供一种适宜的(抽象)表达式。让我们先来看一看如下这一假设:连读变音规则要求(某种程度的)**栅所界定的毗邻性**。设想一下,某条规则(如鼻音同化规则)要求不用无声节拍将含有要被同化的(末尾)鼻音音节与含有同化辅音的音节分开来。有了这样的限制,这条规则便仅限于词内应用。或者设想一下,这条规则最多允许一个无声半拍介入其中。这样,该规则既可以在词内应用,也可以在句中某些词间(但并非所有句法语境中)应用,而这则取决于插入无声位置的数量。这一理论还需要解释连读变音为什么在更快的语速中更有可能出现在更大范围的语境中。想要提出一个规则受可分隔相关音段栅位置数量限制的假设,那么就需要做到,语体(语速)不同,句子的栅(节奏结构)表达式就有所不同。因此说,快速语音不仅涉及提高语速,而且还要涉及拭除无声栅位置(即改变其音系表达式)。现在,基本节奏结构的改变可能伴随着语速的改变,这一点当然不是不可能的,但对于一种不要求每个语速音系表达式都有所不同的理论来说,尚有话要说(请注意,所有有关连读变音规则应用域的理论,都有同样一个问题:要么要求不同语

音系与句法：语音与结构的关系

速使用一组不同的表达式，要么需要某一个特别指定规则的应用域可以随语速而变的条款）。

分音渡节律栅研究方法允许一种语速改变时不需要改变表达式的理论。假设对连读变音规则指定的**时间上毗邻性**的规格要求不是一个栅上毗邻性的问题，而是一个**真实时间上毗邻性**的问题。这一观点连同栅上无声节拍表达式是那种受句法支配的分音渡表达式的那一假设一起，让我们可以解释在不同语速的不同句法语境中的不同连读变音的可能性。

栅像是一种乐谱，它可以快奏，也可以慢奏。在某一特定速度下，我们便可以假设将某一（理想的）特定时间值（即一种特定时长）指派给节律栅的节拍和半拍。速度越快，栅位置的真实时间的时长就越短。现在，假设在语言 L 中一条鼻音同化规则只在鼻音与其后的辅音的分隔时间上短于 n 毫秒时才应用。假设在一种已知的语速 T 时，将一个半拍赋予了 $\frac{n}{2}$ 毫秒值。在该语速下，这条规则将在栅同界（包括无声位置）为（6.3a）和（6.3b）而非（6.3c）和（6.3d）的那种句法语境中应用。

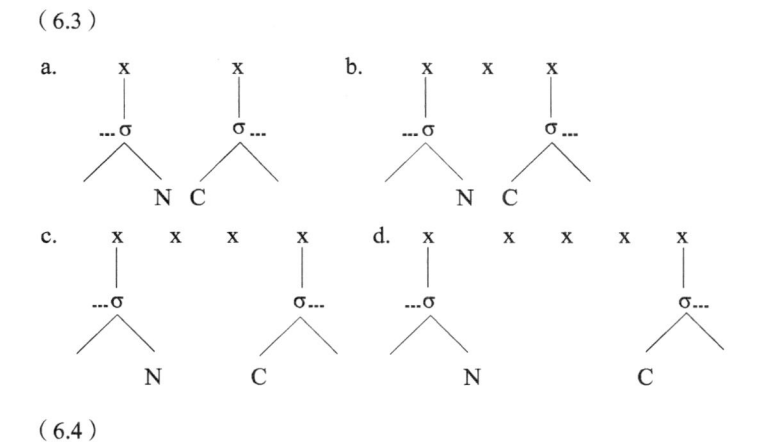

（6.3）

（6.4）

半拍 = $\frac{n}{2}$ 毫秒

分音渡 = a. 0 毫秒　b. $\frac{n}{2}$ 毫秒　c. n 毫秒　d. $\frac{3n}{2}$ 毫秒

第六章　句法计时：栅中的音渡

这是因为在后面的例子中，底层无声位置的真实时间的时长加起来均是 n 毫秒或更长，如（6.4）所示。但现在，假设把语速提高到 T'，这时一个半拍的真实时间值只有 $\frac{n}{3}$ 毫秒。同一条具有相同时间毗邻性规格的规则（即长度为 n 或更长的无时间分音渡可以将 N 和 C 分隔开来）将应用于同一个音节到栅的同界，但却会产生不同的结果。（6.5）呈现了（6.3）中分音渡在语速 T' 时的真实时间值将会是多少。

（6.5）

半拍 $= \frac{n}{3}$ 毫秒

分音渡 = a. 0 毫秒　b. $\frac{n}{3}$ 毫秒　c. $\frac{2n}{3}$ 毫秒　d. n 毫秒

在这一语速时，该规则也将应用于如（6.3c）所示的两个无声栅位置的句法语境中。

那么，通过这三个颇为自然的假设，我们便可以直接对连读变音规则在句中的表现——不仅是它们在句法语境之间做出的区分，而且一旦语速加快应用于更大语境范围中（即跨越更大的成分间隔）的可能性会更大——做出解释。第一个假设是我们通常在这里论证的那个假设，即句法决定的音系的分音渡是一个无声栅位置的问题。第二个假设——任何语速都将（理想的）真实时间值指派给一个个具体的栅位置——也不是特定于眼前的案例。这一观点所要求的是，栅是一种类似于乐谱的抽象节奏结构，即要求一种有序解释（或表现）的某些东西。第三个假设是，对任何一条特定连读变音规则所需要的真实时间毗邻性的详细说明都将会与它相关联。无论是基于句法、边界还是基于韵律语类，任何一种连读变音规则理论都必须说出连读变音规则所施加的毗邻性的必要条件（应用域的必要条件）。因此，第三个假设只是说明了我们理论中该毗邻性必要条件的性质。

这个理论的魅力和前景就在于它所提供的一种可能性，即极为巧妙地描写连读变音规则应用域以及不同语速下会发生何种事情的可能性。与其他分析相比，它似乎可能更接近于连读变音的实际（6.2 节将给出这方面的证据)。我们在这里无法为支持这一分析进行详细论证,但如果可以证明这种连读变音分析是站得住脚的,那么它为如下的观点提供了重要佐证:节律栅中有无声位置,它在任何一种句法语境中的数量都是由句法表达式到音系表达式的一种映射决定的,而这种映射则是通过协作构建栅的无声半拍添加规则实现的。

6.1.3 与停顿/加长的关系

对于句法计时的节律栅表达式,还有另外一种稍有不同的论点。这种论点是基于某一特定的实际主张,即停顿和末尾加长都是同一个现象的组成部分,而不是各自的语法"音变过程"(如见 Pike 1945; Catford 1966; Martin 1970a, b)。假设该观点是正确的,那么这一事实的意义就在于,用节律栅表征句法计时真的为以原则方式解释它为何应当是个事实——末尾加长为何与停顿一同发生——提供了一种可能性,而克拉特(Klatt 1976)、库珀和帕西娅-库珀(Cooper and Paccia-Cooper 1980)提出的那些理论,在没有进一步特别规定的情况下,却都被迫将这一联系仅仅视为一种巧合而已。

出于论证的原因,假设在某个含有 *traveling tomorrow* 这种词序的句子中,无声半拍添加(SDA)规则将两个无声半拍引入到这两个词之间。假定(6.6)中所示的这两个词的词重音模式是在无声半拍添加之前界定的。

(6.6)

```
  x           x
  x           x
  x x x     x x x
  traveling tomorrow        明天旅行
```

在不把短语凸显的可能贡献考虑在内的情况下,短语组合中的词将具有那种音节到栅的同界方式,(6.7)中已用下划线标出了句法无声栅位置。

(6.7)

```
          x           x
   x      x     x
   x xx   xxx   x   x
   traveling tomorrow      明天旅行
```

（我们认为第二节律层级上下线划标出的基本节拍是凭借那条节拍添加的纯一般性规则出现的（4.3.2 节）。）如果音节到栅的同界保持不变，那么（6.7）将成为解释话语、为音长等指派量化值的语音规则的输入项。一种对音节到栅同界（6.7）的直接解释是：前三个音节的发音在时间上与栅同步，随后是一个基本节拍长度的停顿，而后是四至六音节的发音在时间上与栅同步。我们提出如下这条把这个解释作为其结论的（共性）语法原则：

(6.8)
　　不与音节同界的栅位置在时间上是通过不发音（即停顿）体现的。

我们并不把这条原则看作是一种临时性的规定。现已有作为话语音节与节律栅同界的音系表达式理论，确实再也找不到像（6.7）这样的表达式可能有的解释。栅标出了时间点；它的声音只在有与之同界的音节的情况下才发出来。没有同界的无声栅位置就像音乐中的休止符一样，是格律声音体现中的停顿。那么，原则（6.8）应支配对音系表达式的解释，这似乎是该理论一个必不可少的特征。

然而，怎么解释末尾加长的出现？是像我们所认为的那样，可替代停顿，也可与之共存？所有需要解释的是，为什么可以对栅同界（6.7）进行调整，从而产生（6.9a）或（6.9b）？

(6.9)
```
a.      x           x
        x    (x)    x
        x xxx xx   x   x
        traveling tomorrow
```

b.
```
              x                    x
      x     (x)                    x
   x x x x   x          x x x
   traveli   n    g    tomorrow
```

实际上，对这些同界的一种更为精确的表达方式是（6.10a）和（6.10b），它们不是为了便于说明，而是"真实的"表达式。

(6.10)

a.
```
              x                    x
        x   (x)                    x
      x x x  x x          x x x
      | | |  \ /          | | |
      σ σ σ                σ σ σ
      | | |                | | |
      traveling           tomorrow    明天旅行
```

b.
```
              x                    x
        x   (x)                    x
      x x x  x x          x x x
      | | | \\//           | | |
      σ σ σ                σ σ σ
      | | |                | | |
      traveling           tomorrow    明天旅行
```

（根据这一理论，不是音节的音段而是话语的音节本身，直接与栅相关（同界））在（6.10a）中，对末尾音节 -ling 的栅同界进行调节，意在把与句法的第一无声位置包括进来；在（6.10b）中，-ling 与两个（底层）无声半拍都同界。音节在上述两种情况中都保持了其原有的同界方式。在后一种情况中，没有停顿，-ling 将加长很多；在前一种情况中，停顿虽比（6.7）中的要短，但仍存在，-ling 虽不如（6.10b）中的长，但仍已加长。根据我们的理论，如果要是一个末尾加长的音系表达式，那么它一定是如（6.10a）或（6.10b）所示。

因此，假定（6.10a）和（6.10b）是末尾加长的表达式，并且其中的一个是从更为基础的（6.7）推导而来的，那么尤为重要的是该理论原则上要回答两个基本问题：(i) 为什么首先要对基本音节到栅的同界进行这种调整，让一个已同界的音节再与无声位置同界？（即为什么总是不直接让假定的无声位置在任何地方都不加长的情况下体现为停顿？）(ii) 既然可以增加同界，那么为什么他们采用（6.10a）或（6.10b）而不采用在（6.7）的基础上（其中）似乎可能有的如（6.11a）或（6.11b）呢？（即与句法相关的加长现象为什么总是仅限于成分末尾位置中的音节？）

(6.11)

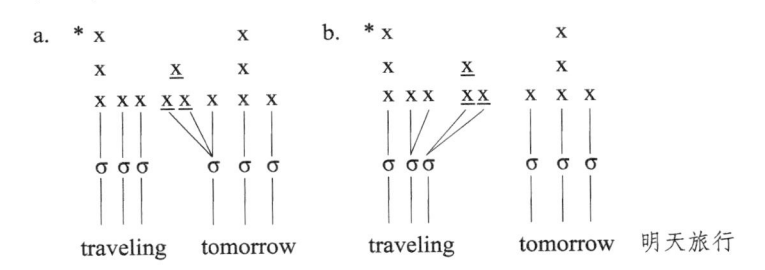

```
    a.  * x              x         b. * x              x
         x    x    x          x    x    x
        x x x x x  x x x         x x x x x  x x
        | | | \/ | | |           | | | \/ | | |
        σ σ σ  σ  σ σ σ          σ σ σ  σ  σ σ σ
        traveling  tomorrow      traveling  tomorrow     明天旅行
```

（在不可能有的（6.11a）中，无声位置*之后*的音节被拖长，在表层与其前面增加的位置同界。在不可能有的（6.11b）中，同时将无声位置之前的词的倒数第二和末尾音节都重新进行了同界和加长。）

我们相信我们的理论可以为这些问题提供有独立理据的、见地深刻的答案。然而，要想使之成真，就必须让支配其他音系现象表达式的某些一般性语法原则在支配音节与节律栅的同界中发挥作用。我们仍还念念不忘的是，自主音段音系学的某些原则已成功用于声调现象分析之中，现又在扩展并用于音系的其他领域之中（见第一章）。自主音段音系学的基本理念是，一个音系表达式是同时由几个完全不同的"音层"组成的，每个音层都含有一系列的线性排序的语言学单位。例如，它提出，声调是独立于音段或音节之外表征的，意即它们占据自己的音层，与音节音层"平行"。这一音系表达式理论的主要组件之一是那个支配不同音层上实体之间"联结"或关系的原则集合（参见如 Clements and Ford 1979）。现在，假设通过适当将这些自主音段联结原则推而广之，便可以把它们用于支配音节与节律栅的同界。毫无疑问，形式上说是可以将它们推而广之的，因为一个话语的音节序列就是一个音层，可以把它的节律栅（或者可能是第一节律音层的半拍）视为一个音层。如果这种原则的推而广之确实可以对这两个应用域的现象进行正确的描写，那么不采用这种推而广之的做法，不把这些现象视为表面略有不同的同一种基本音系组织的体现形式，都将是错误的。

这里，我们不准备对自主音段理论以及将它推广到音节到栅同界的可能性做全面的考察和分析，而只是要指出：倘若拓展自主音段音系学中的几个最为基本的联结原则，它们便可以为上面提出的问题提供答案。我们现在要寻求的是，要把产生（6.10a）或（6.10b）的音系推导解释为（6.7）的一种表层体现形式。换言之，从（颇具图示性的）自主音段角度考虑这些表达式与推导过程，我们正在寻求对（6.12a）到（6.12b）或（6.12c）的推导过程进行解释（E_n 只代表"（语言）实体或单位"）。

（6.12）

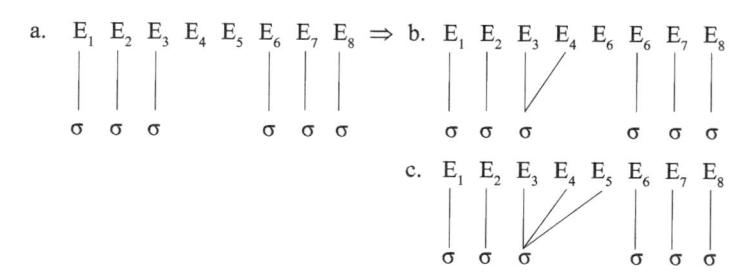

a. $E_1\ E_2\ E_3\ E_4\ E_5\ E_6\ E_7\ E_8$ ⇒ b. $E_1\ E_2\ E_3\ E_4\ E_5\ E_6\ E_7\ E_8$
　　σ　σ　σ　　　　　σ　σ　σ

c. $E_1\ E_2\ E_3\ E_4\ E_5\ E_6\ E_7\ E_8$
　　σ　σ　σ　σ

结果表明，在声调系统（E_n="高"或"低"）中，如果像（6.12a）中 E_4 和 E_5 这样底层未联结的声调要完全得到语音体现的话，那么它们就要通过（6.12b）或（6.12c）所呈现的联结方式来体现。也就是说，未联结声调前的音节将其联结线延展到它们上：所有的音节都要保持它们原有的联结线，而附加的联结线则是以从右到左的方式建立起来的

第六章 句法计时：栅中的音渡

（Haraguchi 1977; Clements and Ford 1979）。显然，声调系统中确保这种从左到右联结方式的音系原则能够而且也确实应该被触发来确保同一种音节与栅位置之间的同界。那么，这是该理论对前面提出的两个问题中的第二个问题的回答。

可能会发生的是，在特定语言的特定条件下，一个音节增加与另一个音层上的未联结实体相联结是不可能的。在一个声调系统中，可能的是：表达式（6.12a）不可能体现为（6.12b）或（6.12c）。情况会是这样的，比如，该语言如果不允许任何音节上出现曲折调（H 和 L 的组合），而且如果在（6.12a）中声调 E_3 不跟 E_4 或 E_5 相同。但问题是，一般来说，有一种"冲动"将某个音层上的每一个实体与另一个音层上的至少一个实体相联结。自主音段音系学的文献中有各种对这一"冲动"的表述方式（见 Goldsmith 1976a, b; Haraguchi 1977; Clements and Ford 1979）。但无论如何都要用形式方法来表述它，我们提出，它还将解释为什么首先会出现一个音节与节律栅中的无声位置再（末尾加长）同界，从而回答我们的第一个问题。

需要提出的最后一点是针对音节到栅的同界问题。我们认为音节很可能具有一种极大的可扩展性或"可伸展性"。对可伸展性的这些限制，可能大致相当于某些声调语言里的附加条款，即附加的联结线不产生曲折调（尽管它们可能并不是那么局限于特定语言）。它可能是:（i）在某个已知的语速下，没有任何一个音节可以与超过一定的最大数量的半拍位置同界；而且（ii）音节的类型不同，所能占据的栅位置数量也就不同（例如，以响音结尾的音节，很有可能比清塞音结尾的音节更有能力"填补空位"）。其想法是：虽然存在填补栅中无声位置的那种"冲动"，但就在栅中无声位置的数量超过音节在无声位置之前的可伸展性的阈值时，那么将会有停顿存在。目前，我们没有证据证明这一提议，而只是把它作为一种推测，试图理解为什么停顿既然有音层之间进行联结的"冲动"还要完全以无声栅位置的条件反射出现。然而，即便此刻没有一种完整的解释，我们仍然觉得自主音段的"延展"与我们这里所论证的再同界之间存在着足够多的相似性,而再同界可以让我们认真思考这样一个假设:一个统一的理论可将两类现象都纳入其中。

那么,概括起来,在倡导把句法计时分析为节律栅中未同界的(无声)位置时,我们曾在我们的理论中提出停顿是无声栅位置的一种合理的语音解释,实际上也是唯一的一种解释(见原则(6.8))。停顿的确是一种对句法相关的计时的主要体现形式,这一点似乎迫使我们做出存在无声位置的结论。我们还提出,这个句法计时表达式可以为已证实的与句法相关的音节加长提出一种原则性的解释。它不仅可以解释为什么加长应当存在,还可以解释为什么这个加长应当是局部化的,即只落在成分末尾的音节上。因此,到目前为止,我们的理论做出了正确的预测。

同样令人鼓舞的是,来自实验文献中的证据证明末尾加长和停顿在感知上是相等的。似乎听者把末尾加长的情况视为停顿(Martin 1970a,b; Lehiste 1979b)。根据我们的句法计时理论,如果我们假定听者把所听到的内容转换成它的更为抽象的音系表达式,那么这些结果便完全可以理解了。按照我们的理论,在表达式的某一更深层级上,这些句法计时的表层表现是相同的。

我们的理论似乎对事实又做出了另一种预测,即在任何一种特定的句法语境中,末尾加长与停顿在数量上应当存在着一种交换关系或负相关关系。我们假设:对于任何一个特定的句法"间隔"("间隔"是指位于序列中两个词之间的那个点),栅中都存在着固定不变的 n 个无声半拍位置。按照成分结构关系在那个间隔地方的性质,这些都是由句法无声半拍添加规则导入的(毫无疑问,这是个过强假设,部分原因是句法节拍添加中很可能存在着某种选择性(见 6.2 节)。尽管如此,但我们为了论证仍将采纳它)。鉴于这一假设以及我们的停顿和末尾加长理论,其结果应当是:如果句法语境与语速保持不变,那么停顿的时长和末尾加长的时长加起来的量与总体的时长量总是相等的。如果特定音节的"可伸展性"中确实存

第六章　句法计时：栅中的音渡

在着可变性，那么我们期待找到加长在任何一个位置上的可变性。重要之处在于，我们的理论做出的预测好像是：加长音节之后的停顿时长会相应地变化，与音节加长的时长成反比。不幸的是，有关言语产出时长方面的文献没有提供这方面的数据。但我们的理论对那些数据应当如何却做出了非常具体的预测[6]。

看起来证实这个一般研究方法的两个事实是：(i) 某些句法语境将呈现末尾加长，而非停顿；(ii) 不会出现相反的情况。加长只出现在那些成分间隔较短的语境。如果我们假定无声位置的数量与成分间隔的大小存在相关性，即间隔越短，无声半拍的数量就越少，那么这两个事实就是可以理解的。当无声半拍少到没有音节在与它们同界时超过其可伸展性的阈值时（较短的成分间隔可能就是这种情况），我们推想一定会发生一次与这些位置的（自主音段）再同界。这意味着在这些位置只有加长，没有停顿。这是我们理论所预测的那种加长与停顿之间负相关的极限情况。它预测这种情况应当只在成分间隔较短时才出现，事实亦是如此[7]。

现在，我们来把我们句法理论的明显成功与诸如克拉特（Klatt 1975, 1976）或库珀和帕西娅-库珀（Cooper, and Paccia-Cooper 1980）提出的那些理论的明显局限性（即把末尾加长与停顿视为彼此完全独立的音变过程，其效应无法用音系表征）做比较。第一，后一种理论无法解释停顿与末尾加长都应当出现在言语产出中的原因：二者为什么彼此相伴出现？第二，它无法解释加长应只出现在它所出现的成分末尾音节上的原因。例

---

[6]　但有关表明存在所预测的加长与停顿之间负相关关系方面的证据，见斯科特（Scott 1982）。

[7]　有关时长的文献常常指出，末尾加长与停顿似乎出现在同一类别的句法语境中（比较 Pike 1945; Klatt 1975）。这当然是我们理论所期待的，但这个观察不够清晰，不具有决定性。它还与一个理论相一致，按照那个理论，停顿与末尾加长是彼此独立的音变过程，但二者倾向应用于同一类别的句法语境中。我们理论所做出的重要且非常具体的预测是，对于任何一个句法语境，停顿与末尾加长的总体贡献是固定的，而且在总体时长内二者之间存在着一种负相关性。

如，加长的一种非音系解释是与一种加长在数个音节上的延展相一致[8]。第三，它无法立即解释停顿与末尾加长在感知上的等值问题。第四，它无法解释停顿与加长之间的负相关性（如果这种相关性确实存在），特别是无法解释已知的情况——较短成分间隔处有末尾加长，但没有停顿。那么，我们的结论是，这种情况对于把停顿和末尾加长都解释为句子节奏结构中底层未同界的无声位置的体现形式（即这里表征为的节律栅）是极有说服力的。

6.2 节奏分音渡的句法

6.2.1 无声半拍添加规则

如果节律栅中的无声位置是句法（分）音渡的恰当表达式，那么语法就一定包含一组规则，这组规则为任何一个特定的（具有某一特定表层短语结构的）句子定义构成句子的词与短语成分之间（分）音渡的可能性。由于节奏分音渡（以某些尚待精确的方式）反映句子的表层成分结构，所以，必须要把分音渡的规则理解为"看着"表层结构并添加无声位置作为它的某个功能的操作。第四章提出了一种有关分音渡语法的尝试性建议，证明该建议通常可以成功地用于解释在不同句法环境中应用"节奏规则"的各种不同的可能性。我们提出了一条（或一些）被称为**无声半拍添加**的规则，可以在三种句法语境中应用：词末、分支成分末尾和作为 S 的子成分的成分末尾。把这些规则理解为是循环应用的，循环应用于构成句法到音系表达式部分映射的栅构建中，把它们的累积性效应视为句中不同等级分音渡的一种表达式。本节将对这一提议加以完善，以让它与有关出现在不同类型句法语境中的不同等级分音渡的各类证据更加一致。但我们必须

---

[8] 但这种**徐缓乐曲**效应只出现在句末位置（Nakatani, O'Connor and Aston 1981; Klatt 1976）。

强调，即便有更多的证据，毫无疑问的是，仍需要对这一提议加以完善。短语（分）音渡的这个主题确实大而泛，而允许对它做出明确陈述之类的详细证据却比较少。我们在此提出尝试性建议，是因为我们相信，即使处于原始状态，它让人们更好理解已知事实而不是其他现存的有关音渡表达式及其规则描写的建议。

我们将把如下无声半拍添加的表述作为我们的工作假设：

（6.13）
将一个无声半拍添加到与如下成分同界的节律栅的（最右）末端
    a. 词，
    b. 作为非附加成分中心语的词，
    c. 短语，
    d. S 的子短语。

需要对上述两项条款做些评析。首先是条款（b），它根据词及其母短语在句子论元结构中所在的位置对词进行区分的。例如，这个条款将对修饰语＋中心语序列（如 A-N）与中心语＋补语序列（如 N-A、V-N 等）做出区分。正如我们将要证明的，这是一个理想的结果。注意条款（b）只在句法短语而非复合词中起作用：nice-seeming（好看的）和 hard-hitting（直言不讳）的区分就不是由其内部音渡关系做出的。其次是受特定限制的条款（c）。这个条款将无声半拍置于短语成分的末端，它的一个作用是保证深度内嵌的多重右分支短语结构之后是适当数量的停顿或加长。但请注意：该规则本身并不诉诸结构的分支情况。然而，我们将规定：如果一个词是一个短语的话，那么该结构就得不到两个半拍，而只能得到一个半拍。例如，这就意味着仅由一个形容词组成的名词前的形容词短语，就不会仅仅因其短语地位而在音渡上与其后面成分相距甚远。

无声半拍添加的应用受十分一般性的原则支配。首先，我们假设它是循环性的，这个假设与我们对句法音系映射的一般研究方法，特别是与我们通过文本到网格同界和栅悦耳规则构建节律栅的理论相一致。在我们的讨论中，我们将假设无声半拍添加的循环性，更为具体地说，它作为循环中的最后一个规则，是规则**在**一个循环应用域中生成凸显**之后**应用的。其背后的理由是，无声位置不会影响成分在它们终止的那个循环应用域内的凸显模式（例如，节拍添加在第二层级上的基本模式不会受到现有的无声栅位置的影响）。它们的作用是在其两边的成分**之间**的关系上，这个作用只在更上一个循环应用域中感受到。这就是以循环方式看待无声半拍添加的理由之一。在第七章中，我们将给出更多证据证明无声半拍添加是以循环方式应用的，还涉及它与短语单音节去重音化的交互性。但本章将要讨论的大部分事实并不影响无声半拍添加的循环性，故而在讨论中将不再考虑这个问题。

还有一个支配无声半拍添加应用的一般性原则是我们将在7.2.1节首次全部呈现的**功能词的语类隐形原则**（Principle of Categorial Invisibility of Function Words，简称PCI）。它的作用是，让归属功能词类（如限定词、助动词、人称代词、连词、介词等）的语类在主要诉诸结构描写中提到的成分的语类地位的语法规则面前是"隐形的"。有了这条原则，提到"词"的无声半拍添加条款，将仅仅应用于主要语类词；因此，将不会把无声半拍插入在如介词之后，即使它可能是短语的中心语。这样产生了正确结果，因为众所周知功能词的音渡属性与那些"真正"主要语类词的属性截然不同。这样，功能词语类隐形原则的作用是将无声半拍添加的条款（a）和（b）的应用仅限于名词、动词、形容词、副词等语类的词。

事实表明，确实有必要将无声半拍添加的条款（a）限定在含有该词的更高循环应用域中应用。这一点上，尚不清楚这将遵循语法的哪一条一般性原则。无声半拍添加的条款（a）似乎应当可以在（主要语类）词的循环应用域内应用，但由于一条栅构建规则的无声半拍添加将在任何一个循环应用域内都是先要去重音化，那么这就会产生错误的结果。如果无声半拍添加是在单音节去重音化之前在词内应用，那么这条规则将（错误地）遭到阻断，永远不能对词尾音节去重音化。我们要想让单音节去重音化，就必须规定无声半拍添加直到下一个循环之后（即直到它在短语或某个词的更高应用域中应用之后）才可以插入它的词尾无声半拍。现在的情况似乎是：到词在更高层级句法结构中发挥显而易见的作用之前，无声半拍添加对它们一直视而不见、置若罔闻。

让我们来看一看无声半拍添加在句子 *Mary finished her Russian novel*（玛丽完成了她的俄语小说）中的作用。节律栅同界（6.15）呈现了将该规则应用于表层结构（6.14）的结果。有下划线的是所添加的无声半拍。

（6.14）

$_S[_{NP}[_N\text{ Mary }]_N]_{NP\ VP}[_V[\text{ finished }]_V\ _{NP}[[\text{ her }]_{AP}[_A[\text{ Russian }]_A]_{AP}\ _N[\text{ novel }]_N]_{NP}]_{VP}]_S$

玛丽完成了她的俄语小说

（6.15）

```
   x           x          x        x
   x           x      x   x        x
xx xxx  xx    xx   x  x   x   x  xxxxxx
Mary  ↑  finished ↑  her Russian ↑  novel  ↑
  (a,b,d)     (a,b)      (a)     (a,b,c,d)
```

玛丽完成了她的俄语小说

出于视觉清晰的原因，（6.15）中只表示了词重音规则所产生的凸显。就像没有呈现节拍添加的作用（即应用于无声半拍添加所产生的长缺失（lapse））一样，这里也没有呈现核心重音规则和音高重调凸显规则的作用。由于 *Mary* 作为一个主要语类词、一个（动词短语）论元和一个 S 子成分，它之后就有了三个分别由无声半拍添加的（a）、（b）和（c）产生的无声位置。通过款（a）和（b）的作用，动词 *finished* 后被两个位置隔开，而 *Russian* 作为附加短语的中心语，它后面仅有一个其主要语类地位理应拥有的位置。部分因为它的功能词地位，物主代词 *her* 后面没有无声位置。（NP 作为代词的特殊地位，将在第七章中详细讨论。）*novel* 之后有好几个无声位置，插入这些无声位置不仅是因为 novel 本身是论元短语中心语的一个主要语类词，而且还因为 novel 位于两个短语成分（NP 和 VP）的末尾，也位于 S 的子成分的末尾。

在下面各节中，我们将提出各类证据证明我们在构建无声半拍添加中做出的一些具体选择。我们将简明扼要地对有关英语"节奏规则"应用的情况、关于英语停顿和末尾加长的情况以及其他语言有关外部连读变音规则的情况进行综述。我们的目的在于提出大量证据，来直截了当地证明有关在句子节奏结构中把句法结构信息转换成一种分音渡表达式的具体假设。第七章所做的短语单音节去重音化研究，将进一步证实我们对无声半拍添加的研究。特别有意思的是，无声半拍添加"看"不到表层结构中存在着的空语类（如语迹），因而采用无声半拍来解释它们（在这一点上，我们没有遵循早期的主张（Selkirk 1972），即都应当有一种语迹和其他空语类的音渡表达式）。

无声半拍添加的重要特征之一是它的不对称应用。凭借 C 的某个特定属性（是不是一个词，它是哪类词，是不是一个短语，是不是 S 的一个子成分），将一个无声位置添加在与成分 C 同界的节律栅的末尾（最右端）。因此，在一个成分的"间隔"处，左边成分的特征决定了它本身与其后成分之间的分音渡。而按照（6.15）中所表述的无声半拍添加，右边成分的信息则无关紧要。很多从事句子音系与语音研究的学者都已注意到句法对短语音系的不对称性作用（意大利语音变研究，见 Napoli and Nespor（1979）；埃维语（Ewe）连读变调，见 Clements（1977）；英语里的停顿和加长，见 Cooper and Paccia-Cooper（1980）[9]）。我们将展现，包括英语"节奏规则"在内的其他现象都进一步证明存在着这一不对称性。我们目前无法做到的是解释它存在的**原因**。正如库珀和帕西娅-库珀（Cooper and Paccia-Cooper 1980）及其同事所认为的，该解释可能存在于一种句子处理

---

[9] 这个不对称性可能不完整。有迹象表明在小句边界存在着某种程度的停顿（Cooper 1976a, b），但其作用尚未完全证实。

过程的理论中。目前,我们将不再探讨任何这类功能方面的解释。

当然,还有句法以外的因素在句子的词与词之间造成时间上的分音渡;因此,只有在其他这些因素保持不变的情况下,我们才能够清晰地辨别出句法对节奏分音渡的贡献。我们在 5.4 节提到,语调短语划分可能影响句子的计时;还在 5.3 节中提出,音高重调的出现与否与第四层级节奏凸显相关,而且还在 4.3.2 节中指出,冲突语境中的凸显可能导致一定程度的加长[10]。我们说到这些情况,并不是要说音系表达式的这些特征与添加的无声栅位置有关(尽管我们不会把它们彼此相关的可能性排除在外),而仅仅是要提醒一下,存在与其他音系表达式因素相关的计时作用,而这些因素实际上可能掩盖了句法的贡献。请比较一下如 *This is the CBS Evening News*(这是哥伦比亚广播公司的晚间新闻)这句话的可能发音。一种发音是在没有任何特别强调的情况下脱口而出的,整个句子只由一个语调短语组成的,因此只有一个语调曲拱。另一种情况是:播音员说话时兴高采烈,把同样一句话分成了两个语调短语:(This is)(the CBS Evening News)[11]。在这个发音中,*is* 不仅重读了,而且后面还有个停顿和显著加长(虽然这个短语的核心重调仍落在 *this* 上)。*is* 这个停顿和加长没有出现在前一种发音中,它很可能是因 *is* 出现在语调短语的末尾所致[12]。由于两种情况中的表层结构是一样的,所以无法把它们归因于话语的句法结构。因此,任何把句法结构归因于停顿和末尾加长的研究都必须控制语调短语划分这个独立变量。如果不这样做,那么就不可能把句法成分结构对句法计时的贡献与音系成分结构的贡献区分开来[13]。音高重调在

---

⑩ 例如,名词比动词更有可能带音高重调,这一点可以解释名词末尾音节与动词末尾音节之间在长度上的细微时长差别;库珀和帕西娅-库珀(1980)注意到了这一差别,但在他们的研究中却未对 F_0 进行控制。

⑪ 这个例子的相关数据源自舒维都(Victor Zue)提请我注意的一张语谱图。

⑫ 这里 *is* 上没有实质上的音高移位,因此它的长度无法归因于 F_0 因素。

⑬ 遗憾的是,在句法对计时的影响研究中,库珀及其同事没有对任何这些众所周知的音系表达式因素及其对末尾加长和停顿的作用进行控制(参见 Cooper and Paccia-Cooper 1980)。

句中出现与否，可以说是完全一样的。

6.2.2 节奏分音渡的音系与语音

6.2.2.1 英语的"节奏规则" 在第一次讨论英语里的"节奏规则"（4.3节）时，我们注意到，尽管在词项序列的重音模式中明显存在着冲突，但仍可以通过如下假定来解释未在某些句法语境应用中发生的节拍移位：在那些语境中有足够多的有效拭除冲突的无声半拍（和通过节拍条件而成的无声节拍）。既然有这种说法，我们便期望找到这种现象，即无声半拍添加在哪里应用了足够多的次数（节拍添加也在那里随之应用），那么那里就不会有节拍移位。

这种说法正确地预测了节拍移位常见于修饰语-名词序列中（前面章节中的大多数例子如 *àchromatic léns*（消色差透镜）、*thìrteen mén*（十三个男人）、*àbstract árt*（抽象派艺术）、*fùndamental théorem*（基本定理）、*Dùndee mármalade*（邓迪果酱）等都属于这种类型）。节拍移位准备应用的理由是，这种语境中最多只插入**一个**无声半拍，结果常常出现冲突。例如，名词前的形容词由于是一个主要语类的词项，所以它之后只有一个无声位置。但由于以形容词作为中心语的 AP 是一个**附加语**，所以无声半拍添加的条款（b）就不会再给添加一个位置。AP 只含有 A，条款（c）就不应用，（d）也不应用。所以 *abstract art* 是按照如下方式推导而来的：

(6.16)

```
                    x               x
            x   x   x               x
    x   x   x    ⇒  x   x           x
    x   x   x   x   x   x   x
    abstract art    abstract   art
    抽象派艺术
```

注意：如果 A 是个复合词或 AP 是分支的话，那么就可以通过条款（c）再插入一个无声半拍，但这并不一定意味着节拍移位更不可能应用，因为核心重音规则将会把中心语 A 的凸显提升一个层级，从而造成更高一个层级上的一个冲突，如（6.17）所示。如有可能，这是可以避免的（4.3.2 节）。

（6.17）
```
                        x
              x         x
     x   x              x
     x   x      ( x )   x
     x   x      x x     x
     really good   play     确实好的戏
```

该理论还预测，其他［附加语 中心语］的结构在词与词之间同样会有很少的无声栅位置，因此，节拍移位应用的可能性将会更大。事实似乎确实如此。在副词-形容词序列中，节拍移位也是有很有规律地应用：*àbsolutely cértain*（绝对肯定），*psýchologically réal*（心理真实的），*ànaphorically bóund*（受照应语约束）等。

但"节奏规则"绝不仅限于前中心语位置。请看如下示例：这里，中心语 N 或 V 后接 NP 或 VP 短语内它的补语，并进行了节奏倒置：

（6.18）
a. the thìrteenth of Máy（对比 thirtéenth）
五月十三日
the tòwn hall of Ámherst（对比 the Amherst town háll）
安城市政厅
a ràtification of the tréaty（对比 ratificátion）
条约的批准
the òverripeness of the péars（对比 overrípeness）
梨子的过熟
a rèconciliation of párties（对比 reconciliátion）
各方的和解
b. to òverthrow the góvernment（对比 overthrów）
推翻政府
if you còntradict your móther ...（对比 contradíct）

如果你反驳你的母亲……
They're going to increase spénding（对比 incréase）
他们要增加开支
He'll never còmprehend phýsics（对比 comprehénd）
他永远不会理解物理学
a rule that interchanges constítuents（对比 interchánge）
一条交换成分的规则

我们的主张是：在其他方面都相同的情况下，ＶＮ序列中节拍移位的可能性就不如ＡＮ序列中高，因为动词被视为具有非附加短语（VP）中心语的地位，它的后面还有一个附加的无声位置。请看 *increase spending*（增加支出）：如果 *increase* 上没有音高重调，那么该短语的栅同界便是如（6.19）所示。

（6.19）

```
                        x
        x               x
  x  x  (x)             x
  x  x    xx          x x
  increase        spending
  增加支出
```

如果节拍添加应用，就会拭除第三层级上的冲突，避开节拍移位，但如果节拍条件不应用，那么节拍移位就会带来相反的结果。

还有一种例子很好地诠释了无声半拍添加对附加语和非附加语的不同处理方式。请看（*the*）*ÙB líbrary*（布法罗大学图书馆）与 *UB's líbrary*（布法罗大学的图书馆）这一对短语。在前一个短语中，名词 *UB*（即布法罗大学的旧绰号）具有某种附加语地位（比较 *stone wall*（石墙）、*brick chimney*（砖烟囱）、*town common*（城镇公园）等）；在后一个短语中，*UB's* 是个所有格NP，即为（算作）一种论元。无声半拍添加给它们指派了不同数量的无声位置，如（6.20）所示，因而可以正确地预测节拍移位在一种情况下比在另一种情况下更易于应用：

(6.20)

a.   b.
                x   x
            x   x   x   x
         xx   xx   xx   xx
       x x x x x x   xx xxx xx
       (the) UB library   UB's   library
       布法罗大学图书馆   布法罗大学的图书馆

节拍移位在第一种情况中实际上是必不可少的，但在第二种情况中虽然不是那么必要，但也是有可能的。接下来，请看只添加一个弱音节（即添加一个半拍）使得所有格内的倒置更不可能：*UMass's library* 具有那种**前节拍移位**模式（6.21），它的正常发音是**没有**倒置的[14]。（这似乎暗示我们，要么节拍添加必须在这里应用，要么**蒙大纳**过滤器（3.2.4 节）已开始应用。）

(6.21)

                         x
             x   x
        x   x   x   x   x
       x   x xxx   x   xx
       U   Mass's   library   马萨诸塞大学图书馆

"节奏规则"还提供了无声半拍添加本质上不对称性方面的证据。请看句子（6.22）。介词 *underneath*（在……下面）中的节拍移位实际上是强制性的（比较 *underneath*）。

(6.22)

I put those five ₚₚ[ₚ[ùnderneath]ₚ ₙₚ[[her][bóok]]ₙₚ]ₚₚ
我把那五个放在了她的书下面

---

[14] 请注意：元音在曲折词尾 's 前的有无影响短语中音节的数量（因此也影响节律栅同界和节拍移位的可能性），所以决定词尾是否带个音节形式的那条规则就必须**在节拍移位之前**应用。

鉴于无声半拍添加的说法，这正是我们所期待的，因为 underneath 仅仅是个介词，因而不会获得无声半拍。要使 underneath 之后的成分更复杂，如增加所有格 NP 内嵌语的数量，underneath 的表现也不会改变。节拍移位仍旧照常进行。

（6.23）
a. I put those five $_{PP}$[ùnderneath $_{NP}$[$_{NP}$[[her] sister's]$_{NP}$ bóok]$_{NP}$]$_{PP}$
我把那五个放在了她妹妹的书下面
b. I put those five $_{PP}$[ùnderneath $_{NP}$[$_{NP}$[$_{NP}$[[her] sister's]$_{NP}$ friend's]$_{NP}$ bóok]$_{NP}$]$_{PP}$
我把那五个放在了她妹妹朋友的书下面

这似乎意味着，右手成分在成分间隔处的内嵌程度与无声半拍添加无关，因此是否会给节拍移位带来的冲突只取决于带 underneath 的成分末尾。最后，在（6.24）中，underneath 仍在成分间隔处的左侧，但现在却内嵌在主语 NP 内，在 underneath 中不存在节拍移位。

（6.24）
I bet $_{S}$[$_{NP}$[those five $_{\bar{N}}$[$_{PP}$[$_{P}$[undernèath]$_{P}$]$_{PP}$]$_{\bar{N}}$]$_{NP}$ $_{VP}$[are cóoked]$_{VP}$]$_{S}$
我打赌下面的那五个被煮了

无声半拍添加的各种小句都将在这种结构中应用（以及再应用），将可观数量的无声位置插入在主语 NP 之后，故而有效摈除发生冲突的任何可能性以及节拍移位应用的任何可能性。

6.2.2.2 英语里的停顿和末尾加长 尽管从停顿和末尾加长获得的数据在原则上将构成评估任何一种有关无声半拍添加规则及其句法环境的提议的主要证据，但现有的数据大部分只能作为提示性的，而不直接影响一种预测与我们的一样清晰和与众不同的提议。正如我们将要阐释的，除了库珀及其同事所做的研究（见注释①）外，很少有充分控制有关末尾加长和停顿方面句法分析细节的研究，甚至他们所能做出的研究结论也非常有限。尽管如此，我们仍将引证这些文献，说明我们的提议可以解释所引用的某些事实。

人们早已认识到，即使重音（或凸显）模式保持不变，将句子分解成词也反映了句子的节奏属性。D. 琼斯（Jones 1964: 239-240）说道：

句子的节奏不仅仅取决于词组中语音的数量和性质以及多音节词中的重音位置，而且还取决于词与词之间的语法关系。如果非重音音节出现在两个重音音节之间，而且它与后一个重音音节的语法关系比与前一个重音音节的语法关系更紧密，那么它的发音往往会更短。

他提出用 ♪.♪♩ 作为 *buy the book*（买书）或 *quite forgot*（完全忘了）中音节之间的时间关系，用 ♫ ♩ 作为 *either book*（两本中的一本）或 *take it out*（把它拿出来）的时间关系。还有一个众所周知的这类对比的例子是阿伯克龙比（Abercrombie 1967）所做的，即对 *Greater London*（大伦敦地区）与 *Grey to London*（格雷到伦敦）进行的讨论。在英国人的发音中，前面这两个例子在音段和重音上都是相同的。但相对应 *to* 的 *Grey* 比相对于 *-ter* 的 *Grea-* 更长[15]。这一对比并没有直接提到任何一个具体的无声半拍添加条款，但它确实支持了（无声半拍添加中所体现的）如下假设：主要语类词将要后接至少一个无声半拍（而功能词后接的半拍更少或者没有）。我们的解释会将这两个例子同界如下：

(6.25)

```
a.                x            b.              x
        x       x                    x         x
        x       x                    x         x
    x x x  x   x                  x xx  x     x
    Greater London                Grey  to London
    大伦敦地区                    格雷到伦敦
```

这两个表达式为解释计时上的对立提供了基础（尽管它们并不能说明问题的全部）。在（6.25a）中，末尾音节 *-ter* 将会延伸并与其后的半拍同界，这样它便与占据一个完整半拍的 *to* 形成对比。如果（6.25b）是正确的表达式，那么 *Grey* 相对于 *to* 的较长长度可能只是一个语音上应当与其同界

---

[15] 库珀、拉普安特和帕西娅（Cooper, Lapointe and Paccia 1977）的研究证实了这一作用。在几乎所有的他们做过研究的句法语境中，都带有巧妙选择的最小对立对，无重音音节前的重音音节在这个无重音音节归属于后面一个词时都要比它同属于一个词（并且位于它的词尾）时更长。

的半拍数量（三个半拍）的问题。*Greater* 的第一个音节长度似乎表明主重音本身增加的长度，说明所说的两个音节在这种情况下的等效性。这种解释的某些细节尚待弄清，也更需要有充分理由，但中心点应当清楚明确。我们的节奏分音渡理论预测到只是那种所观察到的计时上的差异：成分间隔前的无重音音节应当比其后的无重音音节要长。

这种证据表明语序中的词与词之间至少要有一个无声栅位置（更准确地说，主要语类词之后至少要有一个位置）。来自语音产出实验研究方面的数据确认了这一点。各种研究都一致认为，词末音节平均都比词中或词首音节要长（Oller 1973; Klatt 1975; Umeda 1975; Nakatani, O'Connor and Aston 1981）。这一影响，我们是通过假设词与词之间存在着无声位置以及把末尾加长解释为从左到右的自主音段性延展预测到的。但请注意：这些数据在确认从左到右的延展和无声位置的存在的同时，没有给出任何有关无声半拍添加具体细节（即无声半拍添加不对称性及其只受某些类别的句法信息制约）方面的证据。

然而，现有一些需要条款（b）的证据，即再将一个无声半拍置于非附加短语的中心语词之后。例如，卡特福德（Catford 1966）注意到，句子 That was a man-eating fish（那是条食人鱼）与句子 That was a man eating fish（那是个吃鱼的人）之间的区别在于后一个例子中 man 与 eating 之间存在一种"休止"[16]。卡特福德标记这一休止所用的符号是 ∧，它用以表示如下两个句子之间的节奏性差异：

（6.26）
    a. | That was a | man-eating | fish
    b. | That was a | man ∧ eating | fish

我们把这一休止解释为一个无声节拍。这两个句子的相关结构部分如（6.27a,b）所示：

---

[16] 卡特福德把这种差别说成是非强制性的。按照我们的理论，没有任何一条无声半拍添加规则是非强制性的，所以，我们的结论必须是（非强制性地）缺少节奏分音渡的感觉一定是由某些其他因素（或许是由更快的言语速度）造成的。

（6.27）
a. This is $_{NP}[\,_{AP}[\,_A[\,_N[$ man $]_N\,_A[$ eating $]_A\,]_A\,]_{AP}[$ fish $]\,]_{NP}$
b. This is $_{NP}[\,_{NP}[$ a $[$ man $]\,]_{NP}\,_S[$ eating fish $]\,]_S\,]_{NP}$

我们认为，（6.27b）中的无声节拍是由两条与句法相关的计时原则的组合（和累计）效应产生的：词尾无声半拍添加（无声半拍添加的条款（a））和无声半拍添加的条款（b）。这两条规则解释了（6.27b）中两个无声半拍出现在 man 之后，而这两个半拍又被栅悦耳转换成一个无声节拍。下面是我们对所产生的栅同界的图释，注意只呈现了栅的节拍和半拍层级：

（6.28）

```
            x       x       x
    x       x x     x x
NP[ ... man ]NP   S[ eating ... ]S
```

无声半拍添加的两条规则中的第二条不能在 man 是复合词中的第一个成分时应用，因此复合词 man eating 的栅同界只能是（6.29）：

（6.29）

```
    x               x
    x       x       x x
N[ ... man ]N    A[ eating ... ]A
```

显然，可以用栅对这些与重音无关的计时细密之处做出简单且直观的表征。

此外，我们知道，左边成分在成分间隔之处的分支特性将转换成一种停顿或加长效果。如图所示，（6.30）和（6.31）中的那些成对话语均具有相同的凸显模式，但仍可以在节奏上做出区分（Libernman 1975）。

（6.30）
a.
```
                    x
        x           x           x
        x           x           x
      x x x x     x x x       x x
NP[ AP[ American ]AP  N[ N[ history ]N  N[ teacher ]N ]N ]NP
```
美国的历史老师

```
               b.                           x
                              x      x             x
                              x      x             x
                       x x x x     x x x       x    x
                  NP[ N[ N[ A[ American ]A N[ history ]N ]N N[ teacher ]N ]N ]NP
                       美国史的老师
```

（6.31）

```
               a.                    x
                              x      x      x
                              x      x      x
                           x x       x      x
                  NP[ AP[ crystal ]AP N[ N[ beach ]N N[ boat ]N ]N ]NP
                       水晶的沙滩船
               b.             x
                              x      x             x
                              x      x             x
                           x x       x             x
                  NP[ N[ N[ Crystal ]N N[ Beach ]N ]N N[ boat ]N ]N ]NP
                       水晶海滩的船
```

我们认为，消除两者之间歧义的是（b）例中的一个分音渡，它位于左边的（由无声半拍添加条款（a）的反复应用引入的）分支（复合词）成分之后，并体现为复合词末尾音节的加长[17]。

无声半拍添加的前三个条款无论是以组合形式还是通过基于内嵌词或短语的一次迭代，通常都会为一般观察结果提供解释，即**较长的**成分后面是较大的停顿，这是因为时长通常要转换成一种较大的成分复杂度或内嵌深度。在英语里，由于成分往往是右分支的，左边成分的长度通常确实是

---

[17] 利希斯特（Lehiste 1973a, 1980）在她关于句法影响计时的研究中专门指向存在的间隔越长，成分间隔两侧的主重音之间的时长就会越大的情况。她没有把它归因于较长的时长。麦克唐纳（Macdonald 1976）对利希斯特所用的同一种句子进行研究，证明确实间隔之处左手成分的末尾音节时长较长。

与较大的内嵌深度相一致[18]。值得注意的是，库珀和帕西娅-库珀（Cooper and Paccia-Cooper 1980）论证内嵌深度与停顿时长有关，他们发现左右成分在成分间隔处的内嵌深度是非常重要的。

至于在 S 下属成分末尾处指派一个无声半拍的无声半拍添加条款（d），则从计时证据中获得了一定支持。插入语、前置状语、后置短语、呼语等，都被时间上的分音渡与句子的其余部分隔开（Klatt 1976; Bing 1979a,b）。此外，与所有格 NP 相比，主语 NP 后面的停顿可能会更长（Klatt 1975）。如果将无声位置添加到句子栅同界的规则给 S 的子成分赋予一种特殊地位，则可以期待获得这些数据。

关于这些问题，显然还有很多话要说，还有很多研究要做。通过这一粗略的回顾，我们只是希望证实我们为无声半拍添加提出的句法语境之间的差异似乎确实有某种基础。

6.2.2.3 外部连读变音 （6.13）中所构建的几条无声半拍添加规则相互协作，在不同句法语境中生成不同数量的节奏分音渡。如果我们用（6.13）近乎得到了一种对节奏分音渡的正确描写，如果应用于词与词之间的音系规则（外部连读音变规则）确实受相关音段的时间相邻性制约，那么我们应当发现：在确定的任何一种语速的情况下，连读变音规则在添加较少无声栅位置的语境中的应用可能性都比在无声半拍添加所预测的更多的语境中更大。在下文中，我们将简明扼要地回顾一下几种语言中外部连读变音的某些事实，表明该理论所做的预测似乎已得到证实。

无声半拍添加的各个条款为句中遇到的各种"成分间隔"界定了实际上什么是节奏分音渡的"层级结构"。（6.32）是一个"成分间隔类别"及其在分音段层级结构中所占位置的部分列表（罗马字母的大小对应于分音渡量的大小）。出现在句法语境描写之后的字母是负责在那些环境中添加

---

[18] 克拉特（Klatt 1976）报道，戈德霍尔（Goldhor 1976）发现，主语 NP 末尾的 N 在 NP 分成 A+N 时比它只由 N 构成时更长。

无声半拍的无声半拍添加条款的名称。

（6.32）

（ⅰ）功能词语及其右边姊妹成分的第一个词[19]

例：the_cat（那只猫），in_old houses（在老房子里）

（ⅱ）单个词附加短语与右边姊妹成分的第一个词（a）

例：old_houses（老房子），first_attempt to leave（第一次尝试离开）

（ⅲ）a. 一次分支的附加短语与右边姊妹成分的第一个词（a, c）

例：extremely old_houses（极其古老的房子），many more_people（更多的人）

b. 非附加短语的中心词与右边姊妹成分的第一个词（a, b）

例：saw_Nelly（看见了奈利），top_of the mountain（山顶）

c. 不分支的非附加短语与右边姊妹成分的第一个词（a, b）

例：gave books_to Mary（把书给了玛丽）

（ⅳ）a. 一次分支的非附加短语与左边姊妹成分的第一个词（a, b, c）

例：gave many books_to Mary（把许多书给了玛丽），elect a stupid person_president（选举一个愚蠢的人当总统）

b. S的非分支子成分与右边姊妹成分的第一个词（a, b, c）

例：Mary_left town（玛丽离开了小镇）

（ⅴ）a. 两次分支的非附件短语与右边姊妹成分的第一个词（a, b, c, d）

例：gave many books on architecture_to Mary（把许多有关建筑的书给了玛丽）

b. 句子的一次分支子成分与右边姊妹成分的第一个词（a, b, c, d）

例：Mary's mother_left town（玛丽的母亲离开了小镇）

如果外部连读音变规则受真实时间上的毗邻性制约，那么可以预测：在规定的语速下，它们将应用于从（ⅰ）开始的这一连串排列的层级结构所属的句法语境中。间隔点将取决于语速，也可能取决于规则本身（规则可能会因其对毗邻性的要求而有所不同）。其预测是：连读变音规则将应用于语速越来越快、分音渡层级位置越来越高的语境中。

---

[19] 回想一下，正是因为无声半拍添加是不对称性的，是在词和短语的（右边）结尾处应用的，所以与右边（或随后的）姊妹短语的分音渡才是重要的。

第六章　句法计时：栅中的音渡

郑锦全（Cheng 1968）所描述的汉语连读变调。在汉语里，如果一个上声字在另一个上声字前，这个上声字的声调将变成阳平。（上声是个低降后升调，阳平是个高升调。）该规则要求承载相关声调的词与词之间的"连接"有一定的紧密度，而且随着语速的提升，连读变调应用所跨越的成分间隔就会越大。（6.33）所示的例子全部由底层的上声字组成，它是郑锦全所给出的，以阐释该规则的这些属性[20]：

（6.33）
[[老^上李^上][买^上[小^上笔^上]]]
a.　　　阳　上　　上　　阳　上
b.　　　阳　上　　阳　　阳　上
c.　　　阳　阳　　阳　　阳　上

在语速较慢的情况下，连读变调只发生在 A N 词语中（6.33a）。若语速适当加快，那么动词受后面的语境影响也失去了上声（6.33b）。然而，在语速更快的情况下，主语 NP 的中心语也失去了原有的上声（6.33c）。这也正是我们的节奏分音渡理论和受时间制约的连读变调规则所预测应当存在的那类语料。

众所周知的意大利语里的**句法性重叠**（raddoppiamento sintattico，简称 RS）现象[21]也有助于采用我们的理论进行分析。RS 通常被描写为

---

[20]　郑锦全所引用的句子（6.33）中的一种发音完全不符合我们的分音渡理论，我们对此不会冒险做出解释。该句子是这样的：

（i）老^阳李^阳买^上小^阳笔^上。

这里，主语的变调明显正是由上声动词"引发"的，但动词本身在此语速下没有受后面的上声影响。郑锦全对这个令人费解的案例（一种在相当慢的语速中出现的发音）做了讨论，但最终选择了可称之为这个问题的"音系解决方案"而不是这一现象的简单句法解释方法。该解决方案涉及某些有关连读变调应用模式和中间声调表达式性质的假设。这里，我们对此不做探讨。

[21]　如见卡米利（Camilli 1911, 1941, 1963）、诺曼（Norman 1937）、比安奇（Bianchi 1948）、菲奥雷利（Fiorelli 1958）、莱昂内（Leone 1962）、普拉泰利（Pratelli 1970）、萨尔塔雷利（Saltarelli 1970）、尼斯博（Nespor 1977）、沃格尔（Vogel 1977）、罗滕贝格（Rotenberg 1978）、拿玻里和尼斯博（Napoli and Nespor 1979）、尼斯博和沃格尔（Nespor and Vogel 1979, 1982）、基耶尔基亚（Chierchia 1982a,b,c）。

音系与句法：语音与结构的关系

在某种音系条件下某种句子语境中出现一个词首辅音重叠的现象。好像通常起作用的音系条件是，前面的词必须是以带主重音的元音结尾[22]。例如，比较一下 *più caldo*[pjù kkáldo]（更热）与 *meno caldo*[mèno káldo]（不那么热）。事实上，这个**重叠**（raddoppiamento）是一种相当普遍的词间重新音节化现象的范例；它受制于各种音系限制，而这些限制在这里我们将不予考虑（Vogel 1977; Chierchia 1982a, b, c）。我们想要（大致）说一说的问题是，指定这个重新音节化所应用的句法环境（基耶尔基亚（Chierchia 1982b）以栅为基础对 RS 做过分析，该分析与我们的分析有某些相同之处）。

如果以 RS 为实例的重新音节化受（表征为节律栅的）节奏分音渡支配，那么，我们希望：（a）它在较低的分音渡层级结构语境中比在较高的层级结构语境中更容易发生，（b）语速越快，它发生所在的层级结构语境就越高。遗憾的是，我们没有语速影响 RS 这方面的数据，但现有的是 RS 或多或少可能应用的句法语境方面的数据。拿玻里和尼斯博（Napoli and Nespor 1979）对 RS 应用的句法语境做了颇为详细的研究。尼斯博和沃格尔（Nespor and Vogel 1982）指出，要说明 RS 在某些语境中比在其他语境中更容易应用的这一事实，就需要对早先的分析加以充实与完善。他们观察到 RS 在修饰语与随后的中心语之间（如：*tre cani*（三只狗），*più caldo*（更热））比在中心语词语与随后的补语之间（如：*fa caldo*（外面很热），*la città vecchia*（老城））更容易应用。后者的分音渡层级结构语境比前者的更高，这正是我们所预测的东西。此外，基耶尔基亚（Chierchia 1982b）还观察到：在（6.34）的短语中，*giallo/gialla*（黄色）修饰 *caucciù*（橡胶），在（6.35）中，*gialla*（黄色）修饰整个短语 *sfero di caucciù*（橡胶球）；与后者相比，RS 更容易出现在前者两个词之间的语境中。

---

[22] 基耶尔基亚（Chierchia 1982b）探讨了这一通则的明显例外情况。

（6.34）
[una [sfera [di [[caucciù] [giallo]]]]]
黄色橡胶的球
（6.35）
[una [[sfera] [di [caucciù]]] [gialla]]
黄色的橡胶球

RS 在（6.35）中出现的可能性较小，原因可能是左边成分内嵌数量较大；在我们的理论中，则是无声半拍的数量较多。基耶尔基亚给出了其他类似情况的对比，RS 更可能出现在（a）例而非（b）例中：

（6.36）
 a. Ho picchiato [il [re con lo scettro]]
  我打了持权杖的国王（国王有权杖）。
 b. Ho picchiato [il re] [con lo scettro]
  我用权杖打了国王（我用权杖打的）。

（6.37）
 a. Mio fratello mangiò le fragole e [finì [tutto il resto]]
  我兄弟吃了草莓，并把剩下的都吃完了。
 b. Mio fratello mangiò le fragole e [[Fifì] [tutto il resto]]
  我兄弟吃了草莓，菲菲把剩下的都吃了。

还需要注意的是：当左边的成分很长、很重时，RS 实际上是不可能应用的，如（6.38）和（6.39）所示（斜体词位于潜在的 RS 语境的两边）。

（6.38）
[La religione que tutti pensano Mario stia praticando con *fedeltà*] [*perde* fedeli]
每个人都认为马里奥所信仰的宗教正在失去信徒。
（6.39）
Ho visto [il ragazzo che Maria ama con *onestà*] [*per* fortuna]
我看到玛莉亚真心爱的那个男孩，很幸运。

现已给出了无声半拍添加中所体现的以栅为基础的对分音渡的分析，期望这些应当就是事实。

 拿玻里和尼斯博（Napoli and Nespor 1979）对 RS 情况的阐释，实

际上否认了音系表达式会在决定句中 RS 的可能性中起作用。他们提出句法条件(**左分支条件**)支配 RS 的可应用性(换言之,RS 直接受句法结构制约):

(6.40)

左分支条件

"仅当 A 是同时统制 A 和 B 的第一个节点的左分支时,RS 可以在词 a 与随后的词 b 之间应用,其中 a 受终端前语类符号 A 的直接统制,b 受语类符号 B 的统制(但不一定是直接统制)。"(1979: 824)

他们指出:"如果 A 与 C 之间没有相隔的分支节点,而且 A 左边的 C 没有子节点,那么 A 就(是)已知节点 C 的左分支。"(824 页)

因此,其主张是 RS 仅应用于如下形式[23]:

(6.41)

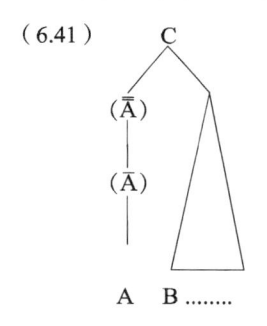

```
            C
           /\
         (Ā)  \
          |    \
         (Ā)    \
          |      \
          A   B ……
```

但正如尼斯博和沃格尔所指出的,在(6.41)类型的句法结构中应用 RS 的可能性并不一样——这取决于 A 属于哪一种词或短语。基耶尔基亚指出,左分支条件规则把 RS 从它确实适用的语境中排除了[24]。(6.35)、

---

[23] 在 C=句子因而左边短语将是 NP 的情况下,他们弱化了这一主张。他们声称主语 NP 可以分支,RS 仍可以发生在它的最后一个词与随后短语的第一个词之间。我们的解释不会给比如主语 NP 赋予这样的特权地位。正如无声半拍添加(6.13)预测的那样,也许在意大利语里没有特别关注作为 S 的子成分。但正如拿玻里和尼斯博的解释所意味的,即使从意大利语里的无声半拍添加中把条款(d)删除,我们仍无法解释 S 子成分的分支数量比其他成分的要少。很显然,这些情况都需要做进一步的探讨。

[24] 基耶尔基亚还指出:如注释 23 所讨论的那样,RS **并不**存在于左分支条件弱化版本预测它应该出现的语境中,如例(6.38)和例(6.39)所示。

（6.36b）和（6.37b）便是如此。（6.42）中的句子亦是如此，其中斜体词就是 RS 语境。

（6.42）
- a. Io ho [[amato] [*più*] [*Carlo*]]
  我（曾）更爱卡洛。
- b. Loro hamo [[eletto] [*Artù*] [*papa*]]
  他们选了阿尔图为教皇。
- c. Ho [[messo] [*Artù*] [*per* strada]]
  我让阿尔图上路了。

可以想象，想要与事实相适应，我们可以提出一种更为合理的基于句法的解释。但出于许多原因，通常从调节句法结构与音系过程（如重新音节化）之间关系的音系表达式角度来考虑 RS 的应用问题。首先，基于栅的解释当然是有十分独立的理据的，它似乎与事实相符。其次，把 RS 看作是最终受栅支配的，这有助于解释 RS 与意大利语的"节奏规则"（Nespor and Vogel 1979）携手并进的原因。基耶尔基亚（Chierchia 1982b）已证明：在 RS 与重音移动规则合作删除冲突的方言里，两条规则在规定的一种句法语境中要么都应用，要么都不应用。"节奏规则"是否应用，是由栅界定的一种"相近程度"的函项。如果 RS 本身受分音渡制约，那么接下来的将是 RS 应当只在"节奏规则"表示具有更少节奏分音渡的语境中才应用。最后，还有一个需要音系表达式在句法结构与 RS 之间进行调整的原因。在有关 RS 的传统文献（如 Camilli 1911）中可以注意到，当第一个词的最后一个音节上存在音高大移动（*dislivello di tono*）时，RS 不应用。我们可以认为，这意味着要么第一个词带了一个音高重调，要么第一个词位于语调短语的末尾处。无论哪一种情况，句子的结构或计时都会受到影响，序列中的两个词之间所引入的分音渡会更大。而这阻碍了 RS 的应用。显然，任何一种基于句法的解释都无法理解这样的一个事实。

尼斯博和沃格尔（Nespor and Vogel 1982）和基耶尔基亚（Chierchia 1982b）都建议把语调短语用作 RS 的应用域，并表示两个词之间没有 RS，就意味着它们分属不同的语调短语。这一主张或许过强，因为它暗示：在其他音系条件得到满足的情况下，在可能有不同语速的 RS 语境中，都将不得不从句子的不同语调短语划分方式的角度来解释任何一种无 RS 的情况。音高曲拱的数据是否支持这一立场，一点也不明显。我们的立场是：RS 受**时间毗邻性**因素支配，因而受到栅中节奏分音渡的性质及其在任何一种具体表现中的解释的影响。如果语调结构看上去影响了 RS，那么我们认为这是因为语调结构影响了栅本身的性质，或影响了栅在时间上的实现。

另一个众所周知的明显受句法支配的外部连读变音的例子是法语的**连音**（liaison），其表现方式让我们想起了意大利语的 RS，但在某些具体细节上有所不同。连音是指在后面是起始元音词的语境下词尾辅音的发音问题，如 *les enfants*[lezɑ̃fɑ̃]（儿童）与 *les filles*[le fij]（女孩）。只是在某些句法语境中，末尾辅音在后接元音时将会保留不变。其他情况下，不管后接什么，它都将被删除：*les enfants/accouraient*[lezɑ̃fɑ̃akurɛ]，不是 **les enfants accouraient*[lezɑ̃fɑ̃zakurɛ]（孩子们跑了起来）。在塞尔柯克（Selkirk 1972, 1974）中，我们曾试图描述连音出现和不出现的语境范围。自那时起，我们对事实有了更为全面的认识，而反映这一认识的新的描述需要做重大修改。我们不准备在这里承担这项任务，而只是想指出，连音是法语里一种可行的基于音系的现象，某种程度上说，它的表现与当它受节奏分音渡和（6.13）中提出的无声半拍添加规则支配时所做出的预测是一致的。众所周知，连音在如下语境中是强制性的，例如：

（6.43）
    a. 附着代词 + 动词
        例：nous_aimons（我们爱），nous vous_aimons（我们爱你）
    b. NP 限定词 + 右姊妹成分
        例：les_autres filies（其他女孩），les_animaux（动物）
    c. 数量词 + 右姊妹成分
        例：trois_enfants（三个孩子），trois_autres fines（另外三个女孩）
    d. 形容词 + 名词

例：ancien_ami（老朋友），petit_enfant（小孩）
e. （某些）介词和右姊妹成分
例：dans_une minute（一分钟内）

当然，这些只是无声半拍添加产生最少数量（零或一个无声栅位置）节奏分音渡的语境。在某些其他语境中，据说连音是非强制性的。这些包括一个短语的中心词后接一个补足语的语境：*des politiciens américains*（美国政客），*(il) mangeait une pomme*（（他）吃了一个苹果）等（见 Selkirk 1974）。这一事实与在这些语境中只在更正式的自我意识的讲话风格中出现而根本不在更快语速条件下（如果有的话，也是相反的）出现的连音的事实，促使我们推断：在这样的语境中，连音本质上不再是一种音系现象，而是由某些可能十分"语法化"或"句法化"的、不再反映"核心音系"过程的规则所维持的一种现象。这就是说，正是在这些无声半拍添加预测出现下一个最小数量的节奏分音渡的句法语境中才发生了这一句法化的连音，这一事实不可能是偶发的。那么，甚至这些有关连音的事实，也在某种程度上支持这里所采用的一般方法㉕。

关注规则应用或不应用的句法语境细节的外部连读音变研究相当罕见。（在我们所熟悉的那些研究中比如有：现代希腊语是 Kaisse（1977，1978），现代爱尔兰语是 Rotenberg（1978），埃维语是 Clements（1977），奇姆瓦伊尼语（Chi Mwi: ni）是 Kisseberth and Abasheikh（1974），英语是 Egido and Cooper（1980）、Cooper, Egido and Paccia（1978）。）由于我们尚未承诺从这里所阐释的理论角度对其进行审视，因此必须要把我们的建议看作是十分纲领性的。不过，预测的性质应当十分清晰。

㉕ 有关某些对法语连音的进一步的有趣研究以及对句子音渡属性的概述，见巴斯贝尔（Basbøll 1875, 1978）。

第七章

功能词：去重音化与附着化

在尚未对传统上描写为具有"强""弱"两种形式的词类做些讨论的情况下，任何一种对英语里词和短语的节律栅同界以及对句法结构在决定该同界中的作用的描写都不完整（Sweet 1891, 1908; D. Jones 1931; Gimson 1970）。这些大部分都是句法类"功能词"的单音节词：助动词、情态动词、介词、限定词、连词、人称代词等。这些单音节的强形式是（以一种尚未明确的程度）"重读的"（尽管我们已在 3.2.3 节和 4.1.1 节中指出，它们并不具有第三层级的同界），并且它们的元音是重音音节所特有的实足元音。这些单音节的弱形式是无重音的，它们的元音经过了典型的英语无重音音节的弱化过程（某些甚至可能被删除），其周围的辅音也可能因音节的无重音地位而被修改或被删除①。例如，(7.1) 短语中的功能词虽然也可以用 (b) 列的强形式发音，但它们却通常是以 (a) 列所注释的弱形式出现的②。

(7.1)	a.	b.	
a fence	[ə]	[ej]	一道栅栏
can pile (up)	[kən, kn̩, kəm, km̩]	[kæn]	可以堆起来

---

① 有关英语功能词音系方面的细节，见如兹威基（Zwicky 1970）和塞尔柯克（Selkirk 1972）。

② 在 (7.1) 中，[ə] 或 [ɪ] 的弱化、[ə] 或 [ɪ] 的遗失和相伴而生的响音辅音音节化，以及 /h/ 的删除，都证明这里功能词的无重音地位。

不妨可以把 *a* 的强形式 [ej] 视为一种异干变体形式（suppletive variant）。

for Timothy	[fr]	[fɔr]	为了蒂摩西
in confidence	[ɪn, n̩, ɪm, ŋ]	[ɪn]	私密地
need *him*	[ɪm, m̩]	[hɪm]	需要他

功能词的强重音形式是它们的单念形式，也是它们必须出现在特定句法构式中的形式；而弱形式则通常出现在句法构式的补语部分中。一般认为，要使功能词采用它的弱形式，它就必须在句法上足够"接近"它之后（或在少数几种情况下之前）的词。

功能词还有一个特点：它们可以呈现出与一个相邻的词（通常是紧随其后的词，但也有时是其前面的词）极为亲近的音系联系或音渡。这种音渡上的亲近性可以由连读变音音系规则在适宜的句法语境下在功能词与相邻词之间运行的极大可能性来说明，也可以由二者之间节奏分音渡的伴随性缺失来说明。（7.2a）中的示例便具有代表性。功能词的鼻音尾在发音部位上发生与后面词的起始辅音同化的强烈倾向，是非常亲近音渡的证据。而且从节奏上讲，与（7.2b）中相对应的词相比，两个词之间并不存在明显的连拼分读，两者在这方面表现出极好的一致性[③]。

（7.2）a.　a fence　　　　　一道栅栏　　b.　offence　　　冒犯
　　　　　can pile (up)　　可以堆起来　　　compile　　　编辑
　　　　　for Timothy　　　为了蒂摩西　　　fertility　　　繁殖力
　　　　　in confidence　　 秘密地　　　　　incompetence　无能力
　　　　　need him　　　　　需要他　　　　　Needham　　　尼达姆

在我们这里所发展的理论框架中，重音和音渡都是一个有关话语节律栅同界的问题。因此，我们可以推测，如果功能词在有关重音和音渡的属性上有别于非功能词，那么功能词就不具有与非功能词一样的基本节律栅同界。的确，我们的假设是，语法在句法到音系的映射时区分了

---

　　③　见阿伯克龙比（Abercrombie 1964），他认为：从节奏上讲，无重音宾语代词必须是前面有（后附着于）动词的词的一部分，如 *feel it*（感觉到它）。贾西姆（Jassem 1949, 1952）强调了这里其他例子在节奏上的前附着特性。

功能词与非功能词，定义了词和短语的音节到栅的同界，确定了句法计时的无声半拍添加。其假设是：功能词的特殊性根本上在于这种映射的栅构建原则不把它们处理为"实"词，更具体地说，在于（a）不认为它们是下列的无声半拍，否则它们就会获得词的原有地位（6.2.1 节），（b）不认为它们是第三层级的"主要词重音"（3.2.4 节和 4.1.1 节）。我们认为，语法中未把功能词处理为"真实"词的种种方式都应归因于单独一条原则：**功能词的语类隐形原则**（Principle of the Categorial Invisibility of Function Words，简称 PCI），该原则（主要）说的是：主要诉诸所应用的成分句法范畴的规则，却对功能词成分的存在视而不见。功能词语类隐形原则所产生的结果是，功能词没有"实"词节律栅同界的具体特征，而其他所有（几乎所有）一切都是因节律栅同界的这一怪异性而自动产生的。

在我们对功能词音系分析中起核心作用的是单音节去重音化（3.56），即一条在某些条件下拭除单音节基本节拍（第二层级）同界的规则。回想一下 3.3.3 节，要想让一个音节受到这条去重音化规则的影响，那么它就必须具有适宜的内在韵音组织结构——一个 CV 音节（V 是个松元音）最有可能发生去重音化，CVVC 或 CVCC 音节最不可能发生去重音化，等等。许多一般性条件支配着去重音化。其中有两条在限定"真实"词的单音节去重音化中发挥作用：更凸显维持条件和交替音变维持条件。我们将在下文中展示更凸显维持条件和另外一个条件——栅极化条件（Grid Culmination Condition，简称 GCC）对单音节去重音化在短语上运作的支配情况。

显然，鉴于我们对功能词基本音系表达式所做的假设，单音节功能词原则上易受我们所知的单音节去重音化的影响：它没（必要）有第三层级重音，没（必要）后接一个弱半拍。鉴于先前的假设（以及不考虑中心语 N 之后的无声半拍），（7.2a）中的一些序列具有（7.3）中所示的基本音系表达式。

第七章　功能词：去重音化与附着化

(7.3)
```
        x                 x                  x
x  x             x  x              x    x
x  x             x  x              x  x  xx
a fence          can pile          in confidence
一道栅栏          可以堆起来          秘密地
```

由这些表达式，规则便可以产出（7.4）中的去重音化形式。

(7.4)
```
        x                 x                  x
        x                 x                  x
x  x             x  x              x  x  x
a fence          can pile          in confidence
一道栅栏          可以堆起来          秘密地
```

我们的任务是提供一种单音节去重音化遭到**阻断**的构式理论。因此，本章的目的之一是要证明，单音节去重音化及其支配条件，连同一般栅构建理论和功能词语类隐形原则中体现的功能词基本音系表达式理论一起，构成了一种功能词轻重形式在句中分布的很好理论。

这一分析与塞尔柯克（Selkirk 1972）提出的对功能词的音系分析有一定的普遍特征。但后一种分析是在标准《英语音系》理论框架内进行的；它认定《英语音系》的音系表达式理论，并以此将重音概念假定为一种指派给元音的多值特征，将音渡概念假定为在线性音段语符列中具有自己位置的边界音段。在两种研究中，句法-音系的映射至关重要。在该映射中，表层句法表达式的一般特征被转换成了音系表达式中的音渡（等级），而且对功能词的音渡属性与"实"词属性也进行了区分。两种分析方法都假定功能词的重音形式是基本的，语法的主要描写任务是描写功能词在适当语境中去重音化的特点。元音的弱化、元音和某些辅音的删除都被理解为音节失重音所产生的结果，"缩约"的音系过程被视为无重音音节音系的一个特例。因此，两种分析中的核心现象都是去重音化。在这两种分析中，去重音化规则是在音系表达式上定义的，而且主要受话语的音渡属性所支配。去重音化规则明显受话语的各种句法特性的影响，这一点被解释为：规则不受制于表层句法结构方面，而受制于表层结构在音系表达式中编码的音渡程度[④]。然而，这两种方法之间存在着重要差别，其中最重要的一点是：在目前的分析中，功能词去重音化的主要动因是语法中一条有独立理据的规则，即单音节去重音化规则。塞尔柯克（Selkirk 1972）的去重音化规则（即单音节规则）就是一个特别发明，尤其是对单音节功能词而言。此外，本分析不仅处理了塞尔柯克（Selkirk 1972）已处理的事实，而且还处理了塞尔柯克（Selkirk 1972）理论无法分析的新的事实，特别是那些与音高重调指派等节奏因素在防止去重音化中的作用有关的事实。当然，本分析的另一个优点是与重音和音渡的一般性理论相一致，与标准《英语音系》理论相比，该一般性理论所能解释的与重音和音渡相关现象的种类更多。

将单音节去重音化视为句中功能词强弱形式之间"交替音变"的代理形式，需要功能词的音节在底层是重读的（即与节律栅第二（基本节拍）层级上的一个位置同界），后经规则应用，弱化为无重音音节。还有一种可以替代我们基本分析方法的方法是，功能词通常不重读（即与基本节拍层级同界）；这里，它们的强重音形式是通过在某些有限条件下应用**添加**一个基本节拍同界的规则实现的。在 7.1.1 节的第一部分中，我们论证了，由于原因很一般，后一种类型的替代方法是不可行的。这里提出的一般理论框架实际上需要，应从重音音节失去其基本节拍同界而非相反的角度来理解强弱形式之间的交替音变。

在 7.1.2 节中，我们提出功能词去重音化规则必须是在短语应用域中应用，而且它的应用必须是先于节拍移动在该应用域中的应用。这一排序

[④] 罗滕贝格（Rotenberg 1978）已经描述了一些我们将在此从基于句法结构严格界定的音渡关系的角度（再）处理的现象。出于第六章给出的原因，我们认为音渡的句法理论是不够的，无法解释所有的事实。

是从把短语去重音化和节拍移动都视为循环性的角度产生的，而且它支持我们的一般主张，即句法-音系的映射是以循环方式进行的。对短语去重音化规则与词中应用的单音节去重音化相同所做的进一步论证，得出的结论是，单音节去重音化不是"后循环的"，而是循环的，尽管仅限于词或词以上的句法应用域。

在 7.1.3 节中，我们详细论证了我们的主张——即短语应用域中应用的单音节去重音化是造成功能词强弱交替音变的原因——是有道理的。在 7.1.4 节和 7.1.5 节中，我们对不同栅构建原则对单音节去重音化操作的影响进行考察，说明这些原则对去重音化规则所应用的节律栅表达式的影响解释了强弱交替音变所涉及的相当微妙的现象范围，包括阻断导致某些句法语境中系统出现强（"无缩约"）形式的规则。我们在 7.1.5 节中呈现证据，证明语迹之类的空语类在表层结构中的出现并不反映在音系表达式中（反 Selkirk 1972 的），因此不影响功能词的去重音化。单音节去重音化在空语类之前的语境中遭到阻断，将被视为源自于其他语法原则。

可以将（7.1）中的弱形式称作**附着形式**（clitics），如果该术语只用于指无重音且从音渡或节奏上说与前后成分紧紧相邻的词。（7.1）中的功能词（除最后一个之外）都是**前附着形式**（proclitic），因为附着到每一个这些附着形式的词都是在它之后。但要注意：这些词的前附着语地位绝不需要按照"附加"（乔姆斯基的毗联）其后词的方式对它们进行语法分析，如（7.5）所示。

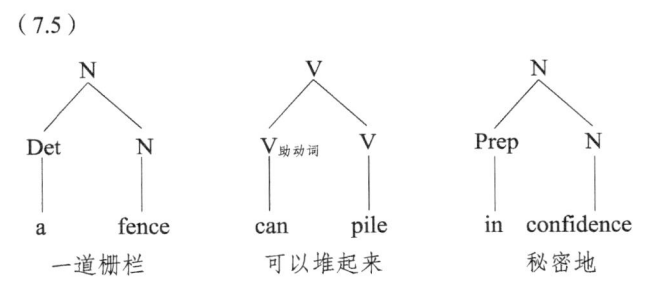

（7.5）

```
      N              V              N
     / \            / \            / \
   Det  N         V   V          Prep N
    |   |       助动词 |            |   |
    a  fence    can  pile        in  confidence
   一道栅栏    可以堆起来          秘密地
```

按照所概述的理论,(7.6)中常规设定的句法分析作为给这些音序指派正确音系解释的依据是绰绰有余的。

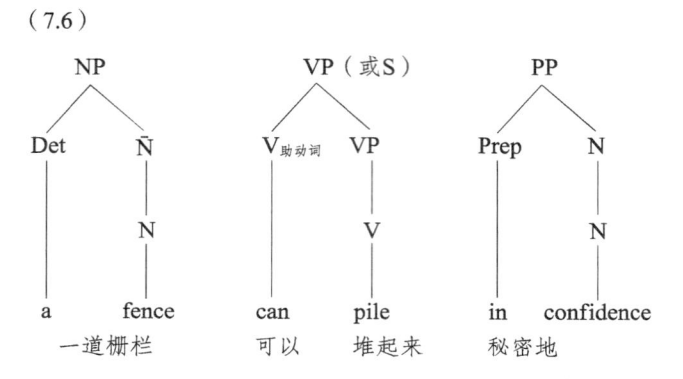

(7.6)

```
        NP              VP(或S)           PP
       /  \            /      \          /  \
     Det   Ñ         V助动词   VP       Prep   N
           |                   |              |
           N                   V              N
           |                   |              |
           a    fence         can   pile     in  confidence
          一道栅栏            可以  堆起来        秘密地
```

由于负责确立序列中词与词之间(节奏)音渡的无声半拍添加只给成分的**右边**添加了无声半拍(6.2.2 节),而且由于功能词之后它不添加,所以(7.6)结构中两个词之间没有任何无声半拍的阻隔。((7.3)中已给出了与(7.6)相对应的基本音系表达式。)因此,即使不再"附加"功能词,也可以确保这些附着形式的音渡属性。当然,正是由于这种紧密的音渡关系以及后面没有无声半拍(当然,也正是因为没有第三层级的词重音),单音节去重音化才能得以应用。显然,该结论不存在前附着化句法规则的动因(反 Bresnan 1971b 和 Zwicky 1977: 9 的)[⑤]。语法对(7.6)中的结构所做的与对(7.5)中的结构所做的一定是彼此相关的。所以,不需要额外增加一条确保更大句法或其他方面紧密度的规则。

但英语里的某些**后附着形式**(enclitics)则并非如此。就像在塞尔柯克(Selkirk 1972)中那样,我们需要设立几条规则,这几条规则都有**后附着化**功能词的作用——使之比根据序列的表层句法分析所期望的更接近先行词。在某种情况下,这一后附着化看起来像是一条纯句法(或甚至是

---

⑤ 在塞尔柯克(Selkirk 1972)中,我们反对布列斯南(Bresnan 1971b)所采取的立场,即(7.1)和(7.6)之类的无重音功能词在句法上是其后成分的前附着形式。

第七章 功能词：去重音化与附着化

"词库"）规则；to 缩约（如由 want to 所产生的 wanna）和 not 缩约（如从 do not 所产生的 don't）是两个尽人皆知的例子[6]。但在其他情况下，可以说后附着化是话语节奏结构中的一种重新调整，即一条不预设句法后附着化的句法-音系映射规则。这正是我们将要论证的那个著名的 Nora's been here（诺拉来过这里）中助动词缩约的案例[7]。7.2 节的目的之一是促成在理论上细化附着化概念，并证明必须对句法附着化与节奏附着化做出区分。

7.1 基本分析

7.1.1 功能词的基本栅同界

我们假定，当进入短语循环时，不管在句中的位置如何，所有（或几乎所有）功能词都是"有重音的"（基本节拍同界的），但并不是"有词重音的"（第三层级节拍同界的）。于是，我们提出它们可能在某些短语结构中失去了这个重音（基本节拍同界）。如此假设的一个原因是存在着一条有独立理据的规则，即单音节去重音化规则，它在适当的语境中移除该基本节拍同界，从而解释功能词强弱形式的正确分布。一个更为重要的原因是，这种假设似乎是唯一一种符合支配功能词映射成音系表达式的一般原则的，即上面所提到的功能词的语类隐形原则。最后，做出相反的假设——功能词本质上是无重音的（因而它们的重音形式在某些具体场合是由规则推导而来的）——就需要增加相当多的临时性的语法上的难题。我们在这一节中将论证最后两个论点，把单音节去重音化是短语去重音化的代理形式的论证留到 7.1.3 节。

---

[6] 有关 to 缩约，见波斯塔尔和溥哲夫（Postal and Pullum 1982）中的参考文献；有关 not 缩约，见兹威基和溥哲夫（Zwicky and Pullum 1982）。

[7] 我们采纳的是凯斯（Kaisse 1981b）所持的有一条助动词缩约规则的立场，但不是她所提出的对它的分析方法。

我们的主张是，单音节去重音化或去重音化的某条规则负责推导出功能词的弱形式，而句中出现强形式则可归因于未能应用该规则。我们提出，当未能应用去重音化时，功能词仅仅是以其原有的基本节拍同界形式（或许还以其他栅构建原则所引入的更高层级同界形式）出现在表层。功能词的两个节律栅同界特征需要引起注意。一个是系统存在基本节拍同界，它在未能应用去重音化时解释为什么出现功能词的强形式。另一个是系统缺失第三层级"词重音"（除非是由音高重调凸显规则或栅悦耳引入的）。这就是为什么单音节去重音化或任何一条去重音化规则首先能将功能词去重音化的原因。

如果单音节去重音化确实是去重音化的代理形式，那么功能词不具有第三层级重音的这一假设当然就是必不可少的，因为该规则是在音节具有这一等级的栅同界时遭到阻断的。还有另外一个理由说明这一假设是正确的。回想一下，核心重音规则不会将短语凸显给予一个不承载音高重调的功能词（4.1.2 节）。因此，如在（7.7）中，

(7.7)

[I [showed Paris to them] weeks ago]　　几周前我带他们看了巴黎。
　　　　　　　|
　　　　　　　pa

showed、Paris 以及它的姊妹节点 them 都没有音高重调，节奏凸显落在 Paris 上，这与核心重音规则在 Paris 和 them 一开始同样凸显情况下所预测的正好相反。我们的结论是：核心重音规则至少是在第三节律栅层级上找出凸显，而 them 正是因为没有这种同界而被忽视。

那么，语法应如何避免将第三层级凸显指派给功能词？回想一下，英语里指派第三（或以上）层级重音的主重音规则是在词根语类的范域内运用的。如果我们规定功能词不从词根角度而只从词的角度进行分析，则可以确保没有第三层级重音。但这一解决方案是不可取的，因为它绝对是特定语言所具有的。功能词中没有节奏凸显，似乎是许多语言里所见到的一

种十分普遍的现象，而且令人不解的是，它们不仅在词的句法中都有词根与词的区别，而且还都有仅词根作为主要词重音指派应用域的句法-音系映射。所以，我们将假定，功能词的结构与"真实"词的结构不是不一样（也就是，都可以把它们分析为词根和词），而主要词重音的缺失则要采用其他某种方式予以解释。

我们的观点是，功能词的句法语类标记对于句法-音系映射原则来说只是"隐形的"。这就意味着，如果功能词具有（7.8a）或（7.8b）中的标示括号，那么就可以把它处理为有标示括号的（7.8c）。（FW 代表功能词的语法语类特征体。）

（7.8）
    a. $_{fW词根}[\ldots\ldots\ldots]_{fW词根}$ b. $_{fW词}[\ldots\ldots]_{fW词}$ c. $[\ldots\ldots]$

这就是**功能词的语类隐形原则**。有了这条一般原则，任何一条在其结构描写中着重提及带有标示括号的语类名称或类型的规则，简单地说都不适用于功能词。这种语类隐形性将确保无法应用英语指派第三层级凸显的重音规则，因为该规则指定了它所适用的成分语类（= 词根）。这是理想的效果。这条原则还将确保将无声半拍插入到词语类之后的无声半拍添加规则不应用于功能词。因此，没有必要指定无声半拍添加不适用于功能词（见 6.2.1 节）。而且正如我们将要展示的那样，功能词语类隐形原则保证功能**词将与第二基本节律栅层级同界**[⑧]。

在我们的一般理论框架内，基本节拍同界在任何一个单音节词（无论是"真实"词还是功能词）中的存在，都一定是英语文本到栅同界规则——要么重音基本节拍规则，要么其实基本节拍规则——应用于第二节律层级上所产生的结果。（在多音节词基本节拍同界的情况下，节拍添加的栅悦耳规则也可能起作用。）如果单音节功能词的基本节拍同界在每

---

    ⑧ 有关在利伯曼和普林斯（Liberman and Prince 1977）的框架内对功能词重音层级的有趣处理，见皮埃拉（Piera 1978）。

个例子中都可以归因于重音节基本节拍规则，那么就不能把同界系统的存在当作在这个层级将功能词处理为"真实"词的证据，因为重音节基本节拍规则仅适用于音节类型，并不诉诸句法范畴。然而，如果起到基本节拍规则是在功能词的基本节拍同界中起作用，这便是将功能词处理为"真实"词的一个例证，而这将违反功能词语类隐形原则，因为起到基本节拍规则诉诸它所应用的成分地位是词或词根（它不适用于如词缀）。但我们相信这里不需要求助于起始基本节拍规则，可以把功能词单音节中存在基本节拍同界视为仅仅是由重音节基本节拍规则所导致的结果。

下面是所出现的单音节功能词类型：

(7.9)

C_0V： the（定冠词），a（不定冠词）

C_0VC： in（在……里），up（向上），at（在……地方），on（在……上），has（有），is（是），was（是，过去式），that（那个），it（它），them（他们），him（他），her（她），us（我们），from（从……），for（为了……），are（是），does（做，助动词），can（能），could（能，过去式），will（将）等

C_0VV： you（你），he（他），she（她），they（他们），to（到……），do（做），by（由……）

C_0VCC： must（必须）[9]

C_0VVC： our（我们的），might（可以，过去式），your（你的），these（这些），whose（谁的）

在上述后三种类型的情况下，重音节基本节拍规则的基本节拍同界是无法避免的。CVV 或 CVVC 音节因是紧元音而一定是有重音的；根据第三章所做的假设，CVCC 作为闭音节是有重音的，因为它的最后一个辅音最多只能是节律外的。但至于像 in、at 之类的 CVC 类型，辅音的节律外性似乎能够将音节变成名义上的开音节，这样 CVC 便可以并入 CV，那么

---

[9] 如果通常将 st 视为一个单个的 C，则可以将 must 视为一个 CVC，而非 CVCC，这是塞尔柯克（Selkirk 1978b）提出的一种观点。

第七章　功能词：去重音化与附着化

就不会再有重音节基本节拍规则所确保的它的重音化。然而，CVC形式的功能词单音节**是**系统性地与基本节拍同界的，因为它们以强形式出现在（我们将要阐释的）单音节去重音化不能应用的语境中。我们可以认为，CVC的这一系统性的重音化应归因于基本节拍规则的作用。但还有另外一种分析方法——即在功能词中排除辅音的节律外性。这种情况下，重音节基本节拍规则将总是把重音赋予单音节的CVC。

回想一下，节律外性是仅从特定句法应用域角度确立的（3.2.2节），它是特定辅音或音节与特定句法成分之间的一种关系。但不管是一条规则还是一个特定音段或音节，功能词语类隐形原则所具有的结果是，功能词语类与任何其他一种实体之间都不能确立任何一种关系。那么，由此可见，功能词中不可能有节律外性；而且由此得知，CVC功能词的单音节总是与基本节拍同界的。因此，可以把功能词中系统出现基本节拍同界看作是功能词语类隐形原则所带来的一种结果，而不是它的一个范例，就像如果不得不调用起到基本节拍规则将会产生的那样。

这里还有最后一个要考虑的细节：CV功能词的单音节在这个分析中将永远不会获得重音。重音节基本节拍规则是不能将重音赋予CV的，我们现提出起到基本节拍规则是因功能词语类隐形原则而不适用的。但这种音节类型只有 *the* 和 *a* 两个词，我们将要说明，把它们全都视为无重音是完全没有问题的。

总而言之，支配功能词句法–音系映射的功能词语类隐形原则可以解释它们具有第二层级（基本节拍）重音、不具有第三层级词重音等其他属性。因此，假定单音节去重音化分析强弱交替音变所需要的功能词底层基本节拍同界，绝不是一种临时性的分析特征，而是一般语法原则所带来的一种结果。

现在，让我们来看一下另外一种有关功能词强弱形式原本的节律栅同界的假设——即它们本质上是无重音的假设。根据这一假设，强形式是通过短语语境中的重音化获得的，去重音化不起作用。（穗子（Suiko 1977, 346

1978a）在标准《英语音系》理论框架中提出了进行这种分析的一种变异形式）。但我们将要证明，这种研究方法带有许多不良的后果，因此我们必须维持我们原本的假设。

由于假定并不存在第三层级词重音，（据称）第二层级重音的缺失意味着起到基本节拍规则的不适用性，因此像功能词语类隐形原则之类的东西可能是另外这种方法所必需的。节奏分音渡不出现在功能词之后，也是源自功能词语类隐形原则。

第一个问题在于对假定弱形式功能词（即 CV、CVC 和 CVV 形式的单音节词）**缺少**基本节拍同界的解释。在这个解释中，**所有的** CVC 基本上都必须是无重音的。确保这一点的唯一方式是要求所有功能词的末尾辅音都**必须**是节律外的（重音基本节拍规则因而无法赋予其重音）。由于这一要求源自于我们并不知道真的存不存在节律外性或功能词，因此它只是一种临时性的规定，即一种实际上并不与功能词语类隐形原则相一致的规定。至于 CVV 功能词，在这个解释中，必须全都要把它们分析为 CV，因为作为 CVV，它们就会获得重音节基本节拍规则所赋予的重音。不过，将 CVV 处理为 CV 并不是完全无法让人接受，所以它本身不是该方法的致命缺陷。

第二个问题在于推导出 CV、CVC 和 CVV 在短语结构中的强形式（即基本节拍同界）。实际上，并不存在任何有独立理据的、可以在适当场合引入这些基本同界的语法规则。节拍添加是唯一可以想到的候选规则，但它只在短语上是可供选用的（3.2.4 节、4.3.1 节、7.1.4 节），因此原则上不能解释强形式在某些场合的存在是**强制性的**。因此，任何一种 CV、CVC 或 CVV 强形式的推导方式，都只能是为此目的设计的某条规则所带来的结果。这种特别发明的必要性，无疑是一个表示分析所依据的假设是错误的信号，因而就使回归到最初的研究方法显得合情合理。

附记 1：人称代词在功能词语类隐形原则方面的地位需要做些澄清。这些代词（*I, me, my, he, him, his, she, her, her, you, your* 等）的表现就像功能词一样，通常都是弱形式。但这些代词的句法地位则不同于其他功能词：它们都是短语（NP），因此可以预测都有短语的某些音渡属性，尽管它们本身是作为词，就像其他功能词那样按照功能词语类隐形原则处理的。无论选择何种理论框架，必须要说的是只由人称代词组成的NP（比较 Selkirk 1972; 3.2.4 节）。按照普遍约定，我们将假定这样的 NP 是功能词类中的名誉成员，并且在句法-音系映射中是遵循功能词语类隐形原则这样处理的。

附记2：复合词中出现的介词就栅而言表现得颇像复合词中的名词、动词和形容词：*ínfìghting*（内讧，比较 *cóck fìghting*（斗鸡））、*òutdó*（超过，比较 *skỳ blúe*（蔚蓝色））。显然，必须让功能词语类隐形原则忽视词句法组件所生成的结构内的功能词。这样一来，就可以像处理其他词那样处理复合词中的介词。词中介词与短语中介词的这种不同处理方式，或许表明词语法与句子语法之间的原则性差别，但目前我们暂不探讨这种可能性。

7.1.2 去重音化与循环

可以证明，去重音化发生在较低短语句法应用域中，先于更高短语句法应用域中的节拍移动。这种可以从循环角度解释的排序支持我们的假设：句法与音系表达式之间映射的栅构建组件是受循环原则支配的（详见第四章）。短语去重音化规则是那条词内应用的单音节去重音化规则，对它所做的进一步论证让我们得出如下的结论：单音节去重音化是一条循环规则，但它仅限于词或词以上的句法应用域。

功能词的去重音化是在节拍移动之前，其论据如下：没有弱形式的功能词（即不发生去重音化的功能词）完全能够通过节拍移动来获取第三层级节拍，而有弱形式的功能词（即发生去重音化的功能词）则不能。例如，仅以一种基本节拍同界形式出现在 *tòo múch* 或 *àny móre* 中的、不可以弱化的 *too* 或 *any*，在 *tóo mùch mĕat*（太多的肉）和 *ány mòre mĭlk*（再要些牛奶）结构中可以通过节拍移动获得从 *much* 和 *more*

那里移动过来的更大凸显。而以去重音后的弱形式出现在 ǎs múch（同样地）和 sŏme móre（再多些）中的功能词 as 和 some，在复杂结构 ǎs múch méat（一样多的肉）和 sŏme móre mílk（更多的牛奶）中仍然是去重音化的，而量词 much 与 more 之间的冲突和其后的名词则仍未解决。如果去重音化先于节拍移动，那么就可以对节拍移动在这些案例中的不同适用性做出解释。

我们提出该排序是根据把两条规则都视为短语循环性的而得出的。若确实如此，则可得出如下推导方式：

（7.10）

a.　　　　　　　　　　　　　　b.

$_2[_1[[\text{too}][\text{much}]]_1[\text{meat}]]_2$　　　$_2[_1[[\text{as}][\text{much}]]_1[\text{meat}]]_2$

		x		x		x		x
	x	x		x		x	x	x
	x	x		x		x	x	x
词循环	too	much		meat	太多的肉	as	much	meat	一样多的肉
短语循环 1								
NSR	空缺					空缺		
							x	
去重音化	不适用[⑩]					as		
短语循环 2			x					x
		x	x				x	x
	x	x	x			x	x	x
	x	x	x			x	x	x
NSR	too	much	meat	太多的肉	as	much	meat	一样多的肉
			x					
	x		x					
	x	x	x					
	x	x	x					
BM	too	much	meat	太多的肉	被阻断			

---

⑩ 有关 too 为何去重音化的讨论，见 7.1.3 节。

第七章 功能词：去重音化与附着化

我们认为：正确地说，由于 as 上缺少基本节拍同界，不可能造成移位，所以节拍移动在 as much meat 这一更高循环上遭到了阻断。（回想一下4.3.1 节，基本节拍完整性原则在这种情况下排除了节拍移动。）当然，这里的关键性假设是，as 和 some 的去重音化不应用于**短语**上。如果这些功能词以无重音形式"进入短语应用域"，那么我们就没有任何理由调用循环来解释在此情况下节拍移动的不适用性。但事实上，这一关键性假设并不是完全特立独行的。实际上，它是另一个理论要素（即功能词语类隐形原则）所产生的直接结果。

功能词语类隐形原则排除了像 as 和 some 这类弱形式从一开始就没有重音的可能性。原则上，如果这类词的末尾辅音是节律外的，因而就不能应用重音节基本节拍规则，那么最初这种没有重音的状况是可能的。但我们在前一节中对这一立场提出异议。可以想到的另一种方法是，让去重音化在进入短语循环应用域之前在词应用域中应用于这些功能词。但功能词语类隐形原则也排除了这种可能性。要让去重音化应用于作为词的功能词，它就必须"知道"它们是词。但就功能词语类隐形原则而言，功能词的词性信息是无法获得的、隐形的。因此，只有当功能词的音节构成某个更大的非功能词应用域的一部分（即短语）时，它们才易受到去重音化制约。所以，功能词的去重音化是短语性的，而且从与节拍移动的关系上看，它必须是循环性的。

正如第三章所指出的，应用于词的去重音化规则通常必须是在确立词中的基本重音模式之后进行的[11]，即去重音化规则不与构建词的节律栅同界的循环规则一起使用。（后一类规则包含诸如节拍添加、节拍移动之类的文本到栅的同界规则和栅悦耳规则。）对这一情况有两种可能的解释（比较第三章）。一种是词中的去重音化是"后循环性的"。按照这一解释，词中的去重音化将归入"词循环"规则"之后"应用的非循环规则

---

[11] 凯巴斯基（Kiparsky 1979）明显持这一立场。

类。另一种解释是词中的去重音化本身是循环性的,但仅限在词层(或以上)句法应用域中应用。既然英语里确立词中基本音节到栅同界的循环规则有将词根语类作为应用域的,那么将去重音化限定在超词根应用域,就足以确保它将在词内的循环重音规则之后应用[12]。

凯巴斯基(Kiparsky 1979)已证明,词中的去重音化一定是先于节奏规则(我们的节拍移动)在短语之中的应用应用的。他的观点是,应将重音移位在 expect rain(期待雨水,是 expèct ráin 而非 èxpect ráin)中的不可能性解释为重音移位到无重音音节上的不可能性(4.3.1 节),所以造成 expect 中起始音节无重音的规则一定是先于移位重音的规则。当然,词中去重音化先于节拍移动在短语中应用的这一排序完全与将在词或词以上应用域中的去重音化视为循环性的观点相一致,而且也完全与将节拍移动视为循环性的观点相一致。至于依照词中去重音化是"后循环性"的解释,鉴于在短语应用域应用的循环规则之前必须先去重音化,就需要对它做些详细的说明。对词中去重音化的一种更为恰当的描述将是作为一条"就词而言是后循环的"规则,意思是它属于本身不是循环性的规则类,但会在词循环规则应用与短语循环规则应用之间应用(倡导这种对去重音化的描述者,原则上可能希望允许存在两组"后循环"规则:遵循"词循环"的规则和遵循"句子循环"的规则)。

有关功能词强弱形式在句中分布的事实,似乎消除了词中去重音化地位的表面不确定性,排除了将这种去重音化解释为"后循环"规则的可能性。如果短语应用域中去重音化的代表与词内去重音化的(相关)代表都是同一条规则(即单音节去重音化),那么我们就无法合理地认为,后一种去重音化规则既"就词而言是后循环性的",同时短语上又是循环性

---

[12] 第三种解释是将循环规则看作是分成两组规则:词规则和句子规则,前者当然先于后者应用。可以将单音节去重音化视为句子的循环规则,即从句法的最低一级成分(即词)开始,逐级"向上"应用。这一设想不会让循环性词重音规则之后的单音节去重音化规则排序完全取决于词与词根之间的差别,这一情况英语里有,但其他语言里可能没有。

第七章 功能词：去重音化与附着化

的；那么，我们的结论一定是：单音节去重音化是一条循环规则，它仅限于词或词以上层级的句法应用域[13]。下一节将支持和论证单音节去重音化是短语去重音化规则的这一假设。

但首先，让我们考虑一下去重音化循环性对我们的语法组织结构有何意义？前面几章已提出，文本到栅的同界和栅悦耳规则所实施的栅构建一定是循环性的。这里，我们已呈现了另外一条支持栅悦耳循环性的论据，也是一条支持去重音化循环性的论据。这些结果意味着必须把去重音化视为句法–音系映射的组成部分；它不是一条应用于循环性栅构建输出项的（后循环性）音系规则。

我们尚未确立的是栅构建与去重音化在循环应用域内的各自排序。我们假定某些一般原则确立了这一排序，最有可能的假设是：所有栅构建规则都先于所有去重音化规则。这一排序与第三章所作的总体观察结果相一致，即去重音化只会"加深"文本到栅同界与栅悦耳规则组合作用所产生的节奏模式中的沟谷，而且还会产生一种比这些规则所界定的更完美的栅。该一般性原则还具有把无声半拍添加（另外一种栅构建原则）排在单独句法应用域中的去重音化之前所产生的效果。下面，我们将说明这是一种高度理想化的结果。我们有关功能词中强弱交替音变的假设部分认为：去重音化在某些音渡条件下遭到阻断，而且无声半拍添加在短语应用域内引入的无声栅位置将阻断功能词末尾位置在该应用域中的去重音化。那么，一般性排序假设的一个（理想）效果是，确保在去重音化可能应用之前插入那些无声栅位置[14]，因而可以阻断它。

---

[13] 我们无法给出实例，证明较低短语应用域中的去重音化一定先于较高短语应用域中的去重音化，这会给循环性提供一条额外的论据。这种论据之所以无法获得，部分原因是去重音化不是强制性的；见 7.1.3 节。

[14] 但请回想一下，无声半拍添加在词的应用域中并非先于去重音化的（6.2.1 节）。如果先于，那么词尾音节都不会发生去重音化。我们通过要求无声半拍添加等到下一个更高应用域时才能添加一个词尾的无声半拍，来确保它不会阻断词尾的去重音化。

总之，我们提出：在每一个句法－音系映射的循环应用域内，各类规则和原则的排序如下：

（7.11）
句法－音系循环
文本到栅的同界规则
栅悦耳
无声半拍添加
去重音化

7.1.3 单音节去重音化

我们主张单音节去重音化是短语去重音化的代表形式，旨在主张：按照我们有关句子节律栅同界性质（及其构建方式）的一般性理论和功能词在功能词语类隐形原则所体现的栅同界中的特定理论，单音节去重音化（与支配其应用的条件一起）正确预测到（i）**哪些**功能词可以去重音化（即拥有弱形式的功能词类的成员条件），（ii）句中**哪些地方**可以发生去重音化。这一节将给出预测（i）的证据。在随后的小节中，我们将给出预测（ii）的证据，检验不同栅构建原则对功能词节律栅同界和单音节去重音化随后的应用与否的作用，说明这些原则和单音节去重音化（及其支配条件）确实构成了一种令人满意的（尽管只是部分的）强弱功能词在句中分布的理论。

最为重要的、对具有弱形式（去重音后）功能词类的概括是：它们都是单音节词。双音节或多音节功能词都只有一种强形式（见表 7.1 和表 7.2，其中英语功能词是按照音节的数量和类型列出的）。单音节去重音化预测这个事实，从而为我们去重音化的分析提供了第一个主要的支持来源。

第七章 功能词：去重音化与附着化

表 7.1 单音节功能词

	C_0V	C_0VR	$C_0V\bar{R}$	C_0VCC	C_0VV	C_0VVC
介词		+for	+at	+since	by	down
		+from	+of		+to	out
		+in	+with		through	round
		on	+as			like
		+till	up			
			but			
助动词		+am	+is	aren't*	+do	
		+are	+was		+be	
		+were	+here			
		+been	+has			
			+had			
			+does			
			+did			
情态动词		+will	+would	+must	may	might
		+shall	+should	can't		
		+can	+could			
代词		+him	+it	+its	(+)I	+your
		+her	+us		(+)you	our
		+their	+what(rel)		(+)she	their
		one	+his		(+)he	whom(rel)
		+when(rel)			(+)we	whose(rel)
					(+)they	
					(+)me	
					(+)my	
					(+)why(rel)	
					(+)who(rel)	
限定词	+a	+an**	+as		so	these
	+the	+some	that		no	those
		all	this		too	each
			such			both

续表

	C_0V	C_0VR	$C_0V\bar{R}$	C_0VCC	C_0VV	C_0VVC
连词		+than	+and			
补语		+that	+but			
		+for	+as			
		+or	+that			
		+nor	+if			

* 有些说话人把 *aren't* 发成两个音节。

**an 当然只是一种元音前的变音形式。关于一篇有趣的讨论，见罗滕伯格（Rotenberg 1978）。

表 7.2　多音节功能词

	σ́ σ	σ σ́		
介词	over	before	among	towards
	under	behind	along	until
	after	beneath	against	except
	during	beyond	across	
		below	above	
		between	about	
			around	
助动词	having			
	being			
	haven't			
	hadn't			
	isn't			
	等等			
情态动词	going			
	couldn't			
限定词	any*			
	every			

续表

	ʃ́ σ	σ ʃ́
	either	
	neither	
连词	neither	because
	either	

*any 有时可以去重音化，发成 [ņi]。这就像 gonna，它的发音是 [ŋənə]。

很明显，按照我们的栅构建理论，单音节功能词易受单音节去重音化的影响。如果不给表层结构中的功能词指派音高重调，那么栅构建原则将在功能词的应用域内给它指派（7.12）的栅同界。

（7.12）

$$\begin{bmatrix} x \\ x \\ \sigma \end{bmatrix}$$

这恰恰是可由单音节去重音化规则去重音化的那种实体，因比（除非在下一个更高的循环应用域中（通过节拍添加或节拍移动）添加一个第三层级栅位置，或让后面有一个弱半拍位置）它原则上是能够应用的。当然，它不适用于所有类型的音节：音节类型在 $C_0V-C_0VR-C_0VC-C_0VCC-C_0VV-C_0VVC$ 层级体系中往下走的越远，其应用的可能性就越小。确实，正如我们将要说明的，单音节功能词中的哪些词项有还是没有弱形式，反映了这一层级体系。

双音节词中第一个有重音的音节是一个语素，它作为一个单音节是完全能够去重音化的。因而双音节词很好地阐释了双音节和多音节功能词为何不能去重音化。请比较（7.13a）与（7.13b）。

（7.13）

a. have [hæv, hən, ðv, v]   b. having [hævɪŋ]
   has [hæz, həz, ðz, z]   hasn't [hæznt]
   had [hæd, həd, ðd, d]   hadn't [hædnt]
   be   [bí, bĭ, bǐ]   being [bíɪŋ]
   is   [íz, ĭz, z]   isn't [ísnt]

其他属于这类规则可以易于将重音音节去重音化的首重音双音节词还有 *under*、*after*、*any*、*every* 等。这些词的形式均为（7.14）：

(7.14)
$$\begin{bmatrix} & x & \\ x & & x \\ \sigma & & \sigma \end{bmatrix}$$

阻止短语单音节去重音化在此应用的，似乎都是常出现其后的弱音节。正如第三章所指出的，通常必须要阻止这条规则应用于"目标"音节后接去重音化音节的所有实例；提出交替音变维持条件，以阻断这种情况下的规则应用。目前这种情况可以借助这种阻断效应解释这类双音节词为何没有弱形式。但我们将要说明的是，应将这里没有去重音化归因于一条不同的一般性去重音化条件。

还有一类也不发生去重音化的双音节词，但不能把它们不发生去重音化归因于交替音变维持条件。这些双音节词是以曾经有重音的音节结尾的，因而具有（7.15）中所示的结构形式。

(7.15)
$$\begin{bmatrix} & & x \\ x & & x \\ \sigma & & \sigma \end{bmatrix}$$

许多这种重音模式的双音节词的最后一个音节，属于一种无法轻易通过单音节去重音化规则（如果有的话）去重音化的类型：*about*、*behind*、*except*、*beneath*。但确实存在原则上最后一个音节能很容易去重音化的情况，而事实上却从未受这条规则约束过：如 *before*（比较 *for*）、*among*、*along*、*above*。如果交替音变维持条件在这里不应用，我们怎么能解释这种稳定性呢？或者这仅仅是个例外情况？我们认为这些不是"例外"，而且问题的答案可能也很有趣，它涉及一个不同的一般性去重音化条件，这个条件似乎解释了许多对短语去重音化的限制。

结果是，短语中的单音节功能词去重音化**并不遵守**交替音变维持条件：后面弱音节的存在并不阻断前面音节的短语性去重音化，如（7.16a-d）所示。

(7.16)
- a. They saw some astounding things.[smə]　他们看见了一些令人吃惊的事。
- b. The Suns have defeated the Braves.[əvdə]　太阳队打败了勇士队。
- c. Renee could have left by now.[kədəv]　蕾妮现在可能已经离开了。
- d. Please get in the car.[ṇnə]　请上车。

正如我们所说的，如果去重音化是循环性的，那么正当单音节去重音化将要应用于 some、have 和 could 的那一刻时，紧随其后的那个音节就已经是无重音的音节（回想一下，the 和 a 一开始都将是无重音的）。该规则能够在这些场合应用，表明它未被交替音变维持条件阻断。然而交替音变维持条件确实在（"真实"）词内起作用，阻断后接弱半拍同界音节的基本节拍去重音化。显然，需要将交替音变维持条件限定于适当的应用域，而该应用域看起来将是最小的、与词根相一致的词。回想一下，据说（如果词和短语上的去重音化确实都是由同一条规则完成的，那么）单音节去重音化必须在词或词以上的语类成分上循环。实际上，我们通过将交替音变维持条件限定在词根应用域内，是让单音节去重音化任意产出短语（或复杂词）的无重音音节序列（而且通过假定这条规则遵守严格循环，我们可以确保，它在短语应用域中将不会移除词内交替音变的基本节拍）。这一方法给短语应用域中的单音节词提供正确的结果，但要注意：它是将交替音变维持条件作为解释起始重音的双音节功能词中没有去重音化的候选项移除的，因为现在仅限于句法应用域，功能词语类隐形原则便会阻止交替音变维持条件发挥作用。

可以说，起始和末尾重音的双音节功能词中不存在去重音化，这可以解释为是由另外一个一般性去重音化条件——**栅极化条件**——所导致的结果，我们在下文中将给出更多这方面的证据。我们说，如果一个节拍单独出现在它的节律层级 d_i 上，那么它就会极化节律层级 d_i。栅极化条件表述如下：

（7.17）
栅极化条件（栅极化条件）
不可以删除一个正在极化的基本节拍。

我们可以将栅极化条件视为维系先前循环中所确立的第二层级节律凸显关系的一个条件。但它只涉及有限数量的"全局性（globality）"。由于短语去重音化遵守严格循环，栅极化条件便是一个只需要看下面两个应用域 α 和 β 的条件，如（7.18）所示：

（7.18）

$$\begin{bmatrix} \ldots\ldots\ldots & \begin{bmatrix} \ldots x \ldots \\ \ldots x \ldots \\ \ldots \sigma \ldots \end{bmatrix}_\beta & \ldots\ldots\ldots \end{bmatrix}_\alpha$$

它支配规则应用于应用域 α 中的一个基本节拍，而这是作为从 β（或 α）角度所定义的那个基本节拍状态的一项功能。问题是该基本节拍在 β（或 α）中是否极化？

我们无法将栅极化条件推广至第二层级以上的节律层级。在 *sports contest*（体育竞赛）中，应用规则删除主要词重音。倘若它是一条十分普适性的规则，那么就会错误地将类似于上例中的节拍删除操作排除。（7.17）中对栅极化条件的表述使之只适用于基本节拍层级。

当然，由栅极化条件可以推知，出现在（7.15）结构形式中的 *before*、*above* 等的基本节拍是不可以删除的，也不可以担负阻止删除具有（7.14）结构形式的起始重音双音节词的责任。基于迄今为止提供的证据，栅极化条件似乎仅仅是那条"不对双音节词去重音化"的条件。确实，若其作用仅限于阻止双音节功能词的去重音化，我们则会质疑这里是否涉及单音节去重音化，而非其他某个直接提及易受去重音化（如我们1972年的单音节词规则）影响的功能词中的音节数量的短语去重音化规则。但我们将会说明，还可以赋予栅极化条件阻断单音节功能词在某些短语结构中去重音化的责任，因而它不仅仅阻断双音节功能词的去重音化。

综上所述，我们提出，多音节功能词无法具有弱形式是栅极化条件施予去重音化限制所导致的结果。由于该条件一直被应用于多音节词的情况，因而从未发生过去重音化现象。但在单音节词的情况下，就不一定（尽管也可能）应用该条件；因此，单音节功能词原则上是可以去重音化的，并以弱形式出现。

事实上，不是所有的单音节功能词都有弱形式，而单音节去重音化对音节类型比较敏感，似乎能很好地预测这些单音节词中哪个可以去重音化。在表（7.1）和表（7.2）所给出的功能词列表中，符号 + 和（+）表示具有弱形式的词。那些标记 + 的词具有弱化元音或音节性响音的形式；这些显然是去重音化的形式，因为只有在无重音音节中才有元音的弱化和音节性响音的出现。标记（+）的词具有未弱化的紧元音，但由于（从节奏上讲）它们表现得更像无重音音节，所以我们已把它们归入弱形式类。在这一点上，注意英语里词的紧音化是一种部分位置现象：非低的松元音都不会出现在英语里词的末尾位置。另外，不是所有的末尾紧元音都能得到重音（第三章）。因此，认为（某些）功能词既可以是无重音的，同时又具有（末尾）紧元音，这一点不矛盾⑮。

让我们再来详细看一看图 7.1。首先要注意的是，C_0V 类中只有 *a* 和 *the* 两个词。想一想，我们假设这些本质上是无重音的，因为重音节基本节拍规则不能应用于 C_0V，而功能词语类隐形原则又阻止起到基本节拍规则的应用⑯。在所有含有松元音的闭音节中，事实上所有的 $C_0V\bar{R}$ 音节（$\bar{R}$＝非响音性）也都有弱形式（那些没有的是 *up*，*but*（介词），*what*，*such*，*this*，*that*（指示词））。C_0VCC 类中的三个无否定的词都有弱形式，有人可能会推测，这在某种程度上可以用末尾辅音丛是由舌冠辅音

---

⑮ 但要注意，像 [aw]、[aj] 和 [ɔj] 这样的真正的双元音始终是有重音的。
⑯ *a* 只可以在具有音高重调的情况下才发成 [ej]。*a(n)* 是一种变音形式，就像 *the* 发成 [ðij]，也都是一种冠词的"强调"形式。

组成的这一事实来解释，这在英语音节韵母结构中具有相当特别的属性（McCarthy 1977; Selkirk 1978b; Halle and Vergnaud 1980）。在 C_0VV 音节中，拥有弱形式的比例低于前面的类型；在 C_0VVC 音节中，尚未具有弱形式的词。因此，总体情况与将单音节去重音化视为这里去重音化的代表形式相一致：其适用的可能性取决于音节在词内去重音化时起作用的同一个类型层级体系中的位置。此外，这一规则不只是受音节类型影响，而且还受频率影响。这种概括似乎是，频率越大，就越允许规则沿层级体系去应用。因此，*do* 可以去重音，但有相同元音的 *through* 就不可能去重音；而介词 *to* 却与（底层）同音的 *too* 形成对比。*through* 和 *too* 的较低频率与它们的 C_0VV 音节类型一起，很可能是这里阻断单音节去重音化的原因。频率也可以解释无人称代词 *one* 至少在美国方言中不能去重音化的原因。但它并不能解释规则的所有变化形式；有些没有弱形式的词（如 *on* 或 *up*）将只能被列为例外。

总而言之，单音节去重音化和与其相随的栅极化条件提供一种很好的理论，说明哪些功能词易于去重音化（即以弱形式出现）。接下来，我将说明它们也构成了一种很好的理论，说明这些词项实际上在句中的哪些地方可以采用其弱形式，反过来它们在哪些地方必须保持强形式。

7.1.4 更高凸显对单音节去重音化的阻断

要让去重音化规则适用于音节，音节就必须与第三（或以上）层级节拍同界。这是更凸显维持条件造成的结果。一个功能词作为词得到最多一个第二层级同界。在短语内，它从只寻找第三或第三以上层级节拍的核心重音规则（第四章）那里得不到凸显。但还有更高层级短语节奏凸显的另外两种潜在来源：音高重调凸显规则和栅悦耳规则。对于只带有第二层级节律栅同界"进入"句中的功能词，这两种栅构建规则都可以给它们增加更高的节拍。这样，它们实际上阻断了这些词的短语去重音化。

让我们首先来研究一下音高重调指派在保持功能词强形式中的作用。

第七章　功能词：去重音化与附着化

回想一下将音高重调指派给表层结构中的成分，其中它们在句子标注焦点结构上的分布符合我们称之为**焦点规则**的合格条件。在指派音高重调的成分中，它与节奏上最凸显的音节相联结。至于功能词，这就意味着音高重调是与一个基本节拍同界的音节相联结。音高重调凸显规则是一条文本到栅的同界规则，它在任何地方（每一个循环应用域中）都必须得到满足；这就是说，承载音高重调的音节必须比任何一个不承载音高重调的音节（在栅方面）更凸显。我们可以把它看作是增加了必要的节拍。此外，我们在第五章曾提出：无论周边语境如何，音高重调凸显规则应当始终确保音高重调承载音节至少在第三层级上是同界的。那么，根据音高重调凸显规则，承载音高重调的功能词音节在任何一个短语应用域中都将拥有**至少一个第三层级栅同界**，无论它还有没有另外一个重音音节。因此，音高重调在功能词上的存在，确保了它将不受去重音化的影响[17]。

（我们在此应当指出的是，在塞尔柯克（1972）中既不理解音高重调（或通常所说的语调）在决定重音层级上的作用，也不理解那些音高/节奏凸显与句子焦点属性的关系。所以，塞尔柯克（1972）中所引证的某些有关功能词重音的数据需要重新进行验证和解读。下文将对一些但并非全部进行重新验证。）

让我们来看一些音高重调功能词的例子。我们自然可以将（7.19）中的例子解释为"对立性"的实例，或者将其理解为落在功能词上的窄焦点；在存在焦点后的音高重调的情况下，单音节词必然是以强形式出现的。

(7.19)
a. Joan COULD try (but she WON'T).
琼可以尝试（但她不想）。
b. HER father made one for her.
她的父亲给她做了一个。

---

[17] 音高重调常出现在像 *how*、*when* 和 *who* 这类的疑问词上，这可能是阻断 *who* 在起始位置上不弱化为 [hʊ] 的原因。有关对这一现象的不同观点，见凯斯（Kaisse 1981a）。

    c. She's AS forgetful as you are (but probably not MORE).
       她和你一样健忘（但可能不会更健忘）。
    d. Because we HAD tried, they agreed to it.
       因为我们曾尝试过，他们同意了。
    e. They were given SOME bread (though not MUCH).
       他们得到了一些面包（虽然不多）。
    f. I want to bring HER up, too.
       我也想把她养大。

当然，并不是所有的音高重调功能词都是窄焦点落在功能词上的实例[18]。"缺省重调"的案例比比皆是，这里功能词的焦点落在较高的成分上：

(7.20)
    a. These can BE contrastive only by virtue of the "normal" reading. (R. Stockwell)
       只有在"正常"阅读的情况下，这些才能形成对比。（R. 斯托克韦尔）
    b. There's nothing we CAN do. (Response to: We should DO something.)
       我们无能为力。（回应：我们应该做点什么。）
    c. Well, I don't think there's anything TO do.
       (Response to: Something must definitely be done.)
       好吧，我觉得没什么要做的。（回应：一定要做点什么。）
    d. How many times have you BEEN there?
       你去过那里多少次了？

---

[18] 音高重调出现在像 *the fact is*, *the point is* 这种惯用语中的 is 上，这可以解释（i）和（ii）中没有去重音化的原因，但为什么会有这种音高重调，我们无法说清楚。

    (i)
          pa
           |
    The fact is that I can't answer the question.
    事实是，我回答不了这个问题。

    (ii)
          pa
           |
    The point is that nothing can be done about it.
    关键是对此无能为力。

e. Yes, and I'm now IN these situations of more or less collaboration.
   是的，我现在处于这些或多或少需要合作的情况下。
f. In any case, I don't think there's anything TO transparency and opacity.（R. Stockwell）
   无论如何，我不认为透明性和不透明性有任何关系。（R. 斯托克韦尔）

其他这类例子，见于 5.2.1 节。

在上面那些具有表层结构的句子中，这些功能词上绝不是一定要有音高重调。一般来说，表层结构并不决定音高重调的位置。相反，它是由与焦点重调指派相关的焦点结构所标注的表层结构，任何一种表层结构都可以有不止一种焦点结构。在具有与（7.19a-f）相同表层结构、不同焦点结构（如 7.21a-f）的句子中，功能词可能没有音高重调，因此完全可以去重音化：

（7.21）

a. Joan cŏuld [kəd] TRY (but she WON'T).
   琼可以尝试（但她不想）。
b. Hĕr [hr̩] FATHER made one for her.
   她的父亲给她做了一个。
c. She's ăs [əz] forgetful as YOU are, but probably not more.
   她和你一样健忘，但可能不会更健忘。
d. Because we hăd [əd, d] TRIED, they agreed to it.
   因为我们曾尝试过，他们同意了。
e. They were given sŏme [sm̩] BREAD (though not MUCH).
   他们得到了一些面包（虽然不多）。
f. I want to bring hĕr [r̩] UP, too.
   我也想把她养大。

关键是，音高重调凸显规则的阻断可能出现在句法语境中，而那里，在没有音高重调的情况下，功能词就能够顺利实现去重音化。

接下来，我们看一看栅悦耳规则（特别是节拍添加规则）对功能词去重音化的作用。在单音节功能词序列中，每个词原则上都能够去重音化（它无焦点重调，而且是在弱形式可以出现的句法语境中），常常有一种节奏上的强弱形式交替音变倾向。据我们所知，斯威特（Sweet 1875-1876）是第一个观察到这一现象的人（另见 Jespersen 1909: 156, 1962: 652; Giegerich 1978 曾引用）。斯威特指出："逻辑上"，句子（7.22）的发音是（7.22a），其中 *can* 和 *you* 是已去重音的，但实际上，句子体现为（7.22b），重音落在了 *can* 上。

（7.22）

Can you tell me the way to the station?　你能告诉我去车站的路吗？
a.　kən yu *tel*...（斜体＝"重读"）
b.　*kæn* yu *tel*

斯威特说道：这表明（节奏）交替音变原则正在起作用。对斯威特的例子所做的详细阐释，使我们明白了这一点。当三个单音节功能词按顺序出现（如（7.22）所示）时，它们都被去重音化是十分不自然的，而且所保持的重音化似乎仅是韵律协调交替音变所导致的重音化：

（7.23）

a.　$\left\{\begin{array}{l}\text{?Yŏu cŏuld bĕ}\\ \text{Yòu cŏuld bĕ}\\ \text{Yŏu còuld bĕ}\end{array}\right\}$　sléeping.　你可能在睡觉。

b.　Jáne $\left\{\begin{array}{l}\text{?wăs fŏr thĕ}\\ \text{wăs fòr thĕ}\end{array}\right\}$ Dódgers.　珍支持道奇队。

c.　They sáng $\left\{\begin{array}{l}\text{?ĭt ĭn ă}\\ \text{ĭt ĭn ă}\end{array}\right\}$ fúnny wáy.　他们唱得很好笑。

我们认为，这些弱形式交替音变模式的出现是应用栅悦耳规则节拍条件所产生的结果。

节拍添加实际上可以在单音节去重音化之前应用于特定循环应用域，从而阻断其应用。可能还有一种斯威特那类推导模式（7.22b），如（7.24）所示。在 S 的循环应用域开始时，节律栅同界是（7.24a）（暂不考虑 VP 中的无声半拍）。

第七章　功能词：去重音化与附着化

（7.24）
$_{\bar{S}}[\ _S[\ [\ Can\ ]\ [\ you\ ]_{VP}[\ tell\ me\ the\ way\ to\ the\ station\ ]_{VP}\ ]_S\ ]_{\bar{S}}$

```
                              ( x )
                     ( x )                x
                         x      x     x
             x   x       x      x     x
             x   x       x  x x x x x x x
        a.  Can  you    tell me the way to the station
                     ( x )
              x       x
              x   x   x
              x   x   x
        b.  Can  you  tell...
                     ( x )
              x       x
              x       x
              x   x   x
        c.  Can  you  tell...
```

看到 can you 构成的缺失，节拍添加便可以（非强制性地）应用，产生（7.24b）。接下来，单音节去重音化将只把 you 去重音化，产生（7.24c）。

可想到斯威特的另外一个推导模式（7.22b）也是应用节拍添加，但是**在应用单音节去重音化之后**再应用节拍添加。假设节拍添加**还没有**应用于（7.24a）。那么，单音节去重音化将应用于该表达式，将 can 和 you 都去重音化，如（7.24c′）所示。

（7.24）
```
                      x
                      x
              x   x   x
        c′. Can  you  tell...
```

这不一定是事件的结局（尽管可能如此，因为该句子可以这样体现为两个

399

功能词都无重音)。在下一个循环(即 S̄ 循环)中，节拍添加可以再次(非强制性地)应用，在 *can* 的上面引入一个基本节拍，如(7.24d)所示。

(7.24)

```
                    ( x )
                      x
         x            x
       x     x        x
  d.   Can   you     tell...
```

节拍添加获得第二次机会，在不违反严格循环条件的情况下能在这里再次应用，其理由是，它是一条**无句法应用域**的规则，所有的栅悦耳规则亦是如此(3.2.4 节)。我们提出，这种无应用域的情况都会让它应用，无论它出现在任何一个当下循环中的成分"内"所包含的栅中。

但单音节去重音化则确实有句法应用域，所以它必须遵守严格循环条件。这将消除可以解除节拍添加对 S̄ 的后续影响的可能性。此外，假设伴随去重音化的弱化音系规则是"后循环性的"(即我们理论中未标记的案例)，这将确保单音节词 *can* 在 S̄ 循环上再次获得重音之前将不会被弱化。那么，在后一种推导过程中。节拍添加的后续应用部分抵消了单音节去重音化先前应用的影响；下文将介绍更多一些两条规则必须这样排序的案例。

请看 *Jane was for the Dodgers*(珍支持道奇队)的推导过程。(7.25a)是两次 NP 循环后的输出形式。节拍添加无法应用于 *for*(第二节律层级上不存在缺失)，而单音节去重音化将会应用，将 *for* 去重音化并产出 PP 循环上的(7.25b)。

(7.25)

$_{\bar{S}}[\ _S[\ _{NP}[\ \text{Jane}\ ]_{NP}\ _{VP}[\ \text{was}\ _{PP}[\ \text{for}\ _{NP}[\ \text{the Dodgers}\ ]_{NP}\ ]_{PP}\ ]_{VP}\ ]_S\ ]_{\bar{S}}$

```
                                    x
        x                           x
        x             x     x       x
        x             x     x     x x x
  a.    Jane         was   for    the Dodgers
```

第七章　功能词：去重音化与附着化

```
                              x
                              x
                              x
                     x     x  x  x
b.   ...      ...    for   the Dodgers
                              x
                              x
                              x
                  x  x     x  x  x
c.   ...      was    for   the Dodgers
                              x
          x                   x
          x       x           x
          x   x   x        x  x  x
d.   Jane    was    for   the Dodgers
```

可以用两种方式中的任何一种对 *for* **重新**进行重音化。节拍添加可以（非强制性地）应用于 VP 循环，或等待并应用于更高的循环。让我们来假设节拍添加不应用于 VP 循环。单音节去重音化将应用于 VP 循环，将 *was* 去重音化，如（7.25c）所示。接下来，在 S 循环中，节拍添加可以应用，去除长缺失 *...was for the...*，从而推导出（7.25d）[19]。

---

[19]　吉格里奇（Giegerich 1978）分析了这里所引证的功能词弱形式出现时的节奏交替音变，他是继叶斯柏森（Jespersen 1909, 1962）之后，把它们视为反映言语之基本节奏性特征的学者。吉格里奇的分析是通过一条（非强制性地）将特征［+重音］介绍给所假定的基本上无重音的功能词的规则来把这些见解纳入标准《英语音系》模式内的一种尝试。显然，第二节律层级上的节拍添加是我们框架内一条类似吉格里奇的规则。除了框架上的不同以及对英语里这种交替音变模式一般性的假设不同之外，我们对吉格里奇的分析还有一个方面存在异议。为了解释他的重音规则"首选结果"为何是如（ia）而不是（ib）或者是（iia）而不是（iib），吉格里奇在功能词中建立了一种"可重音性的层级体系"。

(i)
a. | those who are | here   b.   *those | who are | here
(ii)
a. | whom will you | meet   b.   *whom | will you | meet

401

至此，我们对弱形式中"节奏交替音变"的考察就告一段落了。通过这些例子，我们对一种普遍且相当复杂的现象的考察才刚刚开始，其中的情况是微妙的，并且可能在一定程度上取决于速度等因素，而这些因素超出了我们这里提供的对节拍添加所做的分析。不过，在我们对事物的看法中，节拍添加是节奏交替音变原则的守护者之一。从我们的例子中可以清楚地看出，把这些交替音变视为节拍添加所产生的结果，完全是合情合理的。

音高重调凸显规则和节拍添加通常在特定的句法语境中都不阻断功能词的去重音化。这是因为音高重调指派与联结（以及音高重调凸显规则的随后应用）和节拍添加并不都是直接取决于句法结构。但有一条栅构建原则，即无声半拍添加，它直接诉诸句子表层句法成分结构的诸多因素，并且它所引入的无声半拍在某些类型的句法语境中通常确实阻断单音节功能词的去重音化。

7.1.5 无声半拍对单音节去重音化的阻断

任何一种功能词分析方法都必须解释的一种重要概括是，本身**是个短语**或者**是位于短语（右）端**的一个单音节功能词从不会去重音化（即总是以强形式出现）（这个概括成立，除了 7.2 节将要讨论的少数几种情况（已发生后附着化，弱形式出现在末尾位置）外）。根据迄今为止所提出的栅构建和去重音化理论连同另外一个假设一起，可以预测应该如此。首先想一想单音节功能词**是一个**短语的情况。该音节出现在（7.26）

（接上页）据说在层级体系中 *those* 和 *whom* 分别比 *who* 和 *will* 的层级要高，而且认为规则本身还受此层级体系的制约。但我们认为：把首选节奏模式（i）和（ii）视为遵照层级体系应用交替重音规则所导致的结果，是对事实的错误描述。在（i）和（ii）中，节奏凸显的功能词也承载音高重调，而且也是有焦点的。在我们的系统中，这意味着节拍添加或吉格里奇的类似规则，根本不是造成这里节奏凸显的原因，并且这些功能词本身作为音高重调的承载者，理应具有节奏上的凸显。我们认为：实际上所有吉格里奇所提到的、出现在所假定的可重音性层级体系中的功能词的案例，都只是那些功能词在句中自然获得音高重调（因此作为焦点）、重音更高的例证。

第七章　功能词：去重音化与附着化

句法结构中。

（7.26）

$$\text{短语}\left[_{\text{fw}}\left[\sigma\right]_{\text{fw}}\right]\text{短语}$$

（7.27）

a.
$$\begin{array}{c}x\\x\\{}_{\text{fw}}\left[\sigma\right]_{\text{fw}}\end{array}$$

b.
$$\begin{array}{c}x\\x\quad x\\\text{短语}\left[_{\text{fw}}\left[\sigma\quad\right]_{\text{fw}}\right]\text{短语}\end{array}$$

栅构建进展如下。半拍同界与重音节基本节拍规则在功能词自己的应用域中指派（7.27a）中的同界。单音节去重音化在该循环中不应用，因为它需要词或词以上的应用域，并且功能词语类隐形原则还将作为词的功能词"隐形化"。（功能词语类隐形原则还将主重音规则和无声半拍添加的应用排除在功能词应用域之外。）所以，单音节功能词是带着重音（基本节拍同界）进入下一个循环的。在短语循环中，无声半拍添加确保在由短语节点分隔的节律栅右边界添加**至少**一个无声半拍（6.2.1 节）。这样，无声半拍添加将会产出（7.27b）中的栅同界。现在，无声半拍添加（因为无声半拍添加是一条栅构建原则；7.1.2 节）之后的单音节去重音化不能应用，因为按照栅极化条件，基本节拍现在是位于极化位置，所以必须保持不变。

我们假设无声半拍添加在（7.26）短语中的应用生成出（7.27b）那样的一种结构，其中插入的无声半拍包含在（？受其统制）短语和由短语直接统制的功能词之中。另一种方式是，假设在此情况下结构（7.27b′）是无声半拍添加的输出形式。

（7.27）

b′.
$$\begin{array}{c}x\quad x\\\text{短语}\left[_{\text{fw}}\left[\sigma\right]_{\text{fw}}\quad\right]\text{短语}\end{array}$$

我们的假设产生的作用是，功能词中的基本节拍在短语和词中都是位于极化位置。任何一个成分的基本节拍极化都足以引发栅极化条件阻断较高（短语）应用域中的单音节去重音化。（回想一下，双音节功能词内位于极化位置的基本节拍去重音化总遭到阻断，无论这个词是否也位于短语中的极化位置。）那么，对于功能词**是一个**短语的情况，假设无声半拍添加的输出项是（7.27b）还是（7.27b'）都无关紧要，因为无论是哪一种假设，基本节拍都是在短语的极化位置，短语的单音节去重音化会被栅极化条件所阻断。但我们将说明：当功能词位于短语的末尾，但不被它所彻底统制，而且该短语还可以包含别的基本节拍时，单音节去重音化也会遭到阻断。在这种情况下，功能词的基本节拍在短语中不是极化的。因此，它一定是无声半拍添加产生一种结构形式，其中要让位于短语末尾的功能词基本节拍占据功能词自己内部的极化位置，如（7.28a）而非（7.28b）所示。

（7.28）

$$\begin{array}{cc} x & x \\ x\ x & x\ \ x \end{array}$$

a. $_\alpha[\ldots_{fw}[\sigma\ ]_{fw}\ ]_\alpha$ b. $_\alpha[\ldots_{fw}[\sigma\ ]_{fw}\ ]_\alpha$

那么我们假定，无声半拍添加对更高的成分 α 所产生的结果是一种表达式，其中所添加的无声半拍包含在了 α 的右端任何一个更低的成分内，如（7.28a）所示。这似乎是一个再自然不过的假设。那么，关键是，短语末尾功能词和自身**是一个**短语的功能词都因相同原因——在更高短语应用域中引入一个产生极化的无声半拍——而被阻断去重音化。这些案例连同不可去重音化的多音节功能词一起，说明栅极化条件的普遍效应。

因此，我们通常主张：无论何时单音节功能词去重音化在特定类型的句法结构中系统性遭到阻断，该结构都是一种功能词位于短语末尾的结构（这只不过相当于在说：我们提出的有关栅构建和去重音化的假设，确实全面解释了句中强弱形式的分析情况（当然除了 7.2 节将要处理的后附着化的情况））。这一说法似乎得到了事实的证实。例如，请看一下动词助词（verb particle）。作为动词助词的介词以强形式出现，见（7.29）。

（7.29）

    a. They boxed in the crowd.　　　　b. They boxed the crowd in.
       他们围住了人群。　　　　　　　　　他们把人群围住了。
       Pat flew in the plane.　　　　　　　Pat flew the plane in.
       帕特飞进了飞机。　　　　　　　　　帕特将飞机飞了进来。
       Would you let in a cat?　　　　　　Would you let a cat in?
       你会放进来一只猫吗?　　　　　　　你会让只猫进来吗?

（此处仅用了 *in*，因为 *in* 是唯一用作助词的介词，它有个弱的变体形式（见表 7.1）。）（7.29）中的句子与（7.30）中的句子形成了对照，这里 *in* 是带有 NP 宾语的介词短语的介词中心语。*in* 在此采用的是它的弱形式。

（7.30）

    They boxed in the crowd (and not inside the ring).
    他们在人群中打拳击（而不是在拳击场内）。
    Pat flew in the plane (rather than in the helicopter).
    帕特乘坐飞机（而不是直升机）。
    Would you sit in the car?
    你坐在车里好吗?

有一条令人信服的"音段性"语音证据，证明 *in* 的弱形式出现在了（7.30）而非（7.29）中。这一证据涉及末尾 *t* 在 *in* 前的表现。末尾 *t* 可以语音体现为一个闪音或一个喉塞音，这取决于它在句子中后面所接的内容（Kahn 1976; Selkirk 1978b）。若后接元音，它便是个闪音；若后接辅音，它则是个喉塞音。现在，*in* 弱形式的一种变体形式是音节性的 *n*，即 [ṇ]。因此，可以把 *sit in the car* 中的 *t* 发成一个喉塞音，情况确实如此：[sɪʔ ṇ nə kar]。另一方面，在动词助词案例（7.29）中，把 *t* 发成喉塞音应当是可能的，因为随后的 *in* 是有重音的，绝不可能弱化为 [ṇ]。情况还可以是这样的：可以把 *let in the cat* 发成闪音（[lɛDɪṇəkæt]），而非喉塞音（*[lɛʔɪṇəkæt]）。

根据埃蒙兹（Emonds 1971），我们假定，动词助词在 NP 宾语之后的位置（见 7.29b）上具有不及物介词的地位，即**是一个** PP 的介词。（因此，它不会去重音化。）紧随动词之后的助词也可以是一个 PP，尽管我们不会把它在这个位置具有一种不同的句法分析的可能性排除在外。动词和助词共同构成一个成分——更准确地说是一个复合动词（Selkirk 1982），似乎并不是不可能的。当然，如果助词介词是复合词的一个直接成分，那么就像 *inbred*（近亲反之的）、*infighting*（内讧）等中的介词那样，它将获得正常的第三层级词重音（7.1.1 节），而且助词的去重音化也将会遭到阻断。那么，无论哪一种情况，（7.29a）中的案例与（7.30）中的案例之间存在着一种相关性的结构对比，这说明后者中有去重音化，而前者中则没有。

（7.31）

$$_V[\ldots]_V {}_{PP}[_P[\sigma\ ]_P]_{PP} {}_{NP}[\ldots]_{NP} \quad 或者 \quad _V[_V[\ldots]_V {}_P[\sigma\ ]_P]_V {}_{NP}[\ldots]_{NP}$$

（7.32）

$$_V[\ldots]_V {}_{PP}[_P[\sigma\ ]_P {}_{NP}[\ldots]_{NP}]_{PP}$$

至于案例（7.29b），它们的结构分析见（7.33）。

（7.33）

$$_V[\ldots]_V {}_{NP}[\ldots]_{NP} {}_{PP}[_P[\sigma\ ]_P]_{PP}$$

那么，无论作为短语还是复合词的成分，动词助词的去重音化都将遭到系统性地阻断。

单音节功能词在短语末尾的位置也说明了它们在其他几个句法结构中不去重音化的原因。在下列例示的这些结构中，有带"流落（stranded）"

介词的介词短语、只含有一个情态动词或助动词（VP 的其余部分已被删除）的动词短语、只有一个限定词（和一个空中心语）的名词短语和只有一个物主代词（和一个空中心语）的名词短语。

(7.34)

a. What were you thinking ₚₚ[of___]ₚₚ last night?   *[ðv]
你昨晚在想什么？

b. That's the point we got ₚₚ[to __]ₚₚ.   *[tə]
这就是我们要说的问题。

(7.35)

a. She's not much taller than I ᵥₚ[am __]ᵥₚ.   *[(ð)m]⑳
她比我高不了多少。

b. I'd like ᵥₚ[to __]ᵥₚ, but I'm not sure I ᵥₚ[should __]ᵥₚ.   *[tə]; *[səd]
我想去，但我不确定我是否应该去。

(7.36)

a. ₙₚ[Some __]ₙₚ complained.   *[sm̩]
有些人抱怨。

b. I saw ₙₚ[some __]ₙₚ crying.㉑
我看到有些人在哭。

(7.37)

a. ₙₚ[His __]ₙₚ disappeared.   *[ɪz]
他的不见了。

b. I saw ₙₚ[his __]ₙₚ burn.
我看到他的烧焦了。

如右侧的星号所示，这些语境是不能使用功能词弱形式的。我们认为，无声半拍的出现将阻断这里单音节去重音化，它是由无声半拍添加引入的，且该无声半拍添加位于以功能词自身结尾的更高短语的右端。

---

⑳ 有首流行歌曲里的一句歌词，利用了这个末尾字母 'm 的语法错误：
 ...I'm biding my time   我在等待时机
 'Cause that's the kind of guy I'm.   因为我就是那种人。

㉑ 这些例子均引自赫丹（Hirst 1977b）。

还有另外一种可以想象到的在此案例中阻断单音节去重音化的解释。按照这种解释，空语类跟在短语内功能词的后面（无论它是一个空的（假位）中心语 N，还是一个空的（假位）VP，或一个 *wh-* 语迹等其他什么成分）。尽管它没有终端语符列，但这个空语类却被无声半拍添加所"看到"，它在其末尾处插入（至少）一个无声半拍；反过来，这个无声半拍又阻断了去重音化。我们在塞尔柯克（Selkirk 1972）中采取了一个与此相似的立场，提出句子的音渡表达式（和词边界表达式）反映出了表层结构中存在的所有词汇和短语语类，无论它们是否为空语类，并且功能词的去重音化被与空语类（包括语迹在内）相联结的音渡实体阻断（这一分析是在一种由贝克和布雷姆（Baker and Brame 1972）最先提出的建议基础上构建的）。现在，我们认为这一说法是假的，表层结构中存在空语类不会在音系表达式中有系统性的音渡反映。我们现在所支持的经验主张是，功能词被音渡材料（即被无声半拍添加）系统阻断去重音化的唯一的句法语境是短语末尾位置。

要探讨修正后主张的有效性，我们就必须仔细审视功能词在非短语末尾位置、空语类之前的表现。迄今为止所审视过的例子，均没有这一属性；它们的形式或是（7.38a），或是（7.38b）。

（7.38）

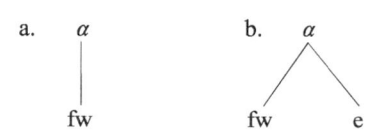

a. α b. α
　　|　　　　　　／＼
　　fw　　　　 fw　e

我们现在要寻找的是像（7.39a）或（7.39b）这样的例子，其中 β 不是空语类，因而功能词不在末尾。

（7.39）

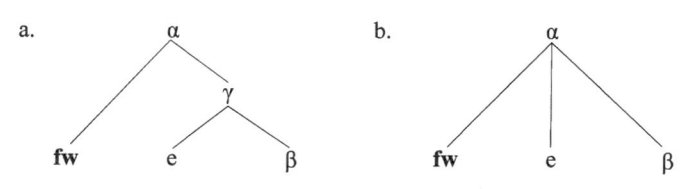

a. α b. α

fw   e β **fw**   e β

第七章　功能词：去重音化与附着化

如果单音节去重音化在（7.39a, b）这样的语境中系统性遭到阻断，那么我们可以得出两条非常有意思的结论。第一，我们的结论可以是，在我们所具有的地方放置一个空语类，确实是正确的（否则语音事实则无法解释）；第二，我们的结论必须是，无声半拍添加"看到"了这个空语类。还必须得出的第三个结论是：栅极化条件是对阻断单音节去重音化的错误解释。如果无声半拍添加将一个无声半拍引入到空语类的（右）边界，那么它不会导致功能词的基本节拍处于极化位置，所以功能词将仍然去重音化。显然，很大程度上取决于在（7.39）的语境中去重音化是否遭到阻断。另一方面，假设去重音化在该语境中没有遭到系统性的阻断。这一情况将与对表层结构及其音系解释的各种看法是相一致的。这可能仅仅意味着，在所探讨的位置上不存在空语类。（但由于句法方面的证据充分表明它们确实存在，我们不会得出这样的结论。）这可能意味着，空语类存在但没有得到音系解释（即没有被无声半拍添加"看见"），或者意味着，它们存在并被无声半拍添加用无声半拍做了解释，但栅极化条件确实支配单音节去重音化，因此，这条规则根本不受到添加位置的影响。我们认为，英语里单音节去重音化在（7.39）语境中并不会遭到阻断，我们接下来将尝试说明为什么这是一条正确的经验概括。目前，我们将暂时接受这一情况让我们所陷入的理论困境，但在本节的最后，我们将回顾得出下面这一结论的一些原因：表层结构中存在着空语类，但它们却得不到无声半拍添加的解释。

我们在探讨空语类在音系表达式中的地位时，将继续进行空语类的分类，依次审视 PRO、NP-语迹、wh-语迹以及空中心语（包括带有缺位和 VP 删除的结构）。事实表明，无法确定单音节去重音化是由 PRO 阻断的还是由 NP-语迹阻断的。这是因为，出于与英语短语结构的细节有关，无论是在表层结构还是在深层结构中，英语里非短语功能词都不会先于 PRO 或 NP 可能已经从其移走的论元位置。也就是说，英语里没有表层构式（7.39）的样例，其中 e 是 PRO 或 NP 的语迹。但有很多

409

wh- 语迹或空中心语可以是（7.39）中的 e 的案例，我们提议对这样的案例进行研究。

当功能词属于以下两类之一时，即（7.40）中的补语成分类或者（7.41）中的系词形式 be 类时，wh- 语迹便出现在一般语境（7.39a）中。

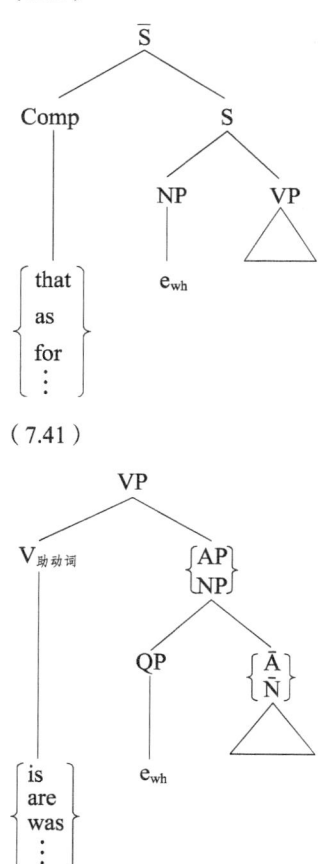

(7.40)

$$\begin{Bmatrix} \text{that} \\ \text{as} \\ \text{for} \\ \vdots \end{Bmatrix}$$

(7.41)

$$\begin{Bmatrix} \text{is} \\ \text{are} \\ \text{was} \\ \vdots \end{Bmatrix}$$

（7.42a-c）和（7.43a-c）分别提供了（7.40）和（7.41）的例证（至于（7.40），也可以与 That's as good as was expected（这和预期的一样好）作比较）。

(7.42)
a. the woman that ___ came by　　　　那个过来的女人
b. the girl who ___ left　　　　　　　离开的女孩
c. the same ones as ___ were treated last year　和去年所处理的一样

(7.43)
a. This table's longer than it is ___ wide.　这张桌子与其说宽不如说更长。
b. Jane is as English as Irene is ___ German.　简是英国人，就像艾琳是德国人。
c. It was more fun than it was ___ trouble.　麻烦多于乐趣。

还有人（Selkirk 1972）提出系词出现在语境（7.44）中，如（7.45a-e）[374]所示。

(7.44)

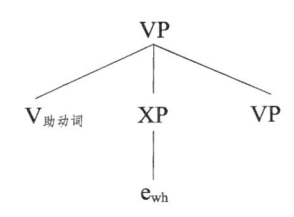

```
         VP
        /  \
       /    \
   V助动词  XP   VP
            |
           e_wh
```

(7.45)
a. Do you know where the party is ___ tonight?　你知道今晚的聚会在哪里？
b. Some day he'd like to be what you are ___ now.　总有一天，他想成为你现在的样子。
c. I wonder how tall he is ___ in his bare feet.　我不知道他光着脚有多高。
d. They told Mary how eager John is ___ to go.　他们告诉玛丽约翰很想去。
e. I'm perplexed by what it is ___ you're saying.　我被你说的话弄糊涂了。

由于与英语短语结构的性质和转换性质有关，英语里没有其他既可以认为属于一般类型（7.39a,b）又涉及 wh- 语境的表层结构形式。

事实证明，像（7.42）、（7.43）和（7.45）中那样的例子提供了很弱的证据（如果有的话），证明 wh- 语迹影响功能词在其直接环境中的音系体现。正如已经指出的（如在 Gazdar（1981）、Suiko（1977）中），但不是在塞尔柯克（Selkirk 1972）中，去重音化从不在（7.42）中的补语成分

411

情况下遭到阻断。that[ðət]、as[əz]、who[22][ʊ]、than[ðn]等的弱化形式，总能在随后的主语 NP 的 wh- 语迹之前使用。或许可以赋予主语位置上的 wh- 语迹[23]或补语成分某种特殊地位促使这一情况顺从，但我们倾向于将这视为空语类普遍不能受制于无声半拍添加的代表。

　　布列斯南（Bresnan 1971b）最先提出，像（7.43a-c）这种比较结构中常见的一种 be 的强形式使我们在塞尔柯克（Selkirk 1972）中得出如下结论：作为比较 AP 或 NP 深层结构一部分的量词短语（QP）留下了一个可以阻断去重音化的语迹[24]。所以，可以预测在失去 QP 的比较从句与系词先于谓词的没有失去 QP 的句子之间形成了对立。这种对立似乎确实发生了；如比较一下布列斯南提出的（7.46a）与（7.46b）。

（7.46）

　　a.　It's more trouble than $\begin{Bmatrix} \text{it is} \\ \text{*it's} \end{Bmatrix}$ _____ fun.　麻烦多于乐趣。

　　b.　It's more trouble than it's worth _____.　　这比值得_____更麻烦。

然而，引起我们注意的是对这些问题的判断有所不同。奈德尔和沙因（Neidle and Schein 无日期）报告说：并非所有的说话人都能认识到这里的对立，有些人觉得比较中的去重音化形式完全可以接受[25]。对于一种无声半拍添加"看到"wh- 语迹的理论，这种"方言变异"是有问题的，因为不要期望 wh- 语境对音系解释是（不）透明的这一核心概念会因方言不同而不同。此外，正如凯恩（R. Kayne，个人交流）向我们指出的那样，be 的强形式可能必须出现在比较构式中，即使当它不先于假定的 wh- 语迹位置，如（7.47）所示。

---

　　[22]　注意 who 是个人称代词，其表现像 one 一样。见 7.1.2 节。
　　[23]　从某种意义上说，这就是盖兹达（Gazdar）的解决方案。确实，他提出（出于完全不同的原因）实际上在这个位置上没有任何语迹。
　　[24]　有关反对布列斯南自己具体主张的论据，见塞尔柯克（Selkirk 1972）。
　　[25]　注意：例（i）是从为一个花哨的游戏制作的报纸广告中挑选出来的。
　　（i）Looks as good as it's fun to play.　　看上去很好玩。

412

第七章 功能词：去重音化与附着化

（7.47）

Jane $\begin{Bmatrix} \text{is} \\ \text{'s} \end{Bmatrix}$ a more brilliant doctor than Mary $\begin{Bmatrix} \text{is} \\ \text{*'s} \end{Bmatrix}$ a promising lawyer.

与其说玛丽是一个有前途的律师，不如说简更是一位聪明的医生。

（可以假定 QP 的 *wh*- 语迹是 AP 的一部分，因而是在 *a* 而非 *is* 之后）这种情况要求我们寻找另外一种不基于语迹的对强形式出现在比较构式中的解释。下面将探讨一种将阻断归因于句中与焦点相关的韵律属性的方法。我们希望它最终也能解释"方言变异"。

人们对强形式出现在 *wh*- 语迹之前的看法是相当一致的，（7.45）中所诠释的便是这组案例。在这些例子中，*wh* 移动在问句或关系从句中便留下了这样的语迹。尽管我们认同这里没有系统性的去重音化，但我们不赞同 *wh*- 语迹是导致它的结论。（7.45a-e）可具有（7.48）而非（7.44）的表层结构，这并非难以令人置信。

（7.48）

```
         VP̄
        /  \
       VP   YP
      /  \
   V助动词  XP
    |      |
   [is]   e_wh
   [are]
   [等]
```

由于成分 YP 在任何情况下都不是系词的论元，（7.48）便是一种完全与我们已知的作为中心语的补语语义类型的位置相兼容的结构。但如果（7.48）是（7.45a-e）中相关部分的那种结构，那么我们就失去了最强有力的宣称 *wh*- 语迹阻断单音节去重音化的案例，因为在这个结构中，系词不仅先于 *wh*- 语迹，而且还落在**短语的末尾**。

因此，总的来说，证明 wh- 语迹阻断功能词弱形式出现的证据确实是不稳定的。补语成分的情况是，wh- 语迹从不阻断去重音化。比较中的系词情况则是，去重音化不总是遭到阻断；而且在任何一种无法归因于语迹的阻断情况中，一定有某种其他因素在起作用。最后一种情况是，很可能系词在短语的最后位置而不是在语迹之前的位置，才是关键因素。

我们必须多说一说我们宣称导致上文提到的比较构式中没有去重音化的韵律因素，尽管我们要说的本质上非常初步、也很具推测性。我们已表明，音高重调的存在阻碍了单音节功能词的去重音化，而且在我们看来，在比较的案例中，系词与音段重调的联结是对阻断单音节去重音化案例的解释。例如，在 The table is longer than it is wide（这张桌子长于宽）的一个发音（这或许是其首选发音）中，第二个 is 与明显焦点的比较成分 longer 和 wide 以及焦点 table 一起，承载音高凸显。在此情况下，该 is 也保持着节奏上的凸显：

(7.49)

  H H   H H

  The table is longer than it is wide. 这张桌子长于宽。

当然，这句话还可以有其他焦点结构：音高重调不落在第二个 is 上，因而必须采用其他某种方式来解释某些说话人仍不能对 is 去重音化的这一情况。但在探讨这些其他发音方式之前，让我们更加仔细地看一看 (7.49)，它似乎说出了关于比较句子韵律属性的一些有趣的东西。落在 is 上的音高重调以及因此而生的焦点看起来未增加这句话的语调意义，因此将其删除并不会产生任何变化。我们认为这是因为它是羡余性的。我们无法合情合理地将承载焦点的 is 解释为对立性的，因为在此句前面部分中还有一个与它形成对立的真正的 be 形式。而 is 所允许的作为 VP 中心语身份的更宽的焦点，则已由 wide 作为焦点来确保的，这里 wide 是 VP 内 is 的一个论元。为什么 is 具有音高重调？我们认为那里是因为语体的原因。比较构式涉及结构的平行性（parallelism），说话人可能也倾向用韵律的平行性把它们说出来。确实，正如我们将要表明的，某些比较构式的实例**必须**在焦点上是平行的，因此在韵律上也是平行的。(7.49)中现只有三个非羡余焦点：两个在第一部分，一个在第二部分。我们认为，落在 is 上的焦点可能只是将平行性引入给语调（音高重调）的层级上。我们可能期望说话人会在这种与语体相关的事情上有所不同，那么，这将是所报道的说话人在比较句中在使用 is 以及 be 的其他形式时，去重音化现象存在差异的一种可能来源。

但我们仍需要对系词为何在不承载音高重调时不能去重音化做出解释。句子(7.50)是这方面的一个案例。

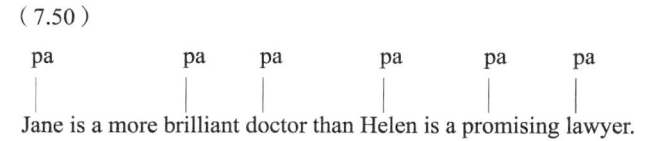

(7.50)

```
 pa        pa        pa        pa        pa        pa        pa
  |         |         |         |         |         |         |
Jane is a more brilliant doctor than Helen is a promising lawyer.
```

我们已对音高重调在此句最为自然发音中的位置做了标记。从焦点结构和音高重调指派的角度看，句子的两个部分是完全平行的。is 没有音高重调。但我们相信，此处系词没有去重音化最终仍可通过该构式中所呈现的焦点上的平行性得到解释。我们可以将句子(7.50)视为由两个平行的焦点对组成的，见(7.51)所示。

(7.51)

[Jane] is [a more brilliant doctor] than [Helen] is [a promising lawyer]
    F₁   F₂   F₁′   F₂′

与其说海伦是一个有前途的律师，不如说简更是一位聪明的医生。

F_1 与 F_1' 成一对，F_2 与 F_2' 成一对。在这种平行的构式中，第二对的第二个成员之前并不罕见有一点点节奏上的连拼分读（hiatus）或分音渡。这一点也可以在 F_2' 前没有系词的平行构式中看到：

(7.52)

[Helen] ate [an apple pie] while [Jane] ate [a chocolate cake]
    F₁   F₂   F₁′   F₂′

海伦吃了苹果派，而简则吃了巧克力蛋糕。

判断是微妙的,但我们认为现象是真实的,而且它允许对未去重音化 *is* 的出现做出解释。我们把它称为在 F_2' **成对焦点的框架化**之间产生的节奏分音渡。在节律栅中,我们将该分音渡表征为一个无声半拍,它是由如下这条规则引入的:

(7.53)

成对焦点的框架化

$$_\alpha[\ldots\sigma \quad]_\alpha[F_n'] \Rightarrow {}_\alpha[\ldots\sigma \quad]_\alpha[F_n']$$
(上方:左侧 x... ,右侧 x...x)

这条规则说的是,将一个无声半拍加到成分 α 的栅同界中,该成分 α 位于作为焦点对的第二个成分 F_n' 的前面。如其所述,该规则产生一种结构,其中假若 α 是个单音节功能词,那么它就无法去重音化,因为该音节的基本节拍将是在 α 中的极化位置上。当然,还有其他可以想到的制定该规则的方法。另外一种吸引眼球的方法是:仅在 F_n' 之间添加一个半拍,而不必诉诸其前面的成分。但该方法的缺陷在于,它不会产生一种节律栅同界,在这个节律栅同界中,单音节去重音化将通过栅极化条件的作用来阻止前面系词的去重音化。因此,我们将保持不变公式(7.53)。

而且还要注意:该规则不要求两句话中出现不止一个焦点对。因此,它在如下的句子中应用,(正确地)阻断了单音节去重音化应用于 *is*:

(7.54)

She's [a better doctor] than she $_\alpha$[is]$_\alpha$[a linguist]
　　　　　　　　　F_1'　　　　　　　　　　　　　　F_2'

与其说她是一个好医生,不如说她是一位好的语言学家。

规则制定得仍然过于粗糙:它要在(7.51)中的 *Helen* 前插入一个无声半拍,从而错误地阻止了 *than* 的去重音化。显然,这需要另外施加一些条件。但我们不在此继续探讨这个问题,仅希望此对分析的概述使我们的主张(即这些构式中未能去重音化源自与焦点相关的计时,而非 *wh-* 语迹及其在栅中的表现)合理可信。

现在，有些说话人在其语法中还没有像（7.53）这样的一条规则；他们在这种语境中可能根本产生不了一个节奏分音渡。有这么一群说话人一点也不令人惊讶，因为这里似乎也是一种"语体"的作用。成对焦点的框架化可以被视为产生了一种设置和支持焦点结构中平行性的计时结构；它的作用是辅助性的。规则（7.53）是现象的一种"语法化"，而那些不受制于或使用这种"表情达意"的计时者可能根本就没有这种规则。没有这条规则，当然希望系词将会去重音化。

为了总结这种对平行性韵律实现领域的推测性尝试，我们提出了维护 is、are 等不在比较构式中去重音化与 QP 的 wh- 语迹在这些构式中的存在无关，但却与比较构式在特征上呈现焦点和韵律的平行性以及结构的平行性这一情况有关。我们已提出，说话人可以以韵律方式利用各种手段强调这种平行性，而这些手段，无论是添加一个（羡余的）音高重调还是添加一个无声半拍，都是阻碍单音节去重音化的因素。

现已采用（如 Selkirk 1972）尚待讨论的最后一类空语类，来说明表层结构中的空语类（"删除[26]"或提取的位置）可以在音系的音渡表达式中找到它们的行踪。这些是空的或"假位"中心语，可以把它们视为在操作删除规则（如缺位规则）之后仍保留在句法表达式之中。（7.55）图释了所讨论的一般结构类型。

(7.55)

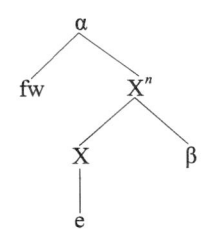

```
        α
       / \
      fw  Xⁿ
         / \
        X   β
        |
        e
```

---

[26] 当然，除删除之外，省略位置还可能只存在着"假位"语类。但哪一种描述现象的方式（如缺位或"VP 删除"）是正确的，对目前的问题无关紧要。

有充分理由可以认为，这种派生结构很适合于（7.56）中含有"删除位置"句子的部分。

(7.56)

a. John is proud of his daughter, and he [is ___ of his son], too.
约翰为他的女儿感到骄傲，他也为他的儿子感到骄傲。

b. Mary can dance the tango better than I [can ___ the rumba].
玛丽跳探戈比我跳伦巴跳得好。

c. I have some pictures of Helen for you and [some ___ of Edith] for John.
我有一些海伦的照片给你，还有一些伊迪丝的照片给约翰。

阻碍（7.56）和其他比较语句中缺位的功能词都必须以强形式出现。现在注意，像这些缺位构式的特点是，它们呈现出一种平行句法结构和一种成对的焦点结构。"删除的"中心语是无焦点的，因为它是重复的，并且始终阻碍焦点对的第二个焦点成分。那么，该"删除"在（7.56）中留下来的是，位于焦点对的第二个成员之前的功能词。所以，我们倾向于引用成对焦点框架化概念和规则（7.53）来解释为什么功能词在（7.56）中不去重音化。那么，这里也像比较句那样，这些句法结构拥有一种典型的焦点结构这一事实，解释了功能词强形式出现在所谓的表层结构中空语类位置之前的情况。

我们提出：如（7.39）中的结构所示，表层结构的空语类无论是假位中心语还是 wh- 语迹，都不在决定 c- 统制它们的功能词音系表达式中起任何作用。如前所述，这一事实并不一定导致无声半拍添加无视空语类这样的结论，因为空语类可以通过无声半拍添加获取一到几个无声半拍，但功能词之外的无声半拍的位置使它（它们）无法通过栅极化条件阻断单音节去重音化的应用。然而，现有证据表明，起码在语迹和 PRO 的情况下，空语类得不到无声半拍添加的解读。库柏及其同事（尤其是 Cooper and Paccia-Cooper 1980）对表层结构的时长属性做了研究，明确探讨了 wh- 语迹、NP 语迹或 PRO 的存在是否影响周围词产生的计时。他们得出的结果表明，语迹和 PRO 对句子的计时**没有任何**贡献。从这个结果中，我们

第七章　功能词：去重音化与附着化

可以得出如下的结论：我们在第六章中提出的、库柏等人曾研究过的无声半拍添加是与句法相关的计时差异来源，它不适用于这些空语类。但库柏和帕西娅-库柏（Cooper and Paccia-Cooper）确实报道了缺位的系统性时长效应，然而："删除位置"之前的音节会被拉长。这当然是成对焦点的框架化所预测的内容。那么，其结论似乎是，空语类没有在音渡音系表达式中得到反映，因此，它们不"阻断"单音节去重音化的应用。当功能词的去重音化被某些句法结构的音渡属性阻断时，这种情况或是因为功能词位于成对焦点之前，或是因为它出现在短语的末尾。

还有一种需要讨论的单音节去重音化遭到阻断的句法结构，即在插入成分之间的位置：

（7.57）
a. Denise is a woman who, if she had the chance, would do great things.
丹尼斯是个能做大事的女人，如果她有机会的话。
b. Among the play's strongest numbers are, as might be expected, the dance or dance-associated pieces.
正如人们所料，这出戏中最突出的亮点是舞蹈或与舞蹈相关的部分。
c. Josie was looking forward to—or should I say was nervously apprehensive about—her school play.
乔西期待着她的校园演出，或我该说她对此是焦虑不安。

注意：这些例子都有功能词不承载音高重调的一种自然发音方式[27]。所以，对这里无去重音化的解释必须是个音渡性的。这些例子的重音功能词也并不位于成分焦点之前。因此，此处阻断去重音化的无声半拍一定是从无声半拍添加应用于短语末尾位置中产生的。那么，核心问题是：功能词是在什么短语的末尾？似乎不可能在插入语的句法分析中找到答案——这并不意味着短语一定是在插入语之前[28]。但我们知道插入语是一个语调短

---

[27] 这些例子并不那么容易构建。将附加成分放到一个词项之间的一个"功能"，常常足以使落在前面词上的焦点变得十分自然。
[28] 有关把插入语作为句法宾语的一种有趣研究方法，见罗滕伯格（Rotenberg 1978）。

语（IP），它位于 IP 的前与后（5.4 节）。鉴于此，任何一个前插入语的功能词本身位于 IP 中的末尾位置。（7.57）中功能词位于 IP 末尾的情况是造成不去重音化的原因，似乎十分合情合理。为了让这个说法全部奏效，所需要做的只是让无声半拍添加受到句子的 IP 成分结构的制约以及句法成分结构的制约。

鉴于我们的语法组织结构理论，句子的语调短语化是在栅构建之前确立的，所以把一个句子分析成几个 IP 肯定是让无声半拍添加"看的"。我们认为无声半拍添加确实看到了 IP，就如同它看到任何其他（句法）短语一样，并且它在每个 IP 右端增加一个（或多个）无声半拍。这种栅构建规则诉诸句子语调短语化，是有先例的。我们在第五章中曾说明核心重音规则必须把 IP 作为它所应用的（实际上是最高的）应用域。因此出现了一幅一致的画面。（各种类型的）栅构建规则就像遵照句法成分结构一样遵照 IP 成分结构。正是因为这个原因，我们插入语前面的功能词仅以强重音形式出现。

就迄今为止所呈现的分析而言，现存着一些明显的反例，其表明功能词在位于短语末尾处时仍是以其强形式存在的。这些词的范围从 *wanna* 的不定式 *to*（I don't wanna ＿＿＿）到 *I could've* 的 *have* 和像 *I saw'm* 中的 *them* 这样的宾格代词。我们的立场（另见塞尔柯克（Selkirk 1972）中的论述）是，这些末尾前的无重音功能词不是我们这一基本分析的反例，而是给后附加化规则提供了实际上改变句法-音系映射规则所应用的表层句法表达式的证据。我们将在以下几节中说明，在假定后附着化的句法结构情况下，鉴于我们的栅构建和去重音化理论，上述音形完全是所预测的形状。

7.2 英语里各种不同的后附着化

7.2.1 分类

上面的标题反映了我们的看法，即英语里的后附着语是一个种类各异的群体，而可以提供的最好的一种对英语后附着语的总体陈述是对已证实的各种类型的分类研究。我们主张把它们分成两大类：由**句法重构**规则产出的和由**节奏重构**规则产出的。在这两大类别中，我们又分出各种子类别。本节的主要目的是，证明此分类事实上是具有一定的基础的，并论证几个著名的英语后附着化规则在其中的地位。

在将后附着化规则归于某个主要类别时，我们将使用一组标准对它们做出明确的区分。正是我们遇到过的他们论及具体语素或语素类别的**所有**后附着化规则的一个属性，才使其成为后附着语形式的。这些规则的不同之处在于：（a）他们在结构描写中所提到的还有哪些种类的语境信息，（b）它们应用于语法中的哪些地方。当然，属性（a）与（b）并不是彼此完全无关的，因为鉴于我们的语法组织结构理论，诉诸表达式的某一类信息都可能会在整个推导过程中为那条规则规定一个特定的地方。

我们要说的是，后附着化规则是一条（隶属于句法组件部分并先于所有句法-音系映射操作的）句法重构规则，如果它具有如下一个或几个属性：

（i）规则受一般句法原则制约。
（ii）规则先于其他句法操作。
（iii）规则仅限于特定短语结构配置。
（iv）规则提到后附着语所依附的宿主的语类或形态身份。

很明显，我们为什么把（i）、（ii）和（iii）作为句法后附着化类别的成员属性，而（iv）的相关性则需要一些解释，我们将在下文给出。

至于我们认为属于句法-音系映射规则的节奏后附着化规则，如果该规则具有如下任何一个属性，我们就说它属于这一类别：

（v）规则受句子的节奏性（分）音渡因素的制约。
（vi）规则受在短语应用域中所确立的音节（即它们的节奏凸显）的节律栅同界因素的制约。

384

而且，似乎正是有关展现他们所确认语素或语素集的属性（v）和／或（vi）的后附着化规则的一般事实而非宿主或其他句法因素，才使其成为后附着语的。或许这一极端"局部性"与属性（v）和（vi）的组合纯属巧合，但我们怀疑它并非如此，它反映了不同语法原则通常可获得的信息某些深层的种类（第八章将对这一点进行阐述）。

我们以（尝试性的）假设形式表达这一预想，是想提出：如果后附着化规则提及的句法信息量多于指定要被后附着化的语素（集合）性质所需的信息，那么它就具有了一条句法重构规则的地位。因此，可以预想，任何一条涉及更多这种句法信息的规则都将排在任何句法–音系映射规则之前，因而任何一条具备这种句法条件的规则都不会求助于任何有关话语的节律栅同界信息。我们对后附着语规则的探究将证明这一假设的正确性。

在句法重构规则中，我们将一方面区分 *to* "缩约式"与 *not* "缩约式"（如 *wanna* 与 *shouldn't*），另一方面区分后附着化 *have* 与人称代词（如 *I couldn't* 与 *I saw'm*）。前两个甚至可能是"词汇性的"，即后附着化形式本身可能就是词项，但后两个肯定是"后层级的"，只在最后一分钟应用，对表层结构进行重新调整以备句法–音系的映射。

在节奏重构规则中，我们将通常所称的**助动词缩约**（Aux Contraction）规则纳入其中；它解释了非重音 *is* 对其前面成分的（非强制性的）附接情况，如 *Nora's having a birthday soon*（诺拉马上就要过生日）。我们还在这里纳入了这种无重音成分如（多种形式的）*to*、冠词 *a(n)* 和介词 *of* 等后附着化的规则。所有这些节奏重构规则，都具有将无重音音节变得更接近前面节奏凸显的作用；我们可以把它们视为总体趋向声调引力（Tonic Attraction）的实例，其中一个（强）节拍吸引着后面弱的伴随性节奏结构组件。

385　　承认存在节奏结构敏感性的后附着化规则，承认存在最先出现后附着化这一事实的节奏原理，可以让我们能更好地理解后附着化的整个现象。假设事实是"核心现象"是声调引力。那么，可以把这里所列举的各种后附着化规则视为这种基本上节奏性作用的"语法化"渐进阶段。请看一看句法重构规则。当然，很容易把代词后附着化前面的动词视为具有一

第七章 功能词：去重音化与附着化

种节奏的起源。宾格代词较少获得焦点（和音高重调）；因此它通常不知不觉地跟着一个节奏上更为凸显（通常是音高重调的）的动词。通过声调引力，人称代词将被吸引到动词上。*have* 附着到前面的情态动词上的这一事实，也可以得到类似的解释。在具有一个情态动词 -*have* 序列的句子中，情态动词很可能获得音高重调，而 *have* 则不可能。这样，早先时期的 *have* 也可能被声调引力吸引到了节奏上更为凸显的情态动词上。类似历史也可以为 *not* 缩约和 *to* 缩约提出来。但以此方式看待后附着化现象则强烈暗示，我们所给出的分类没有任何很大的理论意义。这些规则将声调引力所表达的核心倾向语法化，它们只不过是句法或音系外围的规则，跟共性语法几乎没有什么关系。

尽管如此，仍有一些要说的有关后附着语的有趣观点。首先，只有后附着化规则是外围的或临时性的。正如我们所要说明的，鉴于我们的栅构建和去重音化总体理论，功能词一旦被后附着化，它的音系属性就会完全可以预测。其次，尽管分类相当宽松，但它与明确区分一方面句法组件规则和另一方面将句法结构解释为音系结构的组件规则是一致的。换言之，在这一所谓的后附着化的渐进式语法化过程中明显存在着一种间断点，即规则所产生的从"音系句法"到句法的质的飞跃点。

这里提出来的分析方法在某些方面有别于塞尔柯克（Selkirk 1972）提出来的分析方法。我们在那里论证了句法后附着化规则类（包括这里提到的那些所有规则），我们的讨论主要是基于布列斯南（Bresnan 1971b）的论点；但我们没有认识到节奏重构规则类以及其中的助动词缩约规则。此外，尽管塞尔柯克（Selkirk 1972）所主张的由句法后附着化推导而来的句法结构与我们这里所采用的是一模一样的，但对它们的音系解释则截然不同。我们在那里提出了一条临时性的附着语去重音化规则，现在证明是不必要的。我们将要说明，按照这里所确立的一般原则对后附着化的结构进行音系解释，从而推导出正确的结果。因此，我们现在对英语后附着化所做的分析与塞尔柯克（Selkirk 1972）的分析相比有了明显的进步。

应该说，其中部分进步应归因于对重音和音渡性质的更多理解，而这也是随着时间的推移而取得的，并且已反映在我们这一研究之中。

7.2.2 句法重构

7.2.2.1 *not* 缩约　长期以来，人们早已知道存在一条将否定形式 *not* 附加到其前面辅助动词或情态动词之上的英语语法规则，而且由于这条规则先于主语-助词倒置（Subject-Aux Inversion，简称 SAI）的句法规则，因此它构成了句法组件的一部分。一般认为 *not* 的缩约导致写成了 -n't（*didn't, don't, isn't, aren't, can't, couldn't* 等）的复杂形式，该复杂形式是在短语结构规则生成的位置上（Chomsky 1957; Klima 1964; Katz and Postal 1964; Ross 1967）由 *not* 作为未来宿主的输入结构产生的。在主语-助词倒置已应用的句子中，如果否定缩约（即成为倒置助动词或情态动词的后附着形式）那么它就可以出现在主语 NP 之前。这一情况现已用作 *not* 缩约先于主语-助词倒置的证据。比较（7.58b）中不合乎语法的句子与（7.58a）中合乎语法的句子。

（7.58）
a. {Didn't / Couldn't / Hasn't} she leave/left?　　她不曾/没能/还没离开吗？
b. *{Did not / Could not / Has not} she leave/left?

在我们看来，*not* 缩约先于主语-助词倒置的这一排序是一条结论性的论据，说明前者是一条句法重构规则。

这一结论与 *not* 缩约的另一条属性相一致：它主要诉诸宿主语素的语类身份。注意：尽管（7.59a）中带未缩约 *not* 的句子十分合乎语法，但如果 *not* 附着于其前面的词，那么它们便是不合乎语法的，如（7.59b）所示。

（7.59）

a. They have more than often not left before midnight.
他们经常到午夜才离开。
She was asked to not wear her shoes inside.
要求她不要在里面穿鞋。
We didn't not see them, we simply didn't pay any attention to them.
我们没有看到他们，坦白地说根本没有注意到他们。

b. *They have more than oftenn't left before midnight.
*She was asked ton't wear her shoes inside.
*We didn't n't see them, we simply didn't pay any attention to them.

概括起来，*n't* 只可以附着到情态动词和助动词之后。

现在，产生 *n't* 缩约形式的规则很可能不是句法转换规则，而是英语形态规则（有关支持这一立场的论证，见茨威基和普勒姆（Zwicky and Pullum 1982））。或许共时语法中根本没有这样的规则，*n't* 缩约形式只是列在了词库中。有两点事实支持后一种做法：(a) 某些缩约和不缩约形式的音形不是通常应用语法规则所产生的交替音变形式（do [du]/*don't* [dont]，will [wɪl]/*won't* [wont]）；(b) 起码还有一种缩约形式 *ain't*，必须把它视为一种词汇或异干互补变异形式。（注意：假若有一条后附着化 *not* 的句法转换（或形态）规则，那么为了产生正确的表层音形，另外仍将需要某些同样诉诸具体宿主语素身份（一条表层异干互补规则？）的装置）。所以，*n't* 的后附着化是否完全是一条规则，似乎取决于无规则的形式词汇列表能否准确掌握英语句中 *n't* 与 *not* 的分布情况。若可以，那么词库处理方法似乎更可取。

7.2.2.2 *to* 缩约 *to* 缩约（或后附着化）规则自布列斯南（Bresnan 1971b）最先提出以来，一直被赋予了在推导时常写成 wanna（want to）、hafta（have to）、gonna（going to）的形式中的核心地位。这条规则已引起了人们相当大的兴趣，因为对其运用的制约似乎为当前句法理论的重要方面提供了证据。引发争议的最初差异是由拉里·霍恩（Larry Horn）指出

来的:

(7.60)
   a. Teddy is the man I want to succeed.
      泰迪是我想要接任的人;泰迪是我想要他成功的人。
   b. Teddy is the man I wanna succeed.
      泰迪是我想要接任的人。

(7.60a)可以有两种不同的理解，一种是 *want* 后接了一个受控制的 PRO（"等同（Equi）"格），另一个是后接了一个 *wh-* 提取的地址，但（7.60b）却可以被明确地解释为 *want* 后面有一个 PRO 主语。我们最初的建议（Selkirk 1972）是：*wh-* 语迹可能是（以词边界方式）致使缩约阻断的原因，尽管我们没有提供对 PRO 这类空语类为何不会阻断该规则的解释。从某种意义上说，该建议暗示了音系词汇与句法词汇的混合使用，让句法后附着化规则遭到语迹以词边界形式的阻断。然而，后来的研究表明，这条规则根本不是音系规则。

波斯塔尔和普拉姆（Postal and Pullum 1982）有效地总结了过去十多年来对 *to* 缩约的研究成果，这为把 *to* 缩约视为一条句法重构规则（如果仍未确定到底是什么句法条件支配该规则应用的）提供了几条证据。首先，仅在 *wh-* 移位短语的深层结构位置上留下的 *wh-* 语迹阻断缩约（既不是由 *wh-* 短语连续循环移位经过标句语（Comp）所留下来的 *wh-* 语迹，也不是提升所留下来的主语 NP 语迹或 PRO 阻碍该规则）。显然，只有在句法中才有可能做出这种区别（除非这些空语类被映射到了不同的音系表达式上，现无证据证明这一点）。而相关区别却确实已被句法理论家用各种不同方式做了出来（如见 Jaeggii 1980; Van Riemsdijk and Williams 1980; Postal and Pullum 1978, 1982）。其次，波斯塔尔和普拉姆（Postal and Pullum 1982）已注意到，(i) 与其前面动词缩约的 *to* 一定"属于"该宿主动词的不定式补语，但不属于其他某个不定式从句；(ii) 这个 *to* 无法在并列的不定式结构之外缩约，即使是宿主的补语。再次，该规则必须提到宿主语素的身份：*I'm going to/*gonna the movies*（我要去看电影），*She meant to/*menna leave earlier*（她本打算早点走）等㉙。

与其在此占用篇幅来支持或反对任何一种有关 *to* 后附着化的性质是作为一条句法音变过程的立场，以及探讨它展示了有关语法性质的哪些东西，不如请读者读一读这一方面的大量文献。不过，随便说一下，如果 *to* 缩约动词形式最终被证明本身就是词项（成为无 *to* 补语的子语类）而不是句法规则产生的实体，那么我们也根本不会感到惊讶。

我们选择在此对后附着语 *-n't* 和 *-to* 不做详细讨论，部分因为它在某些方面是不规则的。而这些形式的规则之处则是：它们无论后接什么，都是无重音的，而且在音渡上很接近其宿主动词（如其在宿主音系上的作用所示）。我们接下来将要说明，我们的栅构建理论需要用非无声半拍将句法上后附着化的功能词与其前面的词隔开，这些功能词拥有允许它们在单音节去重音化规则应用之处（即使是在末尾处）去重音化的节律栅同界。为了阐明这些句法上后附着化功能词的诸多音系解释因素，我们将对另外两种（塞尔柯克（Selkirk 1972）都曾讨论过的）涉及 *have* 和代词的句法后附着化进行考察。在每一种情况中，我们还要说明，为什么一定都存在着一种后附着化？为什么这个相关规则是一条句法重构规则？为什么我们要把句法重构规则放在句法推导的最后？

7.2.2.3 *have* 的后附着化　助动词 *have* 具有特异属性，即使在短语的末尾位置，它也可以去重音化，如（7.61）所示：

（7.61）
　　I would have, you must have, they must not have, she couldn't have

可以把这些案例中的 *have* 发成 [əv]。此外，这种反常的短语末尾去重音化只有在前面有情态动词或 *not* 之时才会发生，如（7.62）中省略句的不合乎语法性所示。

㉙　我们在此没有论及波斯塔尔和普拉姆（Postal and Pullum 1982）讨论的"自由方言"问题。或许这些方言说话人都有一种可随处应用的基于节奏的 *to* 缩约。

（7.62）
a. *We[əv]．　　　　对　　We[hæv]．
b. *John and Mary[əv]．　对　　John and Mary[hæv]．
c. *I could never[əv]．　　对　　I could never[hæv]．
d. *They must all[əv]．　　对　　They must all[hæv]．

390 最后，当 have 在这个前末尾位置去重音化时，前面的情态动词是不可能去重音化的，尽管情态动词通常易于在这个 have 之前的位置上发生去重音化。请将 I could have 与 I could have gone 可能的语音体现进行比较（假设 could 或 have 上没有音高重调）。

（7.63）
I could have gone.
a. ... cŏuld hăve ...　　[kədəv]
b. ... còuld hăve ...　　[kudəv]
c. ... cŏuld hàve ...　　[kədhæv]

（7.64）
I could have.
a. *... cŏuld hăve ...　　*[kədəv]
b. ... còuld hăve ...　　[kudəv]
c. ... cŏuld hàve ...　　[kədhæv]

为了解释这些实例，我们提出：have 在任何语境中，无论是在末尾前还是在中间位置上，句法上均可以选择性地后附着于 could 上。我们对 have 附加到情态动词上这一句法分析的主要论点是，所有有关 have 及其前面情态动词的重音情况都是由此自动产生的。当然，还有一个需要考虑的问题是：在可以获取语符列必要信息的那部分语法——即在句法组件中，have 的句法重构规则让我们了解到了 have 去重音化对其前面语素的依赖性。下面请注意：如果 have 的后附着化确实是一条句法规则，那么虽然如此，它仍遵守像主语-助词倒置这样的句法规则，如与 Could you[əv] left earlier? 相对应的 *Could[əv] you left earlier? 的不合乎语法性所示。我们没有理由不认为 have 的后附着化是在句法推导的最后之时才应用的。

简言之,(7.65a)是一个情态动词-have序列在后附着化之前的句法结构,而(7.65b)则是后附着语素化之后的结构。

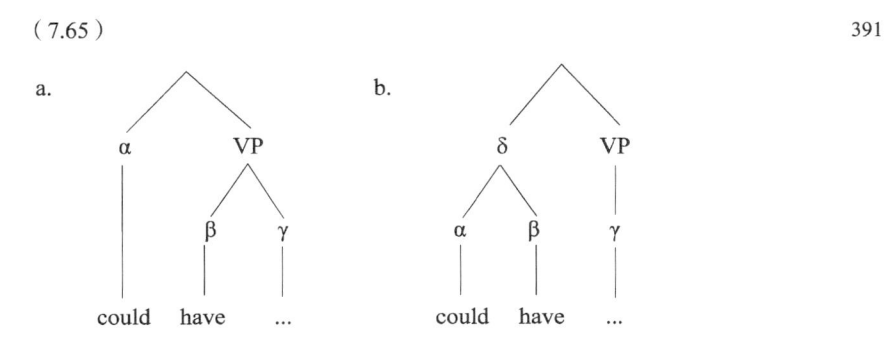

(7.65)

```
   a.              b.
      ╱╲              ╱╲
     α  VP           δ  VP
        ╱╲          ╱│╲
       β  γ        α β γ
       │  │        │ │ │
     could have  could have ...
```

我们避免把名称固定在统制 could 和 have 的语类上。讨论的重点就在于,α 和 β 是功能词语类,而 δ 则是词层语类,但不管它是功能词还是"真实的"词,都无关紧要。按照这些句法结构的假设,句法-音系映射将按需进行。在 α 和 β 的应用域中,could 和 have 的音节将与基本节拍同界,但没有无声半拍;因此,它们带着如下结构"进入" δ 循环:

(7.66)

$$\begin{array}{cc} x & x \\ x & x \end{array}$$
$$_\delta[\,_\alpha[\text{could}]_\alpha\,_\beta[\text{have}]_\beta\,]_\delta$$

在 δ 循环中,不会在末尾增加无声半拍。如果 δ 是一个"真实的"词,那么这是因为无声半拍添加仅在从词往上的下一个应用域中应用(6.2.1 节及以下)。如果 δ 是一个功能词,那么也可以把缺失无声半拍添加归因于功能词语类隐形原则。这里,缺失无声半拍添加至关重要。由于在 δ 内不给 have 增加无声半拍,所以 have 的基本节拍在 β 中不位于极化位置;因此 have 便可能受到单音节去重音化的影响。如果 δ 是一个功能词,那么单音节去重音化在下一个更高循环之前是不适用的,但如果 δ 是一个"真实的"词,该规则可以应用于它。哪一个都无所谓。

需要解释的重点是,不是 could 就是 have,但不是两者都可以在此去重音化。如果单音节去重音化首先应用于 *have*，那么就会产生（7.67）这样的结构形式，其后不能再应用于 *could*，因为 *could* 的基本节拍已位于 δ 中的极化位置（7.67）。

(7.67)
$$\begin{array}{cc} & x \\ x & x \\ _\delta[[\text{could}][\text{have}]]_\delta \end{array}$$

(7.68)
$$\begin{array}{cc} x & \\ x & x \\ _\delta[[\text{could}][\text{have}]]_\delta \end{array}$$

另一方面，如果单音节去重音化首先将 *could* 去重音化，从而推导出（7.68），那么 *have* 的节拍就会位于极化位置，因而使其免于规则的再一次应用。显然，我们必须要说明的是：单音节去重音化不可以同时应用于两个结构形式，一次只能应用于一个。鉴于这个规定，(7.64b) 推导结构以及对无声半拍添加在可否应用上的限制，便会推导出（7.67）或（7.68）（分别产生 [kʊdəv] 和 [kədhæv]），但推导不出（7.69）及其相应的发音 *[kədəv]：

(7.69)
$$\begin{array}{cc} x & x \\ _\delta[[\text{could}][\text{have}]]_\delta \end{array}$$

非常有趣的是，栅极化条件在这些未曾想到的语境中应再一次起阻断单音节去重音化的核心作用。

7.2.2.4 代词后附着形式 英语人称代词的很多音系表现都可以仅通过假设它们占据表层结构中的一般名词短语位置得到解释，而且就功能词语类隐形原则而言，由人称代词组成的且直接统制它的名词短语可以像功能词那样进行处理。（后者是针对人称代词必须做出的一种特别假设；比较 7.1.1 节。）人称代词是功能词身份，它无法获得由词重音规则指派的

第七章 功能词：去重音化与附着化

第三层级重音，无法获得由无声半拍添加指派的其后的无声半拍。如果它们不是在短语末尾，那么就应去重音化。这当然是在 *You talked about that yesterday*（你昨天谈过了那个）中发生的：*you* 可以以弱形式 *yŏu* 方式出现。即使主语代词不去重音化，由于它的音节类型，它仍在音渡节奏上与下面的相邻：在 *I learned over Carnap*（我从卡纳普那里学到的）中，双元音 *I* 与 *learned* 的关系与 *Ei-* 与 *-leen* 在 *Eileen drove her car back*（艾琳开车回来了）中的关系是一样的。中心语 NP 的所有格代词表现的也如预测所言：*Your* [jɹ] *book's over there*（你的书在那边）。

然而，我们并没有在短语的末尾位置上找到基于代词的功能词地位及其所假定的在表层短语结构中的位置所期望的东西。尽管在某些句法语境中末尾只出现了所期望的重音形式，但在其他地方代词则可以其无重音的弱形式出现：

（7.70）

a. She put $_{NP}$[$_{NP}$[his]$_{NP}$]$_{NP}$ on the table
她把他的放在了桌子上

b. He $_{VP}$[showed his mother $_{NP}$[them]$_{NP}$]$_{VP}$
他给他母亲看了它们

c. (I'll take a third of that piece,) if you'll $_{VP}$[saw me off $_{NP}$[it]$_{NP}$]$_{VP}$
如果你让我与之断开（，我就拿走那一块的三分之一）

（7.71）

a. She $_{VP}$[found $_{NP}$[him]$_{NP}$]$_{VP}$ *him* = [m̩]
她找到了他。

b. They'll give it $_{PP}$[to $_{NP}$[you]$_{NP}$]$_{PP}$ *you* = [jə]
他们会把它给你的。

c. How $_{S}$[are $_{NP}$[you]$_{NP}$]$_{S}$ *you* = [jə]
你好吗？

在（7.70a-c）中，代词在短语末尾位置上的弱形式是不合乎语法的：*She put his [ɪz] on the table（对比 She put his [ɪz] book on the table 她把他的书放到了桌子上）；*He showed his mother them [ðm]。这是所期待的情况。

没有想到的是，弱形式应出现在（7.71）中。但这种现象并不是随意的：当代词在短语末尾是弱形式时，紧靠其前面总是有一个动词或介词。这一情况致使我们在塞尔柯克（Selkirk 1972）中设立了将代词后附着到前面的动词或介词上的规则。在本节余下部分，我们将详细阐释这种假定的句法重构规则发生的句法条件。我们还将说明，假定这些后附着化规则与其他句法音变（转换）交互作用是没有根据的；证据似乎表明，它们完全是表层重新调整规则。而且我们还要说明，假设推导而得的句法结构将自动为代词及其宿主生成正确的音系表达式。

　　对（7.70a-c）尤其是对（7.70b, c）提出的事实要求，可能需要说一说。通常认为人称代词无法作为双宾语（与格移动）结构的第二成员（如（7.70b）所示）或在动词助词后（如（7.70c）所示）出现。（如见罗斯（Ross 1967）、埃蒙德（Emond 1971）、瓦索（Wasow 1975）。）我们认为，正确的概括是，无重音的、弱的代词形式不能出现在这个位置上。当代词是以强形式体现时，句子（7.70a-c）似乎是完全可以接受的。事实上，当代词正好承载音高重调或焦点时，人称代词在这些短语结构形式中的可接受性变得更为明显，（7.72a-d）展示得十分清楚[30]。

---

[30] 有时有人说，*it* 不能承载"强调重音"或焦点。我们找到的例子表明，如果对 *it* 做某种限制，那么它就不是上述的这一种：

(i)
The fact that NP$_i$ is ... is indicated by the arc between IT$_i$ and ...
NP$_i$ 是……的事实是由它（IT$_i$）与……之间的弧线标明的。

(ii)
IT, too, is something of a problem.　它也是个问题。

(iii)
That seems to be IT!　　　　　　　好像就是它！

(iv)
If you HAVE this, why don't you just use IT to get ...
如果你有这个，那么你为什么不用它来获得……

第七章　功能词：去重音化与附着化

（7.72）
a. Maybe they can wake up DEDE and then Dede can wake up US.
或许他们能叫醒戴德，那样戴德就能叫醒我们。
b. I wanna bring up HER, too.
我也想把她养大。
c.（If you say you keep those ones for yourself,）and then go ahead and give the guy THEM, then...
（如果你说你自己留着那些，）那就把它们给那个人吧，然后……
d. They put HER on Pat's team, and gave Ann US.
他们让她加入了帕特的队伍，把我们交给了安。

这些合乎语法句子（7.70a-c）和（7.72a-d）的存在使我们十分清楚：即便这些规则真的存在，任何针对宾语 NP 代词性质的条件都不应该被纳入任何为 VP 成分排序的转换规则之中[31]。但实际上，最近的句法理论研究（Bresnan 1982; Stowell 1981）已表明，VP 中子语类化成分的词序不受转换支配，并且（7.70a-c）和（7.72a-d）——以及它们与 VP 中较早位置上代词名词短语的对应词——都将按原样生成[32]。位于 VP 中任何位置上的代词性名词短语都易于获得焦点，而且带音高重调的不会去重音化。可以预言：它们在没有音高重调时在任何 VP 位置上的单音节去重音化上的表

---

[31] 瓦索（Wasow 1975）利用像与格移动和助词移动这类所假定的对 NP 代词身份敏感的规则来论证代词是基础生成的。我们虽认同瓦索的结论，但不接受基于这些转换的论据。

[32] 注意：双宾语构式中位于深层结构第二位置上的代词具有与假定转换移动到第二位置上的代词相同的可接受性：

(i)
a. We called John it (that bad name).　我们用它（那个坏字）叫约翰。
b. She envied Mary him.　她向他表示羡慕玛丽。
c. I promised the folks her.　我向她许诺人们。

当两个宾语都是代词时，可接受性得到提升，如与格移动案例所示：

(ii)
a. We call him it.　我们用它叫他。
b. She envied her him.　她向他表示羡慕她。
c. I promised them her.　我向她许诺他们。

433

现更像是一般的功能词[33]。这一预言都得到了证实，除了在紧靠动词后或介词后位置上之外，而这正是我们建议这些代词性名词短语在最后一刻表层结构操作时被后附着化的地方。

汉卡默（Hankamer 1973）提供了把代词后附着化视为在特定缺位中一条先于某些句法操作的规则的论据。他观察到，(7.73) 中的两个省略句都可以理解为"缺位"词语 *informed me*（告诉我）的句子。

(7.73)

Paul Schachter has informed me that the basic order in Tagalog and related languages is VSO, Ives Goddard that the unmarked order in Algonkian is OVS, and Guy Carden that the basic order in Aleut is OSV.

保罗·沙赫特告知我塔加拉语及相关语言的基本语序是 VSO，艾夫斯·戈达德（告诉我）阿尔贡金语的非标记性语序是 OVS，盖伊·卡登（告诉我）阿留申语的基本语序是 OSV。

有了这个我们认同的观察，汉卡默将具有代词宾语的(7.73)与其中 *Haj Ross* 取代 *me* 的(7.74)进行了对比。

(7.74)

Paul Schachter has informed Haj Ross that the basic order in Tagalog and related languages is VSO, Ives Goddard that the unmarked order in Algonkian is OVS, and Guy Carden that the basic order in Aleut is OSV.

保罗·沙赫特告知哈伊·罗斯塔加拉语及相关语言的基本语序是 VSO，（保罗·沙赫特告知）艾夫斯·戈达德阿尔贡金语的非标记性语序是 OVS，（保罗·沙赫特告知）盖伊·卡登阿留申语的基本语序是 OSV。

他提出：在(7.74)中，缺位只可能解释为 *Paul Schachter has informed*（保罗·沙赫特告知），并认为：(7.73)与(7.74)之间的差别可能是，代词宾语在缺位应用之前被后附着到了前面例子中的动词上所产生的结果。这将让缺位把 *informed me* 处理为了一个动词，由此最终产生了不同删除和解释的可能性。但这个论述没有通过，因为其差别并没有得到准确地描述。大概，汉卡默正在研究(7.74)中的发音，其中 *Haj Ross* 等其他专有

---

[33] 不过，应该说，当两个宾语都是代词时结果会更好。见本章注释[32]。

名称受到关注，我在这里将其重新转写成（7.75）。

（7.75）

PAUL SCHACHTER has informed HAJ ROSS that the basic order in TAGALOG and related languages (LANGUAGES) is VSO, IVES GODDARD that the unmarked order in ALGONKIAN is OVS, and GUY CARDEN that the basic order in ALEUT is OSV.

对（7.75）的解释正是如汉卡默所提出的那样。但现在假如 *Haj Ross* 是"旧信息"，并且在这一小型话语中是没有焦点的，如（7.76）写的那样。

（7.76）

PAUL SCHACHTER has informed Haj Ross that the basic order in TAGALOG and related languages is VSO, IVES GODDARD that the unmarked order in ALGONKIAN is OVS, and GUY CARDEN that the basic order in ALEUT is OSV.

现在的唯一解释是，"缺位"对应的是 *informed Haj Ross*（告诉哈伊·罗斯）[34]。但可以肯定的是，我们不想说 *Haj Ross* 后附着于动词之上。如果我们不

---

[34] 注意：与普遍观点（对比 Stillings 1975）相反，不仅仅可以缺位不止一个动词语符列：

（i）
　　a. MARY was counting on it for a RAISE, and HELEN ____ for a PROMOTION.
　　　玛丽指望它加薪，海伦指望升职。
　　b. MCGRAW-HILL sent it to her in APRIL, and HARCOURT BRACE ____ in MAY.
　　　麦格劳-希尔是四月份把它寄给她的，哈考特·布雷斯是五月份寄过去的。
　　c. SOME people looked at it for HOURS, and OTHERS ____ for days on END.
　　　有些人看了好几个小时，有些人看了好几天。
我们建议以下规则方式对这里的缺位做一次初步的分析：

（ii）
缺位
句子 S_j 中的一个成分 C_n 可以删除，如果：
　　a. 它不是一个焦点；
　　b. 它与其前面句子 S_i 中的一个成分 C_m 相同（即如果它是可以获取的）；而且
　　c. 如果 S_i 中的每一个焦点 F_i 在 S_j 中都有一个对应的（成对的）焦点 F'_j。

该规则从根本上说道：相同成分可以被删除，如果它是内嵌在一个适当的平行焦点结构中。毫无疑问，这条规则除此之外还有更多需要讨论的东西，但要把它与焦点相关的条件提出来讨论，似乎就需要把它提出来。

为无焦点的 *Haj Ross* 采纳这一解决方案，那么我们就没有理由为（7.73）中无焦点的 *me* 采纳它。因此，缺位没有提供任何证据证明代词后附着化是一条先于其他某个句法组件操作的规则[35]。

但我们不想因代词后附着化遵守一定的句法条件就把它视为一条句法规则。首先，它提到了宿主的性质：代词只附加到动词或介词之上。其次，宿主似乎必须 c- 统制代词。这方面的证据是，代词不附加到前面的动词助词上（见 7.70c），并且下面的句子：

(7.77)
When you roll over thém (roll them over) , try not to mess up thém (mess them up) .
当你把它们翻过来时，不要把它们弄乱。

（括号中的是首选发音方式）介词"助词"是一个 PP，因而不 c- 统制其后的名词性 NP[36]。最后，正如我们将要说明的，假定是一种后附着化的结构，那么音系属性将自动产生[37]。

---

[35] 注意：如果代词后附着化是循环性的，那么它就会在动词第二种构式中产生错误的结果，仅在动词没有补语时推后主语 NP：

(i)
 *John the woods ᵥ[pushed them]ᵥ John
(ii)
 *Away ᵥ[drove it]ᵥ Mary

[36] 波斯塔尔（Postal 1974）认为有一条代词后附着化的从句匹配条件，但支持这一立场的实际情况很微妙，而且是与音段音系学相关的某种程度上的变异形式，所以我们在此不对它们进行探讨。

[37] 在最后对规则的句法地位的评析中，我们应指出，它对 NP- 语迹在表层结构中的存在不敏感。被动句的（派生）主语最初位于第一个 NP 宾语位置上，可能表明第二个 NP 宾语代词的后附着化：

(i)
a. Bill was given it for the last time.
 是最后把它给比尔的。
b. No interpretation was assigned them [m] , and I know why.
 没有给他们做解释，我知道为什么。

但由于不在第一个宾语位置上就不可能发生 Wh 移动，我们就会不知道潜在的差异是什么；因此就不清楚什么样的解释是由（i）中的情况确保的。

我们将该规则表述如下：

（7.78）

代词的后附着化（非强制性的）

$$[\ X^0\ ][N_{pro}] \implies 1\#2,\ \phi$$
$$+\text{动词}$$
$$\quad 1 \qquad\quad 2$$

条件：1 c-统制 2

这条规则（乔姆斯基式地）将人称代词（N_{pro}）连接到其前面带句法特征[＋动词]的 c-统制词（即（包含助动词在内的）动词类和介词类）上。

必须要解释的（所假定的）后附着化代词的音系属性是：（a）它们的无重音情况，（b）代词与宿主之间无（节奏性）分音渡情况。（从节奏上讲，动词的无重音代词宾语后附着于它，有关这方面的论证，见阿伯克龙比（Abercrombie 1964）。更多支持这一描述的音系证据，见塞尔柯克（Selkirk 1972）。）按照我们的句法-音系映射和去重音化理论，这些属性均可以直接推导出来。举简单句 *She saw them*（她看见了他们）为例。句法后附着化的结果是句法表达式（7.79）。正确的节律栅同界是（7.80）。

（7.79）

（7.80）

```
        x
        x
  x  x  x
  She saw them
```

（7.80）是以下列方式从（7.81）中推导出来的：

（7.81）

$_{\bar{S}}[\,_S[\,_{NP_{pro}}[\,_{N_{pro}}[\text{ She }]_{N_{pro}}]_{NP_{pro}\,VP}[\,_{V_b}[\,_{V_a}[\text{ saw }]_{V_a\,N_{pro}}[\text{ them }]_{N_{pro}}]_{V_b}]_{VP}]_S]_{\bar{S}}$

N_{pro}、V_a 上的循环

		x	
	x	x	x
	x	x	x
"词重音规则"	She	saw	them
SDA	—	—	—

V_b 上的循环

| "重音规则" | — | — |
| SDA | — | — |

		x
MD	—	them

VP 上的循环

| "重音规则" | — | — |

```
              x
              x
        x   x  xx
SDA    [ saw them  ]
MD          —
```

S 上的循环

"重音规则"   —

```
           x
     x   x
     x   x    x  xxxx
```

第七章　功能词：去重音化与附着化

```
SDA              [ She    saw    them   ]
                                x
                                x
                         x    x    x   xxxx
MD               [ She    saw    them   ]
```

在最低的一轮循环中，代词就像所有的功能词那样被处理的：它们获得了一个基本节拍同界，但没有获得第三层级主要词重音，并且也没有指派给它们任何无声半拍。至于作为"真实"词的动词，给它指派的是正常的"词重音"，但其后没有无声半拍。（回想一下，无声半拍添加直到更高循环应用域中才应用。）在下面一个更高轮次的循环中，在由后附着化创建的 V 节点上，"重音规则"和无声半拍添加都没有造成任何变化。唯一能够在此应用的"重音规则"将是具有词应用域的复合词规则，但如果相关凸显已是最凸显的，那么它就不会提高第三层级以上的凸显等级。无声半拍添加不会在推导而得的成分 V_b 的末尾处应用，这又是因为"真实"的词只在下一个更高轮次循环中获得无声半拍。无声半拍添加在这一轮循环中没有在 V_b 末尾处应用，这让单音节去重音化在这个应用域中应用，将后附着形式 them 降为了无重音形式。这样一来，就像处理非句法派生词中末尾音节那样来处理一个后附着的功能词。至于无声半拍添加在 V_b 循环中无法将无声半拍添加到 V_a 的情况，我们推断 V_b 不是适合其应用的那种更高应用域。（对于含有中性词缀的词，即给词语类添加后缀的词，也可以提出相同的观点。内部词不给指派无声半拍。的确，我们预测，后附着成分应呈现与英语里中性后缀一样的音系表达式。）在 VP 循环中，无声半拍将作为一个词添加到 V_b 和 VP 本身上去。但无声半拍进入的"太晚"，无法阻断前一轮循环中发生的 them 的去重音化。最后，在 S 循环中，末尾增加了更多的无声半拍。主语代词 NP_{pro} 是一个名誉上的功能词，不受无声半拍添加影响，因而将被单音节去重音化规则去重音化。那么，至关重要的是，由于有了出于独立原因所做的有关栅构建和去重音化的假设，表层结构（7.79）正如所预测的那样映射为其正确的节律栅同界（7.80）。

句法结构是通过将代词后附着到介词或助动词方式获得的，对它们的解释主要因宿主的功能词性质而彼此有别。事实上，这些结构具有与 *could have* 一样的解释。不是代词后附着形式就是功能词宿主发生去重音化，但绝不是二者都发生去重音化：

(7.82)

a. Mary will give the documents $\begin{Bmatrix} \text{tò yŏu} & [\text{tùwjə̆}] \\ \text{tŏ yòu} & [\text{tə̆jùw}] \\ \text{*tŏ yŏu*} & [\text{tə̆jə̆}] \end{Bmatrix}$ soon. 玛丽很快就会把文件给你。

b. The others are looking $\begin{Bmatrix} \text{àt thĕm} & [\text{ǽtm̥}] \\ \text{ăt thèm} & [\text{ə̆tðèm}] \\ \text{*ăt thĕm*} & [\text{ə̆tm̥}] \end{Bmatrix}$. 其他人正看着他们。

c. I'll be thinking $\begin{Bmatrix} \text{òf yŏu} & [\text{ʌ̀vjə̆}] \\ \text{ŏf yòu} & [\text{ə̆vjùw}] \\ \text{*ŏf yŏu*} & [\text{ə̆vjə̆}] \end{Bmatrix}$. 我会想念你的。

(7.83)

a. How tall $\begin{Bmatrix} \text{àre yŏu} & [\text{àrjə̆}] \\ \text{ăre yòu} & [\text{r̥jùw}] \\ \text{*ăre yŏu *} & [\text{r̥jə̆}] \end{Bmatrix}$? 你身高多高？

b. What sign $\begin{Bmatrix} \text{àre yŏu} & [\text{àrjə̆}] \\ \text{ăre yòu} & [\text{r̥jùw}] \\ \text{*ăre yŏu *} & [\text{r̥jə̆}] \end{Bmatrix}$? 你属什么星座？

（注意：我们此刻只讨论代词或宿主都不具有音高重调（即句子中的主要凸显是在后附着化的结构之前）的发音。只有在没有音高重调的情况下，我们在解释这些结构时才能清楚地认识单音节去重音化和无声半拍添加的作用。）[38]

---

[38] 无法控制音高重调的存在，导致塞尔柯克（Selkirk 1972）对相关事实的陈述不充分。

似乎确实有这种情况，介词和其后的代词宾语可以去重音化，如 *What did they gíve tŏ yŏu*［təjə］？。这个发音方式在快速话语中最为自然，可能是应用像奇异规则（Abracadabra Rule）之类的东西所产生的结果（3.3.2 节）。请注意，快速话语还涉及一些别的弱化情况，它们原本在更为谨慎的语速中是重音音节：例如，*I'm gonna*［gʌ́nə］*leave* 变成了 *I'm*［gə̆nə］*leave*（有时甚至会变成［ájŋə̆nə］*leave*，［ámə̆nə］*leave* 或［ájŋə̆nə］*leave*）。但还有可能介词本身后附着于其前面的动词，而代词则紧跟其后。这种情况下，就会像处理中性缀词序列那样处理它们，可能会让它们一开始都没有重音。我们对这个问题的探讨仍不充分，还不知道哪一种是正确的方法。无论怎样，对现有语法稍作扩展，就可以解释现存的两种去重音化的案例。

7.2.3 节奏重构：助动词缩约情况

助动词和情态动词在许多方面的表现很像其他的功能词。它们通常都会去重音化的，除非带有一个音高重调或一个节奏上添加的节拍，或者出现在短语末尾或在插入语之前，或者具有一个后附着其上的无重音音节（如 -n't、-ing 或一个人称代词）。但助动词和情态动词都有一个特有的属性：弱形式时可以（通过元音删除或音节响音的"去音节化"）完全失去音节性，并且体现为表面只带有一个非音节性辅音残留[39]。这一点在 's（指 *is*, *has*）、'd（指 *had*, *would*）、'm（指 *am*）、've（指 *have*）、're（指 *are*）和 'll（指 *will*）等传统拼写中得到了体现。我们将这些形式称作**缩约形式**（contraction），把推导音形中所涉及的一个规则或几个规则看作是

---

[39] 助动词删除的某些方面是常规性的，而某些方面则是相当特殊的（Zwicky 1970），人们可能会倾向于把某些缩约视为母体弱形式的异干交替形式。但正如凯斯（Kaisse 1981b）所说的那样，它们可以是异干交替的这一事实并不要求我们把助动词缩约视为一条句法规则。关于缩约异干交替的重要事实是，它并不参考成分在直接环境中的语素或语类身份，准许我们至少把它看作是一条句法–音系映射规则，如果不是一条音系规则的话。

助动词删除（Aux Deletion）规则。无论对助动词删除做怎样的细节描述[40]，它显然是一条规则（或一组规则），这条规则更进一步地呈现了已证实的弱化语言里无重音音节的趋向，实现了一种可视为与其前面相邻音节的"融合"。

我们现在与拉考夫（Lakoff 1970）、茨威基（Zwicky 1970）、凯斯（Kaisse 1981b）等观点相同，都认为助动词删除现象需要助动词在音渡上与其前面的相毗邻[41]，因此必须至少有一条某些助动词与其前面成分更贴近的语法规则。但我们认为，要想对这条我们称之为**助动词缩约**（Aux Contraction）的规则做出一种有见地的描述，就需要用节奏性结构术语对它进行表述，即它是一条节奏重构规则，而不是句法组件规则。

正如我们所表明的，句法上后附着化的功能词带有要求助动词删除的特点：它们无重音，音渡上近于其前面的成分。因此，前面案例中产生后附着结构形式的同样一般类型的句法重构规则，也合情合理地产生了发生助动词删除的结构形式。按照助动词缩约的句法分析，（7.84）这种结构被提交到了句法–音系映射之中：

（7.84）
...$_N$[$_N$[Jane]$_N$ $_{V助动词}$[is]$_{V助动词}$]$_N$...

但助动词缩约案例与早先后附着化案例之间有一个重要差别：助动词缩约在我们所描述为短语末尾或焦点前的位置（尽管有些人可能把它们称为空语类前的位置）上就如同在插入语之间一样，都是不合乎语法的，如（7.85）和（7.86）所示。

（7.85）

    a. Mary's as tall as you $\begin{Bmatrix} \text{are} \\ \text{*'re} \end{Bmatrix}$ ___ wide. 玛丽的高跟你的宽一样。

---

[40] 茨威基（Zwicky 1970）对相关事实进行了很好的讨论。
[41] 借助一定程度的形式上的戏法，我们在塞尔柯克（Selkirk 1972）中在没有假定后附着化的情况下成功地对助动词删除情况进行了描写。

b. Tell me where the party $\begin{Bmatrix} \text{is} \\ \text{*'s} \end{Bmatrix}$ _____ tonight. 告诉我今晚舞会是在哪里。

c. The water's bad, and the air $\begin{Bmatrix} \text{is} \\ \text{*'s} \end{Bmatrix}$ ____, too. 水不好，空气也不好。

(7.86)

a. The play's strongest number $\begin{Bmatrix} \text{is} \\ \text{*'s} \end{Bmatrix}$, as might be expected, a dance piece.

正如人们所料，这出戏最精彩的部分是一段舞蹈。

b. The best show $\begin{Bmatrix} \text{has} \\ \text{*'s} \end{Bmatrix}$, it seems, won a prize.

最好的节目看来获奖了。

（布列斯南（Bresnan 1971b）、金（King 1970）等学者都已注意到了这些事实）但（附加到动词和介词之上的）后附着形式 *n't*、*to*（如 *wanna* 中的）、*have*（如 *could've* 中的）以及 *him*、*her* 等都没有这种分布上的限制：

(7.87)

a You shouldn't _____. 你不应当 _____ 。
   Do you wanna _____? 你想要 _____ 吗？
   I could've _____. 我本来可以 _____ 。
   They found'm. 他们找到了他。

b. You shouldn't, it seems, be too upset by this.
   看来你不应当对此太沮丧。

   I could've, if I'd wanted, been more attentive.
   如果我愿意的话，我本可以更专心的。

   They found'm, according to Jane, in the closet under the stairs.
   简说，他们在楼梯下的壁橱里找到了他。

助动词缩约的分布越有限，只可能意味着将助动词后附着化其前面成分的句法规则一定比先前所描述的后附着化规则更复杂。的确，对假定句法上的助动词缩约规则做更丰富的结构描写，对助动词的右边可以接什么不可以后接什么施加限定条件，都会让这一特异性在语法中得到编码。（凯斯（Kaisse 1981b）提供了这样一种表述。）但鉴于我们对功能词的总体了解，以此方法处理问题，似乎忽视了一项极有意义的概括：倘若**不把助动词做成句法上后附着于其前面的成分**，那么助动词缩约便在助动词必须保持强重音形式的地方无法运行。假若我们假定助动词在句法上不是后附着形式，那么我们就会在原则上直接对助动词缩约为何不出现在这些语境中做出解释：重音阻碍助动词删除。或者用肯定的方式说：助动词缩约仅在那些如下的句法结构环境中是可以的，即按照表层短语结构的标准假设，句法-音系映射将为助动词指派一个无重音身份。这样一来，后附着化句法规则好像没有一点可取之处。

我们假设助动词删除有两个必要条件：(i) 助动词无重音，(ii) 它与其前面的音节（用栅术语说）在音渡上是毗邻的。在这个问题上很可能不存在任何异议。现在，根据对助动词删除的这一概述、助动词在句法上**不**后附着于其前面的假设和我们的栅构建和去重音化理论，不用迟疑就可以对大多数助动词缩约的正确分布做出预测。所有的助动词缩约都出现在这样的结构环境中：可以预测它们都是无重音的，**而且**其前面有一个非短语末尾功能词。前面的非短语末尾功能词后面是没有无声半拍的，因此与后面的助动词在音渡上是毗邻的。所以，我们预测缩约将在以下语境中发生：

(7.88)
a. She's a gas.   她是个活宝。
b. You've done it again.   你又做了一次。
c. I'm up to my ears in it.   我为这事忙得不可开交。
d. We'll give it a try.   我们尝试一下。
e. They're about to go.   他们就要走了。
f. Who've you been seeing?   你刚看到了谁？
g. Who'll be there?   谁会在那里？
h. Where've you been?   你去哪儿了？
i. How'm I supposed to do that?   那事我该怎么做？
j. The one that's over there.   在那边的那个。
……

第七章　功能词：去重音化与附着化

这些句子的表层短语结构，有些是在下面例（a）中给出的，它们将产生例（b）中助动词删除可以适用的节律栅同界。

(7.89)
a. $_\bar{S}[_S[_{NP_{pro}}[\text{you}]_{NP_{pro}}{_{VP}}[_{V助动词}[\text{have}]_{V助动词}{_{VP}}[_V[\text{done}]_V...]_{VP}]_{VP}]_S]_\bar{S}$
b. 　　　　x
　　　　　　x
　　　x　x　x
　　　you have done

(7.90)
a. $_\bar{S}[_{补语}[_{NP_{pro}}[\text{who}]_{NP_{pro}}]_{补语}\ _S[_{NP}[\text{e}]_{NP}\ _{VP}[_{V助动词}[\text{will}]_{V助动词}\ _{VP}[_{V助动词}[\text{be}]_{V助动词}...]_{VP}]_{VP}]_S]_\bar{S}$
（who、be 都有音高重调）
b. 　　x　　x
　　　x　　x
　　x　x　x
　　who will be

(7.91)
a. $[..._\bar{S}[_{补语}[\text{that}]_{补语}\ _S[_{NP}[\text{e}]_{NP}\ _{VP}[_{V助动词}[\text{is}]_{V助动词}\ _{PP}[_P[\text{over}]_P]_{PP}]_{VP}]_S]_\bar{S}$
b. 　　　　x
　　　　　　x
　　　x　x　x　x
　　　that is over

另一方面，倘若前面的名词短语在这里都是由一个单数人称代词构成的，或前面还有其他类型的短语，那么显而易见就不存在音渡上的毗邻性；因而可以预测，助动词删除就不能适用，助动词缩约也不会出现。如（7.92a-d）所示，这一预测在 'll、've、're、'm 上得到证实，但在 's 和 'd 上则未得到证实，甚至是在整个短语位于其前面时也是可能的，如（7.93a-d）所示。（这种差别是茨威基（Zwicky 1970）指出来的）。

(7.92)
  a. *The foci've been altered.   焦点刚被改变。
  b. *Mary'll[1]try that.   玛丽要试一下那个。

c. *You and they're in this together. 你和他们在一起。
d. *How low'm I going to go? 我要降到多低？

(7.93)

The foci'd been altered. 焦点已被改变。
Mary's leaving soon. 玛丽很快就要走了。
My mother'd do it better. 我妈妈会做得更好。
Which typewriter's been fixed? 哪台打字机修好了？

's 和 *'d* 在（7.93）这类语境中是可用的，这种情况中的一种情况是，关于助动词缩约在句子中的分布，我们现尚无一种解释。所提出的对这些案例的解释是一条节奏重构规则，它实际上改变了语法"核心"规则已赋予这些助动词的节律栅同界。规则的表述是：

(7.94)

节奏性助动词缩约

$$\begin{matrix} & & \text{x} & & \text{x} & \\ \ldots & \overbrace{}^{} & \overbrace{\sigma_i}^{} & \overbrace{}^{} & \overbrace{\sigma_j}^{} & \ldots \\ 1 & 2 & 3 & 4 & 5 \end{matrix} \Rightarrow 1,2,3,4,5$$

σ_j = *has, is, had, would*

这条规则是句法-音系映射的一部分。它只改变了句子的节律栅同界，根本不影响句法关系，如将从（7.95a）那里产生（7.95b）。

(7.95)

a.
```
              x                    b.              x
   x          x                        x           x
   x          x                        x           x
   x x  xx    x x  x xx                x x  x xx   x x x x
   Rosie      has left                 Rosie has   left
```
罗西已离开了

一旦这条规则完成操作，助动词删除便可以应用[42]。

---

[42] 我们认为，产生 *has* 的 *'s* 的规则和确认 *is* 是与屈折词尾 *-s* 相同的表层形式的规则，都是在助动词缩约和删除之后操作的，从而在音渡上贴近前面成分处产生[z]及其变体。

第七章 功能词：去重音化与附着化

注意该规则有一项关键性节奏条件："缩约"的助动词必须是无重音的。该条件符合核心通则：唯有表层语境中体现为无重音的助动词，才以缩约形式出现。如前所述，该规则无更多的节奏性条件，但也不排除可能存在对因素 3 的某个条件，从而对助动词与其前面的词之间的节奏距离施加限制。好像确实存在对涉及左手语境的助动词缩约的约束。实际上，凯斯（Kaisse 1981b）（在她的分析中）提出，只要左边的成分是一个 c- 统制的 NP，助动词（在句法上）就会移位到左边，并发生后附着化[43]。她引用了像（7.96a-f）这种拙劣蹩脚且完全不合乎语法的带缩约形式的句子，把它们作为这种需要在规则中提及 NP 和宿主性质的证据。

（7.96）

a. *Never's he been known to do such a thing.
从来没有人知道他做过这样的事。

b. *Not only's Louis smart, he's also a great guy.
路易斯不仅聪明，还是个了不起的人。

c. *Speaking tonight's our star reporter.
今晚开讲是我们的明星记者。

d. *More important's been her insistence on candor.
更重要的是她一直坚守坦诚。

e. *Under this slab's buried Joan of Arc.
在这块石板下面埋着圣女贞德。

f. *That the world is round's obvious.
显而易见，世界是圆的。

---

[43] 凯斯将该规则表述如下：
NP　助动词　X
1　　2　　3　⇒　1 # 2, 3

这里，1 c- 统制 2 和 NP 短语中 2 后面的 3，而且这里如果 1 是一个（单音节的）非词项成分，那么它不必是一个 NP，且 X 一定只是标记移位和删除的地点。

针对因素 3 的条件，是对拉考夫（Lakoff 1970）所提出的对 *be* 缩约的全应条件的再现，它实际上只是说，助动词不能后接 *wh-* 语迹或插入成分。有关 NP 结构概念，见范·利姆斯迪克和威廉姆斯（Van Riemsdijk and Williams 1980）。

406 尽管我们在这里不能采取这种想法，但似乎缩约在这些句子中的不合乎语法性和较低的可接受性很可能与句子的韵律有关，而非与 NP 不在助动词之间有关。像这些短语前置的句子在语调结构和计时上肯定与主语 NP 位于正常位置上的句子是不一样的，而助动词缩约已有了一个韵律条件，这使我们猜想整个事情应从韵律角度来理解。在我们看来，问题在于是否必须从韵律角度强化规则（7.94），或者是否应当把因式分解写入后接 *is/has/had/would* 的句法术语 NP 中。至关重要之处在于，带节奏条件的重构（后附着化）规则是否也有能力提及宿主的句法语类。对语法本质的一般思考，让我们不去想，而是期望：更加深入地研究这一问题，将表明有关助动词缩约微妙之处的这些事实都有一个非句法的解释。

第八章

句法－音系的映射

8.1 映射中的模块化

在前几章中，我们曾寻求回答（或部分回答）这样一个问题：句法与音系之间有何关系？虽然我们在回答中保留了音系解释句法（即句法可以影响音系，但反之则不然）这一标准理论的构想，但我们提出并建立了一种句法结构音系解释理论，这一理论明显与标准理论的构想相背离。标准理论把表层句法表达式和底层音系表达式视为具有基本相同性质的实体，并认为句法到音系的映射（"重新调整"）仅仅是对表层结构做几处调整和改变，并加上需要表示与某些音系规则相关的音渡属性的边界成分而已。音系表达式理论的重大变化，特别是对音系表达式本身有层级组织的认识，都需要对句法与音系之间的关系进行根本性的反思。我们这里创建的句法－音系映射的构想涉及在句法表达式的基础上所进行的两阶段音系表达式**构建过程**。第一阶段，将句法结构映射到一种语调表层结构，即一种已联结语调结构的表层结构。那个语调结构内有句子的语调短语切分、语调短语的音高曲拱以及将一个个音高重调分配给词类或比词类更小成分的指派过程。在映射的第二阶段，在语调表层结构的基础上为句子构建一种节律栅的同界形式（重音模式）。所涉及的几个规则子组件，是以循环方式应用的。据称，第二阶段的输出项是句子的底层音系表达式，即句子语法音系组件的输入项。

句法-音系映射的这个理论隐含地表示，语法应严格分成彼此排序明确且均由规则和原则组成的不同组件和子组件，这些规则和原则在各自推导阶段中都会利用有关它们所界定的表达式的各类有限信息。我们认为句法表层结构是由句法组件的规则界定的，它们绝不会求助于音系表达式方面的任何信息。（布列斯南（Bresnan 1971a, 1972）和比耶维什（Bierwisch 1968）对这一将句法与音系分割开来的做法提出了挑战，第五章已对此做出了回答。）句子的焦点结构（和句法成分的标注）可以在句法推导过程中获得指派，而且它可能会影响删除之类的规则。但与焦点结构相关的句子韵律因素——音高重调指派（以及还可能有语调短语切分）——仅在表层结构到"后句法"的**语调表层结构**映射中，才归因于这个句子。

句法表层结构到语调表层结构的映射受制于三种条件，它们是语调表层结构自身合格与否的条件：(i) 音高重调必须指派给词类或比词更小的结构成分，(ii)（母）句子必须由一个或多个语调短语序列组成，(iii) 每个语调短语必须构成一个意义单元（条件 (iii) 要求将语调表层结构置于与句子语义表达式的直接关系之中，除非它所诉求的语义表达式在表层句法结构中得到了表征；语调曲拱的选择可能也会要求语义解释，这一点强化了如下这种观点，即部分音系化的表达式与语法的语义组件直接相关）。句子句法不决定它的语调结构，这一点很重要。语调结构是自由指派的，遵循合格性条件，并得到解释。正是这一自由指派，才解释了如下这条重要事实：句子句法表达式与其音系表达式之间存在着一对多的关系。

几类循环应用的规则和原则给句子指派了语调结构后，便把它解释为一种节奏结构。主要参照语调表层结构各方面因素（句法结构本身、语调短语切分、音高重调与音节的联结方式以及音节本身的结构）的规则施以了节奏凸显的核心模式（这些就是我们所说的文本到栅的同界规则）。它们借用过来的任务是，通过给节律栅赋予节奏排序的规则（即栅悦耳规则）来创建强弱节拍适当交替展开的节奏结构。这些规则本身不诉诸句法结构，而诉诸迄今为止在映射中确立起来的节律栅。去重音化规则诉诸音节结构，也有句法应用域，它们可以进一步改变所产生的节奏模式。可以把句子的音渡属性理解为本质上是节奏性的，并由一组在话语句法结构的基础上引入无声栅位置的规则（无声半拍添加）对其进行界定。深一层次的音渡再调整，可以通过节奏后附着化（rhythmic encliticization）规则来完成。这一循环性栅构建的输出项是一个完整的音系表达式，即一个完全从韵律结构（语调切分方式和音节结构）、节奏结构（节律栅同界）和语调曲拱角度界定的句子。

我们认为，句子语法音系组件的规则（即音系规则）将句子的完全（底层）音系表达式映射为表层音系或语音表达式。我们现暂且把音系规则定义为任何以某种方式修改音系表达式中的音段或音节的规则，尽管该定义可能仍需要修订。我们的假设是，音系规则不直接参照句法结构，它们的应用仅受音系表达式本身（包括节奏分音渡（等级）表达式以及话语到音节和语调短语的分析）的支配。我们还提出，以此方式界定的音系规则不适用于循环方式。换言之，我们要说的是：句子的音系组件是不受句法制约的，或者以此方式界定的音系是"后循环性的"。假设这些关于音系规则不直接依赖于句法的主张是正确的，似乎可以把句法–音系映射的输出项视为无句法表达式伴随的单独的音系表达式。

句法–音系的映射规则，特别是界定句子节奏结构的规则，自始至终都与句法有关。核心重音规则这类重音规则都有明确的句法应用域（这些是普林斯（Prince 1983）所界定的栅理论的末端规则），而创建节奏分音渡的无声半拍添加规则亦是如此。就是在这个栅构建的子组件中，句法与音系表达式的术语常常相互交错，混在一起。规则参照句法，建构音系。正是这些根据句法构建音系表达式的规则，才是以循环方式应用的。

节律栅构建规则是否都有任何抽象的属性？特别是可否对它们诉诸的

哪类句法结构信息进行大体上的描述？提出这样的问题合情合理。这两个问题的答案似乎都是肯定的。我们提出的句法-音系映射规则最多参照的是它们所应用的结构成分应用域 α 的句法语类，以及那个结构成分的一个姊妹节点 β，如下图所示：

（8.1）

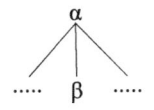

$$\begin{array}{c} \alpha \\ \diagup\!\!\!\diagdown \\ \cdots\;\;\beta\;\;\cdots \end{array}$$

我们将把它称为**单姊妹原则**（single daughter principle）。此外，除了规定 α 是 S 的无声半拍添加规则外，结构成分 α 和 β 均已只为语类类型（即 X^r（词根），X^0（词），X^n，这里 $n \geq 1$（短语））进行了赋值。请把这称作**无名应用域原则**（Nameless Domain Principle）。这些概括夺人耳目，引人关注。进一步研究证实，它们表明句法结构在音系表达式中可以反映的方式确实非常有限。

总而言之，我们正在论证一个语法组织模式问题。在这个模式中，句法和音系是两个完全自主的组件，句法规则不诉诸音系，而反之亦然。但这两个组件之间的调节是由另外两个界定句子句法和音系表达式之间关系的东西完成的。这两个组件的原则都有混杂在一起的词汇。它们在构建音系表达式层级体系时诉诸句法表达式的某些有限因素。

8.2 句法-音系的循环

将语法分成几个组件，这对句子的推导过程中出现的不同种类语法过程的排序具有明显的影响。因此，在句法-音系映射中，句法的后附着化先于重音模式的归属；而这又依次先于有赖于音节有无重音特性的音系规则（如元音弱化）的应用。单独一个组件中的各种子组件也彼此相互排序。在句法-音系映射的栅构建组件中，核心重音规则这类文本到栅的同界规则先于（更确切地说，优先于）栅悦耳的节奏确保规则。所有这些规则都先于句法计时的无声半拍添加规则和去重音化规则。

除了将语法分成不同组件的组织结构理论所隐含的排序之外，还有一条排序原则——循环原则，对从句法表达式到音系表达式的推导过程具有非常重要的影响。在我们的理论中，这条原则不是支配音系部分的规则，而是支配创建音系表达式的规则，尤其是那些创建节奏结构的规则。这些规则（在大多数情况下）受句法结构约束，而循环则是它们如何应用于该结构的理论。我们要说的是栅构建组件，它是一个**循环性组件**，也就是说，在每一个连续的循环应用域中，规则的子组件都按上述排序应用。但是，在已知循环的情况下，"前面"子组件规则的应用可能是在"后面"子组件规则的应用之后，如果后者在较低循环应用域中已发挥作用。

从循环角度看栅构建的证据有多种来源。在分析词和短语的基本节奏模式时，我们对如下假设进行了论证，即文本到栅的同界规则和栅悦耳规则的循环性允许对这两个子组件交互作用（文本凸显保留条件）所做的重要概括进行陈述。文本凸显保留条件主要说的是，对适用特定句法应用域的文本到栅的同界规则的要求必须优先于该应用域内推导中引入的任何其他凸显。此条件不是"表层真实"。但假设每个连续循环应用域都为真，则可以确保通过文本到栅同界与栅悦耳之间的合理合法的交互作用来准确生成理想范围的重音模式。

循环的第二个论据源自短语去重音化和节拍移位。我们已证明短语去重音化"阻断"节拍移动。去重音化先于栅悦耳的这一排序显然是反常的。鉴于我们对子组件组织结构的一般理解，生成基本重音模式的文本到栅的同界和栅悦耳规则是在去重音的规则之间应用的。事实上，如果接受循环原则，那么这个排序在短语去重音化和节拍移位的数据面前仍然有效。

句法-音系映射循环性的第三个论据源自结构成分末尾音节的去重音

化。我们已阐明：虽然不是"真"词末尾而是短语末尾的音节可以避免去重音化，但无论"真"词（无论这些词是由词句法的规则生成的，还是由句法后附着化转换生成的）出现在句中的哪个位置，它的末尾音节都可以发生去重音化。若把去重音化和插入无声半拍规则理解为循环应用的，则可以对这一差别做出解释。无声半拍要添加到一个超词应用域时才能应用，此时它将阻断任何应用域末尾音节的去重音化。但如果允许去重音化早点应用，那么就可能发生词尾去重音化。

因此，我们正是因为这些原因才相信句法-音系的映射中存在着一个循环。它使理论能够表达重要的概括，而不必承诺如下的主张：它们都是"表层真实"，因而呈现对一定程度的语法"抽象性"的需求。

8.3 词与句子

本书研究的重点主要放在了句子的音系属性上，正如它们所界定的那样，通过语调结构的指派和节律栅同界的构建从句子表层句法结构到（底层）音系表达式的映射来界定。如果不对词音系的相关方面，特别是词重音模式和这些模式对词内成分结构的依存性做某些假设，就不可能在理解句子音系的这些方面取得任何进展。功能词在句中的表现与"真"词不同。要描写这种差异以及功能词的独特属性，都需要了解"真"词的属性。此外，句法转换衍生的词确实存在，而且重要的是确认转换衍生的词是否共享由语法词句法组件（形态学）的规则生成的词的音系属性。

书中提出了有关音系与句法关系的词音系问题，其最为重要的原因或许是词本身具有内在的句法成分结构。一般音系解释原则（句法结构映射为音系表达式的相同原则）在词中获得的与句中是否一样？我们相信是的。在这个点上，我们同意乔姆斯基和哈勒在《英语音系》中的看法，但不同意利伯曼和普林斯（Liberman and Prince 1977）、凯巴斯基

（Kiparsky 1982a）等人从完全不同的角度看待词和句子的做法。然而，我们认为这种情况并不是用来从根本不同的方式分析词结构和句子结构的音系解释，因此，我们继续对各个层面上的语音与结构之间的关系进行统一的解释。

我们认为，这个问题围绕着话语的句法成分结构与它的"重音模式"之间的关系。我们把该问题分成以下三部分：(i) 所解释的句法对象的性质，(ii) "重音"表达式的性质和解释句法对象的"重音规则"的性质，(iii) "重音规则"应用于句法对象的方式。在《英语音系》中，词和句子在句法上表征为有标示的树（或括弧表达式）。重音被表征为一个 n 值特征，它通过具有明确句法应用域的规则来指派，并受各种规约（如重音从属规约）支配。这些规则是循环应用的，先是词，而后是句子。利伯曼和普林斯（Liberman and Prince 1977）认为输入给音系表达式的是同一种句法"输入项"。重音模式是用标示 s/w 的二分支（节律）树和 [±重音] 特征来表征的。像标准《英语音系》理论那样的规则指派 [±重音] 特征，词的节律树的构建是伴随指派 [±重音] 特征的规则出现的。但句子重音模式的树据称是句法给的。但标示 s 或 w 树节点的规则受句法结构制约（并区分词与短语），但就句子重音模式而言，利伯曼和普林斯指出：循环是不必要的，因为标示句法节点的规则可以以任何排序方式应用，但产生的结果仍都是相同的。但利伯曼和普林斯、凯巴斯基（Kiparsky 1979）和海耶斯（Hayes 1980, 1982）都确实证明，词重音树的构建和标示必须以循环方式进行，或者以某种方式应用到一级比一级高的应用域中。既然有这样的重音节律树理论，那么，词重音模式和句子重音模式在句法结构方面就不是以相同方式推导而来的。然而，我们与普林斯（Prince 1983）都认为，重音模式理论作为音节与节律栅边界的理论，应当取代重音的节律树理论，这意味着回到了词或句子句法结构的一种统一音系表达式理论。我们与《英语音系》以及利伯曼和普林斯一样，都认为词和句子的结构在提交给解释规则（句法-音系映射）时是带标签的括号形式。构建词和句子重音模式的是一组规则，其中有些有句法应用域（应用域末端凸显规则），而有些则没有（重音节基本节拍规则、音高重调凸显规则和各种栅悦耳规则）。我们曾指出，这些规则在词和句子上是循环应用的。

凯巴斯基（Kiparsky 1982a）等曾主张，可以而且也应当将循环作为支配词的音系解释原则删掉。凯巴斯基支持一种基于西格尔（Siegel 1974）和 M. 艾伦（Allen 1978）理论的构词模式，该理论是：构词规则和音系规则（包括重音规则以及按凯巴斯基所说的其他音系解释规则）可以彼此进行排序，而且它们实际上可能混入词的"推导"过程中。正如佩塞兹基（Pesetsky 1979）所指出的，这样的构词和词音系理论可以删掉循环。确切地说，如果没有音系解释的词的"推导"，其中一条音系规则具有不止一个所要应用的成分结构的应用域，那么这种理论则允许删掉循环；换言之，音系规则一定是在每次"添加"词缀或每次"构成"一个复合词之后应用。

在重音节律树理论背景下，这种无循环的词构成和词音系模式可能很有吸引力，恰恰是因为它恢复了音系解释理论的一定统一性：任何地方都没有循环。但这种看似音系上的统一性是以牺牲句法描写上的统一性为代价。按照凯巴斯基及其前面学者的观点，句子结构和词结构都必须是以截然不同的方式生成的。

正如我们在第三章中和在塞尔柯克（Selkirk1982）中所指出的，在描写词法上，我们尚未在理论或实证上看到西格尔-艾伦-凯巴斯基构词理论的优点。相反，我们认为它用一组不受语境制约的改写规则，准确地把词结构作为句子结构进行了描写。当然，这意味着原则上不能消除词中的循环，因为不能对改写规则进行排序，因而也不能与音系解释规则穿插在一起。更确切地说，它们生成完整的嵌入结构，仅在生成后才可用于解释、可用于那些音系解释规则原则上可以循环应用于的结构。如果该理论要适应 3.4 节中所讨论的英语词重音的事实，那么它们则确实必须是循环应用的。重音节律栅理论要求我们从循环角度看待句子结构的音系解释。就这一点而言，鉴于我们的词句法理论，还必须对词结构进行循环解释，这并不是一个令人讨厌的结果。因此，如果事实最终证明我们的词构成和循环性词音系理论可以处理凯巴斯基模式所处理的所有概括（我们认为它是能够做到的），那么我们发现可以恢复理想的语法理论中的统一性。词和句子都可以由相同种类的规则生成，都可以由相同的句法-音系映射一般原则解释。

参考文献

Abercrombie, D. 1964. Syllable quantity and enclitics in English. In D. Abercrombie, D. Fry, P. MacCarthy, N. Scott, and J. Trim, eds., *In Honour of Daniel Jones: Papers Contributed on the Occasion of His Eightieth Birthday, 12 Sept. 1961*. London: Longmans.

Abercrombie, D. 1967. *Elements of General Phonetics*. Edinburgh: the Edinburgh University Press.

Abercrombie, D. 1968. Some functions of silent stress. *Work in Progress* 2, 1–10. Department of Phonetics and Linguistics, University of Edinburgh.

Adams, V. 1973. *An Introduction to Modern English Word Formation*. London: Longmans.

Allen, G. 1972. The location of rhythmic stress beats in English: An experimental study II. *Language and Speech* 15, 179–195.

Allen, G. 1973. Segmental timing control in speech production. *Journal of Phonetics* I, 219–237.

Allen, G. 1975. Speech rhythm: Its relation to performance universals and articulatory timing. *Journal of Phonetics* 3, 75–86.

Allen, M. 1978. Morphological investigations. Doctoral dissertation, University of Connecticut.

Allen, W. 1954. *Living English Speech: Stress and Intonation Practice for the Foreign Student*. London: Longmans.

Anderson, J., and C. Jones. 1974. Three theses concerning phonological representations. *Journal of Linguistics* 10, 1–26.

Anderson, S. 1971. On algorithms for applying phonological rules. *Quarterly Progress Report* 103, 159–164. Research Laboratory of Electronics, Massachusetts Institute of Technology.

Anderson, S. 1974. *The Organization of Phonology*. New York: Academic Press.

Bach, E. 1983. On the relationship between word-grammar and phrase-grammar. *Natural*

Language and Linguistic Theory 1. 1.

Baker, C., and M. Brame. 1972. Global rules: A rejoinder. *Language* 48, 51-75.

Basbøll, H. 1975. Grammatical boundaries in phonology. *Annual Report of the Institute of Phonetics of the University of Copenhagen* 9, 109-135.

Basbøll, H. 1978. Boundaries and ranking rules in French phonology. In B. de Cornulier and F. Dell, eds., *Etudes de phonologie française*. Paris: Editions du Centre National de la Recherche Scientifique.

Bell, A., and J. Hooper., eds. 1978. *Syllables and Segments*. Amsterdam: North Holland.

Berman, A., and M. Szamosi. 1972. Observations on sentential stress. *Language* 48, 304-325.

Bianchi, E. 1948. Alcune osservazioni sul rafforzamento consonantico nel parlar fiorentino. *Lingua Nostra* 9, 76-77.

Bierwisch, M. 1966. Regeln für die Intonation deutscher Satze. *Studia Grammatica 7: Untersuchungen über Akzent und Intonation im Deutschen*, 99-201. Berlin: Akademie-Verlag.

Bierwisch, M. 1968. Two critical problems in accent rules. *Journal of Linguistics* 4, 173-178.

Bing, J. 1979a. Aspects of English prosody. Doctoral dissertation, University of Massachusetts at Amherst.

Bing, J. 1979b. A reanalysis of obligatory "comma" pause in English. *University of Massachusetts Occasional Papers in Linguistics* 5, 1-23.

Bloch, B., and G. Trager. 1942. *Outline of Linguistic Analysis*. (Linguistic Society of America: Special Publication) Baltimore: Waverly Press.

Bloomfield, L. 1933. *Language*. New York: Holt, Rinehart and Winston.

Bolinger, D. 1958a. Stress and information. *American Speech* 33, 5-20.

Bolinger, D. 1958b. A theory of pitch accent in English. *Word* 14, 109-149.

Bolinger, D. 1961. Contrastive accent and contrastive stress. *Language* 37, 83-96.

Bolinger, D. 1965a. *Forms of English: Accent, Morpheme, Order*. Cambridge, Mass.: Harvard University Press.

Bolinger, D. 1965b. Pitch accents and sentence rhythm. In D. Bolinger 1965a.

Bolinger, D. 1971. *The Phrasal Verb in English*. Cambridge, Mass.: Harvard University Press.

Bolinger, D. 1972a. Accent is predictable (if you're a mind reader). *Language* 48, 633-644.

Bolinger, D., ed. 1972b. *Intonation: Selected Readings*. London: Penguin.

Bolinger, D. 1981. Two kinds of vowels, two kinds of rhythm. Available from the Indiana University Linguistics Club, Bloomington. To appear in *Language*.

Bolinger, D., and L. Gerstman. 1957. Disjuncture as a cue to constructs. *Word* 13, 246–255.

Boxwell, H., and M. Boxwell. 1966. Weri phonemes. In S. Wurm, ed., *Papers in New Guinea Linguistics, No. 5*, 77–93. Australian National University at Canberra.

Bradley, D. 1978. Computational distinctions of vocabulary type. Doctoral dissertation, Massachusetts Institute of Technology.

Bresnan, J. 1971a. Sentence stress and syntactic transformations. *Language* 47, 257–281.

Bresnan, J. 1971b. Contraction and the transformational cycle in English. Ms., Massachusetts Institute of Technology. Available from the Indiana University Linguistics Club, Bloomington.

Bresnan, J. 1972. Stress and syntax: A reply. *Language* 48, 326–342.

Bresnan, J. 1976. On the form and functioning of transformations. *Linguistic Inquiry* 7, 3–40.

Bresnan, J. ed. 1982. *The Mental Representation of Grammatical Relations*. Cambridge, Mass.: The MIT Press.

Bruce, G. 1977. *Swedish Word Accents in Sentence Perspective*. Gleerup: Lund.

Bunn, G., and R. Bunn. 1970. *Golin Phonology*. Pacific Linguistics Monograph Series A, No. 23, 1–7. Australian National University at Canberra.

Cairns, C., and M. Feinstein. 1982. Markedness and the theory of syllable structure. *Linguistic Inquiry* 13, 193–226.

Camilli, A. 1911. Ancora dei rafforzamenti iniziali in italiano. *Le Maître Phonétique*.

Camilli, A. 1941. I rafforzamenti iniziali. *Lingua Nostra* 3, 170–174.

Camilli, A. 1963. *Pronuncia e grafia dell'italiano*. Florence: Sansoni.

Carlson, L. 1978. Word stress in Finnish. Ms., Massachusetts Institute of Technology.

Carlson, L. 1982. Dialogue games: An approach to discourse analysis. Doctoral dissertation, Massachusetts Institute of Technology.

Carlson, R., B. Granström, and D. Klatt. 1979. Some notes on the perception of temporal patterns in speech. *Proceedings of the Ninth International Congress of Phonetic Sciences*, Copenhagen, Vol. 2, 260–267.

Catford, J. 1966. English phonology and the teaching of pronunciation. *College English* 27, 605–613.

Catford, J. 1977. *Fundamental Problems in Phonetics*. Bloomington: Indiana University

Press.

Chafe, W. 1976. Givenness, contrastiveness, definiteness, subjects, topics and points of view. In C. Li, ed., *Subject and Topic*, 22–55. New York: Academic Press.

Cheng, C. 1968. Mandarin phonology. Doctoral dissertation, University of Illinois at Urbana.

Chierchia, G. 1982a. An autosegmental theory of radoppiamento. In J. Pustejovsky and P. Sells, eds., *Proceedings of the Twelfth Annual Meeting of NELS*, Massachusetts Institute of Technology.

Chierchia, G. 1982b. Syntactic conditions on external sandhi in Italian and the metrical grid. Ms., Department of Linguistics, University of Massachusetts at Amherst.

Chierchia, G. 1982c. Length in Italian and the autosegmental framework. Ms., Department of Linguistics, University of Massachusetts at Amherst.

Chomsky, N. 1957. *Syntactic Structures*. The Hague: Mouton.

Chomsky, N. 1965. Aspects of the Theory of Syntax. Cambridge, Mass.: The MIT Press.

Chomsky, N. 1970. Remarks on nominalization. In R. Jacobs and P. Rosenbaum, eds., *Readings in English Transformational Grammar*, 184–221. Waltham, Mass.: Ginn. Reprinted in Chomsky 1972b.

Chomsky, N. 1971. Deep structure, surface structure and semantic interpretation. In D. Steinberg and L. Jakobovits, eds., *Semantics: An Interdisciplinary Reader in Philosophy, Linguistics and Psychology*, 183–216. Cambridge: Cambridge University Press. Reprinted in Chomsky 1972b.

Chomsky, N. 1972a. Some empirical issues in the theory of transformational grammar. In S. Peters, ed., *The Goals of Linguistic Theory*. Englewood Cliffs, N. J.: Prentice-Hall. Reprinted in Chomsky 1972b.

Chomsky, N. 1972b. *Studies in Generative Grammar*. The Hague: Mouton.

Chomsky, N. 1973. Conditions on transformations. In S. Anderson and P. Kiparsky, eds., *A Festschrift for Morris Halle*, 232–286. New York: Holt, Rinehart and Winston.

Chomsky, N. 1980. On binding. *Linguistic Inquiry* 11, 1–46.

Chomsky, N. 1981. *Lectures on Government and Binding*. Dordrecht: Foris.

Chomsky, N., and M. Halle. 1968. *The Sound Pattern of English*. New York: Harper and Row.

Chomsky, N., M. Halle, and F. Lukoff. 1956. On accent and juncture in English. In M. Halle, H. Lunt, and H. MacLean, eds., *For Roman Jakobson*, 65–80. The Hague: Mouton.

Chomsky, N., and H. Lasnik. 1977. Filters and control. *Linguistic Inquiry* 8, 425–504.

Clark, M. 1978. A dynamic treatment of tone with special attention to the tonal system of Igbo. Doctoral dissertation, University of Massachusetts at Amherst.

Classe, A. 1939. *The Rhythm of English Prose*. Oxford: Basil Blackwell.

Clements, G. 1976. The autosegmental treatment of vowel harmony. In W. U. Dressier and O. E. pfeiffer, eds., *Phonologica 1976*. lnnsbrucker Beiträge zur Sprachwissenschaft. Innsbruck: Institut für Sprachwissenschaft der Universität Innsbruck (1977).

Clements, G. 1977. Tone and syntax in Ewe. In D. Napoli, ed., *Elements of Tone, Stress and Intonation*, 21–99. Washington, D. C.: Georgetown University Press.

Clements, G. 1981a. Akan vowel harmony: A nonlinear analysis. In G. Clements, ed., *Harvard Studies in Phonology*, Vol. 2.

Clements, G. 1981b. The hierarchical representation of tone features. In G. Clements, ed., *Harvard Studies in Phonology*, Vol. 2, 50–107.

Clements, G., and K. Ford. 1979. Kikuyu tone shift and its synchronic consequences. *Linguistic Inquiry* 10, 179–210.

Clements, G., and S. Keyser. 1981. A three-tiered theory of the syllable. Occasional Paper # 19, Center for Cognitive Science, Massachusetts Institute of Technology.

Coker, C., N. Umeda, and C. Browman. 1973. Automatic synthesis from ordinary English text. *IEEE Transactions on Audio and Electroacoustics* AU-21, 293–297.

Cooper, G., and L. Meyer. 1960. *The Rhythmic Structure of Music*. Chicago: The University of Chicago Press.

Cooper, W. 1976a. Syntactic control of timing in speech production. Doctoral dissertation, Massachusetts Institute of Technology.

Cooper, W. 1976b. Syntactic control of timing in speech production: A study of complement structures. *Journal of Phonetics* 4, 151–171.

Cooper, W., and M. Danly. 1981. Segmental and temporal aspects of utterance-final lengthening. *Phonetica* 38, 106–115.

Cooper, W., C. Egido, and J. Paccia. 1978. Grammatical control of a phonological rule: Palatalization. *Journal of Experimental Psychology: Human Perception and Performance* 4, 264–272.

Cooper, W., S. Lapointe, and J. Paccia. 1977. Syntactic blocking of phonological rules in speech production. *Journal of the Acoustical Society of America* 61, 1314–1320.

Cooper, W., J. Paccia, and S. Lapointe. 1978. Hierarchical coding in speech timing. *Cognitive Psychology* 10, 154–177.

Cooper, W., and J. Paccia-Cooper. 1980. *Syntax and Speech*. Cambridge, Mass.: Harvard

University Press.

Cooper, W., and J. Sorensen. 1981. *Fundamental Frequency in Sentence Production*. New York, Heidelberg, Berlin: Springer-Verlag.

Cooper, W., J. Sorensen, and J. Paccia. 1977. Correlation of duration for nonadjacent segments in speech: Aspects of grammatical coding. *Journal of the Acoustical Society of America* 61, 1046–1050.

Crompton, A. 1978. Generation of intonation and contours from a syntactically specified input. *Nottingham Linguistic Circular* 7, 59–112.

Crystal, D. 1969. *Prosodic Systems and Intonation in English*. Cambridge: Cambridge University Press .

Culicover, P., and M. Rochemont. 1981. Stress and focus in English. *Studies in Cognitive Science* 1, University of California at Irvine.

Danes, F. 1960. Sentence intonation from a functional point of view. *Word* 16, 34–54.

Delattre, P. 1940. Le mot est-it une entité phonétique en français? *Le Francçais Moderne* 8, 47–56. Also in Delattre 1966.

Delattre, P. 1961. La leçon d'intonation de Simone de Beauvoir. Etude d'intonation déclarative comparée. *The French Review* XXXV, 59–67. Also in Delattre 1966.

Delattre, P. 1966. *Studies in French and Comparative Linguistics*. Janua Linguarum Series Major XVIII. The Hague: Mouton.

Dell, F. 1984. L'accentuation dans les phrases en français. In Dell, F., D. Hirst, and J.-R. Vergnaud eds. *Forme sonore du langage*. pp. 65–122. Paris: Hermann.

Dell, F., and E. Selkirk. 1978. On a morphologically governed vowel alternation in French. In S. J. Keyser, ed., *Recent Transformational Studies in European Linguistics*. Linguistic Inquiry Monograph 2. Cambridge, Mass.: The MIT Press.

Donington, R. 1974. *The Interpretation of Early Music, New Version*. New York: St. Martin's Press.

Donovan, A., and C. Darwin. 1979. The perceived rhythm of speech. *Proceedings of the Ninth International Congress of Phonetic Sciences*, Copenhagen, Vol. 2, 268–274.

Downing, B. 1970. Syntactic structure and phonological phrasing in English. Doctoral dissertation, University of Texas at Austin.

Downing, B. 1973. Parenthesization rules and obligatory phrasing. *Papers in Linguistics* 6, 108–128.

Downing, P. 1977. On the creation and use of English compound nouns. *Language* 53, 810–842.

Egido, C., and W. Cooper. 1980. Blocking of alveolar flapping in speech production: The role of syntactic boundaries and deletion sites. *Journal of Phonetics* 8, 175–184.

Emonds, J. 1971. Evidence that indirect object movement is a structure preserving rule. *Foundations of Language* 8, 546–561.

Emonds, J. 1976. *A Transformational Approach to English Syntax*. New York: Academic Press.

Erteschik-Shir, N., and S. Lappin. To appear. Under stress: Functional explanation of English sentence stress. *Journal of Linguistics*.

Faure, G., D. Hirst, and M. Chafcouloff. 1980. Rhythm, isochronism, pitch, and perceived stress. In L. Waugh and C. van Schooneveld, eds., *The Melody of Language*, 71–80. Baltimore: Park Press.

Fiorelli, P. 1958. Del raddappiamento da parola a parola. *Lingua Nostra* 19, 122–127.

Fischer-Jørgensen, E. 1948. Some remarks on the function of stress with special reference to the Germanic languages. Third International Congress of Anthropological and Ethnological Sciences. Brussels: Tervuren.

Fischer-Jørgensen, E. 1975. *Trends in Phonological Theory: A Historical Introduction*. Copenhagen: Akademisk Forlag.

Fromkin, V., ed. 1978. *Tone: A Linguistic Survey*. New York: Academic Press.

Fudge, E. C. 1969. Syllables. *Journal of Linguistics* 5, 253–286.

Gårding, E. 1982. Prosodic expressions and pragmatic categories. *Lund Working Papers* 22.

Gazdar, G. 1981. Unbounded dependencies and coordinate structure. *Linguistic Inquiry* 12, 155–184.

Gee, J. P., and F. Grosjean. 1981. Performance structures: A psycholinguistic and linguistic appraisal. Ms., Northeastern University.

Giegerich, H. 1978. On the rhythmic stressing of function words: A modest proposal. *Work in Progress* 11, 42–51. Department of Linguistics, the University of Edinburgh.

Giegerich, H. 1980. On stress-timing in English phonology. *Lingua* 51, 187–221.

Giegerich, H. 1981a. Zero syllables in metrical theory. In W. U. Dressier, O. E. Pfeiffer, and J. R. Rennison, eds., *Phonological* 1980, Proceedings of the 4th International Conference on Phonology, Vienna. Innsbruck.

Giegerich, H. 1981b. On the nature and scope of metrical structure. Available from the Indiana University Linguistics Club, Bloomington.

Gimson, A. 1970. *An Introduction to the Pronunciation of English*. 2nd ed. London: Edward Arnold.

Goldhor, R. 1976. Sentential determinants of duration in speech. Master's thesis,

Massachusetts Institute of Technology.

Goldman-Eisler, F. 1972. Pauses, clauses, sentences. *Language and Speech* 15, 103–113.

Goldsmith, J. 1976a. Autosegmental phonology. Doctoral dissertation, Massachusetts Institute of Technology. Available from the Indiana University Linguistics Club, Bloomington.

Goldsmith, J. 1976b. An overview of autosegmental phonology. *Linguistic Analysis* 2, 23–68.

Grammont, M. 1914. *Traité pratique de pronunciation française*. 9th ed. Paris: Delagrave.

Grammont, M. 1933. *Traité de phonétique*. Paris: Delagrave.

Green, M. M., and G. E. Igwe. 1963. *A Descriptive Grammar of Igbo*. Oxford: Oxford University Press.

Guéron, J. 1980. On the syntax and semantics of PP extraposition. *Linguistic Inquiry* 11, 637–677.

Haas, M. 1977. Tonal accent in Creek. In L. Hyman, ed. 1977b.

Hale, K., and J. White Eagle. 1980. A preliminary account of Winnebago accent. *International Journal of American Linguistics* 46, 117–132.

Halle, M. 1971. Word boundaries as environments in rules. *Linguistic Inquiry* 2, 540–541.

Halle, M. 1973a. The accentuation of Russian words. *Language* 49, 312–348.

Halle, M. 1973b. Stress rules in English: A new version. *Linguistic Inquiry* 4, 451–464.

Halle, M., and S. J. Keyser. 1971. *English Stress: Its Form, Its Growth, and Its Role in Verse*. New York: Harper and Row.

Halle, M., and P. Kiparsky. 1981. Review of P. Garde, *Histoire de l'accentuation slave*. *Language* 57, 150–181.

Halle, M., and J.-R. Vergnaud. 1976. Formal phonology. Ms., Massachusetts Institute of Technology. .

Halle, M., and J.-R. Vergnaud. 1979. Metrical structures in phonology. Ms., Massachusetts Institute of Technology.

Halle, M., and J.-R. Vergnaud. 1980. Three dimensional phonology. *Journal of Linguistic Research* 1, 83–105.

Halle, M., and J.-R. Vergnaud. In preparation. *Three Dimensional Phonology*. Massachusetts Institute of Technology.

Halliday, M. A. K. 1967a. *Intonation and Grammar in British English*. The Hague:

Mouton.

Halliday, M. A. K. 1967b. Notes on transitivity and theme in English, Part II. *Journal of Linguistics* 3, 199–244.

Hankamer, J. 1973. Unacceptable ambiguity. *Linguistic Inquiry* 4, 17–68.

Hankamer, J., and J. Aissen. 1974. The sonority hierarchy. In A. Bruck, R. A. Fox, and M. W. LaGaly, eds., *Papers from the Parasession on Natural Phonology*, 131–145. Chicago Linguistic Society, University of Chicago.

Haraguchi, S. 1977. *The Tone Pattern of Japanese: An Autosegmental Theory of Tonology*. Tokyo: Kaitakusha.

Harris, J. 1968. *Spanish Phonology*. Cambridge, Mass.: The MIT Press.

Harris, J. 1982. *Syllable Structure and Stress in Spanish: A Nonlinear Analysis*. Linguistic Inquiry Monograph 8. Cambridge, Mass.: The MIT Press.

Haugen, E. 1956. The syllable in linguistic description. In M. Halle, H. Lunt, and H. MacLean, eds., *For Roman Jakobson*, 213–221. The Hague: Mouton.

Hayes, B. 1980. A metrical theory of stress rules. Doctoral dissertation, Massachusetts Institute of Technology.

Hayes, B. 1982. Extrametricality and English stress. *Linguistic Inquiry* 13, 227–276.

Hirst, D. J. 1976. Syntactic ambiguity and intonative features: A syntactic approach to English intonation. *Travaux de l'Institut de Phonétique d'Aix* 3, 463–493.

Hirst, D. J. 1977a. Emphatic intonation in generative grammar. In F. Carton, D. Hirst, A. Marchal, and A. Seguinot, eds., *L'Accent d'insistence / Emphatic Stress*. *Studia Phonetica* 12, 123–136. Paris, Montreal, Brussels: Didier.

Hirst, D. J. 1977b. *Intonative Features*. The Hague: Mouton.

Hirst, D. J. 1977c. Phonology of Intonation. *Sigma* (Revue Annuelle, 1977, No. 2). Publication du Centre d'Etudes Linguistiques. Université Paul Valéry, Montpellier.

Hirst, D. J. 1980a. Intonation et interprétation sémantique. In M. Rossi, et al. 1981.

Hirst, D. J. 1980b. Un modèle de production de l'intonation. *Travaux de l'Institut de Phonétique d'Aix* 7, 297–315.

Hirst, D. J. 1983. Structures and categories in prosodic representations. In A. Cutler and D. R. Ladd. eds., *Prosody: Models and Measurements*. 93–109. Berlin, Heidelberg, New York: Springer.

Hoard, J. 1966. Juncture and syllable structure in English. *Phonetica* 15, 96–109.

Hoard, J. 1971. Aspiration, tenseness and syllabication in English. *Language* 47, 133–140.

Hoard, J. 1978. Remarks on the nature of syllabic stops and affricates. In A. Bell and J.

Hooper, eds., 1978.

Hockett, C. F. 1955. *A Manual of Phonology*. Indiana University Publications in Anthropology and Linguistics 11. *International Journal of American Linguistics* 21. 4, Part 1.

Hooper. J. 1972. The syllable in generative phonology. *Language* 48. 525–541.

Hooper, J. 1976. *An Introduction to Natural Generative Phonology*. New York: Academic Press.

Howard, I. 1972. A directional theory of rule application. Doctoral dissertation, Massachusetts Institute of Technology.

Huang, J. 1979. The metrical structure of terraced level tones. Ms., Massachusetts Institute of Technology.

Huggins, A. W. F. 1972. On the perception of temporal phenomena in speech. *Journal of the Acoustical Society of America* 51, 1279–1289.

Huggins, A. W. F. 1974. An effect of syntax in syllable timing. *Quarterly Progress Report* 114, 179–185. Research Laboratory of Electronics, Massachusetts Institute of Technology.

Huggins, A. W. F. 1975. On isochrony and syntax. In G. Fant and M. A. A. Tatham, eds., *Auditory Analysis and Perception of Speech*. New York: Academic Press.

Hyman, L. 1977a. On the nature of linguistic stress. In L. Hyman, ed. 1977b.

Hyman, L., ed. 1977b. *Studies in Stress and Accent*. Southern California Occasional Papers in Linguistics 4. University of Southern California, Los Angeles.

Ingria, R. 1980. Compensatory lengthening as a metrical phenomenon. *Linguistic Inquiry* 11, 465–497.

Itkonen, E. 1955. Über die Betonungsverhältnisse in den finnisch-ugrischen Sprachen. *Acta Linguistica Academiae Scientiarum Hungaricae* 5, 21–34.

Itkonen, E. 1966. *Kieli ja sen tutkimus*. Helsinki: WSOY.

Ivič, P., and I. Lehiste. 1973. Interaction between tone and quantity in Serbo-Croatian. *Phonetica* 28, 182–190.

Jackendoff, R. 1972. *Semantic Interpretation in Generative Grammar*. Cambridge, Mass.: The MIT Press.

Jackendoff, R. 1977. *$\bar{X}$ Syntax: A Study of Phrase Structure*. Linguistic Inquiry Monograph 2. Cambridge, Mass.: The MIT Press.

Jackendoff, R., and F. Lerdahl. 1982. A grammatical parallel between music and language. In M. Clynes, ed., *Music, Mind, and Brain*. New York: Plenum.

Jaeggli, O. 1980. Remarks on to contraction. *Linguistic Inquiry* 11, 239–246.

Jassem, W. 1949. Indication of speech rhythm of educated Southern English. *Le Maître Phonétique* 92, 22–24.

Jassem, W. 1952. *Intonation of Conversational English*. Wroclaw.

Jespersen, O. 1909. *A Modern English Grammar on Historical Principles. Part I: Sounds and Spellings*. Heidelberg: Winter.

Jespersen, O. 1962. Notes on metre. *Selected Writings of Otto Jespersen*. London: Allen & Unwin.

Johnson, C. D. 1973. *Formal Aspects of Phonological Description*. The Hague: Mouton.

Jones, C. 1976. Some constraints on medial consonant clusters. *Language* 52, 121–130.

Jones, D. 1931. The "word" as a phonetic entity. *Le Maître Phonétique*, 3rd series, No. 36. Reprinted in W. E. Jones and J. Laver, eds., *Phonetics in Linguistics: A book of Readings*. London: Longmans.

Jones, D. 1956. The hyphen as a phonetic sign: A contribution to the theory of syllable division and juncture. *Zeitschrift für Phonetik und allgemeine Sprachwissenschaft*, Band 9, Heft 2, 99–107.

Jones, D. 1964. *Outline of English Phonetics*. 9th ed. Cambridge: Heffer.

Kahane, H., and R. Beym. 1948. Syntactical juncture in colloquial Mexican Spanish. *Language* 24, 388–396.

Kahn, D. 1976. Syllable-based generalizations in English phonology. Doctoral dissertation, Massachusetts Institute of Technology.

Kahn, D. 1980. Syllable-structure specifications in phonological rules. In M. Aronoff and M. -L. Kean, eds., *Juncture*, 91–106. Saratoga, Calif.: Anma Libri.

Kaisse, E. 1977. Hiatus in modern Greek. Doctoral dissertation, Harvard University.

Kaisse, E. 1978. On the syntactic environment of a phonological rule. In W. A. Beach, S. E. Fox, and S. Philosoph, eds., *Papers from the 13th Regional Meeting of the Chicago Linguistic Society*, 173–185. Chicago Linguistic Society, the University of Chicago.

Kaisse, E. 1981a. Appositive relatives and the cliticization of *who*. In K. A. Hendrick, C. S. Mosek, and M. F. Miller, eds., *Papers from the 17th Regional Meeting of the Chicago Linguistic Society*. Chicago Linguistic Society, the University of Chicago.

Kaisse, E. 1981b. The syntax of auxiliary reduction in English. Ms., University of Washington.

Karčevskij, S. 1931. Sur la phonologie de la phrase. *Travaux du Cercle Linguistique de Prague* IV, 188–228.

Katz, J., and P. Postal. 1964. *An Integrated Theory of Linguistic Descriptions*. Cambridge, Mass.: The MIT Press.

参考文献

Kenyon, J. S. 1966. *American Pronunciation*. 10th ed. Ann Arbor, Mich.: Wahr.

King, H. V. 1970. On blocking the rules for contraction in English. *Linguistic Inquiry* 1, 134–136.

Kingdon, R. 1958a. *The Groundwork of English Stress*. London: Longmans, Green & Co., Ltd.

Kingdon, R. 1958b. *The Groundwork of English Intonation*. London: Longmans.

Kiparsky, P. 1966. Über den deutschen Akzent. *Studia Grammatica* 7. Berlin: Akademie Verlag.

Kiparsky, P. 1973. Elsewhere in phonology. In S. R. Anderson and P. Kiparsky, eds., *A Festschrift for Morris Halle*. New York: Holt, Rinehart and Winston.

Kiparsky, P. 1978. Issues in phonological theory. In J. Weinstock, ed., *The Nordic Languages and Modern Linguistics*. Vol. 3. Austin, Tex.: University of Texas Press.

Kiparsky, P. 1979. Metrical structure assignment is cyclic. *Linguistic Inquiry* 10, 421–442.

Kiparsky, P. 1981. Remarks on the metrical structure of the syllable. In W. U. Dressier, O. E. Pfeiffer, and J. R. Rennison, eds., *Phonological* 1980, Proceedings of the 4th International Conference on Phonology, Vienna. Innsbruck.

Kiparsky, P. 1982a. Lexical morphology and phonology. In *Linguistics in the Morning Calm*, 3–91. Seoul: Hanshin.

Kiparsky, P. 1982b. From cyclic phonology to lexical phonology. In H. van der Hulst and N. Smith, eds., *The Structure of Phonological Representations (Part I)*, 131–177. Dordrecht: Foris.

Kiparsky, P. 1983a. Lexical levels in analogical change: The case of Icelandic. Ms., Massachusetts Institute of Technology.

Kiparsky, P. 1983b. Word-formation and the lexicon. Ms., Massachusetts Institute of Technology.

Kiparsky, P. 1983c. Some consequences of lexical phonology. Ms., Massachusetts Institute of Technology.

Kisseberth, C., and M. I. Abasheikh. 1974. Vowel length in Chi Mwi: ni: A case study of the role of grammar in phonology. In A. Bruck, R. A. Fox, and M. W. LaGaly, eds., *Papers from the Parasession on Natural Phonology*, 193–209. Chicago Linguistic Society, the University of Chicago.

Klatt, D. H. 1975. Vowel lengthening is syntactically determined in a connected discourse. *Journal of Phonetics* 3, 129–140.

Klatt, D. H. 1976. Linguistic uses of segmental duration in English: Acoustic and perceptual evidence. *Journal of the Acoustical Society of America* 59, 1208-1221.

Klatt, D. H. To appear. Synthesis by rule of segmental durations in English sentences. In B. Lindblom and S. Ohman, eds., *Frontiers of Speech Communication Research*. New York: Academic Press.

Klima, E. 1964. Negation in English. In J. Fodor and J. Katz, eds., *The Structure of Language*. Englewood Cliffs, N. J.: Prentice-Hall.

Kuno, S. 1972. Functional sentence perspective. *Linguistic Inquiry* 3, 269-320.

Kuryłowicz, J. 1948. Contribution à la théorie de la syllabe. *Biuletyn polskiego towarzystwa językoznawczego* 8, 80-114.

Ladd, D. R. 1980. *The Structure of Intonational Meaning*. Bloomington: Indiana University Press.

Ladd, D. R. 1981. English compound stress. In V. Burke and J. Pustejovsky, eds., *Proceedings of the Eleventh Annual Meeting of NELS*. Graduate Linguistic Student Association, University of Massachusetts at Amherst.

Ladd, D. R. To appear. Phonological features of intonational peaks. *Language*.

Lakoff, G. 1970. Global rules. *Language* 46, 627-639.

Lakoff, G. 1972a. The arbitrary basis of transformational grammar. *Language* 48, 76-87.

Lakoff, G. 1972b. The global nature of the nuclear stress rule. *Language* 48, 285-303.

Langendoen, D. T. 1975. Finite-state parsing of phrase-structure languages and the status of readjustment rules in the grammar. *Linguistic Inquiry* 6, 533-554.

Lapointe, S. 1980. A theory of grammatical agreement. Doctoral dissertation, University of Massachusetts at Amherst.

Lapointe, S. 1981. The representation of inflectional morphology within the lexicon. In V. Burke and J. Pustejovsky, eds., *Proceedings of the Eleventh Annual Meeting of NELS*. Graduate Linguistic Student Association, University of Massachusetts at Amherst.

Lea, W. 1974. Prosodic aids to speech recognition: IV. A general strategy for prosodically guided speech understanding. *Univac Report* No. PX 10791. St. Paul, Minn.: Sperry Univac.

Lea, W. 1975. Prosodic aids to speech recognition: VII. Experiments on detecting and locating phrase boundaries. *Univac Report* No. PX 11534. St. Paul, Minn.: Sperry Univac.

Lea, W. 1977. Acoustic correlates of stress and juncture. In L. Hyman, ed. 1977b.

Lea, W., and D. R. Kloker. 1975. Prosodic aids to speech recognition; VI. Timing cues to linguistic structure and improved computer programs for prosodic analysis. *Univac*

Report No. PX 11239. St. Paul, Minn.: Sperry Univac.

Leben, W. 1973. Suprasegmental phonology. Doctoral dissertation, Massachusetts Institute of Technology.

Leben, W. 1978. The representation of tone. In V. Fromkin, ed. 1978.

Leben, W. 1980. A metrical analysis of length. *Linguistic Inquiry* 11, 497−511.

Lehiste, I. 1960. An acoustic phonetic study of internal open juncture. Supplement to *Phonetica* 5. Basal, New York: S. Karger.

Lehiste, I. 1970. *Suprasegmentals*. Cambridge, Mass.: The MIT Press.

Lehiste, I. 1971a. Temporal organization of spoken language. In L. L. Hammerich, R. Jakobson, and E. Zwirner, eds., *Form and Substance: Phonetic and Linguistic Papers presented to Eli Fischer-Jørgensen*. Copenhagen: Akademisk Forlag.

Lehiste, I. 1971b. The timing of utterances and linguistic boundaries. *Journal of the Acoustical Society of America* 51, 2018−2024.

Lehiste, I. 1973a. Phonetic disambiguation of syntactic ambiguity. *Glossa* 7, 197−222.

Lehiste, I. 1973b. Rhythmic units and syntactic units in production and perception. *Journal of the Acoustical Society of America* 54, 1228−1234.

Lehiste, I. 1975a. The role of temporal factors in the establishment of linguistic units and boundaries. In W. U. Dressler and F. V. Mares, eds., *Phonologica* 1972. Munich, Salzburg: Wilhelm Fink Verlag.

Lehiste, I. 1975b. Some factors affecting the duration of syllable nuclei in English. *Salzburger Beiträge zur Linguistik* 1, 81−104.

Lehiste, I. 1977. Isochrony reconsidered. *Journal of Phonetics* 5, 253−263.

Lehiste, I. 1979a. The perception of duration within sequences of four intervals. *Journal of Phonetics* 7, 313−316.

Lehiste, I. 1979b. Perception of sentence and paragraph boundaries. In B. Lindblom and S. Ohman, eds., *Frontiers of Speech Research*. New York: Academic Press.

Lehiste, I. 1980. Phonetic manifestation of syntactic structure in English. *Annual Bulletin*, No. 14, 1−27. Research Institute of Logipedics and Phonetics, the University of Tokyo.

Lehiste, I., J. P. olive, and L. A. Streeter. 1976. Role of duration in disambiguating syntactically ambiguous sentences. *Journal of the Acoustical Society of America* 60, 1119−1202.

Lehiste, I., and G. E. Peterson. 1960. Duration of syllable nuclei in English. *Journal of the Acoustical Society of America* 32, 693−703.

Leone, A. 1962. A proposito del raddoppiamento sintattico. *Bolletino del centro di Studii*

Filogici e Linguistici Siciliani 7, 163-170.

Levi, J. 1978. *The Syntax and Semantics of Complex Nominals*. New York: Academic Press.

Liberman, M. 1975. The intonational system of English. Doctoral dissertation, Massachusetts Institute of Technology.

Liberman, M. 1978. Modelling of duration patterns in reiterant speech. In D. Sankoff, ed., *Linguistic Variation: Models and Methods*. New York: Academic Press.

Liberman, M., and J. Pierrehumbert. 1984. Intonational invariance under changes in pitch range and length. In M. Aronoff, R. Oehrle, B. Wilker, and F. Kelley, eds., *Language Sound Structure*. Cambridge, Mass.: The MIT Press.

Liberman, M., and A. S. Prince. 1977. On stress and linguistic rhythm. *Linguistic Inquiry* 8, 249-336.

Liberman, M., and I. Sag. 1974. Prosodic form and discourse function. In M. W. LaGaly, R. Fox, and A. Bruck, eds., *Papers from the 10th Regional Meeting of the Chicago Linguistic Society*, 416-427. Chicago Linguistic Society, the University of Chicago.

Lieber, R. 1980. On the organization of the lexicon. Doctoral dissertation, Massachusetts Institute of Technology.

Lieberman, P. 1965. On the acoustic basis of the perception of intonation by linguists. *Word* 21, 40-54.

Lindblom, B. 1968. Temporal organization of syllable production. *Quarterly Progress and Status Report* 2-3, 1-5. Speech Transmission Laboratory, Royal Institute of Technology, Stockholm.

Lindblom, B., and K. Rapp. 1973. Some temporal regularities of spoken Swedish. Papers from the Institute of Linguistics, University of Stockholm, Publication 21.

Lyberg, B. 1979. Final lengthening—partly a consequence of restrictions on the speech of fundamental frequency change? *Journal of Phonetics* 7, 187-196.

McCarthy, J. 1977. On hierarchical structure within syllables. Ms., Massachusetts Institute of Technology.

McCarthy, J. 1979a. On stress and syllabification. *Linguistic Inquiry* 10, 443-466.

McCarthy, J. 1979b. Formal problems in Semitic phonology and morphology. Doctoral dissertation, Massachusetts Institute of Technology.

McCarthy, J. 1981a. A prosodic theory of nonconcatenative morphology. *Linguistic Inquiry* 12, 373-418.

McCarthy, J. 1981b. Syllable weight, stress and pretonic strengthening on Tiberian Hebrew. In H. Borer and J. Aoun, eds., *Theoretical Issues in the Grammar of Semitic*

Languages. MIT Working Papers in Linguistics 3.

McCarthy, J. 1982. Prosodic structure and expletive infixation. *Language* 58, 574–590.

McCawley, J. 1968. *The Phonological Component of a Grammar of Japanese*. The Hague: Mouton.

McCawley, J. 1969. Length and voicing in Tübatulabal. In R. I. Binnick, A. Davison, G. Green, and J. Morgan, eds., *Papers from the 5th Regional Meeting of the Chicago Linguistic Society*, 407–415. Chicago Linguistic Society, the University of Chicago.

Macdonald, N. 1976. Duration as a syntactic boundary cue in ambiguous sentences. Presented at IEEE International Conference on Acoustics, Speech and Signal Processing, Philadelphia, 1976.

Malagoli, G. 1946. *L'accentazione Italiana*. Florence: Sansoni.

Martin, J. G. 1970a, On judging pauses in spontaneous speech. *Journal of Verbal Learning and Verbal Behavior* 9, 75–78.

Martin, J. G. 1970b. Rhythm-induced judgements of word stress in sentences. *Journal of Verbal Learning and Verbal Behavior* 9, 627–633.

Martin, J. G. 1972. Rhythmic (hierarchical) versus serial structure in speech and other behavior. *Psychological Review* 79, 487–509.

Mitchell, T. F. 1960. Prominence and syllabication in Arabic. *Bulletin of the Society of Oriental and African Studies* XXIII/2. Reprinted in T. F. Mitchell, Principles of Firthian Linguistics, 75–98. London: Longmans.

Mohanan, K. P. 1982. Lexical phonology. Doctoral dissertation, Massachusetts Institute of Technology.

Nakatani, L., and J. A. Schaeffer. 1978. Hearing "words" without words: Prosodic cues for word perception. *Journal of the Acoustical Society of America* 63, 234–245.

Nakatani, L., K. O'Connor, and C. Aston. 1981. Prosodic aspects of American English speech rhythm. *Phonetica* 38, 84–106.

Nanni, D. 1977. Stressing words in -*ative*. *Linguistic Inquiry* 8, 752–761.

Napoli, D. J., and M. Nespor. 1979. The syntax of word-initial consonant germination in Italian. *Language* 55, 812–841.

Neidle, C., and B. Schein. No date. Sundry remarks on comparatives, contraction, and dialect variation. Ms., Massachusetts Institute of Technology.

Nespor, M. 1977. Some syntactic structures of Italian and their relationship to the phenomenon of raddoppiamento sintattico. Doctoral dissertation, University of North Carolina at Chapel Hill.

Nespor, M., and I. Vogel. 1979. Clash avoidance in Italian. *Linguistic Inquiry* 10, 467–463

482.

Nespor, M., and I. Vogel. 1982. Prosodic domains of external sandhi rules. In H. van der Hulst and N. Smith, eds., *The Structure of Phonological Representations (Part I)*, 225–256. Dordrecht: Foris.

Nespor, M., and I. Vogel. 1983. Prosodic levels above the word and ambiguity. In A. Cutler and D. R. Ladd, eds., *Prosody: Models and Measurements*, Berlin, Heidelberg, New York: Springer.

Newman, S. S. 1946. On the stress system of English. *Word* 2, 171–187.

Newman, S. S. 1948. English suffixation: A descriptive approach. *Word* 4, 24–36.

Nicholson, R., and R. Nicholson. 1962. Fore phonemes and their interpretation. *Oceanic Linguistic Monographs*, No. 6, the University of Sydney.

Norman, H. 1937. Reduplication of consonants in Italian pronunciation. *Italica* 14, 57–63.

O'Connor, J. D., and J. L. M. Trim. 1953. Vowel, consonant, syllable: A phonological definition. *Word* 9, 103–122.

Ohman, S. 1967. Word and sentence intonation: A quantitative model. *Quarterly Progress and Status Report* 2–3, 20–54. Speech Transmission Laboratory, Royal Institute of Technology, Stockholm.

Oiler, D. K. 1973. The effect of position in utterance on speech segment duration in English. *Journal of the Acoustical Society of America* 54, 1235–1247.

O'Malley, M. H., D. R. Kloker, and B. Dara-Abrams. 1973. Recovering parenthesis from spoken algebraic expressions. *IEEE Transactions on Audio and Electroacoustics* AU-21, 217–220.

Osborn, H. 1916. Warao I. Phonology and morphophonemics. *International Journal of American Linguistics* 32, 108–123.

Pesetsky, D. 1979. Russian morphology and lexical theory. Ms., Massachusetts Institute of Technology.

Piera, C. 1978. A class of clitics and a class of phonological filters. Ms., Cornell University.

Pierrehumbert, J. 1979. The perception of fundamental frequency declination. *Journal of the Acoustical Society of America* 66, 363–369.

Pierrehumbert, J. 1980. The phonology and phonetics of English intonation. Doctoral dissertation, Massachusetts Institute of Technology.

Pierrehumbert, J. 1981. Synthesizing intonation. *Journal of the Acoustical Society of America* 70, 985–995.

Pierrehumbert, J., and M. Liberman. 1982. Modeling the fundamental frequency of the voice. Review of W. E. Cooper and J. M. Sorensen, *Fundamental Frequency in Sentence Production. Contemporary Psychology* 27. 9.

Pike, K. 1945. *The Intonation of American English*. Ann Arbor, Mich.: University of Michigan Press.

Pike, K. 1947. Grammatical prerequisites to phonemic analysis. *Word* 3, 155–172.

Pike, K. 1967. *Language in Relation to a Unified Theory of the Structure of Human Behavior*. 2nd ed. The Hague: Mouton.

Pike, K., and E. Pike. 1947. Immediate constituents of Mazateco syllables. *International Journal of American Linguistics* 13, 78–91.

Postal, P. 1974. *On Raising*. Cambridge, Mass.: The MIT Press.

Postal, P., and G. K. Pullum. 1978. Traces and the description of English complementizer contraction. *Linguistic Inquiry* 9, 1–29.

Postal, P., and G. K. Pullum. 1982. The contraction debate. *Linguistic Inquiry* 13, 122–138.

Pratelli, R. 1970. Le renforcement syntactique des consonnès en Italien. *La Linguistique* 6, 39–50.

Prince, A. 1975. The phonology and morphology of Tiberian Hebrew. Doctoral dissertation, Massachusetts Institute of Technology.

Prince, A. 1976. Stress. Ms., University of Massachusetts at Amherst.

Prince, A. 1980. A metrical theory for Estonian quantity. *Linguistic Inquiry* 11, 511–562.

Prince, A. 1981. Pertaining to the grid. Talk presented at the Trilateral Conference on Formal Phonology, University of Texas at Austin, April 1981.

Prince, A. 1983. Relating to the grid. *Linguistic Inquiry* 14, 19–100.

Prince, A. 1984. Phonology with tiers. In M. Aronoff, R. Oehrle, B. Wilker, and F. Kelley, eds., *Language Sound Structure*. Cambridge, Mass.: The MIT Press.

Pulgram, E. 1970. *Syllable, Word, Nexus, Cursus*. The Hague: Mouton.

Pullum, G. K., and P. M. Postal. 1979. On an inadequate defense of "trace theory", *Linguistic Inquiry* 10, 689–706.

Pyle, C. 1972. On eliminating BM's. In P. Peranteau, J. Levi, and G. Phares, eds., *Papers from the 8th Regional Meeting of the Chicago Linguistic Society*, 516–532. Chicago Linguistic Society, the University of Chicago.

Ramstedt, G. J. 1902. Bergtscheremissische Sprachstudien. *Mémoires de la société finno-ugrienne*, 17. Helsinki.

Raphael, L. J., M. F. Dorman, F. Freeman, and C. Tobin. 1975. Vowels and nasal duration as cues to voicing in word-final stop consonants: Spectrographic and perceptual studies. *Journal of Speech and Hearing Research* 18, 389-400.

Rapp, K. 1971. A study of syllable timing. *Quarterly Progress and Status Report*, 14-19. Speech Transmission Laboratory, Royal Institute of Technology, Stockholm.

Rees, M. 1975. The domain of isochrony. *Work in Progress* 8, 14-28. Department of Linguistics, the University of Edinburgh.

Reinhart, T. 1976. The syntactic domain of anaphora. Doctoral dissertation, Massachusetts Institute of Technology.

Riemsdijk, H. van, and E. Williams. 1980. NP structure. *Linguistic Review* 1. 2.

Rischel, J. 1964. Stress, juncture, and syllabification in phonemic description. *Proceedings of the 9th International Congress of Linguists, Cambridge, Mass., 1962*. The Hague: Mouton.

Rischel, J. 1972. Compound stress in Danish without a cycle. *Annual Report of the Institute of Phonetics of the University of Copenhagen* 6, 211-228.

Rosetti, A. 1962. La syllabe phonologique. *Proceedings of the 4th International Congress of Phonetic Sciences*, 490-499.

Ross, J. R. 1967. Constraints on variables in syntax. Doctoral dissertation, Massachusetts Institute of Technology.

Ross, J. R. 1972. A reanalysis of English word stress, Part I. In M. K. Brame, ed., *Contributions to Generative Phonology*. Austin, Tex.: University of Texas Press.

Ross, J. R. 1973. Leftward, ho! In S. Anderson and P. Kiparsky, eds., *A Festschrift for Morris Halle*. New York: Holt, Rinehart and Winston.

Ross, J. R., and W. E. Cooper. 1979. Like syntax. In W. E. Cooper and E. C. T. Walker, eds., *Sentence Processing: Psycholinguistic Studies Presented to Merrill Garrett*. Hillsdale, N. J.: Lawrence Erlbaum Associates.

Rossi, M., A. di Cristot, D. J. Hirst, P. Martin, and Y. Nishinuma. 1981. *L'intonation: De l'acoustique à la sémantique*. Paris: Klincksieck.

Rotenberg, J. 1978. The syntax of phonology. Doctoral dissertation, Massachusetts Institute of Technology.

Safir, K., ed. 1979. *Papers on Syllable Structure, Metrical Structure, and Harmony Processes. MIT Working Papers in Linguistics* 1.

Saltarelli, M. 1970. *A Phonology of Italian in a Generative Framework*. The Hague: Mouton.

Schane, S. A. 1978. L'emploi des frontières de mot en francais. In B. de Cornulier and F. Dell, eds., *Etudes de phonologie française*, 133-147. Paris: Editions du Centre

National de la Recherche Scientifique.

Schauber, E. 1977. Focus and presupposition: A comparison of English intonation and Navajo particle placement. In D. J. Napoli, ed., *Elements of Tone, Stress, and Intonation*. Washington, D. C.: George town University Press.

Schmerling, S. 1976. *Aspects of English Sentence Stress*. Austin, Tex.: University of Texas Press.

Schmerling, S. 1980. The proper treatment of the relationship between syntax and phonology. Paper presented at the 55th annual meeting of the Linguistic Society of America, December 1980, San Antonio.

Scott, D. 1982. Duration as a cue to the perception of a phrase boundary. *Journal of the Acoustical Society of America* 71, 996–1007.

Selkirk, E. O. 1972. The phrase phonology of English and French. Doctoral dissertation, Massachusetts Institute of Technology. New York: Garland.

Selkirk, E. O. 1974. French liaison and the $\overline{\mathrm{X}}$-notation. *Linguistic Inquiry* 5, 573–590.

Selkirk, E. O. 1978a. The French foot: On the status of "mute" e. *Studies in French Linguistics* 1, 141–150.

Selkirk, E. O. 1978b. The syllable. To appear in H. van der Hulst and N. Smith, eds., *The Structure of Phonological Representations (Part II)*. Dordrecht: Foris.

Selkirk, E. O. 1978c. On prosodic structure and its relation to syntactic structure. In T. Fretheim, ed., *Nordic Prosody II*. Trondheim: TAPIR.

Selkirk, E. O. 1979. The prosodic structure of French. Paper presented at the 9th Annual Linguistic Symposium on Romance Languages, Georgetown University, March 1979.

Selkirk, E. O. 1980a. Prosodic domains in phonology: Sanskrit revisited. In M. Aronoff and M. -L. Kean, eds., *Juncture*. Saratoga, Calif.: Anma Libri.

Selkirk, E. O. 1980b. The role of prosodic categories in English word stress. *Linguistic Inquiry* 11, 563–605.

Selkirk, E. O. 1981a. On the nature of phonological representation. In J. Anderson, J. Laver, and T. Meyers, eds., *The Cognitive Representation of Speech*. Amsterdam: North Holland.

Selkirk, E. O. 1981b. English compounding and the theory of word structure. In T. Hoekstra, H. van der Hulst, and M. Moortgat, eds., *The Scope of Lexical Rules*. Dordrecht: Foris.

Selkirk, E. O. 1981c. Epenthesis and degenerate syllables in Cairene Arabic. In H. Borer and J. Aoun, eds., *Theoretical Issues in the Grammar of Semitic Languages*. MIT Working Papers in Linguistics 3.

Selkirk, E. O. 1982. *The Syntax of Words*. Linguistic Inquiry Monograph 7. Cambridge, Mass.: The MIT Press.

Selkirk, E. O. 1984. On the major class features and syllable theory. In M. Aronoff, R. Oehrle, B. Wilker, and F. Kelley, eds., *Language Sound Structure*. Cambridge, Mass.: The MIT Press.

Selkirk, E. O. In preparation. Stress in syllable-timed languages. Ms., University of Massachusetts at Amherst.

Severynse, M. 1977. Irregular stress patterning in lexical compounds. *Harvard Studies in Phonology* I, 369–389.

Siegel, D. 1974. Topics in English morphology. Doctoral dissertation, Massachusetts Institute of Technology. New York: Garland.

Sorensen, J. M., W. E. Cooper, and J. M. Paccia. 1978. Speech timing of grammatical categories. *Cognition* 6, 135–153.

Stanley, R. 1973. Boundaries in phonology. In S. Anderson and P. Kiparsky, eds., *A Festschrift for Morris Halle*. New York: Holt, Rinehart and Winston.

Steele, J. 1775. *An Essay towards Establishing the Melody and Measure of Speech*. Facsimile edition, Scholar Press, 1969.

Steriade, D. 1982. Greek prosodies and the nature of syllabification. Doctoral dissertation, Massachusetts Institute of Technology.

Stillings, J. 1975. The formulation of gapping in English as evidence for variable types in syntactic transformations. *Linguistic Analysis* 1, 247–274.

Stowell, T. 1979. Stress systems of the world, unite! In K. Safir, ed. 1979.

Stowell, T. 1981. Origins of phrase structure. Doctoral dissertation, Massachusetts Institute of Technology.

Strauss, S. 1979a. Against boundary distinctions in English morphology. *Linguistic Analysis* 5, 387–419.

Strauss, S. 1979b. Some principles of word structure in English and German. Doctoral dissertation, CUNY Graduate Center.

Streeter, L. 1978. Acoustic determinants of phrase boundary perception. *Journal of the Acoustical Society of America* 64, 1582–1592.

Suiko, M. 1977. Strong and weak forms in English. In M. Ukaji, T. Nakao, and M. Kajita, *Studies Presented to Professor Akira Ota on His Sixtieth Birthday*. Studies in English Linguistics 5. Tokyo: Asaki Press.

Suiko, M. 1978a. Strong forms of auxiliary before ##. Ms., Yamaguchi University.

Suiko, M. 1978b. A phonological analysis of Wanna formation. Ms., Yamaguchi University.

Swadesh, M. 1947. On the analysis of English syllabics. *Language* 23, 137–150.

Swadesh. M. . and C. F. Voegelin. 1939. A problem in phonological alternation. In M. Joos, ed., *Readings in Linguistics*, Vol. 1, 4th ed., 1966. Chicago: The University of Chicago Press.

Sweet, H. 1875–1876. Words, logic, and grammar. *Transactions of the Philological Society*, 1875–1876, 470–503. (In *Collected Papers of Henry Sweet*, Oxford. 1913.)

Sweet, H. 1891. *A Handbook of Phonetics*. Oxford: Henry Frowde.

Sweet, H. 1908. *The Sounds of English — An Introduction to Phonetics*. Oxford: Clarendon Press.

Thiersch, C. 1977. Topics in German syntax. Doctoral dissertation, Massachusetts Institute of Technology.

Thompson, H. S. 1980. *Stress and Salience in English: Theory and Practice*. Palo Alto, Calif.: Xerox Palo Alto Research Center.

Trager, G. L. 1942. The phoneme "t" : A study in theory and method. *American Speech* 17, 144–148.

Trager; G. L. and B. Bloch. 1941. The syllabic phonemes of English. *Language* 17, 223–246.

Trager, G. L., and H. L. Smith, Jr. 1951. *An Outline of English Structure*. Studies in Linguistics: Occasional Papers No. 3. Norman, Okla.: Battenberg Press.

Trubetzkoy, N. S. 1939. *Grundzüge der Phonologie*. Translated into French as *Principes de Phonologie*, by J. Cantineau. Paris: Klincksieck, 1949.

Tryon, D. T. 1970. *An Introduction to Maranungku*. Pacific Linguistics Monograph Series B, No. 14. Australian National University at Canberra.

Uldall, E. T. 1971. Isochronous stresses in R. P. In L. L. Hammerich, R. Jakobson, and E. Zwirner, eds., *Form and Substance: Phonetic and Linguistic Papers Presented to Eli Fischer-Jørgensen*. Copenhagen: Akademisk Forlag.

Uldall, E. T. 1972. Relative durations of syllables in two-syllable rhythmic feet in R. P. in connected speech. *Work in Progress* 5, 110–111. Department of Linguistics, the University of Edinburgh.

Umeda, N. 1975. Vowel duration in American English. *Journal of the Acoustical Society of America* 58, 434- 445.

Vanderslice, R., and P. Ladefoged. 1972. Binary suprasegmental features and transformational word-accentuation rules. *Language* 48, 819–838.

Vennemann, T. 1972. On the theory of syllabic phonology. *Linguistische Berichte* 18, 1–

18.

Vergnaud, J.-R. 1974. Quelques règles phonologiques du français. Thèse de troisième cycle, Université de Paris VII.

Vergnaud, J.-R. 1977. Formal properties of phonological rules. In R. Butts and J. Hintikka, eds., *Basic Problems in Methodology and Linguistics*, 299–317. Dordrecht: D. Reidel.

Voegelin, C. F. 1935. Tübatulabal grammar. U*niversity of California Publications in American Archaeology and Ethnology* 34, 55–190.

Vogel, I. 1977. The syllable in phonological theory; with special reference to Italian. Doctoral dissertation, Stanford University.

Vogel, I., and M. Nespor. 1979. An interaction between stress and length in Italian. Paper presented at the winter meeting of the Linguistic Society of America, 1979.

Vogel, I., and S. Scalise. 1982. Secondary stress in Italian. Ms., University of Nijrnegen, University of Venice.

Wasow, T. 1975. Anaphoric pronouns and bound variables. *Language* 51, 368–383.

Wheeler, D. 1981. Aspects of a categorial theory of phonology. Doctoral dissertation, University of Massachusetts at Amherst.

Whorf, B. L. 1940. Linguistics as an exact science. In J. B. Carroll, ed., *Language, Thought, and Reality*. Cambridge, Mass.: The MIT Press.

Williams, E. 1976. Underlying tone in Margi and Igbo. *Linguistic Inquiry* 7, 463–484.

Williams, E. 1980a. Predication. *Linguistic Inquiry* 11, 203–238.

Williams, E. 1980b. Remarks on stress and anaphora. *Journal of Linguistic Research* 1, 1–16.

Williams, E. 1981a. On the notions "lexically related" and "head of a word". *Linguistic Inquiry* 12, 245–274.

Williams, E. 1981b. Argument structure and morphology. *Linguistic Review* 1. 1.

Yip, M. 1982. The interaction of tone and stress in Molinos Mixtec. Ms., Massachusetts Institute of Technology.

Zwicky, A. M. 1970. Auxiliary reduction in English. *Linguistic Inquiry* 1, 323–336.

Zwicky, A. M. 1975. Settling on an underlying form: The English inflectional endings. In D. Cohen and J. R. Wirth, eds., *Testing Linguistic Hypotheses*. New York: Wiley.

Zwicky. A. M. 1977. On clitics. Paper presented at the 3rd International Phonologie-Tagung at the University of Vienna. 1976. Available from the Indiana University Linguistics Club. Bloomington.

Zwicky, A. M. 1982a. An expanded view of morphology in the syntax-phonology interface. Proceedings of the 11th International Congress of Linguists, Tokyo, August 1982.

Zwicky, A. M. 1982b. Stranded *to* and phonological phrasing in English. Ms., the Ohio State University.

Zwicky, A. M., and G. K. Pullum. 1982. Cliticization vs. inflection: English *n't*. Available from the Indiana University Linguistics Club, Bloomington.

索　引

（本索引所标页码为原著页码，即本汉译版边码。）

Abracadabra rule 奇异规则，113—119, 121, 134
　formulation 构建，117
Adjacency 毗邻性
　with respect to the grid 就栅而言，21, 30, 303
　junctural 音渡的，403—404
　in real time 实时地，303—305, 327—328, 333（另见 Sandhi, external）
Adjunct 附加语
　in compounds 复合词中的，243—250
　as a focus constituent 作为焦点结构成分的，231—233
　in relation to silent demibeat addition 与无声半拍添加相关的，317, 319, 321
Affix（X^{af}）词缀
　as category type 作为语类类型的，75—82
　neutral 中性的，73, 76—82
　nonneutral 非中性的，73, 76—82
　ordering generalization 排序通则，81
Alternation Maintenance Condition（AMC）交替音变维持条件，120—121, 337, 356—357
　formulation 构建，121
Anti-Lapse Filter, English 英语反缺失过滤器，109—110, 115, 117, 133
Arab Rule 阿拉伯语规则，119
Argument 论元. 另见 Focus Constituent in compounds, 243—250
Argument structure 论元结构，203, 205
　and phrasal focus rule 与短语焦点规则，230—240
Autosegmental 自主音段的
　association 联结，8, 309, 310
　phonology 音系学，309—311
　realignment 再同界，313
　spreading 延展，311, 324
　tier 音层，6, 8, 253—254, 309
Aux Contraction 助动词缩约，384—386, 400—406. 另见 Rhythmic Aux Contraction
Aux Deletion 助动词删除，401—406

Basic Beat Level Integrity（BBI）基本节拍层级完整性，348
　formulation 构建，173
Basic Beat Rules（BBR）基本节拍规则，54, 60, 68. 另见 Heavy Syllable Basic Beat Rule; Initial Basic Beat Rule
　formulation 构建，58
Basic Focus Rule 基本焦点规则，201, 207—208
　formulation 构建，207—208
Basic Syllable Composition Rules（BSC）基本音节组成规则，25
Beat 节拍，10—11, 41, and passim. 另见

索 引

Basic Beat Rules
basic 基本的, 41
demibeat 半拍的, 11, 41
Beat Addition（BA）节拍添加, 60, 89, 115, 116, 133—136, 185, 344, 362—366
directionality 方向性, 83—87
domain of 的应用域, 106—110
formulation 构建, 55
left-dominant 左统制的, 60, 84, 87, 102
right-dominant 右统制的, 60
on second metrical level 在第二节律层级上的, 90
Beat Deletion 节拍删除, 169—170, 180—181
formulation 构建, 56
Beat Movement 节拍移动, 103, 133—136, 182—196, 347—348. 另见 Rhythm Rule; Stress Shift
formulation 构建, 55, 168—170
Boundaries 边界, 5, 74, 80, 129, 302, 338
Boundary tone 边界调, 197, 254—265, 287—290
Bresnan sentences 布列斯南句, 235—242, 251

Cairene Classical Arabic 开罗古典阿拉伯语, 61—62, 71
Category name 语类名称, 75. 另见 Word Syntax
Category type 语类类型, 75. 另见 Word Syntax
Clitic 附着形式, 340. 另见 Function words
Cliticization 附着化. 另见 Encliticization
rhythmic 节奏的, 341
syntactic 句法的, 341
Compound 复合词, 76
adjective 形容词, 245—246
argument-head relation in 中的论元与中心语关系, 243—250
and focus 与焦点, 243—250

frozen 冻结的, 244—245, 270—271
Greek 希腊语, 76
left-branching 左分支的, 248—249
noun 名词, 246—247
rhythm rule in 中的节奏规则, 174—182
Compound Rule 复合词规则, 69, 141, 146—152, 176, 195—196
formulation 构建, 150, 151
Context-Free Rewriting Rules 不受语境制约的改写规则, 75, 76. 另见 Word Syntax
Contraction 缩约. 见 To Contraction; Aux Contraction; Not Contraction
Contradiction contour 矛盾曲拱, 265
Contrastive meaning 对立意义, 209
Coronal assibilation 舌冠咝擦音化, 80
Cycle 循环, 33, 79—82, 112, 131—138, 148, 159—160, 191—196, 411—412
postcyclic 后循环的, 112, 126, 131, 349—350
precyclic 前循环的, 130
strict 严格, 364
Default accent 缺省重调, 211—225, 361
in German 德语里的, 228, 230
Demibeat Alignment（DBA）半拍同界, 54, 60, 68, 89—90
formulation 构建, 57
Designated Terminal Element（DTE）指定终端成分, 174—176, 268
Destressing 去重音化, 83—87, 90, 97, 105, 111—131, 277—278, 335, 406. 另见 Monosyllabic Destressing
double 双, 400
and empty categories 与空语类, 370—376, 379—381
final 末尾的, 122—124
initial 起始的, 119, 122

483

medial 中间的，119, 124—125
phrasal 短语的，347—349
Disjuncture 分音渡，301—305. 另见 Juncture
hierarchy of 的层级结构，327—329
rhythmic 节律的，30, 313—334, 336, 378—379
Domain-End Prominence Rule 应用域末端凸显规则，54, 90, 98
formulation 构建，65
left 左，65
right 右，65, 66

Empty categories 空语类. 另见 Trace
and contraction 与缩约，387—389
and destressing 与去重音化，370—376, 379—381
and silent demibeat addition 与无声半拍添加，317
Enclitic 后附着形式，341. 另见 Function words
Encliticization 后附着化，382, 383—406
End Rule 末端规则. 见 Domain-End Prominence Rule
English word syntax 英语词句法，75—82
Extrametricality 节律外，85, 87—94
of consonants 辅音的，91, 95, 345
in nouns 名词中的，94
of segments 音段的，87—94
in suffices 后缀里的，94
of syllables 音节的，87—94, 95, 98

Focus 焦点，28, 197—243. 另见 Pitch accent
broad 宽，215—216, 220, 279. 另见 VP focus
contrastive 对比，220
embedded 内嵌的，嵌套的，212
and English compounds 与英语复合词，243—250
and gapping 与缺位，380—382, 394—396
narrow 窄，215—216, 220, 280, 361
in NP with complement 与带补语的名词短语，235—242
in NP with relative clause 与带关系小句的名词短语，235—242
on prefixes 前缀上的，271—272
on syllables 音节上的，272
Focus chain 焦点链，237, 282
Focus constituent 焦点（结构）成分，200. 另见 Focus
adjunct as 作为……附加语，231—233
argument of head as 作为……中心语的论元，202, 213
trace of 的语迹，242
Focus domination of pitch accent 音高重调的焦点统制，283
formulation 构建. 282
Focus Interpretation Principle 焦点解释原则，213, 219—220, 230—242
Focus-related prominence, representation of 与焦点相关的凸显表达式，265—269
Focus Rule 焦点规则，202—205, 360. 另见 Basic Focus Rule; Redundant Focus Rule; Phrasal Focus Rule
Focus structure 焦点结构，199—201, 206—225, 287, 362
and Rhythm Rule 与节奏规则，278—284
Foot (Ft) 音步，14, 15, 26, 31, 42, 87, 140
binary 双，19
ternary 三，19, 113—119
French liaison 法语连音，332—334
Function words 功能词／虚词，105, 148, 277—278, 315—317, 335—406
absence of main word stress in 中的主要词重音缺失，337, 341—347

索 引

grid euphony 栅悦耳, 362—366
polysyllabic 多音节的, 354—358
Principle of Categorial Invisibility of 的语类隐形原则, 315—316, 337, 342—351, 357, 359, 391—392

Gapping 缺位
and focus 与焦点, 380—382, 394—396
and pronoun encliticization 与代词的后附着化, 394—396
German 德语
default accent 缺省重调, 228, 330
NSR 核心重音规则, 228
prosody and focus in 中的韵律与焦点, 225—231
Grid Construction 栅构建, 52—71
in English 英语里的, 82—87
Grid Culmination Condition (GCC) 栅极化条件, 337, 357—358, 367—368, 371, 378, 392
formulation 构建, 357
Grid Euphony (GE) 栅悦耳, 19, 55, 135, 139, 193—196, 360
and destressing of function words 与功能词的去重音化, 362—366
domain of 的应用域, 108—110
English 英语的, 87
on third level 第三层级上的, 100—105
Grid position 栅位置
real time duration of 的实时音长, 304
Grid transformation 栅转换, 83, 139

Have-Encliticization have 的后附着化, 389—392
Head 中心语. 另见 Focus constituent
and silent demibeat addition 与无声半拍添加, 314—315, 324
Heavy Syllable Basic Beat Rule (HBR) 重音节基本节拍规则, 84, 97—98, 106—109, 344—346, 359
formulation 构建, 84
Hierarchical structures in phonology 音系中的层级结构, 7, 8, 9—31
Higher Prominence Preservation Condition (HPPC) 更凸显维持条件, 337, 360
formulation 构建, 111

Iambic Reversal 抑扬颠倒, 173, 176—177, 181—182. 另见 Rhythm Rule
formulation 构建, 167
Igbo 伊博语, 64
Initial Basic Beat Rule (IBR) 起始基本节拍规则, 84—86, 119, 344—346, 359
domain of 的应用域, 106—110
formulation 构建, 84
Intonated-and-Rhythmated Surface Structure 语调和节奏的表层结构, 32—34
Intonated Surface Structure 语调表层结构, 31—34, 266—269, 279, 287
Intonation contour 语调曲拱, 197, 252—265
Intonational meaning 语调意义, 197—201
expressiveness component 表情达意组件, 198—199
focus structure component 焦点结构组件, 198—199
relation to intonational structure 与语调结构相关的, 253—265
Intonational Phrase (IP) 语调短语, 7, 26—29, 174, 197, 268, 284—296, 382
as domain for raddoppiamento sintattico 作为"句法性重叠"应用域的, 332
immediate constituent of 的直接成分, 290

485

syntactic-prosodic correspondence rule 句法与韵律的对应规则，286
Intonational phrasing 语调短语切分，284—296
    phonetic indices of 的语音索引，287—290
    semantic conditions on 的语义条件，290—296
    sense unit condition on 的意义单元条件，28, 292—296
Intonational structure 语调结构，31, 197—205, 284—285
    relation to intonational meaning 与语调意义相关的，253—265
    relation to rhythmic structure 与节奏结构相关的，253—265
Intonational word 语调词，265
Isochrony 等音长，12, 39
Italian 意大利语，71
    raddoppiamento sintattico（RS）句法性重叠，329—333
    Rhythm Rule 节奏规则，332

Junctural adjacency 音渡毗邻，403—404
Juncture 音渡，5, 8, 29—30, 297—334, 336—338, 370. 另见 Disjuncture

Lengthening 加长，20, 183, 297—301, 305—313
Level-ordering 层级排序，81—82
Lexical Category Prominence Rule（LCPR）词类凸显规则，99—100

Main Stress Rule（MSR）主重音规则，66—68, 85, 90, 95—105, 133—136
    domain of 应用域，106—110
    formulation 构建，95, 104

Main Word Stress 主要词重音. 见 Main Stress Rule
Maranungku 马拉农库语，61
Metrical grid 节律栅，7—9, 15, and passim
Metrical grid alignment 节律栅同界，12, 21, 42, and passim
Metrical grid level 节律栅层级. 见 Metrical level
Metrical level 节律层级，11, 41, 43, and passim
    first 第一，57—58
    second 第二，58—64, 82—87, 90—173
    third 第三，64—70, 95—106, 173, 276—278
    fourth 第四，95—106, 173, 276—278
Metrical tree 节律树，13, 15, 99, 143
Minimal Demibeat Condition 最小半拍条件，58
Monosyllabic Destressing 单音节去重音化，119—131, 315—317, 337—350, 351—360, 391—392
    blocked by higher prominences 被更凸显阻断的，360—366
    blocked by silent demibeats 被无声半拍阻断的，366—382, 399—400
    as a cyclic rule 作为循环规则的，339, 347—351
    formulation 构建，120
    before parentheticals 插入语前的，381—382
    as a postcyclic rule 作为后循环规则的，349—350
Montana-filter 蒙大纳过滤器，102—103, 133

Nameless Domain Principle 无名应用域原则，410
New information 新信息. 见 Focus

索　引

Normal intonation 正常语调, 202
Normal stress 正常重音, 202
Not Contraction *not-* 缩约, 384—385, 386—387
NSR-Focus analysis 核心重音规则的焦点分析法, 207, 209—210, 214. 另见 Stress-first theory
Nuclear Stress Rule（NSR）核心重音规则, 13, 50, 69, 143—145, 146—152, 153—155, 165—166, 195—196, 275—276, 360
　　formulation 构建, 147, 149, 151
　　Liberman and Prince 利伯曼与普林斯, 157, 170
　　Standard Theory 标准理论, 156, 162—163, 166

Old information 旧信息. 见 Focus

Paired Focus Framing 成对焦点框架, 379—381
　　formulation 构建, 378
Pausing 停顿, 297—301, 305—313
Personal pronouns, and the Principle of Categorial Invisibility of Function Words 人称代词与功能词范畴不受影响原则, 346—347
Phonological Phrase（PhP）音系短语, 26, 29
Phrasal Focus Rule 短语焦点规则, 201, 208—210, 217—220, 230—242
　　and argument structure 与论元结构, 230—240
　　formulation 构建, 207, 210
Phrasal rhythmic prominence 短语节奏凸显, 142—196
　　Phrase accent 短语重音, 197, 254—265, 287—290

Phrase stress 短语重音. 另见 Phrasal rhythmic prominence
　　grid-only theory of 的唯栅理论, 145, 160—162
　　levels and patterns of 的层级与模型, 162—170
　　SPE theory of 的《英语音系》理论, 145, 155—156
　　tree theory of 的树理论, 145, 156—162
Pitch Accent（PA）音高重调, 45, 144, 190, 197, 200, 254—265, 287—290, 355, 360—362, 376—377, 394. 另见 Focus and related entries
　　floating 浮游, 273, 283
　　nuclear 核心的, 45
　　prenuclear 前核心的, 45
　　and phrase stress 与短语重音, 146—155
Pitch Accent Assignment 音高重调指派, 198, 207, 269—278, 339, 362
Pitch Accent Association 音高重调联结, 207, 254, 269—278
　　formulation 构建, 272
Pitch-accent-first theory 音高重调优先理论, 144—145, 198, 251—284
Pitch Accent Prominence Rule（PAR）音高重调凸显规则, 55, 144, 152—155, 176, 275—277, 342, 360—361
　　formulation 构建, 152, 276
Pitch Accent Reassociation 音高重调的重新联结, 273, 283
Pitch contour 音高曲拱, 190
Prefix 前缀, 76. 见 Affix
Presupposition 预设. 见 Focus and related entries
Principle of Categorial Invisibility of Function Words（PCI）功能词的语类隐形原则, 315—316, 337, 342—351, 357, 359,

487

391—392
Principle of Rhythmic Alternation (PRA) 节奏交替音变原则, 12, 19, 37, 117, 167, 362, 365
   anti-clash provision 反冲突条款, 51
   anti-lapse provision 反缺失条款, 51
   formulation 构建, 48, 52
Proclitic 前附着形式, 340. 另见 Function words
Pronoun Encliticization 代词的后附着化, 392—400
   formulation 构建, 396
   and gapping 与缺位, 394—396
Prosodic categories 韵律语类
   role in English word stress 英语词重音中的作用, 139—141
Prosodic constituent structure 韵律成分结构, 7, 8, 14, 22—31, 302
Prosodic parallelism 韵律并行处理, 377
Prosodic structure 韵律结构. 见 Prosodic constituent structure
Prosodic word (Wd) 韵律词, 14, 26, 30—31, 141
Prosody-focus relation 韵律与焦点的关系, 206—251

Readjustment Component 重新调整组件, 6, 293—294. 另见 Syntactic Restructuring
Redundant Focus Rule 羡余焦点规则, 234—235
   formulation 构建, 234
Relative Prominence Projection Rule (RPPR) 关系凸显投射规则, 164—168, 170—173, 181
   formulation 构建, 164
Restructuring 重构. 见 Syntactic Restructuring;

Rhythmic Restructuring 节奏重构
Rhythm 节奏
   musical 音乐的, 10
Rhythmic Alternation 节奏交替音变
   principle of 的原则. 见 Principle of Rhythmic Alternation (PRA)
Rhythmic Aux Contraction 节奏助动词缩约
   formulation 构建, 405
Rhythmic clash 节奏冲突, 19. 另见 Grid Euphony
Rhythmic disjuncture 节奏分音渡. 见 Disjuncture, rhythmic
Rhythmic lapse 节奏缺失, 19, 49. 另见 Grid Euphony
Rhythmic Nature of Speech 言语的节奏性质, 38—52
Rhythmic Restructuring 节奏重构, 400—406
Rhythmic Structure 节奏结构, 7, 8, 9—22
   relation to intonational structure 与语调结构相关的, 253—265
Rhythm Rule 节奏规则, 45, 136, 168—169, 170—197. 另见 Stress Shift; Beat Movement
   in compounds 复合词中的, 174—182
   and focus structure 与焦点结构, 278—284
   grid theory 栅理论, 182—196
   and silent grid positions 与无声栅位置, 134, 319—322
   and syntactic timing 与句法计时, 301
   tree theory 树理论, 170—182
Root (X^r), as category type 作为语类类型的根, 25, 73, 75—79, 343
Root suffix 根后缀, 106, 129, 137
Russian 俄语, 71

Sandhi 连读变音, 20, 28, 336
   external 外部, 26, 302—305, 327—334
Sense Unit 意义单元, 286, 291—296

Sense Unit Condition on Intonational Phrasing 语调短语切分意义单元条件, 28, 292—296
    formulation 构建, 286
Sentence Grammar 句子语法, 4, 8—9, 35
Silent Demibeat 无声半拍. 见 Silent grid position
Silent Demibeat Addition (SDA) 无声半拍添加, 183—184, 186, 289—290, 299, 305—334, 336, 341, 344, 350—351, 366—367, 370—375, 378, 381—382, 391—392, 398—400
    asymmetric application of 的非对称性应用, 317—318, 322
    formulation 构建, 314
Silent grid position 无声栅位置, 20, 185, 298—313
Single Daughter Principle 单姊妹原则, 410
Sonorant Retraction 响音收回, 127—128
    formulation 构建, 127
Sonorant Syllabification 响音音节组构, 80
Stray Syllable Adjunction (SSA) 离群音节附接, 118—119
Stress 重音
    degrees of 的等级, 17, 42, 44, 162, 164 (另见 Phrasal Rhythmic Prominence)
    feature of 的特征, 14, 158, 172
Stress Clash 重音冲突, 46, 167. 另见 Rhythm Rule
Stress-first theory 重音优先理论, 198, 252, 267—269. 另见 NSR-Focus analysis
Stress Rules, application of 重音规则应用
    A-over-A A 冠 A, 131, 192
    cyclic 循环性的, 132—135, 192
    simultaneous 同时应用, 132, 135, 192
Stress Shift 重音移位, 12, 45, 46, 47, 68, 166—167. 另见 Beat Movement; Rhythm Rule

Stress Subordination Convention (SSC) 重音从属规约, 16, 156, 158, 162—163, 166
Stress-timed 重音计时, 41, 186
Strong beat 强拍. 见 Beat
Subject-Aux Inversion (SAI) 主语与助动词的倒转
    and contraction 与缩约, 386, 390—392
Suffix 后缀. 见 Affix; Root suffix; Word suffix
Syllable (Syl) 音节, 6, 14, 15, 22—26, 139
    Basic Syllable Composition Rules 基本音节组织规则, 25
    as a domain for phonological rules 作为音系规则应用域的, 24
    extrametricality 节律外, 87—94, 95, 98
    pitch-accent-bearing 承载音高重调的, 152, 154
Syllable-timed 音节计时, 41
Syntactic Restructuring 句法重构, 386—400
Syntactic Timing 句法计时, 20, 185, 297—334 476
    and external sandhi 与外部连读变音, 302—305
    and the Rhythm Rule 与节奏规则, 301
    as silent grid positions 作为无声栅位置, 300—313
Syntax-Phonology Mapping 句法-音系的映射, 3, 31—35, 407—415
    standard theory conception of 的标准理论观, 407

Text-to-Grid Alignment Rules (TGA) 文本到栅的同界规则, 19, 54, 65, 95, 100—105, 134—135, 139, 152, 192—196
    domain of 的应用域, 106—110
    English 英语的, 84
Textual Prominence Preservation Condition (TPPC) 文本凸显保持条件, 68, 100—

105, 134—135, 151—153, 192
formulation 构建，56, 104
To Contraction *to* 的缩约，384—385, 387—389
Tones 声调，253—265. 另见 Pitch Accent
Tonic Attraction 声调引力，384—385. 另见 Encliticization
Trace 语迹. 另见 Empty category
of focus constituent 焦点成分的，242
wh- 特殊疑问句的，372—376, 379, 388
Trisyllabic Laxing 三音节松音化，80, 128—130
Tübatulabal 图巴图拉巴尔语，64
Tune-text relation 曲调与文本的关系，144, 256—265

Velar Softening 软腭音软化，80
VP focus VP 焦点，211—212, 216, 221

Warao 瓦劳语，61
Weak beat 弱拍. 另见 Beat; Demibeat
Word (X^0), as category type 作为语类类型的词（X^0），25, 73, 75—79
Word Grammar 词语法，4, 8, 9, 35. 另见 Word Syntax
Word, phonological 音系词. 另见 Prosodic word
Word stress 词重音，82—141
Word suffix 词的后缀，106
Word Syntax 词句法，75—82, 137—138. 另见 Word Grammar

语言学及应用语言学名著译丛书目

句法结构（第2版）	〔美〕诺姆·乔姆斯基 著
语言知识：本质、来源及使用	〔美〕诺姆·乔姆斯基 著
语言与心智研究的新视野	〔美〕诺姆·乔姆斯基 著
语言研究（第7版）	〔英〕乔治·尤尔 著
英语的成长和结构	〔丹〕奥托·叶斯柏森 著
言辞之道研究	〔英〕保罗·格莱斯 著
言语行为：语言哲学论	〔美〕约翰·R.塞尔 著
理解最简主义	〔美〕诺伯特·霍恩斯坦 〔巴西〕杰罗·努内斯 著 〔德〕克莱安西斯·K.格罗曼
认知语言学	〔美〕威廉·克罗夫特 〔英〕D.艾伦·克鲁斯 著
历史认知语言学	〔美〕玛格丽特·E.温特斯 等 编
语言、使用与认知	〔美〕琼·拜比 著
我们的思维方式：概念整合与心智的隐匿复杂性	〔法〕吉勒·福柯尼耶 〔美〕马克·特纳 著
为何只有我们：语言与演化	〔美〕罗伯特·C.贝里克 诺姆·乔姆斯基 著
语言的进化生物学探索	〔美〕菲利普·利伯曼 著
叶斯柏森论语音	〔丹〕奥托·叶斯柏森 著
语音类型	〔美〕伊恩·麦迪森 著
语调音系学（第2版）	〔英〕D.罗伯特·拉德 著

书名	作者	
韵律音系学	〔意〕玛丽娜·内斯波 〔美〕艾琳·沃格尔	著
词库音系学中的声调	〔加〕道格拉斯·蒲立本	著
音系与句法：语音与结构的关系	〔美〕伊丽莎白·O.塞尔柯克	著
节律重音理论——原则与案例研究	〔美〕布鲁斯·海耶斯	著
语素导论	〔美〕戴维·恩比克	著
语义学（上卷）	〔英〕约翰·莱昂斯	著
语义学（下卷）	〔英〕约翰·莱昂斯	著
做语用（第3版）	〔英〕彼得·格伦迪	著
语用学原则	〔英〕杰弗里·利奇	著
语用学与英语	〔英〕乔纳森·卡尔佩珀 〔澳〕迈克尔·霍	著
交互文化语用学	〔美〕伊斯特万·凯奇凯什	著
应用语言学研究方法	〔英〕佐尔坦·德尔涅伊	著
复杂系统与应用语言学	〔美〕戴安·拉森-弗里曼 〔英〕琳恩·卡梅伦	著
信息结构与句子形式	〔美〕克努德·兰布雷希特	著
沉默的句法：截省、孤岛条件和省略理论	〔美〕贾森·麦钱特	著
语言教学的流派（第3版）	〔新西兰〕杰克·C.理查兹 〔美〕西奥多·S.罗杰斯	著
语言学习与语言教学的原则（第6版）	〔英〕H.道格拉斯·布朗	著
社会文化理论与二语教学语用学	〔美〕雷米·A.范康珀诺勒	著
法语英语文体比较	〔加〕J.-P.维奈 J.达贝尔内	著
法语在英格兰的六百年史（1000—1600)	〔美〕道格拉斯·A.奇比	著
语言与全球化	〔英〕诺曼·费尔克劳	著
语言与性别	〔美〕佩内洛普·埃克特 萨利·麦康奈尔-吉内特	著
全球化的社会语言学	〔比〕扬·布鲁马特	著
话语分析：社会科学研究的文本分析方法	〔英〕诺曼·费尔克劳	著
社会与话语：社会语境如何影响文本与言谈	〔荷〕特恩·A.范戴克	著
语法、逻辑和心理学：原理及相互关系	〔德〕海曼·施坦塔尔	著

图书在版编目(CIP)数据

音系与句法:语音与结构的关系/(美)伊丽莎白·O.塞尔柯克著;马秋武,翟红华译.—北京:商务印书馆,2022(2025.3 重印)
(语言学及应用语言学名著译丛)
ISBN 978-7-100-20670-9

Ⅰ.①音… Ⅱ.①伊… ②马… ③翟… Ⅲ.①英语—语音系统—关系—句法结构—研究 Ⅳ.①H31

中国版本图书馆 CIP 数据核字(2022)第 044021 号

权利保留,侵权必究。

语言学及应用语言学名著译丛
音系与句法:语音与结构的关系
〔美〕伊丽莎白·O.塞尔柯克 著
马秋武 翟红华 译

商 务 印 书 馆 出 版
(北京王府井大街36号 邮政编码100710)
商 务 印 书 馆 发 行
北京虎彩文化传播有限公司印刷
ISBN 978-7-100-20670-9

2022 年 7 月第 1 版	开本 880×1230 1/32
2025 年 3 月北京第 2 次印刷	印张 16½

定价:118.00 元